마르크스주의의 위기와 포스트 마르크스주의·Ⅱ

의암출판

현대의 사상과 이론 2

마르크주의의 위기와
포스트 마르크스주의·Ⅱ

시민사회론과 민주주의론

이병천·박형준 편저

의암출판

「현대의 사상과 이론」 총서를 간행하며

　세기의 전환기에 선 우리는 현실의 대격동과 이념의 위기를 동시에 맞고 있다. 자유주의와 마르크스주의는 현대를 이끌어온 두 개의 이념적 지주였지만, 이들 이념이 위기를 선언한 것은 이미 오래전의 일이다. 미국의 쇠퇴를 비롯한 자본주의권의 급격한 변화, 최근 세계의 이목을 집중시켰던 사회주의권의 붕괴, 그리고 동서 양진영간의 냉전적 대결체제의 해체는 이를 웅변해주는 세계적인 사태이다. 위기는 낡은 것은 죽어가고 있는데도 새로운 것은 탄생하고 있지 않는 데서 주어지는 것이지만, 바로 이 때문에 위기의 시대에는 낡은 것에 대한 온갖 집착과 함께, 새로운 것을 재구축하기 위한 고통에 찬 자기혁신과 창조적 모색들이 있게 되는 것이다.

　우리 사회의 지적 상황은 매우 특수한 바가 있다. 사반세기에 걸친 오랜 군사독재체제와 분단체제는 보수이념뿐만 아니라 진보이념에 대한 우리 자신의 자기이해에도 심각한 왜곡을 가져왔다. 모든 것을 정통주의와 전통주의의 잣대로 재단하는 시기를 우리는 겪었다. 그러나 이제 어떠한 형태로든 독단과 교조를 배격하고 우리의 인식지평을 새로운 차원으로 열어나가야 한다는 것은 의문의 여지가 없으며, 적어도 이 점에 있어서는 우리 사회의 이론과 실천의 모든 영역들에서 폭넓은 합의가 형성되어가고 있다고 생각한다.

　「현대의 사상과 이론」 총서는 낡은 것과 새로운 것이 교차하고 있는 현재 우리 사회의 이와 같은 지적 상황 속에서 여러 방면에서 힘차게 일고 있는, 새로운 것을 형성하기 위한 노력들의 일환으로 기획된 것이다. 우리는 정통주의와 전통주의 못지않게, 자기주체성을 몰각하는 또다른 형태의 지적 사대주의와 지적 유행, 외래사조 물신주의를 경계하는 바이다. 그러나 백화제방과 백가쟁명은 결코 혼란이 아니라 민주주의의 핵심을 구성하는 것으로서, 진정으로 새로운 것은 과학적 정신에 투철한 사람들 사이의 부단한 개방적 의사소통을 통해서만 창출될 수 있을 것이다. 이 총서가 우리 사회의 사상과 이론 지형을 풍부하게 하고, 새로운 전진을 위한 연대를 이루어내는 데 조금이나마 기여할 수 있기를 바랄 뿐이다.

1992년 3월

박형준·이병천·정명기

책머리에

『마르크스주의의 위기와 포스트 마르크스주의』시리즈 첫째권을 출간한지 3개월만에야 둘째권을 내는 셈이다. 여러가지 사정이 있었다. 자료 수집이나 번역상의 곤란도 있었지만, 편집방침에 다소 변화가 있었던 것이 주요한 이유이다. 권수를 더 늘리고, 주요 학파와 주제를 같이 고려하여 편집하기로 하였다.

이번 제2권에서는 시민사회론과 민주주의론을 수록했다. 시민사회론은 급진민주주의적 포스트 마르크스주의의 기획에서 불가결한 구성부분이다. 사실 시민사회론의 부재는 표준적 마르크스주의의 근본 맹점의 하나이다. 마르크스는, 시민사회가 지양될 수 없는, 근대의 하나의 기본적 사회형성원리임을 불충분하게 포착했으며, 이것이 근대사회의 구조, 역사에 대한 이해와 공산주의적 대안의 구상에 근본 문제를 낳게 했다. 마르크스-레닌주의는(알튀세의 신레닌주의적 변종을 포함하여) 마르크스의 이 맹점을 확대 심화시켜 왔던 것인데, 소련을 위시한 동유럽 사회의 붕괴 요인에는 시민사회(론)의 부재가 자리잡고 있다.

시민사회론은 자유주의적 문제설정에 고유한 것이며, 또한 그 때문에 비판이론의 구성부분으로 될 수 없다는 주장들이 있지만, 이러한 주장은 전혀 터무니없는 것이다. 우리는, 마르크스주의는 물론, 자유주의의 긍정적 유산을 흡수해야 할 뿐만 아니라, 동시에 양자를 급진민주주의의 관점에서 비판적으로 극복해야 하는 이중적 과제를 안고 있다. 이 책에 수록되어 있는 연구들은 시민사회론이 그러한 관점 안에 훌륭하게 자리매

김될 수 있음을 입증해준다. 그러나 독자들은 급진민주주의적 시민사회
론 내부에도, 그 이대조류라고 할 수 있는, 토크빌에 기원을 둔 흐름과
헤겔에 기원을 둔 흐름 사이에 견해 차이를 발견하게 될 것이다.
　　독자들의 비판과 격려를 기대한다.

1992년 7월
편저자

서장
시민사회론의 복원과 비판적 재구성

박형준

1. 왜 다시 시민사회론인가?

'위기의 시대'에 새로운 정치에 대한 관심은 매우 자연스러운 현상이다. 특히 1970년대 이래 새로운 정치에 대한 관심이 급격히 높아져온 것은 이 시점이 어떤 한 정치이념 및 정치제도의 위기가 아니라 '정치 일반의 위기'를 가리키고 있기 때문이다. 무엇보다 이 위기를 고통스럽게 맞이해야 했던 것은 마르크스주의에 의존했던 비판이론가들이었다. 정치이론 없는 비판이론이 존재할 수 없다는 당연한 가정에 입각해보면 동유럽사회주의와 자본주의권의 사회주의 정치(사회민주주의를 포함해서)가 성공적이지 못했다는 것이 자명해진 마당에 전통적인 사고방식에 대한 의문은 어떤 방식으로든 제기되지 않을 수 없었다. 비판능력을 상실한 비판이론이라는 자가당착에 빠지지 않기 위해서는 낡은 개념을 새로 손질하고, 생활력있는 참신한 개념장치를 발굴하며, 현실이 요구하는 새로운 정치의 전망을 제시하지 않으면 안될 것이다. 이 새로운 정치를 관통하는 맥관은 역시 '민주주의론의 현대적 재구성'이 될 수밖에 없다. 이것은 지난 수년 동안 국가사회주의의 전체주의적 모델이 체계적으로 붕괴됨을 목격하면서 더욱 명확해지게 되었다. 현대의 조건에 적합한 민주주의론을 재정립하기 위해서는 개인과 사회, 그리고 국가의 관계와 실제에 대한 포괄적 접근이 선행되어야만 한다. 표준적인 마르크스주의의 입장에서 보면 이미 폐기 처분되어 창고에 처박혀 있는 시민사회 개념을 다시 끄집어내어 재구성하려는 시도도 이런 맥락에서 이해되어야 한다.

그러나 문제는 단순치 않다. 시민사회론의 새로운 기획은 몇 가지 부담을 안게 되기 때문이다. 첫째, 시민사회 개념의 복원이 18세기식 자유주의의 시민사회론으로의 단순한 복귀를 의미하지 않음을 입증해야 할 부담이다. 둘째, 시민사회론의 문제점을 날카롭게 비판한 이론가들(마르크스로부터 푸코에 이르기까지)의 견해를 넘어설 수 있음을 보여주어야 한다는 부담이다. 셋째는 1970년대 이후 시민사회론 논의의 재활성화가 오히려 신보수주의(또는 신자유주의)측으로부터 제기되었다는 것을 감안한다면 신보수주의적 시민사회론과의 쟁론에서 현실적 적실성과 타당성을 인정받아야 한다는 부담이다. 이러한 부담들을 뚫고 비판이론적 관점에서 시민사회론을 재구성한다는 기획은 결코 쉬운 일이 아니다. 더욱이 분석적 유용성이 곧바로 정치적 유용성을 보장해주지 않는다는 점도 고려해야 한다. 그럼에도 불구하고 시민사회와 민주주의, 그리고 자본주의의 문제를 역동적으로 고려하려는 여러 논자들의 견해는 '자본주의의 총체화 논리'에 매몰되어 있는 정통 마르크스주의에서 찾기 힘든 풍부한 역사이해와 흥미로운 현실분석들을 포함하고 있다. 따라서 이 글에서는 그동안의 논의를 바탕으로 시민사회론의 비판적 재구성이 어떤 정치사회학적 의미를 갖는지 살펴보고자 한다.

2. 시민사회, 역사와 개념

1) 시민사회, 전통적 개념과 근대적 개념

만일 시민사회와 시민권 같은 개념들이 역사적으로 낡은 관념으로 창고에 처박혀 있을 수 없는 것이라면 거기에는 진정 현실적인 이유들이 있다. 그러나 이와 똑같이 현실적이고 구체적인 다른 이유들 때문에, 우리는 그처럼 오랫동안 좌익의 정치적 담화를 지배해온 빈약한 사고에 대한 대안으로서 이 개념들을 그저 간단히 채택할 수만은 없는 것이다. 오늘날의 조건들은 우리에게 이 개념들을 그것들이 획득한 새로운 의미 그대로 사용하도록 요구하며 이와 동시에 그것들을 넘어설 것을 요구한다(A. S. Sassoon, 이 책의 제3장).

사쑨의 이러한 충고는 매우 정당한 것이다. 해석학적인 방법을 통해 시민사회 개념의 역사 속에서 배워야 할 점을 추출해내고(여기서 자유주의-마르크스주의의 이원적 대립항에 빠져들지 않는 것이 중요하다), 그러한 내용들을 오늘의 사회운동 및 사회적 지형에 맞게 재구성하는 탐구전략이 요구되는 것이다. 전자가 그 성격상 어느 정도의 추상적 성격을 피할 수 없는 반면에 후자는 보다 구체적·경험적 내용을 확보해야 한다.

리델(Manfred Riedel, 1983)에 따르면 시민사회 개념의 용법에서 전통적인 개념과 근대 초기의 개념을 구별하는 것이 필요하다. 전통적인 개념은 아리스토텔레스로부터 물려받은 것으로 국가와 시민사회, 또 시민사회와 정치사회를 동일한 것으로 인식하는 관점이다. 근대의 자연법적인 전통에도 여전히 위력을 발휘하고 있는 이 관점은 원래 인간 본성에 기초한 '자연사회'와 인간들이 인위적으로 만들어놓은 '정치사회'를 대비시키고자 하는 의도와 관련되어 있다(Norberto Bobbio, 이 책의 제7장). 전통적인 시민사회 개념은 규범적 이상으로 상정되어 공개화된 의사소통을 통하여 그들의 목표와 행위규범을 정하고 또 정의의 원칙을 따라 상호작용을 규제하는, 지배로부터 자유로운 동지적 결사체로서의 상을 지니고 있다(J. Cohen & A. Arato, 1991)

이처럼 국가와 시민사회의 규범적 통일을 중시하는 전통적 입장과 달리 근대 초기의 시민사회 개념은 대체로 국가와 시민사회의 분리를 관찰하고 있을 뿐 아니라, 그것을 근대성의 조건이자 결과로 관찰하고 있다. 중요한 분기점은 이 조건과 결과를 어떻게 해석하고 평가하는가에서 주어진다. 이런 측면에서 보면 당시의 논자들 가운데 헤겔은 단연 우뚝 솟은 사상가이다.[1] 자연법적 전통에 매몰되어 있는 18세기의 뛰어난 정치사상가들, 예컨대 로크와 홉스 등은 국가-시민사회 분리의 근대적 의미를 양자의 통합을 미리 전제한 위에서 불완전하게 의식하고 있었을 뿐 아니라 그 실제적·규범적 결과에 대해서 충분히 예측할 수 없었던 반면에 헤겔의 이론은 훗날 그람시, 그리고 오늘날의 시민사회론에서도 풍부한 정치적 상상력의 보고가 될 만큼 정교한 것이었다. 아라토는 리델을 좇아 다음과 같이 단정한다.

시민사회-국가 문제에 대한 헤겔의 이론적 주제화가 가장 심오하고 가장 포괄적이며, 가장 체계적이라는 것을 누가 부정할 수 있겠는가?(A. Arato, 1989, p. 138)

홉스는 만인에 의한 만인의 투쟁인 자연상태의 사회가 무제한적 폭력과 전쟁을 방지하기 위해서는 개인들을 초월한 상위의 가시적이고 잘 무장된 국가가 필요하다고 믿었다. 따라서 주권은 개인이 아닌 이 초월적 국가가 전유하게 되는데 이 안보국가에 의해 강제되는 평화질서의

---

1) 여기서 헤겔이 『법철학 비판』의 후기 헤겔임을 지적해두자. 헤겔이 아리스토텔레스적 폴리스 개념(국가와 시민사회를 인륜성과 에토스에 의해 통합된 것으로 파악함)으로부터 탈피해 근대시민사회와 국가 개념을 새로이 정립한 것은 1810년을 넘어서면서였다 (M. Riedel, 1983).

상태를 시민사회로 정의했다(J. Keane, 1988a, pp. 36~39). 로크의 입헌국
가는 홉스에 비해 국가의 역할을 훨씬 소극적으로 상정하고 있다. 왜냐
하면 홉스가 국가행위로부터 자유로운 사적 영역을 매우 협소하게 고려
했던 반면에 로크는 사회가 해체될 수 없는 고유의 자기 영역들을 갖고
있음을 인식했고, 국가의 권위와 권력이 '자유롭고 평등하며 독립한' 개
인들 사이의 자연스런 연대에 우위를 점할 수 없음을 강조하려 했기 때
문이다. 여기서 다시 고전적 시민사회 개념의 그림자가 드리워진다. 홉
스와 로크가 국가와 시민사회의 전통적인 동일시를 벗어나지 못했음을
알 수 있다. 홉스에게 안보국가와 시민사회는 동전의 양면과 같은 것으
로 이때의 시민사회는 결코 국가의 규범적 한계를 벗어나지 못한다. 로
크의 시민사회 역시 정치세계의 중심적인 근본범주를 벗어나는 것은 아
니었다. 국가와 시민사회의 분리를 관찰하면서 여전히 시민사회를 국가
의 틀에서 관찰하는 이런 딜레마가 왜 발생하는가?[2]

그 일단의 이유를 이들이 파악했던 시민사회 개념의 역사적 제약성에
서 찾을 수 있다. 우선 이들의 시민 개념은 사회구성원 일반을 포괄하는
개념이 아니었다. 공적·정치적 시민생활권의 하부에서 가정의 사적인 생
활권에 갇혀 생활을 영위하기 위해 필수적인 노동을 제공하지 않으면
안되는 모든 유의 비자유인, 그리고 경제활동을 하지만 가내작업장에 묶
여 있는 수공업자와 여성들은 그 말의 온전한 의미에서 시민이 아니었
다. '노예에게는 폴리스가 없다'는 아리스토텔레스의 명제를 환기시키는
이러한 접근법은 자본주의 경제를 시민사회 아래에 위치시키면서 자연
스레 그 지배적 위치를 갖는 부르주아적 시민만을 전통적인 특권층과
함께 시민사회의 구성원으로 간주하게 만들었다. 이처럼 협소하게 정의
된 시민사회는 기능적으로 매우 쉽게 정치사회와 융합될 수 있었다.

이에 비해 헤겔의 시민사회 개념은 시민혁명의 엄청난 격변을 배경으

---

2) 킨(J. Keane, 1988a)의 약점은 이러한 딜레마를 깊이있게 분석하지 않은 채 단순히
   이들 자유주의 정치사상가들이 '국가행위의 한계'를 지적한 점만을 일면적으로 강조한
   데 있다.

로 하여 역사적 현실을 훨씬 포괄적으로 담아내고 있다. 헤겔에게서 시민적이라는 의미는 이제 정치적 영역을 가리키는 그 어원적 의미와는 반대로 정치적 영역과 분리된 사회의 영역을 지시하고 있다. 자연법적 전통에서 인간은 유적 본질을 갖는 인류사회의 일원이면서 동시에 개체이고 역사적 규정을 사상한 윤리학적 제법칙의 지배를 받는 반면에 헤겔은 이러한 인간 일반의 종적 특징과 역사적 개체로서의 시민을 준별하여 후자에게 그 근대적 의미를 부여했다. 즉 근대시민은 추상적·일반적인 욕망이 아닌 시장과 교환을 매개로 욕망을 구현하는 부르주아지로서의 시민이다. 이 시민은 근대의 인간상을 응축해서 표현하고 있는데 시민(bourgeois)은 '자신이 어떻게 전체를 위해 활동하는지 알지 못하면서 다만 그의 개별성의 보위만이 문제가 될 뿐'인 욕망덩어리이다. 이러한 시민은 일반적인 것의 결여상태, 즉 고립의 원리를 의미하지만 그럼에도 불구하고 이러한 시민은 고대국가가 알지 못했던 '시민적 자유'라는 필연적인 계기를 형성시켰다. 여기서 헤겔 고유의 '시민 개념'에 대한 변증법이 전개되는데, 즉 사적인 이익에 매몰되어 있는 부르주아지로서의 시민과 시민적 자유를 통하여 새로운 규범적 질서(일반적인 것을 지향하는 활동의 결과)를 형성해가는 공적인 시민(citoyen)을 구별하고 후자를 시민사회와 국가의 모순을 지양할 필수적 계기로 고려하게 되는 것이다. 요컨대 헤겔은 고대적 전통에 속박되어 있는 시민사회 개념으로부터 빠져나와 처음으로 시민사회를 노동하는 개인들에 기초한 욕구체계로 파악했고, 그에 기초한 정치사회와 시민사회의 분리를 변증법적으로 극복할 새로운 주체로 공적 시민 개념을 제시할 수 있었다.[3] 이러한 공적 시민이 뿌리내릴 수 있는 구조적·제도적 근거들을 헤겔은 어떻게 상정하고 있는가?

---

3) "계약이론이 출발점으로 삼는 일반의지와 개별의지의 직접적인 통일체는 역사적 현실에 따라 통치부로서 그 자체가 개별체인 일반자의 양극단으로 분열되는바, 이 통일체는 국가의 추상물이 아니라 **일반자 자체를 목적으로 삼는 개체성과 개별자를 목적으로 삼는 개체성**의 다른 극단으로 나타난다. 이 두 개체성은 동일한 것으로서 존재한다. 이 개

다시 강조하지만 헤겔에게 시민사회는 국가와 구분지어지되 욕망과 노동을 바탕으로 성립되고 국가의 기능적 작용 속에 줄기차게 스스로를 재생산하는 사인들간의 관계조직이다. 따라서 시민사회는 시장경제에 바탕을 둔 욕망의 체계일 뿐 아니라 전제로부터 시민적 자유를 보호하고 보장하는 법체계이며, 동시에 여러 결사체와 공공행정의 네트워크로 이루어지는 다원성의 체계이다(G. W. Hegel, 『법철학』; M. Riedel, 1983 ; J. Cohen, 이 책의 제5장). 여기서 두 가지 측면이 중요하다. 하나는 욕망의 체계가 시민사회를 지배하려는 경향이다. 욕구충족을 위한 각인의 만인에 대한 전쟁(사적 소유와 교환 등에서 표현되는) 속에서 시민들은 보편적 상호의존을 의식적인 협력의 형태로가 아니라 대립과 분열의 형태로 경험하게 된다. 다른 하나는 이 욕망의 체계를 규제하고 조직하여 거기에 규범과 질서를 부여하는 계기들의 작용이다. 이 후자의 측면을 시민사회 내의 정치적·윤리적 계기로 파악할 수 있을 것이다.[4]

이 시민사회내의 공공영역(공론형성과 규범적 질서를 형성하는)이 시장경제 확립 이후에 형성된 것이 아니라 그 이전에 그것과 나란히 상호작용하면서 형성되었다는 점을 지적하는 것이 중요하다. 헤겔 또한 이를 의식하고 있었으며, 그렇기 때문에 후자의 영역을 전자의 영역으로 완전히 흡수하는 것이 불가능할 뿐 아니라 오히려 후자에 의한 전자의 제어력을 주목했던 것이다. 헤겔이 직업단체와 경찰행정[5]에 부여했던 특별한 의미는 이런 맥락에서 이해되어야 한다. 이들 제도들은 특수이익을 초월

별자는 노동하며 계약을 체결하는 등, 자신과 자신의 가족을 돌보지만 동시에 일반자를 위해서도 노동하며 이 일반자를 목적으로 삼는다. 전자의 측면에 따르면 그는 부르주아지이고 후자의 측면에 따르면 씨토양이다"(G. W. Hegel, 『법철학』 p. 249).

4) 이 점에 관해 리델은 헤겔이 여전히 인륜적 위력을 강조하는 고전적 인간세계관으로부터 탈피하지 못했다고 보지만, 그람시가 헤겔에게서 배운 점은 바로 이 지점이라고 해야 할 것이다. 즉 시민사회내의 정치적 계기와 국가사회내의 정치적 계기가 기능적으로 국가와 시민사회를 어떻게 연결짓는가에 대한 통찰인 것이다(A. Kabir, 1991 ; A. Demirovic, 1991).

5) 이 두 개념은 오늘날 쓰이는 의미와는 다른 뜻을 포함하고 있다. 이 두 개념은 경제적

하여 일반이익을 긍정하며 사회적 연대 형태 및 사회적 의식 형태를 산출하는 집단에 대한 개인들의 귀속을 표시하고 있다. 하지만 단순히 이러한 계기들에 의해서만 욕망의 체계를 제어하기에는 충분치 않을 뿐 아니라 그것에 의해 장악될 위험을 내포하고 있다. 그 계기들은 매개해야 할 다른 대상을 전제로 한다. 그것은 오직 보편성만을 지향하는 근대국가이다. 이 근대국가는 시민사회에서의 부르주아지와 씨토양의 대립을 지양하고, 시민에 의해 해방된 개별자를 다시 일반자에 의해 해방한다는 함축을 지니고 있다.[6] 절대적으로 이성적인 그 국가는 시민사회내의 개별적인 계기들이 성취하지 못하는 불평등 및 부정의의 제거, 그리고 대중의 보편적 이익의 실현을 성취한다. 그의 보편국가론은 루소의 자코뱅주의가 갖는 위험, 즉 국가와 개인을 매개하는 제도들의 부재와 인민 또는 시민이라는 이름에 정확히 내포된 공포정치의 가능성을 우회하여, 다원적인 매개조직과 체계를 바탕으로 한 윤리적 공동체를 지향하는 것이었다(J. Cohen, 이 책의 제5장).

결국 한바퀴를 빙 돌아 헤겔은 자연법적인 인류 개념으로 회귀한다. 물론 그 도는 과정에서 얻은 역사적 인식은 대단히 값진 것이었다. 그러나 보편국가(그 현실적 정체는 세습군주정)론으로의 실천적 귀결은 그의 풍부한 시민사회론을 발전시키는 데 중요한 걸림돌로 되었다. 즉 헤겔에게는 결정적으로 민주주의론이 결여되어 있다. 헤겔이 민주주의(직접민주주의뿐 아니라 간접민주주의)까지도 불신하게 된 것은 민주주의에서 '인민'이라는 이름에 내포된 공포정치의 가능성 때문이었다. 이러한 인상

이익에 의해서만 운영되는 기업, 또는 위로부터 국가에 의해 조직된 경찰기구라는 의미가 아니라 사적인 이익을 공적인 이익으로 전화시킬 수 있는 규범적 매체라는 의미를 지닌다.

6) "근대국가의 원리는 개별자가 일반자를 해방하고 거꾸로 일반자도 개별자를 해방하는 것, 즉 두 영역이 서로를 방면함으로써 자립성을 얻는 것에 있다. 일반의지는 이제 개별자의 의지를 통하여 구성되는 것이 아니라, 이 개별자로부터 해방되어 있다. 즉 만인의 지(知)로부터 해방되어 있는 것이다"(G. W. Hegel, 『법철학』, p. 249).

은 주로 자코뱅주의에 대한 그의 인식과 연결된다. 민주주의 대신 그는 다원적인 매개조직 및 신분과 직업대표의 복합적인 제도를 제시했고 이를 보편이익으로 총괄하는 국가의 기능에 큰 기대를 걸었다. 이런 기구들이 개인의 자유를 보호하고 전제에 제한을 가하며 보편성을 실현하는 수단으로 간주되는 것이다. 그러나 이것은 민주주의에 대한 헤겔의 커다란 편견을 드러낼 뿐이다.

인민이라는 이름하에 진행되는 혁명적 격동에 대한 역사적 인식이 헤겔과 유사함에도 불구하고 토크빌은 민주주의의 불가피성과 그 중요성을 역설했다. 양자의 단순한 역사적 감각의 차이를 넘어서 이러한 토크빌의 인식은 시민사회론을 민주주의론으로 연결시키는 데 있어 그의 독창적 기여로 평가되어야 한다. 토크빌은 우선 민주주의를 근대의 평등관념(등가의 논리)이 낳은 불가피한 과정으로 평가한다. 이것을 토크빌은 민주주의 혁명이라고 불렀다. 이때 민주주의 혁명은 상징적 수준에서의 심대한 변화를 내포한다. 인권선언으로 상징되는 구체제와의 단절은 다양한 형태의 불평등을 불법적이고 반자연적인 것으로 제시하는 것을 가능하게 하는, 그럼으로써 민주주의 담화를 심원한 전복적 힘으로 만드는 것을 가능하게 했다(C. Lefort, 1986 ; E. Laclau & C. Mouffe, 1991). 문제는 그러한 민주주의 혁명의 정당성을 승인하면서도 그러한 평등의 에토스가 '다수의 압제'(전체주의)로 귀결되지 않고, 개인의 권리와 자유에 대한 세심한 제도적 절차로 어떻게 수렴될 수 있을 것인가 하는 점이었다(A. De Tocquville, 1988 ; 강정인, 1991). 여기서 민주주의는 국가와 시민사회의 분리, 즉 권력을 '그 소재지가 비어 있는 곳'으로 만들어놓았으나 또다른 유혹, 즉 민중의 통일적인 대변자로 자처하면서 권력, 법, 지식을 하나의 권력으로 또다시 통합하려는 전체주의의 유혹에 빠져들 위험에 대한 자기반성적 경계를 요구한다. 따라서 국가와 시민사회의 분리를 보다 공고히 하면서 권력, 법, 지식의 통일성을 해체하는 수단으로서 다원적 절차와 제도를 강조하는 토크빌의 독특한 사고가 구축된다. 이러한 제도형성과정에서 여론과 합의의 중요성, 이익충돌과정에서 개인의 권리와 자유를 보호하기 위한 장치의 강구가 특별히 강조된다. 토크빌이 전체주의에 대한 우려 때문에 자발적 사회운동의 의의를 과소평가하는 측면이 있다고 하더라도, 그의 국가와 시민사회 분리의 의의에 대한 견해, 개인의 자유와 권리에 대한 사려깊은 통찰, 민주주의 담화의 전복적 기능에 대한 인식 등은 그를 단순한 정치적 보수주의자로 폄하하는 것을 어렵게 한다. '토크빌을 급진화하는 것'[7]에 왜 최근 급진민주주의의 기획이 특별히 관심을 보이는가는 이런 맥락에서 이해될 수 있다.

2) 마르크스의 시민사회 비판

초기 마르크스 저작(『헤겔법철학비판 서문』과 『유태인 문제에 대하여』)에서의 헤겔 비판은 헤겔이 국가와 시민사회 분리의 의미를 제대로 파악하지 못함으로써 그 해결책이 결과적으로 봉건제에서나 가능한 뭉뚱그림으로 귀결되었다는 것에 집중된다. 마르크스의 내재적 비판의 방법은 국가의 이름으로 보편성을 제시하는 규범적·원리들이 현실에서 왜 실현될 수 없는가를 보여주는 방식, 즉 이데올로기 비판의 형식을 취했다. 그것은 근대국가가 시민사회로부터 도출되었다는 것, 그러므로 헤겔이 제시한 국가나 시민사회의 규범적 매개제도들이 결코 보편성을 띨 수 없다는 것을 보여줌으로써 가능하다. 마르크스가 보기에 헤겔은 그가 욕구의 체계라 부른 시민사회의 내재적인 원리를 파악함에 있어 역사상 처음으로 직접생산자의 생산수단의 분리와 노동력의 상품화가 갖는 의미, 따라서 부르주아지와 프롤레타리아트의 적대가 갖는 의미에 도달할 수 없었다. 이러한 시민사회는 역사상 최초로 사회의 독립성을 주장할 수 있었으나 그 속에서의 개인은 주체성을 결여한 채 화폐형태에 의해서 또는 보편성을 가장하는 정치권력에 의해 소외되어 있다. 개인적 주체의 모순적 출현, 부르주아적 개인과 '시민'으로의 각인의 분열,[8] 국가와

---

7) 이것이 르포르와 라클라우, 무페, 보울스, 진티스의 문제의식이라 할 수 있겠다.
8) 마르크스는 자본주의적 인간(homme)과 시민(cytoyen)을 구별하고자 한다. 전자는 타인으로부터 분리되고 공동체로부터 분리된 이기적인 인간을 의미하고, 후자는 공동체

사회의 분리, 국가의 성원으로서 개인들의 가공적인 공동적 실존과 병존하는 시민사회내 개인들의 원자화와 고립, 그리고 화폐형태로 존재하는, 인간 자신이 대상화된 사회적 권력에의 인간의 종속은 근대세계에서 경험되는 사회적 생활의 현상 형태이다. 따라서 시민사회내의 적대를 해소하는 것이 아니라 그 적대를 조정하는 기구로서의 국가라는 관념은 자유로운 개인의 연합이라는 전망을 가져다주는 시민사회의 독립성을 잠식할 뿐 아니라 국가관료주의를 시민사회로 확대하는 것 이상의 의미를 갖지 못한다. 근대국가는 보편성을 주장하는 독특한 정치제도들(의회, 관료주의, 군대, 경찰, 법정)의 네트워크로서 등장하는 반면, 그 동시적인 전제조건과 결과는 오직 사적 욕구, 이해, 그리고 분업과 시장에 의한 상호의존을 통해서만 연합하는 비정치적인 개인들로 구성되는 영역으로서의 시민사회이다. 새롭게 조직된 사회영역 속에서 개성을 성취한 대가는 개성의 탈정치화, 사사화, 원자화(부르주아로서의 개인)일 뿐이다. 정치적 생활의 독점을 통해 국가는 시민사회의 성원들에게 공동체의 상실과 의미있는 시민권의 부정 모두를 알린다. 따라서 마르크스에게 '시민사회'는 근대적 개성의 탈정치화에 관한 개념이다.

따라서 마르크스의 인식은 국가-시민사회 분리의 본질적 기초로서의 시민사회의 경제적 관계 해부→시민사회의 원리에 대한 통찰→시민사회로부터 도출된 외양으로서의 국가 파악이라는 수순을 쫓게 된다. 이때부터 명백히 마르크스 이론은 『시민사회의 해부학』을 지향한다. 그러나 근대 시민사회에서 욕구의 체계를 상쇄하는 경향에 대한 헤겔의 믿음을 분쇄하는 과정에서 마르크스는 중대한 문제를 시야에서 놓치고 말았다. 그것은 자본주의와 겹쳐지긴 했지만 자본주의의 총체화 논리[9]에 모두

로부터 분리되어 형성된, 동시에 자유로운 연합의 가능성을 여는 **개인들**이다(K. Marx, 『유태인 문제에 대하여』).

9) 시민사회론에 대한 최근 정통마르크스주의자들의 반비판도 여전히 자본주의의 총체화 논리를 반복적으로 강조하는 데 머물고 있다(대표적으로 E. M. Wood, 1990을 볼 것). 자본주의가 계급모순을 현격히 격화시키지 않는 이상 이들은 자본주의를 극복할 힘과

흡수될 수는 없는 공적인 공간의 제도화와 그를 매개로 한 공론의 영역
들의 기능[10]에 관한 것이다. 공적인 공간이 사적인 이익에 의해 휘둘리
는 측면과 전자가 후자를 제어하는 측면을 모순적 접합으로 파악하기보
다 관련 제도들을 모두 부르주아지의 이익에 봉사하는 것으로 파악하고
나면, 이제 근대 사회의 이율배반인 공동체와 개인, 사적인 것 대 공적
인 것, 평등과 불평등을 해결하기 위해서는 국가와 시민사회의 재통일,
따라서 인간과 시민의 재통일을 근본적으로 추구하는 것이 유일한 방법
으로 제기된다. 이 새로운 사회는 계급적대의 해소를 전제로 해서 전적
으로 새로이 조직되어야 한다.

결국 중후기 마르크스의 주요 이론적 과제인 정치경제학 비판(시민사
회의 해부학)은 해부의 대상으로서 시민사회라는 개념 자체를 분해시켜
버렸다. 그에게 시민사회라는 개념은 더이상 실천적 긍정성을 갖는 개념
이 아니라 자연법 전통의 연장선상에 있는 부르주아 이데올로기의 사법
적 표현(L. Althusser, 1977, 국역 이병천·박형준, 1992)에 지나지 않는 개
념이다. 따라서 국가-시민사회라는 범론은 토대-상부구조라는 범론에 의
해 대체되었다. 그리고 시민사회 해부학은 '자본주의 생산양식론'으로 구
체화된다. 헤겔이 시민사회로 파악했던 많은 공적인 영역들은 계급적인
사회적 관계 속에서 파생되거나 응축되어 있는 것, 그리고 국가는 계급
적 억압을 통해서만 시민사회를 조정할 수 있는 것으로 파악된다.

이 도식이 지향하는 정치이론적 해결책은 주지하듯이 국가와 시민사
회의 급진적 분열을 재촉하여, 즉 국가 자체를 계급적 적대 해소의 계기
로 활용함으로써 궁극적으로 국가를 '자유로운 개인들의 자발적 연합'에
귀속시킨다는 것으로 제시된다. 자본주의의 폐지를 시민사회의 폐지와

변혁주체를 발견하는 데 대단히 큰 어려움을 겪을 것이다.

10) 마르크스는 초기 저작에서 분명 언론의 자유의 중요성, 자유로운 의견 교환의 중요성
을 강조했다. 그러나 독일이데올로기 이후에 공론의 영역이 갖는 독자적 의의에 대한
언급은 거의 없으며 생산관계의 사적 이익에 의해 규정되는 상부구조적 규정이 두드러
진다.

결합시키려는 경향 때문에, 마르크스는 미래를 당대의 제도와 규범(그리고 사회운동)으로부터 더욱 멀리 떨어져 있는, 현재로부터의 총체적인 이탈로 생각하기에 이르렀다. 국가/시민사회의 이원론이 허구적인 보편성에 의한 왜곡을 내포한다는 마르크스의 확신은 공동체, 사회, 개성을 화해시킬 수 있는 '진정한' 보편성의 화신(프롤레타리아트)을 탐구하게 하였다. 헤겔이 제시했던 보편국가론은 모든 계급관계를 철폐하고, 모든 적대를 해소할 '비계급인 계급'＝프롤레타리아트 보편계급론으로 대체된다. 여기서의 모순해결책이 시간과 구조의 양면에서 현재와의 급진적 단절을 포함하고 있음에도 불구하고 현재에 대한 급진적 비판과 미래에 대한 이상적 전망 사이를 이어줄 수 있는 단초적 계기들만이 제시될 뿐 제도적인 연결고리들이 누락되어 있음으로 해서 마르크스의 사회주의론(또는 공산주의론)은 유토피아적 성격을 탈각하지 못한다.

마르크스의 시민사회에 대한 비판이 과잉비판이었고, 목욕물뿐 아니라 아기까지 버린 꼴(J. Cohen, 이 책의 제5장)이 되었다면 그로 인해 '죽어버린 것'(J. Keane, 이 책의 제6장)들은 무엇이며, 그를 어떤 방식으로 되살려야 할 것인가? 우선 중요한 것은 시민사회가 생산의 영역이나 시장 및 교환의 영역으로 환원될 수 없는 영역들을 포함한다는 것이다. 마르크스가 헤겔 비판을 통해서, 또 정치경제학 비판을 통해서 생산 및 교환의 영역에서 작동하는 적대, 그리고 그것이 시민사회와 국가에 부과하는 엄청난 힘을 규명한 점에서는 부르주아적 시민사회론에 대한 탁월한 폭로적 역할을 수행했다고 볼 수 있으나, 이로 인해 각기 독특한 역사적 시간과 권력관계를 내포하면서 시민사회를 형성해온 공적인 또는 사적인 제도들과 기능들을 폄하한 것은 그의 계승자들이 시민사회 범주가 사라지게 만드는 한 원인을 제공했다. 즉 직접생산자의 생산수단으로부터의 분리, 따라서 역사상 처음으로 노동의 지출과 운용이 정치적·이데올로기적 영역으로부터 분리된 사태의 특수성을 마르크스만큼 탁월하게 해명한 학자가 당대에는 없었음에도 불구하고, 생산 및 교환체계로서의 시민사회뿐만 아니라 가족, 학교, 교회, 다원적인 자발적 결사체, 여론매

체, 규범적 제도, 병원 등 시민적 삶의 여러 형태들의 접합으로 이루어
지는 공공적 시민사회의 분리가 또다른 근대의 고유성(A. Giddens,
1981)임을 해명하는 비판이론으로 발전하기에는 그의 문제설정 자체가
지나치게 일원적이다. 시민사회내의 다원적이고 자기구성적인 제도들과
기능들을 과연 계급관계에 의해 규정되는 상부구조로 환원할 수 있을
것인가? 또는 알튀세처럼 이들을 이데올로기적 국가장치라는 개념으로
해소해버릴 수 있을 것인가? 시민사회는 결코 부르주아지가 자신의 모
습을 본따 만들어낸 경제적 형태로 파악될 수 없는 제도적·절차적 복합
성을 포함하고 있다. 시민사회에 대한 경제주의적 이해는 시민사회에서
형성된 제도들이 단순히 부르주아지 권력의 장치 또는 기능적 부속물에
한정되는 것이 아니라 다원적인 이익갈등과 전문적인 소통형태들에 의
해 창출된 유형들이며, 그들 가운데 시민적 결사체들이 중요한 민주적
잠재력을 갖는다는 사실을 간과하도록 만들었다. 그리하여 표준적 마르
크스주의에서 시민사회나 민주주의에 대한 인식은 '누가 권력을 소유하
는가?'라고 하는 사법적 관점, 즉 기능주의적 관점에서의 비판으로 매몰
되고 만다.[11]

3) 새로운 자원들―그람시와 하버마스

다행히 20세기 비판이론의 전통에서 우리는 시민사회에 대한 인식을
풍부하게 할 수 있는 이론적 자원들을 접할 수 있다. 이것은 단일한 흐
름을 이루고 있지는 않다. 우선 그람시에 의한 시민사회의 재인식이 가
지는 중요성을 충분히 강조할 필요가 있다. 하버마스의 초기 공공영역에

---

11) 이와 관련하여 토크빌을 다시 언급하자. 토크빌은 마르크스를 포함해 마르크스주의자
들이 충분히 고려했다고 보기 힘든 '다수의 압제' 문제, 그리고 국가권력의 과잉집중(그
것이 과도기라는 명분을 가지든 안 가지든간에)을 예리하게 간파했다. 그리고 과학자·
예술가들의 결사체, 각종 직업적 결사체, 종교조직, 학교조직, 지방자치조직, 가족, 특수
이익에 의해 조직된 집단 등이 국가의 전제를 방어하는 방파제이자, 정치적 민주주의의
시민적 뿌리임을 정당하게 강조했다.

대한 분석, 그리고 후기 의사소통이론과 생활세계론은 시민사회의 해석학적·정치사회학적 이해를 크게 돕는 측면이 있다. 반대로 푸코의 권력기술분석은 그 자체 시민사회 비판의 성격을 띠고 있지만, 오히려 이것은 시민사회에 대한 표준마르크스주의의 일원적 이해와 자유주의의 허구성 비판을 위한 중요한 소재로 이용될 수 있다. 1980년대 서유럽과 동유럽 시민사회론자들은 이러한 다양한 경향 등을 흡수하려 하며, 나아가 연관된 사회학적 이론들을 통합하려는 계획을 제시하고 있다. 여기서는 그람시와 하버마스에 논의를 한정하기로 한다.

그람시는 마르크스의 토대-상부구조 도식을 기본적으로 수용하면서 그것에 새롭게 위치규정된 시민사회 개념을 부과하려 했다(N. Bobbio, 이 책의 제7장). 후기 마르크스와 엥겔스의 토대-상부구조 도식에서 상부구조는 정치사회 이외의 다른 요소들을 포함하는 반면에 시민사회는 토대와 본질상 동일한 것으로 상정된다. 마르크스는 시민사회라는 개념 속에 포함되어 있는 본질적 계기와 파생적 계기를 구분하고자 했고, 때문에 시민사회라는 개념보다는 경제적 사회구성체 개념을 선호했다. 엥겔스의 표현대로라면(F. Engels,『포이어바흐와 고전철학의 종말』) 국가-시민사회 구분은 토대-상부구조 도식의 한 표현형태일 뿐이다. 그런데 이렇게 볼 때 상부구조라는 영역은 매우 복잡한 계기들을 포함하게 된다. 그람시가 주목했던 것은 바로 이 점이었다. 시민사회를 토대로서가 아니라 상부구조로 인식하는 것, 그리고 토대 및 국가와의 관계에서 상대적으로 자율적인 시민사회의 특수한 기능을 밝히는 것이 그람시의 문제설정이었다. 마르크스에게 시민사회(burgerliche Gesellshaft)가 하나의 서술적 개념이었던 반면에 그람시에게 시민사회(Zivil Gesellshaft)는 역사적으로 변화된 조정체계에서의 기능성으로 인식되고 있다(A. Kabir, 1991).

그러면 시민사회의 특수한 기능이란 무엇을 말하는가? 그것은 단적으로 합의의 조직화이다. 그 때문에 그람시의 시민사회 개념은 직접적으로 헤게모니 개념과 연계된다.

그 계기에 관해 우리가 할 수 있는 것은 두 주요한 상부구조적 수준을 고정하는 것이다. 즉 '사적인 것'이라 불리는 유기체들의 앙상블인 시민사회의 수준과 정치사회 혹은 국가의 수준. 이 두 수준은 각각 지배집단이 사회를 통하여 행사되는 헤게모니의 기능과 국가와 법적 정부를 통하여 행사되는 직접적 지배 혹은 통치의 기능에 상응한다(A. Gramsci, 1971, p. 249).

헤게모니 개념과 결합된 시민사회 개념으로 보이고자 했던 것은 무엇인가? 일반적으로 레닌의 헤게모니 개념과 비교해서 힘의 요인보다 헤게모니의 계기를 훨씬 강조했다는 것, 그리고 권력의 정복에 앞서 헤게모니의 획득이 선행되어야 한다는 것이 지적되지만 이것은 러시아와 이탈리아를 가르는 역사적 상황의 차이로 해석될 수 있기 때문에 결정적인 것은 아니다. 오늘의 관점에서 볼 때 **그람시의 독창성은 비경제적인 영역이면서 비국가적인 영역이 지배를 위한 사회적 통합의 기능에서나 사회적 변혁의 주체형성의 기능에서나 매우 핵심적 역할을 수행한다는 것을 밝혔다**는 데 있다. 문화, 가치, 규범, 정당성, 리더십, 의사소통적 상호작용의 개념 등을 구성요소로 하지 않을 수 없는 시민사회는 토대의 물질적 조건을 재생산하고 국가의 계급지배를 유지하려는 세력(역사적 블록)과 그것을 극복하려는 세력(대안적 블록)의 헤게모니 투쟁의 장이다. 그러므로 시민사회는 단순히 계급지배의 기능적 요소이거나, 정치와 무관한 장소가 아니다. 그것은 국가와 경제 양자의 구조를 응축하는 공간이자, 양자의 구조적 압력으로부터 시민들이 자율성과 자기규제, 비판적 잠재력을 키우는 실천의 공간이다.

당대의 마르크스주의자들 가운데 거의 유일하게 그람시는 사회 속에서 '개인의 자립성'이 어떻게 형성되고, 발전되어야 하는가를 파악한 사상가였다(J. Texier, 1987).

그러나 또한 많은 논자들이 지적했듯이 그람시의 시민사회에 대한 인식은 꼭 일관된 것은 아니며, 내적 긴장과 한계를 가지고 있다. 이 점은 그의 이행론에 내재되어 있다. 레닌과 비교해보면 그람시 이행론의 특징은 시민사회를 결절점으로 한 두 개의 단계를 설정하고 있다는 것이다.
첫째 단계는 정치사회의 시민사회로의 흡수, 즉 강제의 요소를 제거한
헤게모니적 지배와 자기규제의 확장이고, 둘째 단계는 궁극적으로 계급
없는 사회에 의한 시민사회의 소멸이다. '부정의 부정' 논리에 의해 여전
히 지배되고 있는 이러한 인식은 이행전략으로써 시민사회의 중요성을
부각시켰지만, 결국 그 개념을 도구적 차원에 머물게 한다. 이것은 여전
히 국가-시민사회의 분리를 토대-상부구조 범론의 한 차원으로 파악한
논리적 귀결이며, 계급본질주의에 갇혀 있음을 표시하는 것이다. '투명한
사회'에 대한 역사철학적 인식이 시민사회에 대한 실천적 자기이해의 창
조성을 제약하고 있다. 미래의 관점에서 현재를 투사하는 방법론을 그람
시에게서 대폭 약화시킨다면 국가-시민사회의 환원불가능성과 국가소멸
의 환상성, 자기한정적인 국가와 시민사회 개념의 재구성, 개인의 자립
성과 자기규제적 연대 원칙을 재확인하는 것이 가능해진다.[12]

그람시와 나란히 하버마스는 시민사회의 비판적 재구성에서 매우 유
익한 공헌을 했다(그람시와 하버마스의 연관에 대해서는 J. Bishoff, 1991
참조). 하버마스의 시민사회에 대한 관심은 그 개념을 사용하는 것에 대
한 그의 태도변화에도 불구하고 초기 저작부터 최근 저작까지 지속되어
온 것이다. 그의 박사학위 논문 「공공영역의 구조변화」("Struturwandel
der Offentlichkeit", 1962. 영어번역본은 1989년에 나옴)는 직접적으로 비국
가적 공공영역으로서 시민사회를 개념화하려는 시도를 보여주고 있고,
최근의 의사소통이론까지도 그의 주된 관심은 공공영역의 현실적 위기
와 민주적 잠재력을 이론적 수준과 일상생활의 수준 양자에서 보여주려
는 기획에 의거하고 있다. 하버마스에게 공공영역이란 개인들이 개방적
인 토의에 참여하기 위해 모이는 영역이다(G. Hollub, 1991). 원리적으로

---

12) 이런 의미에서 그람시의 재독해는 범주들이 당대에서의 쓰임새와 현재의 실천적 관점
    에서 그 범주들의 재구성에 초점을 두는 비판적 해석학의 방법을 이용할 필요가 있다.
    따라서 그람시를 레닌에 대한 약간의 보충으로 이해하려는 태도는 적어도 실천적으로
    는 큰 의미가 없다.

그것은 모든 사람에게 접근의 기회를 부여하고 어떤 사람도 사전에 이점을 가지고 담화에 참여하지 않지만, 역사적 맥락 속에서 그 원리가 꼭 지켜지는 것은 아니다. 예컨대 근대 초기에 형성된 부르주아적 공공영역은 사적인 영역에서 발생했고, 이때의 공중은 제한된 부르주아지로서의 시민이었으며, 사적인 이익과 공적 권력을 매개하는 제도로서 부르주아적 공공영역은 이데올로기적 왜곡을 피할 수 없었다. 그러나 공공영역의 발전은 점차로 부르주아지와 시민(cytoyen)을 구별하기 시작했으며, 공정성과 접근가능성의 원리가 불가결한 요소로 착근되었다. 이렇게 해서 공공영역의 민주적 통제와 참여의 가능성이 열린다. 물론 이 공공영역이 국가를 대체할 만큼 발전할 수는 없었으며, 그것의 엄청난 정치적 중요성에도 불구하고 하버마스 논의의 상당 부분도 문화적 영역에 한정되고 만다.

하버마스가 공공영역에 부여했던 의의는 이후에 두 가지 분석과제와 결합된다. 하나는 이러한 공공영역이 화폐와 관료적 정치권력을 중심기제로 하는 현대 사회의 체계 복합성의 증대와 함께 위기에 빠지는 측면을 정치사회학적으로 드러내는 것이다. 다른 하나는 담화변증적으로 합리적인 여론 및 집합적 의지의 형성이 어떻게 가능한가를 보편적 화용론과 의사소통행위이론의 구성을 통해 밝히려는 것이다. 현대의 조직화된 자본주의가 공공영역의 쇠퇴를 조장하고 국가의 과잉비대화, 시민들의 탈정치화를 유도했다는 비판적 인식과 함께 하버마스는 비판이론이 공공영역을 버려야 할 개념으로 취급할 것이 아니라 오히려 다수 시민들을 비판적 공중으로 재정치화하는 기제로 활성화시켜야 함을 강조한다. 이 문제에 대한 표준적 마르크스주의 및 사회민주주의의 무감각은 공공영역의 분리가 노동의 분리만큼이나 중요한 근대성의 조건임을 인식하지 못한 이론상의 문제이자 국가권력에 집중한 정치적 전략에서 비롯되는 것이다. 하버마스가 초기에 기대했던 사회민주주의의 급진화 전략, 즉 개입국가에 의해 사회를 재정치화시키면서 국가-사회의 제반 결정에 들어가는 정치적 투입물을 민주화할 것을 요구하는 전략에 대해 점차로 그 자신 부정적인 태도를 보이게 된 것은 사회민주주의의 국가주의적 실천이 갖는 근본적 한계(관료적 체계로 흡수되어 들어갈 수밖에 없는 한계)를 자각했기 때문이다. 이에 대체되는 전략은 급진적 다원주의의 기획인데 화폐와 권력에 의해 물화된 영역 밖(생활세계)[13]에서 의사소통관계와 연대의 재출현에 의해 체계에 의한 생활세계의 식민화를 견제하고 시민사회의 이성적 자기조직화를 위한 제도를 형성해가는 것이다.

물려받은 가치와 문화적 지식을 소통하게 하며, 집단들을 통합하고 성장세대를 사회화하는 특성을 갖는 생활세계는 언제나 연대를 바탕으로 해왔다. 급진민주적 여론형성과 정치적 의사형성도 의사소통행위와 동일한 바탕으로부터 자양분을 얻어야 한다. 그리고 그것은 의사소통으로 구조화된 영역이라는 한편과 국가와 경제라는 다른 한편 사이의 경계설정과 상호교환에 영향력을 행사해야 할 것이다(J. Habermas, 1992, p. 208).

여론과 정치의사 형성의 제도를 통한 하버마스의 다원적 급진민주주의 기획은 그 자신도 인정하고 있듯이 바늘구멍을 통과하는 작업이 될 것이다. 그가 상정하는 자율적인 공공영역의 의사소통적 합리성이 화폐와 권력에 통제되는 행위영역을 얼마나 규제할 수 있는가는 이론으로 대답할 수 있는 성질이 아니라 실천적으로 재구성해야 할 과제일 뿐이다. 이상적 대화상황과 현실적 대화상황의 커다란 괴리는 하버마스를 늘 괴롭히는, 그의 비판가들이 즐겨 찾는 소재이다. 그럼에도 불구하고 하버마스에게서 주목해야 할 점은 국가와 경제제도를 정치집단의 권력에

---

13) 생활세계는 언어와 문화 속에서 묵시적으로 전수된 전통의 보고이며, 개인의 일상생활이 영위되는 배경이다. 생활세계의 재생산은 의사소통적으로 문화를 전수하고, 사회적 통합을 이루어내며 개인을 사회화하는 과정을 포함한다. 이러한 재생산은 전통의 보존과 쇄신, 또 연대와 정체성 개발을 위한 제도를 요구한다. 코헨과 아라토는 이 제도적 수준에서의 생활세계를 시민사회 개념에 조응시키고 있다(J. Cohen & A. Arato, 1991).

바로 복속시키려는 근본주의적 프로그램이 시민사회로부터 진정한 자기 조직력과 방어력을 박탈함으로써 권력에 의한 사회의 식민화를 가져온 다는 사실을 날카롭게 비판하고, 생활세계의 식민화를 견제할 수 있는 자기한정적 개념으로서 시민사회 개념을 재구성할 수 있게 한다는 점이 다.

그람시와 하버마스에게서 우리는 공통적으로 시민사회를 국가와 경제 양자로부터 일정하게 구별지으려는 시도를 발견한다. 이것은 국가를 이 용한 위로부터의 민주화가 갖는 한계를 지적함과 동시에 진정으로 민주 적이고 자율적인 사회적 연대의 원천을 부각시키는 데 유용하다. 만일 이들의 논의의 타당성을 적극화하려면 국가와 시민사회의 이분론보다 국가-경제-시민사회의 삼분론이 보다 설득력을 가질 것이다. 비판적 시 민사회론의 재구성에서 이 점은 매우 중요한 논쟁이 되고 있다. 킨은 여 전히 이분법 모델에 입각하고 있는 반면 코헨, 아라토 등은 삼분법 모델 을 옹호하고 있다. 지금까지 논의했던 그람시, 하버마스의 모델은 이분 법적인 모델보다는 삼분법적인 모델에 적합하다.

시민사회내에 경제[14]와 공적·사적 제도와 영역들을 혼합시키는 이분법 적인 모델의 한계는 무엇인가? 우선은 현대사회에서 경제의 독자성과 그 역할에 대한 불충분한 인식으로 이끌릴 위험이다. 효율적이고 합리적 인 경제는 근대성 자체의 주요한 조건, 즉 시민사회의 자율성이 발휘될 수 있는 물질적 조건이다. 자유시간의 확대와 물질적 풍요(새로운 생태적 기준이 고려되어야 하지만)가 뒷받침되지 않는 새로운 시민사회는 공상에 그칠 가능성이 크다. 한편 국가사회주의의 경험은 경제의 조정양식을 국 가가 독점할 때 발생하는 위험을 여실히 보여주었으며(케인즈주의의 위 기도 이와 일정하게 관련된다), 화폐와 시장에 기초한 경제체계의 효율성

---

14) 여기서 말하는 경제는 경제적 합리성을 목표로 자기조정적인 매체를 갖는 체계 개념 이다. 경제적 영역에 있는 모든 요소들이 시민사회에서 배제되지는 않는다. 예컨대 기 업에서 비판적 공중을 형성하는 노동조합은 경제체계의 한 요소로 포섭되어 있지만 동 시에 시민사회의 한 차원이기도 하다.

을 어떻게 보장할 것인가의 문제는 단순히 지배계급의 교체 문제로 사고될 수 있는 것이 아니다. 그리고 거기에 개입되는 원리는 시민사회의 다원적·민주적 원리와 상이한 것이다. 따라서 후기 근대의 조건에서도 경제적 합리성과 사회적 연대로 상징되는 양자의 구성원리의 차이와 모순적인 양자의 관계를 접합할 적절한 수단을 탐구하는 것이 새로운 헤게모니 기획에서 대단히 중요하다. 그럼에도 불구하고 이분법적 모델은 이러한 문제를 뭉뚱그려버릴 가능성이 크다. 그러므로 경제체계에서 시민사회를 조심스럽게 구분하는 것은 시민사회를 경제적 목적합리성에 종속시켜버리는 신자유주의적 편향과 국가주도의 중앙집중적 계획경제에 여전히 매달리는 비현실적인 도덕주의의 편향을 피하기 위한 하나의 분석적 전략이다. 이러한 전략에 입각할 때 시민사회와 자본주의, 그리고 민주주의는 모두 자기한정적 성격을 지닌다. 여기서 시민사회의 비판적 재구성에 입각한 민주주의론의 과제는 자기한정적 시민사회 및 민주주의가 어떻게 경제적 합리성을 포기하지 않으면서 현대 경제의 부르주아적 성격을 제한하고 탈각할 수 있게 하는가를 탐구하는 것이다.

2. 자본주의와 민주주의, 그리고 시민사회

1) 자본주의와 민주주의

결국 이러한 문제설정은 근본적으로 '자본주의와 민주주의'라는 주제에 대한 새로운 인식을 요구한다. 표준적인 자유주의와 표준적인 마르크스주의에서 민주주의에 대한 인식은 도구주의적이라는 점에서 매우 유사한 특징을 지닌다(S. Bowles & H. Gintis, 이 책의 제2장). 즉 자유주의에서는 민주주의를 정치적 영역에서 이루어지는 제도와 절차의 문제로 한정하는 경향이 있다. 소유권의 불가침성에 대한 자유주의의 가정은 경제적 영역에서의 민주주의, 나아가 다른 사회적 영역에서의 민주주의 문제를 논의구도 자체에서 제외시킬 위험을 안는다. 이것은 민주주의의 논

30

리가 자본주의 경제체계의 중요한 조절대상으로 삽입됨을 이해하지 못할 뿐 아니라, 그로 인해 결과적으로 민주주의를 경제적 합리성에 종속되는 것으로 부당하게 전제한다. 정치적 영역에서조차 자유주의적 실천이 엘리트 민주주의론으로 귀결되어왔음은 잘 알려져 있다(노명식, 1991).

한편 표준적인 마르크스주의의 민주주의관 역시 기능주의적이다. 즉 거기서 민주주의는 어떤 계급의 이익에 봉사하는가 또는 누가 국가권력을 장악하는가 하는 관점에서 파악되고, 자본축적의 논리가 언제나 민주주의 논리를 선행한다. 이 관점에서 오류를 낳은 것 중 하나는 경제체계의 논리에 정치의 논리가 어떻게 삽입되어야 하는가에 대해서 극단적인 정치주의적 견해를 선호했다는 점이다. 말하자면 국가권력을 장악해서 이 권력의 정치엘리트들이 경제체계를 행정적 수단에 의해 재조직하고 조정할 수 있다고 보는 것이다. 이것은 경제체계의 조정이 이중의 계기를 필요로 한다는 것을 간과하고 있다. 즉 경제체계(분화된 시장경제체계)가 발견해온 조정의 계기들과 다양한 원천을 갖는 욕구들을 매개하여 투입되는 정치적 성격을 갖는 조정의 계기들이 조정의 대상을 형성할 뿐 아니라 조정양식 속에서 통합되어야 한다는 점이다.[15]

자본주의와 민주주의의 역사를 되돌아보아도 자유주의와 표준적 마르크스주의 모두가 실재를 부적절하게 다루고 있다는 것을 보여준다. 여기서 우리는 다시 한번 국가와 경제, 그리고 시민사회의 환원불가능한 상호 결합관계에 주목해야 한다. 3자의 관계가 위계화된 논리적 서열을 이루고 있는 것도 아니며, 한 영역의 논리가 다른 영역의 논리를 곧바로 대체할 수 있는 것도 아니다. 비대칭적이고 자기한정적인 3자의 관계는 그 모순적 접합 속에서만 재생산이 가능하며, 모순의 확대로 인해 기존

---

15) 이러한 인식은 필자의 기술의 이중성에 대한 인식과 맥을 같이 한다. 즉 생산기술적 합리성과 지배기술적 합리성을 통일적으로 보아야 하고, 전자가 경제적 효율의 기준 자체에서 나오는 계기라고 한다면 후자는 정치의 계기를 포괄하고 있다는 것이다(박형준, 1991, 제2장 참조).

의 접합유형(조정양식)이 더이상 효력이 없게 된 상태를 위기로 정의할 수 있다. 요컨대 빈틈없는 조정이란 불가능하다(사회의 본질적 불투명성 및 봉합불가능성)는 것이다. 동일한 이유에서 자본주의와 민주주의의 관계에 대해서도 우리는 '모순적 접합'이라는 개념을 쓸 수 있다(S. Bowles & H. Gintis, 1982b).[16] 자본주의가 주로 생산 및 교환의 영역에서 작동하는 자본축적의 메커니즘을 표현한다면, 민주주의는 국가 및 시민사회의 제영역에서 작동하는 '평등의 에토스'이자, 그 제도형태들의 문제이다. 토크빌이 민주주의를 하나의 혁명적 흐름으로 묘사하려고 했던 것처럼 민주주의란 정치적 영역에 한정되는 권력논리가 아니라 제반 사회적 영역에서 평등한 사회적 관계를 확보하고자 하는 실질적 권력투쟁의 과정이다. 이러한 민주주의의 논리가 자본의 이익을 관철하고자 하는 자본축적의 메커니즘에 일방적으로 봉사하게 되지 않음은 당연한 이치이다. 이것이 왜 축적의 논리가 생산 영역, 가족 영역, 교육 영역, 국가 영역내에서의 민주주의 투쟁에 의해 끊임없이 제약되고 규정되며 적응해 나가지 않을 수 없었는가를 설명해주며, 자본주의 발전과 함께 형성되어 온 제도형태들에 각인된 민주주의 투쟁의 결과들을 볼 수 있게 해준다.

자본주의와 민주주의의 역사를 모순적 접합으로 파악하는 것은 지금까지의 사회경제적·정치적 변동의 의미, 위기의 요인들, 대안적 전략들을 파악하는 데 있어 경제주의적 관점을 넘어설 수 있는 가능성을 열어준다. 지금까지 많은 연구들이 혼동해온 것은 영역이란 개념과 실천이란

---

16) "자유주의 이론에서는 국가는 선거율에 반응하는 자동적 기관으로 간주되므로 그 다양한 분열은 안정화 정책에 '공공의 이익'의 중립적 실행이라는 성격을 부여하고 있다. 마르크스주의 이론에서 국가는 궁극적으로 자본의 지배의 반영이든가, 자본축적의 동태 속에 형성된 계급적 역관계의 균형의 반영이다. 따라서 두 경우에 국가는 축적과정의 종속변수에 불과하다. (이에 비해 우리들의 접근은) 자유민주주의국가와 자본주의 경제를 상호 명확히 구별되는 구조로 포착하고 양자의 접합은 모순적 총체성으로 표현할 수 있다고 생각한다. (이것은 기능적 설명의 한계를 벗어나게 할 뿐 아니라) 국가를 위기 해결은 물론 위기의 발생에 있어 본질적인 구성요소로 되는 지점으로 위치짓는 것을 가능하게 한다"(S. Bowles & H. Gintis, 1982b, p. 44).

개념의 혼동된 사용이었다. 예컨대 경제적 영역에서는 경제적 실천이, 정치적 영역에서는 정치적 실천이, 이데올로기적 영역에서는 이데올로기 적 실천이 조응한다는 사고였다.[17] 그 대표적인 예는 노동을 자본가에 대한 노동력의 사용가치라고 보면서 경제적 영역에서 또 그와 연관된 가족 및 기타 사회적 영역에서의 노동자의 정치적·이데올로기적 실천을 간과해버리는 고전적인 노동가치론이다(S. Bowles & H. Gintis, 1982b). 노동과 노동력을 소유와 상품교환관계의 경제적 강제로 취급하는 노동 가치론은 생산의 영역에서의 제실천의 결합으로 재조직되는 노동과정의 사회적 성격을 기술적 성격으로 환원해버리게 된다. 왜 그렇게 오랫동안 노동과정론이 주목을 받지 못했는가를 생각해보면 자본-임노동관계를 생산영역에서의 제실천의 접합, 그리고 생산의 영역과 그와 연관된 다른 사회적 영역(특히 가족 및 교육)에서의 제실천의 접합으로 파악하지 않고 소유관계와 노동력의 상품 규정 및 그 짝인 '노동은 노동력의 사용가치' 라는 규정에 매몰되어 있었기 때문이다. 전형문제로 표현된 '가치의 가 격으로의 전화' 분석 역시 이러한 기술적 조건들에만 의존하여 임금, 가 격, 이윤의 구조를 밝히려 했기 때문에 '가치를 통한 우회'에 의존하려 하지 않는 스라파나 스티드만 등의 가격이론에 비해 특별한 효용을 갖 지 못했던 것이다. 착취과정의 비교환적 특성, 그것의 결정과정이 생산 영역 안팎에서의 정치적 실천의 우위에 의한 다른 사회적 실천들의 접 합[18]에 의해 이루어진다는 사실, 그러므로 임노동을 상품으로서가 아니 라 정치적·문화적·분배적 실천의 총체로 나타내는 것이 경제주의(고전적 인 마르크스주의 경제학과 신고전파경제학 둘 다에 해당되는)를 넘어서는 첩경이 된다. 그렇다고 한다면 자본주의의 위기를 경제적 동학으로 설명 하고 국가의 역할을 선행적으로 주어지는 위기에 대한 사후 개입방식으

---

17) 레닌의 경제주의 비판은 이 점에서 일정한 의미를 갖지만 그 역시 경제적 영역에서의 경제투쟁이 우위인 것으로 파악했다는 점에서 영역과 실천을 명확히 구별하지 못했다.
18) 라클라우는 이것을 정치적인 것의 사회적인 것에 대한 우위라고 표현한다(E. Laclau, 1990).

로 설정하는 것 역시 제한된 설명력을 가질 수밖에 없다. 국가에 대한
기능주의적 모델을 넘어서기 위해서는 국가 자체가 자본주의 위기의 구
성요소라는 것, 국가의 개입은 축적과정의 외부에 위치하는 것이 아니라
그 내부로 접합되어 메커니즘의 일부를 이루게 된다는 점을 인식하는
것이 중요하다. 그런 의미에서 국가는 자본축적과 경제체계에 대해 '구
성적 바깥'을 이루는 셈이다.

경제체계의 작동과 조정에 민주주의 논리가 얼마만큼 삽입될 것인가
는 세 차원에서의 민주화의 진전 정도에 달려 있다. 즉 기업(노동과정),
국가 그리고 시민사회가 그것이다. 노동과정의 민주화는 '생산의 정치'에
의해 좌우될 것인데, 현재의 쟁점은 '정보권 및 의사결정권의 공유,' '노
동의 자율성' 문제와 '노동시간의 단축' 문제라 할 수 있다. 국가의 민주
화는 국가권력 및 장치의 개혁을 통해 기술관료주의 및 행정편의주의,
억압기능, 부정부패의 제거가 쟁점이다. 시민사회의 민주화는 생활세계
에서의 자율성 회복 및 시민적 권력 중심들(언론, 교회, 학교, 병원, 주민자
치조직 등에서의 지배권력의 존재들)의 제어가 쟁점이다.[19] 국가와 시민사
회의 이중적 민주화(D. Held, 1991)는 특히 체계복합성의 증대와 함께 양
자가 제도적으로 결합되어 있는 공간을 민주화할 수 있는 능력에 크게
의존할 것이다. 예컨대 의회, 법원, 방송매체, 학교 등은 국가장치 또는
체계의 일부를 이루면서 동시에 시민사회의 생활세계가 중첩되는 공간
이다. 이 영역에서의 민주화는 국가개혁을 순조롭게 하고, 시민사회의
구조를 재조직화하는 데 결정적으로 기여할 뿐 아니라, 경제체계에 민주

---

19) 시민적 권력중심에 대해서는 푸코의 탁월한 분석을 경청할 필요가 있다. 푸코는 '시민
사회의 자율성'이 얼마나 허구인가를 '권력의 편재' 현상을 통해 밝히려고 했다. 하지만
푸코가 비록 권력체계와 권력기술의 메커니즘을 정보양식 분석을 통해 폭로하는 데는
성공했지만 이에 대한 비판적 힘의 형성이 어떻게 가능하고 '권력의 민주화'를 위한 규
범적 기초가 무엇인지에 대해서는 논의를 진전시키지 않는다. 우리는 푸코의 권력분석
을 일정하게 수용하지만, 권력 자체를 물화시키는 데는 반대한다. 여기서 권력의 민주
화란 사회적 연대를 통한 권력의 창출과 동의어이다.

주의 논리를 삽입하는 데도 가장 직접적인 영향력을 행사한다.

거꾸로 민주주의 투쟁이 자본주의적 논리에 의해 그 가능성이 제약되는 측면을 무시할 수 없다. 이미 화폐와 상품의 논리는 대중매체를 매개로 소비생활 및 문화생활의 곳곳에 삼투해 있다. '기의에 대한 기표의 과잉'으로 표현되는 정보양식과 기호의 논리에 의한 물신화는 보편적 민주주의 담화가 상징성을 획득하는 데 장애를 조성한다. 시장경쟁논리의 확산은 일상생활에서도 사적인 이익에의 집착을 부추김으로써 민주적 집합의지의 형성을 가로막는 경향이 있다.

민주주의의 자본주의 규제력과 자본주의의 민주주의 제어력 사이의 모순과 긴장이 어떤 방식으로 귀결될 것인가는 결국 헤게모니 투쟁의 결과에 달려 있다. 이 헤게모니 투쟁은 전부 혹은 전무(all or nothing)의 게임이 될 수 없다. 그것은 현재의 경제체계의 변혁을 불연속적인 단절모델(정치주의에 의해서만 가능한, 그러나 경제적 합리성의 측면에서는 엄청난 희생을 수반할 수밖에 없는 모델)에 의해 수행할 수 없다는 사실을 인정한다면 쉽게 나올 수 있는 결론이다. 그렇다면 새로운 변혁적 대안은 경제체계와 민주주의의 새로운 접합유형과 조정양식, 그를 위한 헤게모니 관철적인 타협형태들을 실현하는 것이다.[20]

사실 자본주의 경제와 국가에서 제도로 구축된 모든 형태들은 바로 이러한 모순적 접합에 기초한 타협형태들을 표현하고 있다. 따라서 그러한 제도들은 단순히 자본의 기능으로 묘사될 수 없으며, 안정적인 것으로 간주될 수도 없다. 그러한 제도들은 당대의 자본축적양식(가령 조정이론이 밝혀놓은 포드주의의 여러 임노동관계 제도 등)을 가리키지만, 그 자

---

20) 케인즈주의적 조정양식이 자본-노동관계를 중심으로 하는 조정양식이고, 따라서 국가, 자본, 노동조합이 주요한 행위담당자였고, 경제적 조정양식이 주된 관심사였다고 한다면, 포스트 포드주의적 조정양식은 국가와 시민사회 관계 또는 개인과 집단 관계의 재구축이 중요한 대상이다. 이때 사회운동, 개인, 가족, 자발적 결사체들이 주요한 담당자이며 사회정치적 조정양식이 주된 관심사로 된다. 또 국가적 수준에서의 조정보다는 분산되고 계층화된 조정의 중요성이 강화될 것이다.

체 계급간 또는 여러 사회세력간 투쟁과 합의의 산물이자, 당대의 실천
에 일정한 '가능성의 조건'들로 제시되며, 그 조건들이 어떻게 바뀔 것인
가는 실천의 새로운 결과에 열려 있다. 이러한 관점에서 현시점에서 진
보적 개혁은 시민사회 및 국가의 다원적 영역에서의 서로 결합된 민주
주의의 심화와 확산을 제도들로 확보해나가고,[21] 그것을 자본주의적 경
제체계에 대한 규제력으로 행사해 그 경제체계의 계급적 성격 변화를
유도하는 방향으로 추진해가야 한다. 이때 시민사회와 민주주의가 체계
의 기능과 관련된 기술관료적 합리성에 의해 흡수되는 측면만을 일방적
으로 강조할 것이 아니라 그동안 관심의 대상이 되지 않았던 주변영역
들에서 민주화 욕구가 증대하고 새로운 쟁점이 형성되고 있는 측면을
주목해야 할 것이다. 이러한 민주주의 투쟁의 다원화는 차이의 논리뿐
아니라 새로운 등가의 논리를 필요로 한다. 다원적인 이익들을 어떻게
보편적인 민주주의 담화 속에 통합하고 집합의지를 창출해낼 수 있는가
는 이 시대 진보세력의 능력에 달려 있다. 어쨌든 권력을 가시적인 것으
로 만들고(A. Melluci, 1988), 일상생활의 자율성을 증대시키며, 상호 지
원과 교류의 네트워크를 통하여 사회적 욕구들을 충족시킬 응집성있는
시민사회(물론 이 시민사회는 제권리의 측면에서 국가의 보증을 필요로 한
다. P. Rosanvallon, 1988)를 새롭게 강조하고 육성해야 한다는 것은 현
시대의 우회할 수 없는 정치적 과제임에 틀림없다.

---

21) 헬드는 이것을 '국가와 시민사회의 이중적 민주화'로 표현하고 있고(D. Held, 1991),
조정이론에서는 '민주적인 포스트 포드주의의 제도형태 탐구'(R. Boyer, 1991, 국역 이
병천·박형준, 1992)라는 프로젝트로 제시하고 있으며, 라클라우와 무페(E. Laclau &
C. Mouffe, 1991 ; E. Laclau, 1990)는 '새로운 민주주의 혁명의 헤게모니 기획'으로 간
주하고 있다. 이들의 공통점은 시민사회와 국가의 분리를 어느 한쪽에 의한 다른 한쪽
의 흡수에 의해 해소하려는 어떠한 시도도 현실적으로 가능하지 않을 뿐 아니라, 전체
주의의 유령을 불러냄으로써 바람직하지 않다는 것이며, 새로운 기획은 주어진 가능성
의 조건하에서 시민사회와 국가의 제영역에서 민주화와 불균등할 수밖에 없는 민주화
의 수준들을 매개하고 결합할 수 있는 제도형태들을 발굴해내는 데 초점을 두어야 한
다는 것이다.

2) 시민권, 소극적 자유, 적극적 자유

시민사회론을 제도개혁론으로 연결하기 위해서는 권리 개념에 대한 이해가 필수적으로 요청된다. 시민권이라는 개념은 이러한 각도에서 보다 풍부하게 정의되고, 역사적으로 재해석되어야 한다.

사실 권리에 대한 마르크스의 해석은 그 이후 마르크스주의자들이 보여왔던 만큼 편협한 것은 아니었다(C. Lefort, 이 책의 제1장). 사회학적 개념에 대한 그의 변증법적 인식이 대체로 그렇듯이 그는 어떤 개념의 긍정성과 부정성을 모두 이용함으로써 이른바 지양(Aufhebung)을 전망하는데 권리에 관해서도 동일한 인식을 보여주고 있다. 즉 마르크스에게 첫째, 근대적 권리는 봉건적 공동체로부터 개인이 해방됨에 따라 부여된 것이다. 둘째, 그러한 권리는 새로운 부르주아적 계급적대 구조 하에서는 부르주아 권리의 법적 보증이라는 협소한 범위에 머무른다. 셋째, 노동자들은 형식적 권리(노동력 판매자로서의 권리, 보통선거권 등)를 이용함으로써 부르주아적 권리가 갖는 이율배반과 내적 모순을 격화시킬 수 있다. 넷째, 이러한 권리투쟁은 부르주아적 권리의 협소함을 넘어서는 포괄적인 권리의 정립, 나아가 계급적대의 해소에 근거한 권리 자체의 소멸을 지향한다. 결국 마르크스는 권리 개념을 궁극적으로 자유의 개념에 연계시키고, 그러한 과정에서 권리 자체의 역사적 내용의 변화를 추출하려 했다.

그러나 마르크스는 포괄적인 권리 개념, 그리고 그것을 넘어서는 권리 자체의 소멸과정에 대한 구체적 인식은 비어 있는 상태로 남겨두었다(박영도, 1991). 때문에 마르크스의 권리이론은 부르주아적 권리의 한계 및 그것의 이용가능성 논의에서만 구체성을 띤다. 전자의 측면에서는 권리에 대한 이데올로기 비판이 압도한다. 후자에 관해서는 이행과정에서의 정치적 이용가능성이라는 전략의 측면이 부각된다. 따라서 마르크스에게 권리의 확장이 사회생활에 대해서 얼마나 깊이있는 변화를 가져오는가에 대해서 만족할 만한 설명을 듣기는 어렵다. 동유럽 사회주의에서

마르크스의 미진한 부분이 보충되기보다는 오히려 마르크스의 변증법적
이고 이중적 권리개념이 기계적이고 단절적인 형태로 재현되었다. 거기
서는 부르주아적 권리의 협소함에 대한 비판이 권리 일반에 대한 부정
적 인식으로 곧장 연계되는 정치적 실천을 낳았던 것이다. 이것은 소극
적 자유 개념에서 출발하는 권리를 사상한 채, 적극적 자유 개념을 곧바
로 '체제의 합리성'으로 환상적으로 대체해버린 데서 나온 결과였다.

   이런 점에서 자유주의자들이 제기했던 소극적 자유의 개념을 동유럽
사회주의자들은 다시 배울 필요가 있었다. 자유주의자들이 상정했던 소
극적 자유 개념은 '자기의 결정이 타자로부터 침해받지 않을 자유'였고,
이것을 법적 권리로 보증받고자 했던 것이다. 이러한 소극적 자유 개념
에 입각한 권리의 확보는 그 자체 국가행위의 한계를 설정한다는 의미
를 갖는 것이고, 따라서 인권을 자연권의 수준에서 최소한 보증해줄 뿐
아니라 억압체제를 비판하는 원리로 기능할 수 있다. 따라서 이러한 소
극적 자유에서 파생되는 권리들은 전체주의적인 체제모델과 근본적으로
대립할 수 있는 근거를 제공한다(C. Lefort, 이 책의 제1장). 소극적 자유
에 대한 표준적인 마르크스주의자들의 비판은 주로 그것이 사회내에서
개인들의 분리를 조장하고, 소유관계와 권력관계에서 힘있는 자들의 권
력을 방어하는 기제라는 데 집중되었는데(이 점은 마르크스도 마찬가지이
다. K. Marx, 『유태인 문제에 대하여』 참조), 그로 인해 정당하게 강세가
두어져야 할 부분, 즉 소극적 자유 개념이 역사적으로 절대주의 국가하
에서 인간의 행동을 짓누르고 있던 많은 제약을 극복하면서 나온 개념
이라는 측면이 간과되곤 한다. 시민사회내에서의 개인들의 분리가 투명
한 사회적 통일성에 의해 대체될 수 없는 것이라면, 바꾸어 말해 사회가
특정한 '차이들의 체계'이고, 그러므로 그러한 차이로부터 발생하는 이익
대립 및 적대가 완전히 해소될 수 있는 것이 아니라 변형될 수 있을 뿐
이라면 권리 개념은 소극적 자유에서 적극적 자유로 나아가는 도정에서
끊임없이 재정의되어야 할 대상이다. 따라서 권리의 확장은 단순히 부르
주아적 한계에 머무는 것이 아니라 자본주의와 민주주의의 모순을 '개인

의 자유'에 연결짓고 제도적으로 확보하는 결정적인 수단이다.

이러한 관점을 시민권에 대한 보다 세분화된 이해를 통해 구체화시켜 보자. 이미 이 문제에 대한 고전적 견해가 되고 있는 마샬(T. H. Marshall, 이 책의 제4장)은 시민권을 크게 세 영역으로 나누고 있다. 즉 시민적 영역의 권리와 정치적 영역의 권리, 그리고 사회적 영역의 권리가 그 것들이다. 이들 권리들이 어떻게 순차적으로 그리고 누진적으로 확장되어왔는가, 그리하여 그러한 과정이 자본주의에 고유한 계급적 불평등체계를 어떻게 약화시켜왔는가를 이해할 필요가 있다. 똑같은 자본주의라는 개념을 쓰더라도 시민권이 처음 대두한 200여 년 전의 자본주의와 시민권의 세 영역에서 폭넓은 진보를 이룬 오늘의 자본주의를 동일한 실체로 간주하기는 대단히 어렵다. 최초의 시민권을 성립시켰던 부르주아 자유주의적 권리는 주로 천부인권설에 연관된 것들이었다. 신체의 자유, 언론·사상·신념의 자유, 소유권의 불가침성, 재판권 등이 그에 속한다. 시민적 기본권이 일찍 확립되었음에도 불구하고 그것이 사회구성원들의 정치적 권리(정치권력 및 정치기구 형성에서의 참여의 권리)의 평등으로 나아가는 데에는 상당히 오랜 시간이 걸렸다. 차티스트 운동이 1830년대 이후라는 것, 그리고 보통선거권의 확립이 19세기 후반부터 세계사적 정당성을 얻기 시작했다는 것을 상기하는 것만으로도 충분할 것이다. 사회적 권리란 최소한의 경제적 복지나 보호의 권리뿐 아니라 사회적 자원을 공유하고, 그 사회가 도달한 기준에 따라 문명적인 생활을 할 수 있는 권리, 말하자면 공적인 또는 사적인 영역들에서 수혜를 받을 수 있는 권리이다. 가장 기본적인 사회적 권리라 할 수 있는 '노동할 권리'로부터 시작해서 오늘날 복지국가라는 이름하에 진행되어온 각종 사회적 서비스(교육, 의료, 사회보장 등)에 이르기까지 사회적 권리의 영역은 19세기 사회주의자들이 주장했던 강령들 가운데 많은 부분이 이미 현실의 원리가 되었을 만큼 확장되었다.

시민적 권리, 정치적 권리, 사회적 권리의 충돌은 앞서 본 국가-경제-시민사회의 모순이 존재하는 한 불가피하다. 예컨대 19세기의 주요한 사회적 권리이며 20세기 초까지 연장되었던 구빈법은 시민권을 포기하는 대가로 그 혜택을 받을 수 있었다. 즉 구빈법에 의해 보호를 받는 사람들은 시민으로의 자격을 갖추지 못한 사람이라는 징표를 달아야만 했다. 이것은 진정한 의미에서의 사회적 연대와 결속을 강화하는 것이 아니라, 반대로 탈사회화된 아웃사이더들에 대한 값싼 동정에 불과했다. 오히려 이를 통해 자본측은 노동자와 비구휼빈민 사이를 갈라놓고 전자에 대한 노동규율을 권력기술적 차원(M. Foucault, 1976)에서 강제하는 장치를 강화했다고 할 수도 있다. 마샬의 표현에 의하면 마천루 빌딩에서 지하실 바닥이 높아져봤자 그 역시 지하실일 뿐이라는 것이다. 사회적 권리가 이러한 한계를 벗어나서 시민적 권리 및 정치적 권리와 융합되기 시작하자, 그것은 차츰 마천루에서 지상과 지하의 구분을 제거하는 효과, 나아가 마천루를 평평하게 하는 효과를 갖기 시작했다.

결국 시민권에 속하는 여러 권리들의 확장은 계급적 불평등과 마찰음을 내기 시작했다. 물론 시민권의 확장이 곧 계급체계 자체를 해체해버리는 쪽으로 귀결된 것은 아니며, 누진적인 시민권의 확장만으로 계급적 불평등의 해소를 기대하는 것은 무리일 수밖에 없다. 그러나 시민권의 확장이 계급적 차이를 완화시켜온 것은 부인할 수 없는 사실이다. 또 피라미드형의 계급양극화보다는 다이아몬드형의 계급계층구조가 두드러지게 되는 것도 이와 무관하지 않다. 문명적이고 문화적인 생활의 요소들이 이전에는 소수의 손에 독점되었던 것과는 달리 점차로 많은 사람들이 도달할 수 있는 범위내에 들어오게 되기 때문이다. 시민권의 확장이 단순히 계급체제 자체에 대한 공세를 계급차이의 완화 정도에 묶어두려는 개량화 또는 부르주아 헤게모니의 일환일 뿐이라는 전술적 판단은 부분적으로는 맞는 말이지만, 시민권과 계급불평등체계 사이에 존재하는 구조적 긴장과 갈등을 과소평가하게 된다.

여기에는 또 하나의 관점이 가로지른다. 즉 계급불평등의 완벽한 제거라는 구호의 매력에 이끌리기보다는 현실적으로 계급불평등과 시민권의 대립을 이용함으로써 계급불평등의 장치들을 점진적으로 약화 또는 무력화시키는 전략을 강조하는 관점이다. 사실 평등주의적 운동이 무조건 절대적 평등을 지향하는 것이 아니라, 경제체제의 기능과 결합된 평등이 대상으로 되어야 한다면 시민권의 확장이 요구하는 권력의 민주적 창출 및 재분배, 소극적 자유로부터 적극적 자유로의 진행을 전제로 하는 평등화 열망과 경제적 필요에 부응한 경제체제에서 허용되는 평등화의 한계 사이에는 항용 긴장이 있게 마련이다. 시민권의 확장이 단선적이지 않다는 것을 알게 되는 것은 바로 이 지점에서이다. 사회적 권리 확대에 큰 기여를 한 사회민주주의 또는 복지국가모델이 위기에 봉착한 것은 포드주의하에서 가능했던 복지와 성장의 결합이 한계에 봉착했다는 것, 다시 말하면 경제체제상의 새로운 요구와 사회적 권리의 확장 요구가 심각히 충돌하기 시작했다는 것을 의미한다. 신보수주의의 득세는 이 갈등 국면에서 사회적 권리 확장보다는 경제체제의 기능적 필요성에 대한 호소가 이니시어티브를 취할 수 있었기 때문에 가능했다.

만일 국가-경제-시민사회의 틀에서 제도개혁을 통한 다중적인 민주화의 기획이 성공하려면 핵심적인 권리의 주변에 일련의 권리의 목록을 만들고 그것들을 불가역적인 것으로 만들 뿐 아니라 거기에 새로운 목록을 추가하고 확산하지 않으면 안된다. 이것은 실정법상으로 보장되어야 할 뿐 아니라 사회화와 관행, 규범과 가치 속에서 뿌리내려야 됨을 의미한다. 특히 시민사회를 강조하는 맥락에서는 개인적 자율성과 의사소통 및 결사를 보증하는 권리들의 목록이 각별히 중요하다.

3) 사회민주주의의 위기와 새로운 사회운동 그리고 시민사회

동유럽 사회주의의 국가전체주의가 시민사회론에 대한 관심을 불러일으킨 하나의 요인이었다면, 시민사회론에 주목하게 만든 또 하나의 배경은 사회민주주의의 위기이다. 사회민주주의는 시민권, 특히 사회적 권리의 확대에 지대한 공헌을 한 것이 사실이지만, 그 실천에서 중대한 딜레마들을 갖게 되었다. 전후 사회민주주의의 득세는 포드주의적 임노동관계에 기반한 노-자간 장기 타협국면하에서 이루어졌다. 그런데 집권한 사회민주주의 정당들은 한편으로 국가기구를 통한 기술관료적 실천의 효율과 사회민주주의 정당의 주요한 기반이자 활력인 사회운동들의 보다 급진민주적인 압력을 조정해야 할 딜레마를, 다른 한편으로는 자본주의적 경제성장을 유지함으로써만 집권을 지속시킬 수 있다는 현실적 사정과 시장경제에 사회주의적 내용을 강화시켜야 할 당위를 조정해야 할 딜레마를 갖게 되었다. 이 딜레마를 서유럽 사회민주주의 정당들이 효과적으로 해결한 것 같지는 않다. 왜냐하면 전후 사회민주주의의 역사는 기술관료적 실천과 생산제일주의와 함께 가는 노선을 선택했다는 것을 여실히 보여주기 때문이다. 사회민주주의가 국가주의적인 행위의 틀을 벗어나지 못했다는 것이다. 이것은 사회민주주의자들에게 예기치 못한 결과를 낳았다.

우선 1970년대 초 이래 포드주의적 축적체제와 임노동관계가 위기에 빠지게 되면서, 이러한 위기의 부담을 사회민주주의가 짊어지지 않을 수 없었다. 복지국가하에서 국가개입주의적·케인즈주의적 실천들의 비효율성이 집중적으로 비판되기 시작했고, 사회민주주의가 가져온 국가의 비대화가 공교롭게도 신자유주의자들에 의해 신랄하게 비난받았다. 사회민주주의가 주도적으로 포스트 포드주의적인 발전양식과 사회적 타협형태들을 발견하여 실행하지 못하는 한 사회민주주의 자체가 낡은 것으로 대접받아야 하는 처지에 놓이게 된 것이다. 적어도 이 점에 관한 한 1980년대 사회민주주의는 능동적·효율적으로 대응한 것 같지 않다.

다음으로 관료기구에 의존하는 국가주의적 실천은 기술관료주의와 코포라티즘을 강화시켜 애써 구축한 민주적 제도들을 형식화시키거나 시민들의 참여를 관료기구에 종속시키는 결과를 낳을 위험이 커졌다. 서유럽의 다원민주주의가 국가체계의 거대한 기술관료적 망에 포섭될 수도 있다는 위기의식이 비판이론적 관점에서 팽배해졌다.[22] 국가와 시민사회가 이미 깊숙이 상호연관되어 있는 조건하에서 시민사회의 자율성이 국

---

22) 이것은 오늘날 사회의 '체계복합성의 증대'가 가져온 이중적 효과로도 설명이 된다. 한

가의 권력장치와 기술에 의해 지속적으로 침해되는 사태를 막는 데 사회민주주의는 어떤 기여를 했다고 평가할 수 있는가? 이에 대한 평가는 대체로 부정적이다. 사회민주주의가 활력있는 사회운동과 가졌던 유대관계는 약화되었으며, 노동운동의 관료화를 부추기는 역할을 하기도 했다.

이런 각도에서 새로운 사회운동들의 역할이 조명될 필요가 있다. 새로운 사회운동들은 두 가지 성격을 갖는다. 하나는 이러한 운동들이 자본-노동관계로 환원되지 않으며, 그동안 시민권의 차원에서 상대적으로 소홀하게 다루어진 영역에서 발생하고 있다는 점이다. 이것은 민주주의적 열망과 가치가 고도로 분화되고 복합적으로 구성된 사회적 관계들을 가로질러 확장되고 있는 측면을 나타내준다. 그러나 새로운 사회운동들은 계급관계가 사회적 동일성을 구축하는 헤게모니적 힘을 새로운 정체성의 형성에 의해 대체했다기보다는 분화된 적대들을 비체계적으로 분출시키는 데 그쳐 안정성 및 응집력이 취약하다는 약점을 드러낸다. 그럼에도 불구하고 그것들은 계급관계로 환원되지 않는 시민사회의 다원성을 재확인시키고, 그 속에서 사회적 결속과 연대의 새로운 형태들을 선보임으로써 급진민주주의의 새로운 기획을 가능케 한다.

둘째로 새로운 사회운동은 국가주의적 행위양식과 정면으로 대립한다. 성과 가족, 인종, 지역, 환경, 평화 등은 가부장제, 인종 및 지역차별주의, 자연지배주의, 국가관계의 비시민적 성격(N. Elias, 1988) 등에 의해 조건지어진 것으로, 국가의 도구주의적 실천에 의해 억압되어왔던 사회적 세계들이다. 새로운 사회운동은 이러한 영역들의 자율적 통제력 및 민주적 결정을 옹호하기 위해 국가의 숨어 있던 권력을 드러내고 도구주의에 대해 가장 강력히 저항하므로 현시점에서 국가주의에 대한 매우 의미있는 비판이다. 제도로 구축된 민주주의가 국가권력에 의해 침해되는 것을 저지할 뿐 아니라, 국가권력을 사회의 분화된 영역에서의 자율

편으로 끊임없는 분권화와 다기화를 요구하면서도, 그러한 복합성의 증대를 조정할 관료기구의 강화를 동시에 요구하는 이중성이 그것이다. 문제는 도구적 합리성이 지배하는 조건하에서는 후자가 전자를 압도한다는 데 있다(A. Melluci, 1988).

적 연대에 기초한 권력으로 전화해나가는 데 새로운 사회운동들이 갖는 의의를 과소평가할 수 없다.

문제는 새로운 사회운동들을 전통적인 사회운동과 기계적으로 대립시키거나, 어느 것 하나의 우위를 선험적으로 가정하는 데 있다. 두 운동 형태가 서로를 배척하는 가운데서는 효과적인 정치적·사회적 힘을 발휘할 수 없을 뿐 아니라 시민사회론의 새로운 정치적 기획도 성공할 수 없다. 따라서 다원성, 갈등의 분화, 차이의 논리를 현실로 인정하면서도 이러한 차이들을 새로운 상징의 구축에 의해 통일할 수 있는 등가의 논리와 효과적인 연대의 틀과 방법론을 실용적으로 탐구하는 것이 시민사회와 새로운 사회운동의 연구에 있어 긴급한 과제라 할 수 있다.[23]

4. 맺음말—한국적 함의

우리 사회에서 시민사회의 발전이 매우 취약하다는 것은 이견의 여지가 별로 없는 평가이다. 아시아적 특질을 갖는 국가중심형 전근대사회의 유산으로부터 시작해서 식민지독재체제와 개발독재체제를 통한 근대화의 경험은 '시민혁명의 부재'를 그 주요한 특징으로 삼아왔다. 특히 1960년대 이후 자본주의와 민주주의의 극심한 불균형발전은 한국사회의 국가-경제-시민사회의 관계를 기형적이고 편향적인 것으로 만들었다. 정글식 자본주의의 도구적 합리성에 입각한 경제체계의 조직화, 그와 유착된 국가권력의 소수집단에 의한 점유는 경제와 국가 양자에 민주주의의 논

---

23) 어떤 운동이 중심인가 하는 논쟁은 그다지 생산적이지 않다. 여기서 강조해야 할 점은 각 나라의 조건이다. 예컨대 스웨덴과 같이 강한 노동운동을 가지고 있는 나라에서 노동운동이 여전히 중심이 되면서 새로운 사회운동으로의 노동운동의 자기확장과 수평적 연대가 필요할 것이다. 남아프리카공화국 같은 나라에서는 반인종차별운동이 중심이 되지 않을 수 없다. 노동운동이 지극히 취약한 미국 등에서 노동운동의 중심성을 '철학적'으로 확인하는 것이 무슨 의미가 있겠는가?

리가 내재화되는 것을 저지했을 뿐 아니라 시민사회의 발전마저 국가관리체계로 흡수해버리려는 시도들을 낳았다. 시민사회의 미성숙과 자율성의 결여는 공공영역 형성의 미흡성, 왜곡된 의사소통구조, 적절한 사회화 양식 및 합의에 기초한 규범적 통합의 결여 등으로 나타나며 시민사회마저 이권·연고 등을 바탕으로 한 사적인 이익의 배타적 추구 논리에 의해 휘둘리는 경향을 낳았다.

이러한 조건들은 한국사회에서 시민사회(론)의 가능성에 대해 회의하게 만드는 배경이 될 수 있다. 그러나 시민사회와 생활세계의 완전한 식민화는 불가능한 일이며, 오히려 국가집중형 사회일수록 조그만 자율적 시민공간이 거대한 국가체계 자체를 균열시키는 요인이 된다는 것이 보다 적합한 설명일 것이다. 예컨대 국가사회주의에서 시민사회의 내적 성장이 그 수직적 체계 자체를 안으로부터 붕괴시키는 요인이 되었을 뿐 아니라, 우리나라를 비롯한 발전도상국의 개발독재체제에서도 '민주화운동'으로 상징되는 시민사회의 공간확보가 그 체제를 종식시키는 역할을 톡톡히 했다. 하지만 대부분의 나라에서 독재정권의 교체가 일시적으로 시민사회의 급팽창을 가져오지만, 국가개혁이 동반되지 못할 때 이미 강력한 물질적 장치를 확보하고 있는 국가권력의 체계적 반격에 시민사회는 다시 수축해버리는 경향이 있다. 가령 우리나라에서 1987~88년의 상황과 89년 이후 상황의 대조는 그 좋은 예가 된다. 민주화라는 담화를 제한된 범위로 묶어두었을 뿐 아니라, 그나마 성취된 민주적 권리마저 불안정한 것임이 곧 드러나고 말았다. 국민들의 의식도 민주화를 주요한 과제로 꼽던 데서 다시 경제성장을 주요한 과제로 꼽는 쪽으로 변화되었다. 이것은 물론 헤게모니 경쟁에서 민주세력의 실패를 반영하는 것이기도 하다. 어쨌든 국가가 과잉비대화되어 있고, 시민사회의 미성숙성이 두드러진 사회일수록 위로부터의 국가개혁의 필요성이 아래로부터의 시민사회의 비판적 잠재력을 활성화하기 위해서도 증대된다는 점을 지적해야 한다. 민주적 기본권이 확립되어 있고, 시민사회가 상당 수준 뿌리내려 있는 서구에서의 정권교체와 민주적 기본권마저 위태롭고 시민사회가 이제 막 발돋움하고 있는 한국에서의 정권교체가 동일한 지평에서 평가될 수는 없다. 1987년의 정권교체에 실패한 부담이 그 뒤의 민주화와 시민사회의 발전에 얼마나 장애가 되었는가를 고려할 때 1992년의 국면 역시 다음 수년간 민주주의와 시민사회의 폭과 수준을 크게 좌우할 것이다.

민주화의 수준과 별도로 체계적 수준에서 진행된 한국사회의 분화 정도는 매우 높은 것으로 판단된다. 이것은 표면에 떠오르는 다원적인 갈등들을 계급적 갈등으로 환원할 수 없음을 의미한다. 여기서 전통적인 사회운동과 새로운 사회운동의 문제가 우리 사회에서도 시야에 들어와야 한다. 서구와 비교할 때 아직 한국 사회가 '노동의 서비스화'의 측면에서나 '지식노동자화'와 '주변적 노동자화'로의 새로운 양극화 경향의 측면에서나 일정한 시차를 가짐에 틀림없고, 노동세계의 민주화가 크게 지체되어 있을 뿐아니라 노동운동이 이제야 착근하기 시작하는 시점이라는 측면에서 노동운동의 중요성이 각별하게 다루어질 필요가 있으나 이것이 노동운동의 중심성 및 특권성을 바로 보장해주는 것은 아니다. 오히려 우리 사회에서도 노동자의 수직적·수평적 분화의 심화 및 생활양식 변화, 그리고 시민사회내 갈등 쟁점의 분화에 주목하면서 강한 조직운동(정당, 노동운동, 학생운동 등)과 공론 및 네트워크 형성의 시민운동들을 잇는 상징적·정치적 질서를 어떻게 효과적으로 구축할 수 있는가에 보다 큰 관심을 기울여야 한다. 이렇게 해서 형성되는 민주적 연대는 특정 집단의 이익을 다른 집단의 이익으로 곧장 전치하는 과정을 통해서가 아니라, 또는 제반 요구들을 단순히 중립화시키는 것을 통해서가 아니라 수평적이면서 아울러 확장적인 새로운 집합의지를 형성함으로써 가능한 것이다. 이러한 관점이 개혁적 진보정치의 새로운 출발점이 되어야 할 것이다. 우리가 시민사회론의 비판적 재구성에 관심을 가지는 것도 이런 맥락에서이다.

참고문헌

강정인, 「토크빌과 현대」, 『사회와 사상』, 한길사, 1991년 겨울호.

구갑우·김영순(편), 『마르크스주의 국가이론은 존재하는가?』, 의암출판사, 1992.

노명식, 『자유주의의 원리』, 민음사, 1991.

박영도, 「마르크스의 민주주의 개념에 대하여」, 『사회와 사상』, 한길사, 1991년 겨울호.

박형준, 『현대 노동과정론—자동화에 대한 연구』, 백산서당, 1991.

이병천·박형준(편저), 『마르크스주의의 위기와 포스트 마르크스주의 I』, 의암출판사, 1992.

차성수, 「마르크스의 시민사회론에 대한 비판적 고찰」, 『이순구교수회갑기념논문집』, 1992.

Arato, A., "Civil Society, History and Socialism; Reply to John Keane", *Praxis International*, 1989.

Bischoff, J., "Schritt-Macher der Revolution?", *Sozialismus*, 1991. 3.

Bobbio, N., "Gramsci and the Concept of Civil Society", J. Keane(ed.), *Civil Society and State: New European Perspective*(London : 1988).

Bowles, S. & Gintis, H. "Structure and Practice in the Labour Theory of Value", *Review of Radical Political Economy* Vol. 12, No. 4, 1982a.

Bowles, S. & Gintis, H., "The Crisis of Liberal Democratic Capitalism", *Politics and Society 11*, no. 1, 1982b.

Cohen, J. & Arato, A., 「새로운 정치와 시민사회의 재구성」, 한상진(편), 『마르크스주의와 민주주의』, 1991.

Coriat, B., *L'atlier et le Robot*(Paris : 1991).

De Tocqueville, A., 『미국의 민주주의』, 한길사, 1988.

Demirovic, A., "Zivilgesellschaft, Offentlichkeit, Demokratie", *Das Argument 185*, 1991.

Elias, N., "Violence and Civilization", J. Keane(ed.), *Civil Society and State: New European Perspective*(London : 1988).

Foucault, M., *Surveiller et Punir*(Paris : 1976) ; 박홍규(역), 『감시와 처벌』, 강원대 출판부, 1989.

Giddens, A., *A Contemporary Critique of Historical Materialism*(London : 1981).

Gorz, A., "New Agenda", *New Left Review* No. 184, 1990.

Gramsci, A., *Selections From the Prison Notebooks*(New York : 1971).

Habermas, J., 「오늘날 우리에게 사회주의란 무엇인가?」, 이병천·박형준(편저), 『마르크스주의의 위기와 포스트 마르크스주의 I』, 의암출판사, 1992.

Hegel, G. W., 『법철학』, 임석진(역), 지식산업사.

Held, D., 「이중적 과정으로서의 민주주의」, 『사회와 사상』, 한길사, 1991년 겨울호.

Hollub, G., *Urgen Habermas ; A Critic in Public Spheres*(New York : 1991).

Kebir, S., *Gramsci's Civilgesellschaft*(Berlin: 1991)·

Keane, J., *Democracy and Civil Society*(London : 1988a).

Keane, J.(ed.), *Civil Society and State: New European Perspective*(London : 1988b).

Laclau, E., *New Reflections on the Revolution of Our Times*(London : 1990).

Laclau, E. & Mouffe, C., 『사회변혁과 헤게모니』, 김성기(편), 터, 1991.

Lefort, C., *Democracy and Political Theory*(London : 1986).

Marx, K. & Engels, F., *Collective Works*(Moscow : 1989).

Marx, K., 『헤겔법철학 비판』, 홍영두(역), 아침, 1989.

Melluci, A., "Social Movements and the Democratization of Everyday Life", J. Keane(ed.), *Civil Society and State: New European Perspective*(London : 1988).

Pierson, C., 「사회주의 정치의 옹호」, 한상진(편), 『마르크스주의와 민주주의』, 1991.

Przeworsky, A., *Democracy and The Market*(Cambridge : 1991).

Riedel, M., 『헤겔의 사회철학』, 황태연(역), 한울, 1983.

Rosanvallon, P., "The Decline of Social Visibility", J. Keane(ed.), *Civil Society and State: New European Perspective*(London : 1988).

Texier, J., "Le concept gramscien de 「Société Civile」 et l'indépendance personnelle", *Actuex Marx*, No. 2, 1987.

Wood, E. M., "The Use and Abuse of Civil Society", *Socialist Register*, 1990.

제1장
시민사회와 민주주의*

끌로드 르포르

얼마 전에 리뷰 『에스프리』지에서는 '인권이 정치의 형식을 구성하는가?'라는 주제에 관한 회의를 연 적이 있었다. 그것은 제기할 만한 가치가 있는 질문이었다. 하지만 내 견해로는 그 질문에는 두번째 질문이 함께 제기되어야 한다. '인권이 정치의 분야에 속하는 것인가?' 하는 질문이 바로 그것이다. 그뿐 아니라 우리는 위의 두 가지 질문을 논리적으로 두 가지 문제에 선행하는 세번째 질문과 연관시켜서 생각해야만 하는데, '우리가 인권에 관해서 논하는 것이 과연 정당한 것인가? 또 인권이라는 말로 우리가 의미하는 것이 무엇인가? 만일 우리가 인간의 본성상 고유한 권리가 있다고 믿는다면 무엇이 인간의 특성인가에 대해서 정의하지 않고 넘어갈 수 있을까?' 하는 것이다. 사실 이러한 문제나 혹은 맨

---

* Claude Lefort, *L'Invention democratique: les limits de la domination totalitaire* (paris: Fayard, 1981). 여기서는 영역본 John B. Thompson, *The Political Forms of Modern Society* (Cambridge: polity press, 1986)에 수록되어 있는 것을 대본으로 했다.

앞의 문제에 매달리는 것은 상당히 무모한 일이다. 맨 처음의 목표를 모호하게 만드는 사고에 사로잡히게 될 위험성이 있을 뿐만 아니라, 틀림없이 그 대답도 찾아내기가 또한 어려울 것이다. 사실 우리 시대의 가장 심오한 사상가 중의 한 사람인 레오 스트라우스(Leo Strauss)는 결론에 도달하지는 못했지만, 그와 같은 사고를 위한 길을 닦았다. 우리는 그의 책 『자연권과 역사』(*Natural Right and History*)에서 인간의 본성에 관한 물음은 고전적인 사상의 전제를 포기함으로써 해결되는 것이 결코 아니며, 그 문제는 현대사상을 계속해서 괴롭히고 있고, 또 실증과학과 역사주의에 의해서 생겨난 제모순으로 인해 보다 더 복잡해지고 있음을 배울 수 있다. 위와 같은 교훈은 분명 하찮은 것은 아니지만, 대단히 많은 불확실성이 남아 있다. 하지만 만일 우리가 어렵다는 이유로 일련의 문제를 포기해야 한다면 우리는 그러한 문제들로부터 완전히 스스로를 단절시키게 될 위험성이 존재한다. 우리가 관심을 가지고 있는 문제는 그 중요성이 절하될 것이다. 우리는 우리 자신이 인권이라는 개념을 쓸 수 있는가, 그리고 집단적인 에너지를 동원해 이를 이른바 정치적 영역에서 다른 세력들과 대항할 수 있는 힘으로 전화시키기 위해서 인권이라는 개념에 의해 고무되는 요구를 이용할 수 있는가 하는 질문만을 계속해서 던질 것이다. 우리는 비록 우리가 억압에 대한 저항이라는 숭고한 동기에 호소한다고 할지라도 효용성이라는 관점에서 주장할 것이다.

그렇다면 철학적 회의라는 어지럼증에 빠지지 않고 실용주의의 함정을 어떻게 피할 수 있을까? 내게는 두번째 문제에서 출발하는 것이 문제에 접근하는 가장 좋은 방식인 듯하다. 사실 두번째 문제는 다른 두 가지 문제의 연결고리로서 역할하고 있다. 인권이 고유한 정치적 의미를 지니고 있는가 어떤가를 살펴보지 않고서는 인권의 정치학에 대해서는 어떤 것도 엄밀하게 논할 수 없다. 그리고 인간존재나 혹은 같은 이야기지만 인간의 공존에 관한 개념을 포함하지 않고서 정치적인 것의 본질에 대해서 이야기할 수는 없다.

더구나 이 문제는 우리 자신이 처해 있는 특수한 역사적 상황에서 발생하고 있다는 점이 지적되어야 한다. 그것은 정치와 권리라는 주제가 새로운 민감성을 지니게 된다는 점을 의미한다. 그 문제는 소유라는 관점에서 행해진 분석은 말할 것도 없고, 생산관계라는 견지에서 행해진 분석에 대해서도 더이상 만족하지 않는 사람이라면, 그리고 또 공산주의라는 전망의 포기로 인해서 세계에 대한 종교적이거나 혹은 도덕적인 묘사로 후퇴하기는커녕 반대로 새로운 방식의 사상과 행동을 찾아나서는 사람들이라면, 누구나 직면하지 않을 수 없는 문제이다.

프랑스 좌파 전체에 걸쳐서 마르크스주의의 전파는 권리 일반에 대한 평가절하와 나란히 진행되었고, 또 부르주아 인권 개념에 대해서 강력하면서도 역설적인, 혹은 '과학적인' 비난 속에서 진행되었다. 그리고 우리는 내친김에—이 점에 대해서 다시 언급하겠지만—일단 마르크스주의는 그 창시자의 가르침에 충실하지 않았다는 점을 지적해야 하겠다. 왜냐하면 『유태인 문제에 관하여』에서 마르크스가 전개한 '인간의 권리'에 대한 유명한 비판은 비록 청년시절의 작품이기는 하지만, 마르크스의 후기 저작과 모순되지 않았고, 또한 마르크스의 계승자들의 공헌과도 모순되지 않았다. 마르크스주의가 그 색조를 바꾼 것은 아주 최근의 일이다. 그것은 자유주의적인 언어법을 사용하고 있는데, 한편 소수의 이데올로그들—이들은 예전에는 스스로를 비타협적인 교리수호자로 자처했었다—은 마르크스주의에 대해서 등을 돌렸다. 어디로부터 충격이 도래했는지에 대해서는 우리는 모두 알고 있다. 강제수용소의 희생자들—솔제니친은 그 대표적인 인물이다—에 의해서 퍼지게 된 광범위한 정보를 통해서 소련의 수용소 제도의 실상이 알려지게 되었고, 또 이어서 모든 사회주의제국의 반체제인사들이 인권존중을 요구하기 위해서 헬싱키 협정을 이용하는 등의 노력을 전개했고, 이는 많은 사람들의 사고에 커다란 혼란을 일으키는 결과를 빚었다. 이제 인권은 더이상 형식적인 것, 지배체제를 은폐하려는 것으로 간주되지 않고 있다. 왜냐하면 이제 인권은 억압에 대한 실제적인 투쟁을 나타내고 있는 것으로 간주되고 있기 때문이다. 앞으로는 동유럽 여러 나라들에서 자행된 억압에 대해서 반대하고 이를 비판하는 사람이라면 여러가지 인권이 이른바 부르주아 민주주의라는 맥락하에서는 가치를 지니고 있음을 인정하지 않을 수 없다고 느끼고 있고, 또 사회주의 체제는 이러한 권리를 보호해야만 하는 것임을 선언하지 않을 수 없다고 느끼고 있다.

하지만 도대체 인권을 옹호하는 새로운 선언은 우리에게 무엇을 이야기하고 있는가? 인권은 훌륭한 체제의 필수불가결한 보충물로서, 사회주의내에서는 아직 결여되어 있지만, 미래에 언젠가는 갖추게 될 보충물로서 정의되고 있거나, 아니면 사악한 정치상황에 직면해서도 사상이나 정신이 독립되어 있음을 밝혀주는 증거로 이야기된다. 어떤 사람들은 단지 사회주의를 개조해서 단지 사회주의가 '인간의 얼굴'을 할 수 있도록 하기만을 바라고 있고, 또 어떤 사람들은 국가의 침해—그 본질이 무엇이든 국가는 사악한 것으로 간주된다—에 맞서서 사람들의 인간성을 옹호하기 위해서 사람들의 인간성에 호소하는 데 만족하는 경우도 있다. 이는 마치 마르크스주의자의 입장에서는 인권을 통해서 '정신의 보완'(Supplément d'ame)이라는 가치를 재발견할 수 있게 된 것처럼 보이고, 또 사회주의라는 우상을 파괴하는 사람들 입장에서는 인권을 통해서 개인과 사회 사이의 대립, 혹은 원래의 인간과 도시의 노예화된 인간 사이의 대립을 재설정하도록 이끌었다.

반체제인사들의 행동은 분명 인권에 대한 재평가를 제기했지만, 그 의미를 평가하기 위한 시도는 거의 이루어지지 않았다. 실제로 대부분의 반체제인사들은 자신들은 '정치에 개입할' 의사가 전혀 없다고 선언한 바 있다. 이 점은 인권에 대한 재평가에 대해서 시큰둥한 서구 사람들에게 더욱 도움이 되었다. 하지만 그와 같은 선언은 무엇을 의미하는가? 그들에게는 정치적 야심이 없으며, 또 그들은 기존의 권력을 전복하기 위해서 애쓰거나, 또 정부에 새로운 정책을 제시하고, 야당을 결성하거나 혹은 마르크스주의에 반대하는 새로운 원리를 전개하거나 하지 않고 있다는 것도 사실이다. 그들은 민주주의 국가에서 실시중인 보장책을 요구하는 것에 불과하다. 왜냐하면 이러한 보장이 없이는 자유도 없고, 시민의 안전도 없기 때문이다. 그렇지만 그들의 행동에서 정치적 의미를 찾아내기 위해서 감추어진 의도가 있다고 생각할 필요는 없다. 왜냐하면 그들이 요구하고 있는 제권리가 전체주의 체제와 양립될 수 없게 되자마자 그들 자신은 정치적 목표도, 강령도, 이론도 갖고 있지 않다고 해도 그들이 정치에 개입되어 있다는 사실이 너무나 분명해지기 때문이다. 그리고 이러한 권리는 사실상 전체주의가 직접 부정하고 있는 사회라는 일반적 개념—이는 한때 이른바 폴리스(polis)나 도시(city)라고 불렸다—과 밀접하게 결합되어 있다는 점이 마찬가지로 분명해진다. 최근의 몇 년간 중국은 물론 소련과 동구에서 새로운 점은, 사람들이 경찰의 자의적인 행동에 대해서 항의하고, 법원이 정부에 종속되어 있음을 탄핵하고, 일정한 자유를 요구한다는 점에 있는 것이 아니라 그들이 이제는 자신들의 행동을 인권을 옹호한다고 하는 기치하에서 전개하고 있다는 점에 있다. 또한 자신들의 견해로 인해서 박해받고, 또 자신들을 변호하지도 못한 채 처벌받는다는 점이 새로운 것이 아니라 이를 통해서 인권이란 것이 권력의 적이 되었다는 점이 새로운 현상이다. 이리하여 개인과 집단에 대해서 강제가 행사되고 있다는, 이미 오래전에 밝혀진 바 있는 사실을 넘어서서 전체주의 사회모델(그것이 스탈린주의적 유형, 네오스탈린주의적 유형, 혹은 마오주의 유형이나 네오마오주의적 유형의 어느 것이든)과 제권리를 인정하는 모델 사이의 근본적인 대립이 등장하고 있다.

이러한 대립은 이른바 프랑스 좌익의 정신에 영향을 미치지는 않았다. 몇몇 사태의 경우, 프랑스 공산당, 특히 그 서기장인 조르주 마르셰(George Marchais)는 반체제인사들을 체포하고 구금한 것에 대해서 항의했었다. 프라하 재판에 대한 그의 최근 성명은 특히 강력한 어조를 띠고 있다. 하지만 그가 어떤 개인도 잘못된 의견을 가지고 있다는 이유로 박해를 받아서는 안된다고 선언했을 때, 표현된 의견이라는 것이 인권의 옹호를 의미하는가 하고 캐물은 사람이 있었던가? 또 그가 인권에 대한 자신의 신념을 선언했을 때, 그 정치적 함축이 무엇인가를 그에게 질문

한 사람이 있었던가? 프랑스 좌익연합이 결렬되기 이전까지 사회당은
공산당의 항의(공산주의 정권이 반체제인사들을 구금하고 체포한 것에 대해
서 프랑스공산당이 항의한 것—역자)를 자신들의 선거전략을 위해서 즐겁
게 이용할 수 있었고, 자신들의 동맹(즉 공산당—역자)을 민주주의의 대
의를 위해서 노력해온 정당으로 제시할 수 있다는 점을 기뻐했다. 그러
나 이것이 단지 기회주의란 말인가? 그러한 질문은 제기할 만한 가치가
있다. 왜냐하면 사회당의 태도는 인권을 개인의 권리가 아니라 다른 것
으로 사고할 수 있는 능력이 결여되어 있다는 사실을 입증하는 것이라
고 나는 생각하기 때문이다. 그들의 이러한 사고는 진짜 마르크스주의자
들이건, 아니면 단지 마르크스주의에 감화된 사람이건간에 대부분의 프
랑스 좌파들도 마찬가지로 갖고 있다. 사실상 좌익 중에서 공산당원이
아닌 사람들은 자유주의자이면서 동시에 사회주의자이기를 바라고 있
다. 그들은 자유주의자로서는 1789년의 원리(이는 아마도 그들이 로베스피
에르를 숭배하는 것을 방해하지는 못할 것이다)에 기꺼이 호소하고, 그리고
사회주의와 자유의 행복한 결합(mélange)을 상상하면서 흐뭇해 한다.
전체주의에 대한 그들의 무지는 이 점에서 설명된다. 그들은 점점 더 늘
어나는 문헌상의 증거를 접하면서, 분명히 새로운 지배체제의 모든 징후
를 알아차릴 수 있다. 하지만 그들은 관료제 권력이 지나치게 독단적이
라고 하는 결론에서 더 나아가지 않는다. 그리고 비록 그들이 이러한 체
제의 해악에 대해서 비난하고 있기는 하지만, 그들은 소련과 동구, 중국
과 베트남 등의 정권을 여전히 사회주의적인 것으로 간주하고 있다(단
캄보디아의 경우만이 그들을 당황하게 만들고 있다). 위와 같은 모든 판단
의 근저에는 소유관계와 권력관계라는 수준에서 현실이 정의되어야 한
다는 생각이 완강하게 자리잡고 있다. 권리라는 문제는 그것이 위의 소
유관계와 권력관계를 합리화하는 것에 불과한 것으로 간주되는 순간, 권
리는 도덕이라는 성소(聖所)에, 그것도 각 개인이 자신의 내부에 지니고
다니는 성소에 안치된다.
　따라서 우리는 공산당원들이 소련의 반체제인사들에 대한 재판을 비

판하면서 동시에 너무나 쉽게 체제에 대해서는 '전반적인 의미에서 긍정적인' 것으로 묘사하면서 옹호한다고 해도 놀라서는 안된다. 그들은 조작할 여지를 지니고 있다. 왜냐하면 그들은 그들 자신의 것은 아니지만 논리를 빌려와서 능숙하게 자신에게 유리한 방향으로 이용하고 있기 때문이다. 그러나 이러한 논리가 어떻게 좌익의 사고를 규정하고 있는가를 관찰하기에는 아직도 충분하지 않다. 따라서 우리는 또한 그 논리가 그 한계를 넘어서서 어떻게 작동되고 있는지를 보지 않으면 안된다. 현대의 보수사상은 비록 민주주의의 가치를 칭찬하는 데 열심이기는 하지만, 소유관계와 권력관계가 정치의 핵심을 이루고 있다는 점을 의심하지는 않는다. 물론 현대의 보수사상은 개인의 자유와 시민의 안전에 대한 보장을 신성한 것으로 간주하고 있다. 그러나 그것은 도덕의 영역에 해당되는 것과 정치의 영역에 해당되는 것을 엄밀하게 구별하고 있다. 그런데 정치의 영역이란 권력을 위한 경쟁과 그리고 기존질서나 국시(raison d' etat)를 보존할 필요성과 관련된 영역이다.

따라서 정치인들에 의한 권리침해에 대해서는 일반적으로 무관심이 존재한다. 바로 국가간의 관계가 이익이나 권력의 논리에 의해서 결정된다는 것이 당연한 것처럼, 자신들의 지위를 방어하기 위해서는 모든 수단이 사용될 것이라는 점이 수용되고 있다. 이는 예를 들면 여러 해 전에 미국에서 워터게이트 사건이 터졌을 때, 많은 사람들이 보여준 냉소적인 반응을 설명해준다.

따라서 공산당은 가장 심각할 수 있는 비판으로부터는 보호를 받고 있다. 공산당이 스탈린주의적 탄압방식이나 스탈린주의의 유산에 대해서 비난하면 어떤 사람들은 자신들이 들은 것에 대해서 놀라고, 다른 사람들은 너무 늦었고 또 너무 소극적이며 너무 빈약하다고 공산당을 공격한다. 공산당의 성명을 위선으로 간주하고 있는 공산당의 적대자들은 그러한 성명이 자유주의적인 유권자들에게 긍정적인 영향을 가져오지 않을까 하는 점을 우려하고 있다. 그러나 권리에 대한 소비에트 국가의 침해가 사회(social body)에 대한 침해인가의 여부에 대해서 나서서 말하

는 사람은 아무도 없다. 그 질문은 던져지지 않았다. 왜냐하면 그것은
권리가 정치의 구성요소라고 하는 생각을 함축하고 있기 때문이다. 하지
만 그러한 생각이 아니더라도 개인의 자유를 원칙적으로 옹호하는 것이
스탈린주의를 정당화하는 것과 양립 불가능하다고까지는 말할 수 없다
는 점은 간단히 지적해둘 수 있다. 사람들은 인권을 개인의 권리로 축소
시켜서 이와는 얼마간 거리를 두고 고유한 현실의 질서를 내보이는 데
만족하고 있다. 따라서 주어진 역사적 상황에서 현상의 보존이 그러한
개인적 권리의 행사와 어느 정도나 조화를 이룰 수 있었고, 또 현재 조
화를 이루고 있는가 하는 문제만이 적절한 것이 된다. 이제는 무엇이 옳
은가는 사실이 결정한다. 즉 그것은 정부에 의한 일정한 강제수단이 한
정치체제―사회주의―를 유지할 필요성으로부터 도출되었는가, 혹은
도출되고 있는가의 여부를 관찰하는 문제 혹은 그러한 강제방식은 과거
나 지금이나 그러한 필요와 관계가 없는가의 여부를 관찰하는 문제가
된다. 위와 같은 맥락에서는 공산당원들은 강제수용소는 말할 것도 없고
잘못된 견해를 지녔다고 함부로 체포하는 것은 비난받아 마땅하다고 상
대방 자유주의자에게 양보해도 전혀 상관이 없을 수도 있다. 하지만 이
러한 비난은 인권에 대한 침해는 개인의 권리에 대한 침해이고 이는 정
치적인 것이 아닌 권리에 대한 침해라고 하는, **양측이 모두 받아들일 수
있는** 관행과 일치하고 있는 현실주의라는 잣대에 주의깊게 적응되어 있
는 것이다. 이를 통해서 공산당원들은 정부의 실수―개인들이(비록 그
숫자가 수백만 명에 달한다고 해도) 그 희생자들인데―가 그 국가의 본질
에 의문을 제기할 수 있도록 하는 것은 아니라는 점을 증명할 수 있게
된다. 왜냐하면 국가의 본질은 개인의 본질과는 다르고, 또 국가는 법에
복종하고 있고, 또 국가에 고유한 제약에 종속되어 있기 때문이다. 그리
고 그들은 소위 스탈린주의의 '지나침'(excesses)에 대해서는 심사한다고
하더라도, 스탈린주의를 역사적으로 규정된 사회주의의 한 형태로 정의
하는 것에 대해서는 여전히 문제삼을 수 없다고 주장할 수 있다. 왜냐하
면 이러한 '지나침'은 단지 정권 초기의 부산물에 지나지 않는 것이고,

또 그것은 그 자체가 불가피한 것인데 왜냐하면 사회적 결속이라는 요청에 의해서 그것이 요구되었기 때문이라는 것이다. 하지만 공산당원들이 자신의 견해를 옹호한 방식에 관계없이 그들의 변호는 항상 효과를 거두었다. 왜냐하면 그들은 자신들의 언어, 공산주의자의 언어가 아니라, 비공산주의적 상대방이나 자신들의 적(敵)과 동일한 언어로 이야기하기 때문이다.

그런데 정치적 현실주의와 단호히 결별하고 무조건적으로 인권을 옹호하는 사람들 자신도 이같은 언어로부터 벗어나지 못하고 있다. 왜냐하면 이러한 결별에는 정치에 대해서 사고하는 것을 전적으로 단순하게 거부한다는 것이 수반되고 있기 때문이다. 그들은 모든 권력에 대해서 저항한다고 하는 종교를 만들어내고 있고, 또 반체제인사들을 현대의 순교자로 만든다. 하지만 인권을 개개인의 문제로 만들어버림으로써 그들은 억압 정도의 차이라는 점말고는 전체주의와 민주주의 사이의 차이를 사고하지 못한다. 게다가 그들은 마르크스주의적 견해에 새로운 신용장을 부여한다. 그런데 마르크스주의적 견해는 그 최초의 상태에서는 '추상적 인간'의 허구성에 대해서 정확하게 비판을 했고, 또 부르주아사회에서 그러한 개념이 하는 역할을 폭로한 바 있다.

우리는 인권이라는 개념에 충분한 의미를 부여하기 위해서는 마르크스가 설정한 틀에서 벗어나야만 한다. 하지만 그 틀에서 벗어나기 위해서는 마르크스의 사상을 지나쳐서는 안되고, 오히려 인권에 대한 마르크스의 비판—이는 결코 무의미한 것은 아니었다—으로 돌아가야만 한다. 이는 마르크스의 주장에 내재해 있으면서 또 마르크스의 주장을 오늘날 마르크스의 적들의 주장과 아주 밀접하게 관련을 맺도록 하는 마르크스의 오류나 착각이 무엇인가를 밝혀내기 위해서 필요하다.

1. 마르크스의 인권 비판

마르크스가 인권에 대한 그의 해석의 중심 테마를 『유태인 문제에 대하여』에서 전개했음은 앞서 말한 바 있다. 그러면 이 저작을 살펴보도록 하자. 18세기 말, 미국에서 최초로, 그리고 다음에는 프랑스에서 등장한 인권이라는 표현은 사회내에서 개인들이 분리되는 것을, 그리고 또 이러한 원자화된 사회와 정치적 공동체 사이의 분리를 은폐하는 역할을 할 뿐이라는 점에 대한 확신에서 마르크스의 해석은 출발했다. '시민(ci-toyen)과는 다른 인간(homme)이란 누구를 말하는가?'라는 질문을 마르크스는 던지고 있다. "다름 아니라 **시민사회의 구성원**(member of civil so-ciety)이다. 어째서 시민사회의 구성원이 '인간'이라고, 단순히 인간이라고 불리는 것일까? 어째서 그의 권리가 **인간의 권리**라고 불리는 것일까? 이러한 사실은 어떻게 설명되어야 하는 것일까? 정치국가와 시민사회 사이의 관계로부터, 그리고 정치적 해방의 본질로부터 설명되어야 한다." 이어서 마르크스는 다음과 같이 말하고 있다. "시민권(droits du ci-toyen)과는 구별되는 이른바 인간의 권리란 시민사회의 구성원의 권리, 즉 이기적인 인간, 타인으로부터 분리되고 공동체로부터 분리된 인간의 권리(droits de l'homme)에 다름 아니다."[1] 마르크스는 이러한 명제에서 견해, 특히 종교적 견해의 지위에 관한 그리고 자유, 평등, 소유와 안전에 관한 일련의 결론을 도출한다. 견해에 대해서 마르크스는 무엇이라고 말하지 않을 수 없었던가? 간단히 말하면 사적 소유의 정신적 등가물인 듯이 보이는 때에는 그것은 정당한 견해인 듯이 보인다고 하는 점이다. 자유에 대해서는 어떤가? '다른 사람에게 해를 끼치지만 않으면 무엇이

---

1) K. Marx, "On the Jewish Question", K. Marx and F. Engels, *Collected Works* (London: Lawrence and Wishart, 1975), vol. 3, p. 162.

든 할 수 있는' 개인의 '권리'라고 정의하면서 그러한 권리는 각각의 개인을 '자기 자신 속에 처박혀 있는 고립된 단자(monad)'로 전제하고 있다고 말한다. 소유에 대해서는 어떤가? '자신이 하고 싶은 대로 자신의 재산과 소득, 자신의 노동 및 생산의 성과를 즐기고 처분할 수 있는' 시민 각 개인이 지닌 권리라고 법률적으로 정의되는데, 이러한 정의는 모든 사람들이 타인을 "자기 자신의 자유의 **실현**이 아니라 자신의 자유에 대한 **장애물**로 바라보도록 한다"고 마르크스는 말한다. 평등에 대해서는? 마르크스는 그것은 단자이론의 새로운 변형에 불과할 뿐이라고 말한다. 그러면 마지막으로 안전에 대해서는? 그것은 "시민사회에서 가장 고도의 사회적 개념이라고, **경찰**이라는 개념은 사회전체가 그 사회의 구성원 각자에게 그의 인격과 그의 권리, 그리고 그의 재산을 보호하기 위해서 존재한다는 사실을 표현하고 있다"고 마르크스는 말한다. 즉 그것은 "사회구성원 각자의 이기주의를 **보장**하는 것이다."[2]

그런데 전체주의에 대한 경험은 위와 같은 해석이 지닌 결함을 드러내주고 있다. 전체주의는 인간의 권리가 짓밟히고 난 폐허 위에서 수립된다. 그렇지만 전체주의 체제하에서 인간은 사상 유례가 없을 만큼 인간으로부터 분리되고 공동체로부터 격리된다. 그러나 이는 인간이 자연적 개인을 나타내는 것으로 가정되고 있기 때문에 그렇게 되는 것이 아니다. 오히려 인간이 공산주의적 인간을 나타내는 것으로 가정되었기 때문에, 그의 개성이 훌륭한 집단정치, 소비에트 인민이나 당 등으로 용해되지 않으면 안되었기 때문에 그러한 것이다. 이러한 용해는 인간과 인간 사이의 차이의 용해이면서 동시에 인간과 집단 사이의 차이의 용해를 의미한다. 이는 인간이 사적인 생활의 범위에, 단자의 지위에 국한되어 있기 때문에, 그가 사상과 자유, 재산과 안전에 대한 권리를 누리고 있기 때문에 그러한 것이 아니라, 이러한 권리의 향유가 금지되어 있기 때문에 그러한 것이다. 끝으로 시민사회가 국가로부터 분리된 것으로 가

---

2) 같은 책, pp. 162~64.

정되기 때문에 그런 것이 아니라, 국가가 모든 형태의 사회화와 모든 방식의 활동에 대한 원칙을 보유하고 있기 때문이다.

마르크스의 해석이 봉건사회에서 부르주아 사회로의 이행이라고 하는 커다란 역사적 사건에 대한 설명이라고 주장될 수 있음은 사실이다. 마르크스에게 있어서 봉건제는 모든 요소들—물질적 요소와 정신적 요소—이 정치적 성격을 띠고 있는 사회의 유형을 의미했다. 봉건사회에서 그러한 요소들은 합쳐져서 유기적으로 결합되어서 전체를, 즉 영주지, 공유지, 자치도시 그리고 길드 등을 이루었다. 봉건체제의 종말에 대해서 마르크스는 다음과 같이 말하고 있다.

그럼으로써 정치혁명은 **시민사회의 정치적 성격을 제거했다.** 그것은 시민사회를 파괴해서 그 단순한 구성요소로 분해했다. 한편에는 개인들이 있고 다른 한편에서는 그 개인들의 생활과 사회적 지위의 내용을 이루고 있는 **물질적·정신적 요소들**이 있다. 그것은 정치적 영혼을 해방시켰는데, 그 정치적 영혼은 말하자면 분열되어서 봉건사회의 막다른 골목에서 흩어진 채 분산되어 있었다. 정치혁명은 흩어져 있는 정치적 영혼의 조각들을 모아서 **시민생활과의 혼합물에서 해방시키고, 그것을 공동체의 영역으로, 국가의 **일반적** 관심사로, 시민생활의 **특수한** 요소로부터는 관념적으로 독립되어 있는 영역으로 설정했다.[3]

하지만 봉건사회로부터 부르주아 세계로 이행하는 과정에 대한 역사적 분석은 인간해방이론이라는 틀 안에서 의미가 결정되고 있다. 우리가 살펴보고 있는 저작(『유태인 문제에 관하여』)은 전체적으로, 그리고 특히 그 결론부분은 이 점에 대한 확신으로 가득 차 있다. 마르크스는 부르주아혁명으로부터 그가 '정치적 해방'이라 부른 것을 보유하고 있는데, 즉 정치의 영역을 사회로부터 떨어져 있는 보편적인 영역으로 규정하고 있고, 사회는 특수한 이해와 개별적인 존재들의 결합으로 축소시키고, 그

---

3) 같은 책, p. 166.

구성부분들로 분해시킨다. 마르크스는 이러한 정치적 해방을 인간해방 과정에서 필요한 과도적인 단계로서 간주했다. 그리고 부르주아지들은 이 단계를 바로 인간해방이 실현된 단계로 생각하기 때문에 마르크스는 이를 **뛰어난** '정치적 착각'의 계기로 간주했다. 이러한 의미에서 마르크스에게 있어서는 정치적 '해방'과 정치적 '착각'은 분리될 수 없는 것으로 드러났다. 동시에 시민사회의 특수한 요소들은 마치 독립적인 것처럼 서로 분리되어 있기 때문에 정치적 착각은 이러한 요소들이 독립되어 있다는 착각이나 혹은 인간—이 인간의 목표는 그 권리를 보존하는 것이다—의 권리라고 하는 잘못된 표현과도 일치한다고 마르크스는 생각했다. 즉 정치와 인간의 권리란 동일한 착각의 양극을 이루고 있는 것이다.

만일 부르주아 민주주의혁명에 대한 분석의 이론적인 구조가 위와 같다면, 우리는 이러한 이론적 구조가 전체주의혁명에 대한 분석에서도 통용될 수 있는가 하는 질문을 던질 필요가 있다. 이제 후자를 설명하려면 대부분의 용어들을 파기하는 것이 필요하다는 것은 당연하다. 실제로 전체주의는 시민사회의 자율성의 모든 징후를 없애버리는 경향이 있고, 또 시민사회를 구성하고 있을지도 모르는 특수한 결정을 부정하는 경향이 있다. 분명 **정치적 영혼**은 사회의 전체분야에 걸쳐서 퍼져나간다. 정치적 영혼의 대표격인 당은 국가—이는 인민 일반을 체현하고 있는 것으로 가정되고 있다—와 시민사회의 모든 제도 사이의 동맹을 형성하는 데 착수한다. 하지만 마르크스를 선의로 읽은 사람이라면 이른바 '인간해방'의 공식을 전체주의가 제공해주고 있다는 결론을 내리지는 않을 것이다. 그러한 결론이 불가능한 여러가지 이유 가운데 단 하나만을 들어보자. 시민사회가 파괴되는 과정은 정치영역이 대단히 확대되는 결과를 초래하지만, 그렇다고 시민사회가 사라지게 되는 것은 아니다. 즉 정치적 영혼이 전파되는 과정은 공동체를 대표하며 또 '인민 일반의 관심사항을 결정하는' 힘이 강화되는 것과 함께 일어난다. 마르크스가 설명하는 방식대로 하면 전체주의는 체제의 '정치적 착각'이 최고조에 이른 시점에서 등장하고, 또 모든 권력을 소유하고 있는(혹은 최소한 소유하려고 노력하고 있는) 국가에서 현실화된다. 그 시점에서 인간의 권리는 파괴되고, 또 '정치'와 '인간의 권리' 사이의 관계―마르크스는 이를 동일한 착각의 양극이라고 보았다―는 사라진다. 따라서 우리는 한 가지 주장을 미리 하지 않으면 안된다. 즉 마르크스의 틀은 우리 시대의 사태에 의해서 훼손되었다는 것이다. 여기서 이는 또 두번째의 주장으로 이어지는데, 인간의 권리에 대한 마르크스의 비판은 그것이 부르주아 민주주의혁명에 대한 분석이라는 맥락에서 나온 것이기는 하지만, 이미 근거가 없다는 점이다. 그렇다고 마르크스의 비판 전체가 반드시 잘못되었다고는 할 수 없다. 그와 같은 결론을 내린다면 이는 한 가지 주목할 만한 사실을 무시하는 것이 될 것이다. 대부분의 경우 마르크스는 미국 헌법 혹은 1791년과 1793년의 『인권선언』에서 발췌해서 심지어는 말을 바꾸어 써가면서 이에 대해서 언급하는 데 그치고 있다. 따라서 우리는 마르크스를 비난하는 사람들에 대해서 일정한 중용을 강요하지 않으면 안된다. 왜냐하면 이들은 인간의 권리를 위해서 싸우고 있다고 주장하지만 이러한 권리에 있는 모호함에 대해서는 눈을 감고, 마르크스나 마르크스주의자들로부터의 반대만이 아니라, 개인이 사회 속에서 행위하는 기준으로서 이기주의를 받아들이려고 하지 않는 사람들로부터의 반대에 대해서도 적합했고, 또 지금도 적합한 공식이라면 전혀 받아들이지 않기 때문이다. 유럽에서 모델로 받아들여졌던 1791년 선언에 들어 있는 많은 그러한 공식들은 분명히 개인이 최고의 가치를 지닌다는 생각에 근거를 부여한다. 왜냐하면 그러한 개인이 행동하고, 소유하고 말하고 쓰는 힘은 단지 다른 개인들의 그같은 행위를 하는 힘에 의해서만 제한되고 있기 때문이다. 더구나 마지막 조항에 규정되어 있는 소유권에 대해서 신성한 것으로서 다른 모든 권리의 기초를 이루고 있는 것으로 성격규정할 수 있다고 해도 틀린 것은 아니다. 따라서 마르크스가 우리의 비판을 받아야 하는 점은 그가 인간의 권리를 무엇이라고 생각하고 있었는가가 아니라, 인간의 권리 속에서 무엇을 간과했는가 하는 점이다. 실제로 마르크스는 하나의 함정에 빠져 있고, 또 우리를 그리로 끌어들이고 있다. 그런데 그것은 다른 경우라면 그리고 다른 목적을 갖고 있는 경우라면 마르크스가 능숙하게 피해갔던 이데올로기라는 함정이다. 마르크스는 스스로 권리에 대한 이데올로기적 해석에 사로잡힌 채 권리라는 것이 실제로 의미하는 바가 무엇인가에 대해서, 그것이 사회생활에 대해서 얼마나 깊이있는 변화를 가져오는가를 간과했던 것이다. 그 결과로 마르크스는 바로 그『인권선언』책자 속에서 이데올로기를 넘어서서 등장하고 있는 것이 무엇인가를 보지 못하고 있다.

『인권선언』이라는 책자로 다시 돌아가보자. 자유에 관한 조항에 대해서 마르크스가 보여준 반응을 검토해보자. 그 조항은 "자유란 타인에게 해를 끼치지 않는 범위에서 무엇이든 할 수 있는 것을 의미한다"라고 규정하고 있다. 마르크스의 논평은 이러한 권리는 인간을 '단자'로 만들어버리고, 또 그 권리는 인간과 인간의 결합에 기초해 있는 것이 아니라, 그와는 반대로 인간과 인간의 분리에 기초해 있다는 것이었다. 즉 마르크스는 다음과 같이 말하고 있다. "그것은 이러한 분리의 **권리**, 자기 자신에 틀어박힌 **제한된** 개인의 권리이다."[4] 따라서 마르크스는 '해를 끼치지 않는다'는 부정문을 '……무엇이든 할 수 있다'는 긍정문에 종속시킴으로써 그 의미를 제한하고, 공적인 분야에서는 인간의 행동은 무엇이든—그 사회가 어떻게 구성되어 있든간에—반드시 그 행동주체를 다른 주체와 연결시킨다는 점을 고려하지 않고 있다. 왜냐하면 이러한 연관은 일차적으로 주어진 것으로서 특정한 정치적 혹은 제도적 메커니즘과는 아무런 관계가 없는 것이기 때문에(혹은 같은 이야기이지만 개인의 고립 혹은 단자화란 엄밀하게 말하면 불가능한 것이기 때문에), 실제로 개인이 그의 동료로부터 분리되어 있을 때조차도 이러한 분리는 여전히 그 개인과 다른 사람들 사이의 관계의 한 양식이기 때문에, 오직 다음과 같은 질문만이 제기될 수 있다. 이러저러한 사회, 이러저러한 사회구성체

---

4) 같은 책, pp. 162~63.

에서 그 사회성원의 행동에 부과되는 한계, 즉 자신들이 어디에 살고 어디로 이주하는가, 혹은 일정한 장소를 방문할 수 있는 능력, 그리고 일정한 직업을 추구할 수 있는 능력, 자신의 생활조건을 변화시킬 수 있는 능력, 혹은 그들의 표현양식과 의사소통 양식에 대해서 설정될 수 있는 한계란 무엇인가?(라는 질문이 제기되어야 한다—역자) 마르크스는 이러한 질문을 제기하는 대신에 민주주의혁명 이전의 앙시앵 레짐(ancien régime)하에서 인간의 행동을 짓누르고 있던 많은 제약이 극복된 점을 이상하게도 무시하고 있다. 마르크스는 권리선언(Declaration of Rights)의 실제적인 의미를 무시한 채 단지 개인에게 권능이 부여되어 있는데, 이는 다른 사람들의 권능과 부딪치게 되는 지점까지만 행사될 수 있는 것이라고 하는 이미지에 사로잡혀 있다. 물론 마르크스가 이러한 이미지를 꾸며낸 것은 아니다. 그 이미지는 자유에 관한 조항에 나타나 있다. 이 점은 사실이다. 하지만 그 이미지가 공적인 분야에 대한 새로운 접근양식을 은폐한다는 것도 마찬가지로 사실이다. 그렇지만 훨씬 더 중요한 것은 견해의 자유에 관한 두 가지 조항에 대해서 마르크스가 인식하기를 꺼리고 있다는 점이다. 하지만 그럼에도 불구하고 두 가지의 조항 중 두번째 조항은 대단히 정확하다. 마르크스는 사실상 인간의 권리에 대해서 검토하는 구절에서도 그 두 가지 조항에 대해서 언급조차 하지 않고 있다. 이러한 생략은 그 자체로 주목할 만한 가치가 있다. 왜냐하면 그것은 마르크스의 편견을 드러내주고 있기 때문이다. 그러나 『유태인 문제에 관하여』에서의 마르크스의 주장은 바우어의 주장에 반대해서 다음을 증명하고자 하는 것이 그 핵심의도였다. 즉 그것은 개인의 종교적 신념을 표명할 권리는, 그것이 유태인의 종교적 신념이라고 할지라도—유태인들은 자신들이 별개의 사람들에 해당한다고 생각하고 있는데, 이러한 신념은 분명 그들이 정치공동체의 성원으로서의 자격과는 모순된다—이러한 권리는 단지 한편에서는 개인적인, 특히 시민사회를 구성하고 있는 사적인 요소들과 다른 한편에서는 국가생활 사이에서, 즉 부르주아 사회의 구성원과 시민 사이에서 발생했고, 또 인간의 권리에 의해서 정당화되어온 것에 지나지 않음을 입증하고 있다는 점이었다. 이러한 주장으로부터 마르크스가 종교적 자유에 대해서 반대했다거나, 혹은 심지어는 몇몇 경솔하고 어리석은 사람들이 주장했듯이 마르크스가 반유태주의자임이 밝혀졌다고 연역한다면 이는 잘못일 것이다. 그러나 마르크스에게 있어서 양심의 자유란 민주주의의 허구성을 가장 잘 나타내주는 것에 불과하다는 점은 인정해야만 한다. 다시 한번 반복하자면 이러한 허구성은 인간해방에 있어서 꼭 필요하지만 과도적인 단계를 표현하고 있다는 것이다.

그러면 마르크스가 언급하지 않고 지나가버린 조항에는 정확하게 무엇이라고 씌어져 있는가? 제10조에는 다음과 같이 씌어져 있다. "누구든지 자신의 견해를 보유할 권리를, 그것이 종교적 견해라고 해도 그러한 견해의 표현이 법에 의해 설립된 공공질서를 파괴하지 않는 한, 위협당해서는 안된다." 또 제11조의 내용은 다음과 같다. "사상과 의견의 자유로운 소통은 인간이 지닌 가장 귀중한 권리의 하나이고, 따라서 모든 시민은 그의 행위가 법이 정한 특정한 경우의 자유의 남용에 해당되지 않는 한, 자유롭게 말하고, 쓰고, 출판할 수 있다." 마르크스는 자신의 부르주아혁명에 관한 도식에 너무나 사로잡힌 나머지, 견해의 자유란 바로 위의 경우에서 의사소통의 자유라고 지칭될 수 있는 것처럼 관계의 자유를 의미한다는 점을 볼 수 없었던 것이 아닐까? 물론 마르크스는 젊은 시절의 다른 저작에서 언론의 자유를 옹호했다. 그러나 지금 나의 의도는 마르크스의 사상의 변화를 관찰하려고 하는 데 있지 않다. 문제가 되는 것은 한 줄의 주장에 대해서 집착하는 데 있는데, 창시자인 마르크스의 너그러운 의도를 지니고 있지 않은 것이 분명한 현시대의 사람들 속에서도 그러한 영향이 여전히 발견된다. 그런데 마르크스는 사회가 개인들로 이루어졌다고 하는 부르주아적 표현을 비판의 대상으로 삼고 있다. 마르크스의 비판은 견해를 개인—생각하는 개인으로 이해되는 개인—의 사적인 소유로 묘사하는 것을 표적으로 삼고 있다. 이러한 묘사는 사실 이해될 수는 있다. 하지만 변화가 발생했다는 점에서 타당한 것은 아니다. 그것은 또한 선언(권리선언을 말한다—역자)의 언어로 번역되는 순간 모순을 일으키지 않을 수 없다. 두 가지 조항 중 앞의 조항이 소유라는 비유를 넘어서는 것이 아니라고 가정한다 치더라도, 두번째 조항은 말하고, 글쓰고, 사고하는 것을 통해서 자신의 밖으로 걸어나와서 다른 사람들과 교류하는 것이 분명히 인권이라는 것, 그것도 인간의 가장 귀중한 권리의 하나라는 것을 의미하고 있다. 더구나 그것은 인간이 정말로 자신의 사적인 세계의 한계에만 국한되어 있을 수는 없다는 것, 인간은 공개적으로 말하고 생각할 수 있는 권리를 지니고 있다는 것을 의미한다. 혹은 더 나아가 이와 같은 마지막 공식은 의사소통을 그 활동주체인 개인—그 개인은 원래의 인간의 하나하나의 사례로 정의되고 있다—의 활동으로 축소시키는 위험성을 띠고 있기 때문에, 우리는 그 조항이 의사소통과, 사상과 견해의 순환, 말하기와 글쓰기는 원칙적으로 법에 의해서 규정된 경우 이외에는 정치권력의 통제에서 벗어나는 것임을 의미한다고 말하겠다. 인권을 승인함에 있어서 문제가 되는 것은 권력으로부터 사상과 견해가 독립되어 있다는 것이고, 부르주아와 시민 사이의 분리나 사적 소유와 정치의 분리만이 유일하게 문제되는 것은 아니고 또 그것이 핵심적인 사항도 아니다. 어째서 마르크스는 이 점을 보지 못했을까? 어째서 마르크스는 견해의 자유를 옹호하는 것을 단지 인간을 단자로 전화시키는 허구의 표시라고만 생각했을까? 어느 누구보다도 사실상 사회가 개인들의 단순한 나열로 환원될 수 있는 것이 아니라는 점을 잘 알고 있던 마르크스가, 또 따라서 개인들에게 귀속된 권리란 부르주아적 담화가 마음대로 다룰 수 없는 사회적 뿌리를 두고 있다는 것을 아주 잘 이해할 수 있었던 마르크스가 어째서 위와 같은 견해를 지녔던 것일까? 이 문제에 대해서는 당분간 답변을 보류하고, 견해의 자유에 관한 현대의 논쟁을 살펴보자.

사회주의국가에서 잘못된 견해를 보유하고 있다는 이유로 사람들이 형을 선고받을 때, 이는 단순히 개인적인 권리가 침해되고 있는 것이 아니다. 또 그것은 오류나 실수의 문제가 아니고, 또 권력이 잘못 행사되는 것과 관련해서 우연적으로 합법성이 침해되는 문제가 아니다. 그러한 사건들은 사회를 구성하는 특정한 양식과 그 정치체제의 특성을 드러내 준다. 전체주의 권력의 야심은 공개적인 사고와 발언을 극도로 축소시키고, 공적인 분야를 포위해서—물론 이를 달성하는 것은 불가능한 목표이고, 단지 이를 향해서 나아가려고 한다—이를 사적인 분야로, 관념상으로는 소비에트 인민이라는 '집단'과 일치하고 그에 완전하게 속하면서 동시에 그 조직의 법률을 규정하고 있는 사적인 영역으로 전화시키려고 하는 것이기 때문이다. 따라서 일반적인 주장을 역으로 전개할 수도 있다. 소비에트 관료들이 일단 예전에 집단수용소의 죄수들이 쓴 글을 출판하도록 허용하거나, 혹은 사하로프가 외국의 언론인들 앞에서 발언할 수 있도록 허용한다면 이는 원칙을 위반하는 것이 된다. 즉 전체주의의 원칙을 위반하는 것이 되며, 또 그것이 실수나 오류가 되며, 어느 경우든 이는 현실원리와의 끔찍한 타협이다. 그러나 인권이 침해되었을 때 그것이 침해로 보이는 것은 오직 희생자의 눈에서만 그렇게 보인다. 왜냐하면 국가(사회주의국가를 말한다—역자)는 체제의 본성에 부합되게 행동하고 있기 때문이다. (국가가 인권을 침해하는 것은—역자) 국가가 자의적으로 행동한 것이 아니고, 또 스탈린주의적인 열병으로 인해서 대가를 지불하고 있는 것도 아니며, 또 그 반대자들에게 교훈을 주기 위해서 그러는 것도 아니다. 인민의 두려움이 작용하고 있는 것이 아니다. 왜냐하면 인민에게 공포를 주입하는 것이 전제군주의 본성이기 때문이다. 이유는 다른 데 있다. 사회생활이 권력의 외부에 있음을 가리키는 표시로 간주될 수 있는 것, 사회적 영역에 별개의 것(otherness)이 있다는 표시로 간주될 수 있는 것이라면 어떤 견해든지 수용하는 것을 가로막는 것은 바로 체제의 논리 그 자체이다.

이제 마르크스로 다시 돌아가자. 마르크스는 오직 부르주아 사회만을 관찰할 수 있었고, 또 자신의 모든 정력을 '인간의 해방'을 사고하는 데 쏟았다. 나는 감히 마르크스가 어리석다거나 혹은 위선적이라거나 하며 비난할 생각은 조금도 없다. 그런데 어째서 마르크스는 인권이라는 문제에 대해서 그토록 무감각했던 것일까? 어째서 마르크스는 인권에 대한 부르주아 이데올로기에 사로잡힌 것일까? 이러한 불감증에 대해서 보다 자세하게 살펴보도록 하자. 마르크스는 역설적이게도 안전에 관해서 언급하고 있는데, 1795년 헌법의 한 조항에 근거해서 자신의 주장을 전개하고 있다. 그것은 다음과 같다. "**안전**이란 시민사회의 최고의 사회적 개념인데, 경찰이라는 개념은 사회전체가 그 사회의 구성원 각자에게 그의 인격과 그의 권리, 그리고 그의 재산을 보호하기 위해서 존재한다는 사실을 표현하고 있다."[5] 사실상 해설은 원문의 의미를 변경하고 있다. 왜냐하면 원문은 안전이란 사회가 그 구성원에게 그의 인격 등을 유지하기 위해서 제공하는 보호에 있다고 규정하고 있기 때문이다. 또 1791년 선언을 간과한 것도 마찬가지로 주목할 만하다. 마르크스는 다른 점과 관련해서는 1791년 선언을 많이 이용하고 있는데, 그 조항들은 보다 명확하다. 예를 들면 제7조는 다음과 같다. "누구든지 법에 정해진 경우에 규정된 형식에 의하지 않고서는 기소, 체포, 구금당하지 아니한다. 독단적인 명령을 발하거나 이를 추진하거나 수행하거나, 수행했던 사람은 처벌되어야 한다. 그러나 법에 의해서 소집을 받거나, 압류를 당하는 경우, 모든 시민은 이에 즉각 응하지 않으면 안되며, 이에 대한 저항은 유죄로 간주될 것이다." 제8조는 다음과 같다. "법은 확실하고도 분명하게 요구되는 형벌만을 규정하지 않으면 안된다. 누구든지 법률이 제정되고 시행되기 이전의 행위에 대해서 법률적용을 받아서 처벌되어서는 아니된다." 제9조는 다음과 같다. "누구든지 유죄로 밝혀지기 전까지는 무죄로 추정되며, 그를 체포하는 것이 필요하다고 해도 그 사람을 구속하는 데 불필요한 모든 가혹행위는 법에 의해서 가혹하게 처벌되어야 한다."

내가 너무나 잘 알려진 원문들을 인용한 것에 대해서 독자들이 양해해주기를 바란다. 하지만 이 글들을 마르크스의 해석과 비교해보면 유익하다. 마르크스는 표명된 원리가 실제로는 위반되고 있다는 것이나, 혹

---

5) 같은 책, p. 163.

은 심지어 그 원리를 표명하는 것이 그 위반이 될 수도 있다는 것을 입증하는 데는 관심이 없었다. 즉 마르크스는 자신이 예를 들어 『브뤼메르의 18일』에서 1848년 헌법을 분석하면서 하려고 했던 적이 있는 형식과 내용 사이의 구분을 하고 있지 않다. 마르크스는 성문법에 인정되고 있는 역할을 무시하고 있다. 즉 마르크스는 성문법이 권력의 영역에서 분리되면서 획득하게 되는 지위와, 그리고 정부의 압력에 종속되어 있는 입법자들이 상황에 따라서 불법적으로 법을 이용하는 것을 막는 지위, 또 정부에 있는 사람이나 정부 부서에 대해서도 적용되기 위해서 필요한 권위를 부여하는 지위를 지니고 있음을 무시하고 있다. 마르크스는 법을 경험적 실재의 수준으로까지 낮추는데, 법은 개인간의 관계라는 실재로서 사고되고, 따라서 마르크스는 법을 개인간의 관계를 보존하려는 의도를 지닌 장치로 전화시킨다. 그러나 마르크스는 이기주의적인 개인이라는 개념에 근거를 둔 법에 대한 공리주의적인 정의에 대해서 비판했지 않았는가 하는 이야기가 나올 것이다. 그것은 분명 사실이다. 하지만 동시에 마르크스는 이기주의적 개인이라는 개념을 이용하고 있고, 유적 생활, 혹은 유적 존재라는 개념에 기초해서 자신의 비판을 전개시켰다. 단순히 법에 대한 부르주아적 해석을 거부하는 것이 아니라, 마르크스는 법이라는 영역 자체를 제거하고 있다. 마르크스는 법에 대해서—권리 선언은 이에 대해서 언급하고 있다—부르주아적인 표현이라고 하는 이상의 의미를 부여하고 있지 않다. 마르크스가 권력의 특권을 옹호하기 위해서 혹은 권력을 모든 제약에서 해방시키고, 개인을 권력의 자의에 내맡기기 위해서 애쓴 것이 아니라, 인간에 의해서 인간이 억압당하고 착취당하는 것으로부터 해방된 사회를 구상하려고 노력했다는 점을 우리는 너무나 잘 알고 있다. 하지만 마르크스는 그러한 해방된 사회에서 어떤 특별한 제도를 그려보지 않았고, 또 인권이 들어설 여지를 남기지 않고 있다. 왜냐하면 그러한 상황에서는 개인들은 사회생활에, 완전히 인간적인 생활에 직접적으로 몰두해 있거나, 아니면 모두 똑같이 자유로운 공기를 호흡하고 있을 것으로 마르크스는 생각했기 때문이다.

그러한 전망으로 인해서 마르크스는 예를 들면, "모든 사람은 죄가 발견되기까지는 무죄다.……"라는 공식에 대해서 검토할 수 없었고, 또 그 속에서 정치사상의 불멸의 성과를 인식할 수 없었다. 마르크스는 이러한 공식이 유죄인 개인과 무죄인 개인, 그리고 제3자가 있고, 이 제3자가 멋대로 무죄와 유죄를 혼동할 수도 있고, 또 실제로 정확하게 유무죄를 판별해낼 수도 있다는 것을 전제하고 있다는 이유로 이를 무시하고 있다. 마르크스는 또 그 공식이 생활의 질서가 아니라 상징적인 구별을 전제하고 있다는 이유로 이를 무시하고 있다. 무죄인 사람에게 주어지는 보장보다도 마르크스를 훨씬 놀라게 한 것은—너무나 놀란 나머지 마르크스는 거의 분별력을 상실했는데—유죄라는 개념, 즉 진실과 허위 그리고 정의와 불의가 선언되는 위치, 권력과 정의가 결합되기도 하고 분리되기도 함을 드러내는 위치라는 이미지였다.

따라서 우리는 부르주아 사회를 이기주의적인 사회라고 비판하는 것에 현혹되지 않도록 하자. 인권에 대한 마르크스의 비판이, 사회가 개인들로 해체되었다는 생각, 그런데 이러한 해체는 사적인 이해가 해방되고, 경제적·사회적·정치적 예속의 멍에가, 그리고 유사-유기적 전체 (quasi-organic wholes)를 구성했던 예속의 멍에가 해체된 결과인 듯하다는 생각에 의해서 수행되고 있다는 것은 사실이다. 하지만 당대에는 마르크스뿐만이 아니라 대단히 많은 사람들이 이러한 생각을 지니고 있었다. 그러한 생각은 보수적이고 반개인주의적이고 반부르주아적인 글들의 핵심 속에도 나타나고, 또 심지어는 자유주의자들의 저작에서도 찾아볼 수 있었다. 끝으로 우리는 헤겔이 그러한 사고를 상당히 전개시켰음을 알고 있다. 마르크스는 『유태인 문제에 대하여』에서 헤겔에 대해서 분명히 언급하고 있다. 마르크스가 버크(Burke)나 보날(Bonald), 드 메트르(de Maistre)나 기조(Guizot) 혹은 헤겔이나 토크빌과 어떤 점에서 다르고, 또 어떤 점에서 공통되는가를 지적하는 것은 지금 별 의미가 없다. 나의 견해로는 마르크스에게 있어서 고유한 것은 마르크스가 정치적인 것을 거부했다는 점에 있는데, 이는 역설적이게도 다른 사람들이 간과했거나 혹은 단지 어렴풋하게 인식한 현실, 즉 생산관계와 계급관계라는 현실을 마르크스가 판독할 수 있도록 해주었다. 이는 마르크스가 자신의 해석분야를 완전히 한정하기 이전에도 아주 명백하다. 권력의 영역 그리고 이와 함께 법과 지식(이 용어는 가장 넓은 의미로 사용되었는데, 여기에는 견해, 신념 그리고 과학적 지식이 포함된다)의 영역이 제거된 사회이론을 채택하자마자 개인에 대한 비판이 수행된다. 그러한 이론으로는 권력에 제한이 부과되고, 또 권리가 권력의 외부에 존재하는 것으로 완전히 인정되기에 이르는 역사적 변동의 의미를 파악할 수 없게 된다. 따라서 위의 두 가지 운동(권력에 제한을 부과하는 운동과 권력의 외부에서 권리를 인정받는 운동을 말하고 있다—역자)은 이해되지 못하고, 단지 환상의 표시로 간주되었다.

하지만 마르크스가 주장하듯이 사회내에 환상이 존재했던 것이 아니라 환상은 마르크스 자신의 사고 속에 있었고, 마르크스는 이로 인해서 근대국가의 형성과정을 자신의 상상 속에서 재구성하게 되었다. 마르크스는 근대국가를 부르주아 사회의 보완물로 간주했다는 점을 상기해야만 한다. 마르크스는 이 새로운 체제를 봉건체제와 비교했다. 이제 마르크스가 분석해야 했던 발전을 관찰할 수 없었던 것은, 즉 군주제 국가의 발전—프랑스 혁명이 일어나기 오래전에 이미 봉건주의의 기구와 봉건적인 정신을 모두 파괴하고 설립된 군주국가의 발전—을 관찰할 수 없었던 것은 바로 정치적인 측면의 사고를 거부했기 때문임이 분명하다. 만일 마르크스가 이를 분석했었다면 민주주의 국가의 도래가 '관념적 공동체'가 설립되는 계기를 이룬다고는 말하지 않았을 것이다. 마르크스는 국가, 인민 그리고 그것의 통일성을 보장하는 역할을 하는 기관의 모습은 14세기에 등장하기 시작했다는 것, 마르크스가 일반적인 것과 특수한 것 사이의 분열이라고 말하는 것은 주권이론에 기초해서 군주제가 형성된 결과로 유럽에서 최초로 발생한 것이지, 사적 이해가 분열된 결과 발생한 것이 아니라는 것에 그는 동의해야 했을 것이다. 부르주아 사회가 해방된 결과 국가가 등장한 것이 아니고, 국가는 봉건세계로부터 스스로 떨어져나온 것이고, 군주에 대한 국민의 일반적인 충성에 의해서 통일된 주권국가들(territorial kingdoms)이 설립되었고, 그것이 국가권력에 의해서 점차 안정화되면서 부르주아지가 팽창할 수 있는 조건이 만들어졌다고 하는 편이 훨씬 더 합당할 것이다. 또 마르크스는 헤겔의 뒤를 쫓아서 계급분열 양식과 권력과 권리의 결합 양식은 물론 국가-사회의 분열 양식에 대해서 조사하게 되었을 것이다. 사실 그러한 조사에 착수하기만 해도 민주주의국가의 최초의 발전과 인권의 확립을 새로운 각도에서 보게 된다. 왜냐하면 만일 국가의 최초의 발전과 인권의 확립이 정치적인 것의 변동을 의미한다면 이 변동을 계기로 독특한 역사가 시작되는데, 즉 이는 권리를 구현하는 국가, 즉 법치국가(état de droit)가 등장하게 되는 역사를 의미하기 때문이다. 이러한 국가가 한편에서는 기독교 가치가 세속화된 결과로—그리고 그 가장 최초의 단계에서는 신과 인간의 매개자를 나타내는 그리스도가 정치공동체와 그 국민 사이를 매개하는 왕으로 바뀐 결과로—그리고 다른 한편에서는 로마의 유산을 종교적으로 계승하고, 또 법률-합리적 제가치(여기에는 이미 인민주권에 대해서, 그리고 시민주권에 대해서 그리고 공적인 것과 사적인 것의 구별에 대한 정의가 승인되어 있었다)가 매개된 결과로 설립되었다는 사실을 어떻게 잊을 수 있겠는가? 이러한 역사에 대해서 근대의 '정치혁명'이 의미하는 바는 무엇인가? 정치혁명을 통해서 권력과 권리가 분리된 것은 아니다. 왜냐하면 그러한 분리는 군주제 국가에서도 필수적인 것이었기 때문이다. 오히려 정치혁명은 '왕의 몸체'(the king's body)가 사라짐에 따라서 권력이 해체(disincorporation)되고 권리가 해체되는 현상을 의미하고 있다. 왜냐하면 왕의 몸체에 공동체가 구현되어 있었고, 정의(justice)가 매개되어 있었기 때문이다. 또한 그 위에 정치혁명은 사회—사회의 아이덴티티는 비록 국가로 이미 나타나고 있기는 하지만 아직 군주의 인격에서 분리되지는 않았다—가 해체되는 현상을 의미하고 있다.

'정치적 해방'에 대해서 마치 그것이 정치적 환상의 계기인 듯이 이야기하는 대신에 권력과 권리의 분리에 의해서 이루어지는 사상 유례가 없는 사건에 대해서 관찰하는 편이 좋았을 것이다. 혹은 우리가 무엇이 권리에 관련된 것인가를 충분히 인식하고 있다면, 그와 동시에 권력원리와 법원리, 지식원리의 분리에 대해서 관찰하는 편이 좋을 것이다. 여기에서 분리란 완전한 단절을 의미하지는 않는다. 혹은 만일 단절이라는 말이 적절하다면, 그것은 오직 단절 그 자체에 의해서 만들어지는 접합양식을 삭제해버리지 않는다는 것을 조건으로 할 때만 그러하다. 권력은 권리로부터 멀리 떨어진 것이 되지는 않는다. 그와는 반대로 권력의 정당성은 더욱더 승인되고 있다. 권력의 정당성은 점점 더 법률적 논의의 대상이 되고, 또 마찬가지로 권력의 합리성이 더욱더 관찰되고 있다. 하지만 인권이라는 개념은 이제 통제될 수 없는 영역을 가리키고 있다. 권리는 이제는 돌이킬 수 없이 권력의 외부에 있는 것으로 나타나게 된다. 물론 기독교 군주국에서 군주는 권리를 존중하지 않으면 안되었고, 그 권리는 여러 세기에 걸쳐서 확립되어온 것이었다(예를 들면 성직자와 귀족, 도시, estates와 corporations 등의 권리). 그 권리들은 과거에 뿌리를 내리고 있었고, 그 과거의 기억은 지울 수 없는 것으로서 그 권리는 일종의 협정에 속하는 것이었다. 하지만 그러한 권리와 협정은 군주제 그 자체를 구성하고 있는 것으로 간주되었고, 군주가 그러한 권리에 따르는 것은 오직 군주 자신이 군주제의 성격에 순응하기 때문이었다. 그것은 마치 군주 자신의 자유를 행사하고, 군주 자신이 권리를 스스로 지니고 있고, 군주가 자신과 협정을 맺은 것과 같았다. 제한되었다고는 하지만 군주의 권력은 그럼에도 불구하고 사실상 무제한적인 것이었고, 권리는 군주 자신의 인격과 하나인 것처럼 보일 정도였다. 군주가 권리에 종속되어 있기는 했지만—이러한 권리의 원천이 신(God)이나 정의(Justice)에서 찾아졌다는 의미에서—그럼에도 불구하고 군주의 권력은 모든 한계를 넘어서서 확장되었고, 군주가 국민과 형성하는 관계에서 그는 오직 자기 자신만을 상대하면 될 정도였다. 따라서 권리에서 고정점이 사라지자마자 권력과의 관계에서 전혀 다른 양식의 외재성(externality)이 만들어졌던 것이다.

　마지막 문장은 좀 지나친 것으로 보일 수도 있다. 왜냐하면 분명 새로운 고정점이 등장했기 때문이다. 바로 인간이다. 그리고 더구나 그것은 성문헌법에 의해서 고정되었다. 권리는 인간의 본성에, 각 개인에 있는 본성 속에 분명하게 자리를 잡았다. 하지만 이러한 정박 지점은 어떤 종류의 것인가? 우리가 이러한 질문을 던지는 순간 우리는 삼중의 역설에 부딪치게 된다. 첫번째 형태의 역설은 다음과 같다. 이제 사회는 자유롭고 평등한 개인들로 이루어져 있고, 이러한 의미에서 관념상으로는 하나의 동질적인 사회로 사고되고 있다. 하지만 이미 말했듯이 자연권 선언 이후에 그리고 바로 그 선언 자체에서도 핵심적인 변화는 분명하다. 이러한 사회는 이제 통합되었던 권력의 매개를 상실하면서 스스로를 그 모든 요소들과 연관시킬 수 없고, 또 스스로를 단일한 기구로 나타낼 수 없다는 사실에 의해서 사회는 이제 한정될 수 없음이 밝혀진다. 즉 존재양식, 활동양식 그리고 의사소통양식—그러한 것들의 효과는 불확실하고, 또 바로 그 이유로 인해서 권력의 통제범위에서 벗어난다—이 이제 인식된다. 두번째 형태의 역설은 다음과 같다. 인권이 선언되고, 또 그 권리는 인간에 속하는 것으로서 선언되고 있다. 하지만 동시에 인간은 자신의 대표를 통해서 자신의 권리를 선언하는 것이 그 본질인 존재로 등장한다. 다른 모든 사람들로부터 떨어져서 그 위치—권리를 허락하거나 인가하는 위치—를 차지할 수 있는 사람이 아무도 없게 되자마자, 성명을 발성으로부터 분리시키는 것은 불가능하게 되었다. 따라서 단순히 선언의 대상물로 그치는 것이 아니라, 선언되는 것이야말로 권리의 본질이 된다. 역설의 세번째 형태는 다음과 같다. 인권은 개인의 권리로 나타나고, 개인들은 전체사회로부터 분리되어 있는 대단히 많은 극소단위들과 같이 각각 자신의 사적 세계를 지배하고 있는 아주 많은 작은 독립주권국으로 나타난다. 하지만 이러한 표현은 서로 상충된다. 즉 그 부분을 초월하는 전체라고 하는 표현이 그것이다. 그러한 표현은 사회적 관계의 횡단면을 드러내고 있는데, 그 사회관계의 항목은 개인들이지만, 사회관계는 그 개인들에게 그들의 아이덴티티를 부여해주는데 이는 마치 사회관계에 의해서 그 아이덴티티가 생겨나는 듯하다. 예를 들면 한 개인이 자유롭게 말하고, 쓰고, 출판하는 권리는 다른 개인이 듣고, 읽고, 출판물을 보유하고 건네줄 권리를 의미한다. 이러한 관계가 수립됨에 따라서 표현이 장려되는 상황이 조성된다. 그러한 상황에서는 공적인 분야에서 말하기와 듣기라는 두 가지가 권위 관계에서 냉각되거나, 혹은 특권적인 공간에 국한되는 것이 아니라 활발해진다. 안전이라는 원리에 관한 보장책을 생각하기만 해도 개인을 보호한다는 생각에 자신을 한정할 수는 없다는 점을 알 수 있다. 다시 한번 여기에서 개인들을 자신의 성원으로 포괄하거나 혹은 내포하는 사회라는 개념과, 그 개인들의 운동을 결정하는 기관이라는 개념에 대해서 문제가 제기되고 있다고 말하지 않으면 안된다. 사회적 공간내에서 특수성을 흡수한다고 하는 이미지 자체가 파괴되고 있는 것이다.

위의 세 가지 역설로부터 결론을 도출해보자. 일단 인권이 선언되면, 결정되지 않은 인간이라는 허구가 등장하고, 또 그렇게 언급된다. 마르크스주의자들이 제기하는 모든 비판뿐만 아니라, 보수주의자들이 제기하는 비판도 그 취약한 고리를 공략해서 이를 분쇄한다. 따라서 조셉 드 메트르는 다음과 같이 선언한 바 있다. "나는 이탈리아 사람, 러시아 사람, 스페인 사람, 영국 사람, 프랑스 사람을 만난 적은 있지만, 인간에 대해서는 모른다." 또 마르크스는 단지 역사적·사회적으로 결정되고 자신들의 계급적 조건에 의해서 규정되는 구체적인 개인이 있을 뿐이라고 생각했다. 그에 비해서 재능이 떨어지는 우리 시대의 많은 사람들이 계속해서 추상적 휴머니즘을 비웃고 있다. 그런데 결정되어 있지 않은 인간이라는 개념은 **불확정성**(indeterminable)이라는 개념과 분리될 수 있는 것이 아니다. 인권은 권리를 이름은 있지만 형체가 없으며, 그 자체의 내부에 주어지는 기초로 축소시키며, 이러한 이유로 인해서 그것을 장악하고 있다고 주장하려는 모든 권력을—그것이 종교적이거나 신화적인 권력이든, 군주권력이든, 민중권력이든—곤란하게 만든다. 따라서 인권은 그 권리에 부여되어온 특정한 공식을 모두 초월한다. 이는 그러한 권리를 공식화하기 위해서는 그러한 권리에 대한 재공식화라는 요구를 포함하고 있거나, 혹은 획득된 권리가 반드시 새로운 권리를 지지하도록 요청되는 것은 아니라고 하는 것을 의미한다. 끝으로 마찬가지 이유에서 마치 부상하는 부르주아지에게 봉사하도록 하는 역사적 역할에 의해서 그 의미가 소진되기라도 한 것처럼, 인권을 특정한 시기에 한정시킬 수 있는 것이 아니다. 또 인권을 마치 그 권리의 효과가 국지화되고 통제될 수 있는 듯이, 사회내에 한정시킬 수는 없다.

인권이 궁극적인 준거로서 자리잡는 순간부터, 기존의 권리에 대해서 의문이 제기된다. 집단의지가—혹은 새로운 요구를 담고 있는 사회적 주체라고 말하는 편이 나을지도 모르겠다—기존 권리의 효과를 국한시키려고 하는 힘과 대립해서 세력을 동원함에 따라서 훨씬 더 그렇게 된다. 그런데 권리에 의문이 제기되면, 사회—기존의 질서—에 대해서도 의문이 제기된다. 한 계급은 자신에게 유리하게 마음대로 이용할 수 있거나, 다른 사람들의 권리에 대한 보장을 부정할 수 있는 효과적인 수단을 가지고 있을 수 있으며, 또 권력측이 법의 집행이나 법을 지배의 논리에 종속시킬 수 있는 효과적인 수단을 가지고 있을 수 있다. 그럼에도 불구하고 이러한 수단은 여전히 권리라는 측면에서의 반대, 즉 **정당한 반대**(opposition de droit)에 직면한다. 이러한 용어는 조심스럽게 사용되어야 할 것으로 생각된다. 법치국가(état de droit)는 항상 권리에 기초해서 권력에 반대할 수 있는 가능성—불공정한 상황에서 왕에게 항의한다든지, 조세납부를 거부한다든지, 심지어는 불법적인 정부에 맞서서 봉기에 호소한다든지 하는 등등의 반대—을 의미하고 있다. 그러나 민주주의국가는 전통적으로 법치국가에 부여되어온 한계를 넘어선다. 민주주의국가는 아직 자신의 내부에 통합되어 있지 않은 권리를 시험해본다. 민주주의국가는 논쟁의 무대인데, 그 목표는 암암리에 확보되어온 기존 협정을 보존하는 것으로 축소될 수 있는 것이 아닌데, 그 논쟁은 권력이 완전히 지배하지 못하는 중심부에서 진행되고 있다. 파업이나 노동조합을 합법적으로 인정하는 것에서부터 노동권이나 사회보장과 관련된 권리에 이르기까지, 국가가 내세우는 한계선을 돌파하는 모든 역사가 인권에 근거해서 전개되어왔다. 이러한 역사는 여전히 열려 있다.

나는 이러한 주장이 인권의 실제적 적용에 대해서, 혹은 보다 일반적으로는 인권에 근거하고 있다고 생각되는 법의 실제적 조치에 대해서 이루어진 비판의 정당성에 대해서, 심지어는 그러한 법들이 모든 사회적 우연성에 대해서까지도 적용될 수 있는 자유와 평등을 구체화하고 있다는 주장에 대해서 이루어진 비판의 정당성에 의문을 제기하는 것이 아님을 분명히 하고 싶다. 사실적인 수준에 관한 한 그러한 비판이 이러저러한 분야의 입법의 해악에 대해서 비난하는 것이든, 혹은 법률제도의 불평등성에 대해서 그를 규정하는 이해와 욕망을 공격함으로써 비난하는 것이든, 혹은 여론이 조작되고 날조되는 메커니즘을 폭로하는 것이든, 아니면 소유의 신성화가 자본과 노동 사이의 대립을 어떻게 감추고 있는가를 보여주는 것이든, 그러한 비판은 정당한 것이다. 나의 주된 의도는 인권의 상징적 차원을 드러내는 것이었고, 또 인권이 정치사회(political society)의 한 구성요소가 되었음을 보여주는 데 있었다. 만일 이러한 차원을 무시하고, 법률적 실천을 오직 지배와 착취제도를 유지하기 위한 것으로만 종속시켜서 사고한다면, 전체주의가 인권의 원리를 부인함으로써 사회조직에 어떠한 타격을 가져왔는가를 더이상 이해할 수 없게 될 것이라고 나는 생각한다.

2. 인권과 민주정치

이제 나는 다시 제일 처음의 문제를 제기하고자 한다. 하지만 그 문제를 보다 신중하게 제기하는 것이 아마 현명할 것이다. 인권을 위한 투쟁이 정치에 대한 새로운 관계의 수립을 가능하게 하는가? 나는 그것이 단순히 이데올로기와는 분리된 특정한 정치적 사고나 행동의 조건을 관찰하는 문제가 아니라는 것을 나타내기 위해서 위와 같이 표현했다.

　이러한 질문에 대해서는 긍정적인 대답을 하고, 또 우리가 살고 있는 민주주의사회와 관련해서는 주저없이 이를 승인하지 않으면 안되는 듯 하다. 사실 이 주장을 전체주의에 대한 관찰에만 한정시킨다—최초에 내가 이렇게 하고 있는 듯이 보였는데—는 것은 불가능하다. 전체주의 하에서는 인권이 폐기되고 있으며, 반체제인사들은 인권을 인정받기 위한 싸움에서 체제의 정치적 기초를 공격하고 있음이 분명하다. 하지만 우리가 살고 있는 사회에는 그러한 인권이 존재한다고 단순히 선언한다면 이 또한 잘못일 것이다. 왜냐하면 전체주의의 본질이 인권을 부인하는 데 있다고 말할 수 있다면 이와 마찬가지로, 우리 자신의 사회에서도 인권에 **실재성**을 부여하는 것은 삼가지 않으면 안되기 때문이다. 인권은 민주주의의 근본적인 원리 중의 하나이다. 그러한 원리는 비록 그 원리들이 제도를 작동시키는 것은 사실이라고 해도, 실재하는 제도—이 제도의 실제요소들은 열거될 수 있다—와 동일한 방식으로 존재하지는 않는다. 그 원리가 얼마나 효율적으로 제도를 작동시키는가 하는 것은 사람들이 얼마나 그 원리에 충실한가에 달려 있다. 그리고 이러한 충실성은 사회내의 존재방식과 결합되어 있는데, 기존의 이익을 단순히 보존하는 것으로 이러한 충실성을 측정할 수는 없다. 간단히 말하면 권리는 권리에 대한 인식으로부터 분리될 수 없다. 이것이 나의 첫번째 주장이다. 그러나 권리가 선언되었을 때, 권력이 그 권리를 보장한다고 이야기할 때, 그리고 법에 의해서 자유가 가시화되었을 때, 권리에 대한 인식은 훨씬 더 광범위해진다. 따라서 권리에 대한 인식과 권리의 제도화는 구별할 수 없으리만큼 관련되어 있다. 한편 이러한 제도화에 의해서 법기구 및 전문가 계층이 형성됨에 따라서, 이해당사들이 권리를 효과적으로 행사하는 데 불가결한 장치가 은폐될 가능성이 생겨나고, 또 다른 한편에서는 그것은 권리의 인식에 필요한 지원을 제공하기도 한다. 더군다나 전체주의 지배하에서, 특히 소련에서도 반체제인사들이 기존의 헌법을—그 헌법이 지닌 결함에도 불구하고—어떻게 이용했는지를 우리는 알고 있다. 이러한 이야기는 그 자체로 충분히 살펴볼 가치가 있을 것이

다. 왜냐하면 이는 근대사회에서는—근대사회에서는 권리에 대한 종교
적 근거가 파괴되어 있다—권력이 권리를 부인할 수는 있지만, 자신과
권리와의 관계 자체를 스스로 제거해버릴 수는 없기 때문이다. 하지만
우리는 민주주의사회에 대해서 이야기하고 있으므로, 권리에 대한 인식
이 모두 법률적으로 대상화—이는 법전에 조문화되는 것을 의미한다
—될 수는 없다는 점에, 그리고 또 사회 스스로 판독해야 한다는 지속
적인 요청 이외에는 법문안에 대한 다른 지침이 없는—저자가 없는 모
든 문헌과 마찬가지로—공공기록부가 만들어졌다는 점에 권리의 상징
적 차원이 모두 표출되고 있다는 것을 주목해야만 한다.

  그러한 관점에서 볼 때, 권리의 문제를 마르크스주의적인 비판으로 축
소시키는 것, 형식과 내용을 대립시키는 것, 부르주아 관계와 부르주아
관계가 온존되고 있는 현실을 전도시키고 은폐하는 용어라고 비판하는
것은 위와 같은 상징적 차원을 간과하게 됨으로써, 새로운 권리에 대한
요구가 전파되는 결과 사회에 제변화가 발생하고, 또 여러 합법적인 생
활방식들 사이의 차이가 사회적으로 표출되면서 제변화가 나타나는 것
을 이해하는 데 필요한 수단을 상실함은 물론이고, 새로운 권리를 명기
하려는 목표를 지닌 제요구의 의미를 이해하기 위한 수단을 스스로 상
실하게 된다. 끝으로 그것은 국가권력을 정복하면 무언가 새로운 것을
발전시킬 수 있다는 완고한 신념 속에서 국가권력에 대한 이미지를 그
대로 보존한다. 우리는 2차대전 이후나, 아니면 특히 1968년 이후 프랑
스 사회에 영향을 미친 제변화나 그간에 진행되었던 여러가지 논쟁형태
를 생각해보면, 이미 이것이 얼마나 잘못된 생각이며, 또한 인권의 정치
가 지닌 과제가 얼마나 광범위한가를 알 수 있다. 그러한 변화를 정치적
으로 사고하지 못하는 무능력—이는 그러한 변화를 체제의 공로로 만
들어버리지 않을까 하는 우려로 인해서 생겨난 것이라기보다는 그로 인
해서 은폐된 것이다—은 이상스러운 결과를 낳았다. 그러한 변화가 가
족, 여성, 아이나 성에 관한 것이든, 아니면 정의, 주지사의 역할이나 죄
수의 처우에 관한 것이든, 혹은 고용, 기업경영이나 국가의 침해로부터

농부의 소유를 보호하는 것에 관한 것이든, 아니면 자연보호에 관한 것이든 우리는 입법면에서의 변화나 새로운 요구의 제기가—비록 실패했지만—새로운 집단적인 욕구가 등장했다는 점을 입증해주는 것이라고, 그리고 새로운 욕구에 대해서 보여준 긍정적인 반응으로부터 판단하건대, 그러한 욕구에 관한 새로운 사회적 감수성이 생겨났다는 점을 입증해주는 것이라고 생각한다. 하지만 좌파정당이나 소규모 전위대들은 이러한 변화와 이러한 욕구들의 징후를 자신들의 전략을 위해서 정신없이 이용하는 것 이상을 할 수 없었다. 그들은 이들을 도입해서 자신들의 전통적인 강령 속에 있는 수많은 구성요소들의 일부로 삼았고, 오직 사회주의만이 생활을 변화시킬 수 있다는 주장을 굽히지 않았다.

현재 노동자들이나 봉급생활자들이 자신들을 실직시킬 수 있는 경영진의 권리에 대해서 이의를 제기하고, 리프(Lip) 공장에서 그랬던 것처럼 스스로 경영을 떠맡겠다고 하는 주장까지 내놓고 있고, 또 이곳저곳에서 자신들이 감수해야 하는 작업조건에 대해서 문제를 제기하고, 또 새로운 안전기준을 요구하고 나오는 것이 바로 권리라는 이름으로 이루어지고 있지 않은가? 라르자크(Larzac)의 농민들과 같이 국가에 의해서 꼭 필요한 것으로 간주되는 토지수용(收用)에 대해서 저항할 때, 농민들이 권리의 이름으로 저항하지 않는가? 또 여성들이 남녀평등의 인정을 주장하고, 동성연애자들이 자신들에게 가해지는 제재와 억압에 맞서서 항의하고, 또 소비자들이 함께 단결하고, 도시거주자들이나 시골 사람들이 자연환경의 황폐화에 반대하는 것이 권리의 이름으로 행해지지 않는가? 객관적인 보장이나 혹은 부분적으로 법에 구현되어 있는 공인된 원리나, 또 그들을 제약하고 있는 법률적인 한계를 파기하기 위해서 동원되지 않으면 안되는 공인된 원리에 의거하지 않고서도 권리에 대한 인식을 통해서 위와 같은 다양한 권리들이 인정되고 있지 않은가? 그리고 마지막으로 이러한 제권리가 대두하면서 정치사회라는 그물망은 변화하게 되거나, 아니면 점점 더 변화에 민감해지는 것을 우리는 볼 수 있지 않은가?

만일 우리가 정치적인 것에 대한 새로운 관계를 사고하고자 한다면 우리는 그러한 관계가 우리 눈앞에서 형성되기 시작하고 있음을 인정하는 데서 출발해야 한다. 따라서 우리가 먼저 해야 할 일은 발명이 아니라 해석이다. 그러한 실천은 물론 잠자코 있는 것은 아니지만, 반드시 산만하기 때문에 사회내에서 그 의미가 전반적으로 인식되지 못하고 있고, 또 자신들의 정치 진영에 의해서는 그 의미가 진실되게 표현될 수 없다. 왜냐하면 그 정치 진영은 단지 이러한 실천을 이용하는 데만 관심이 있고, 또 부분적으로는 일정하게 성공을 거두고 있는 것인데, 그러한 실천을 진정시키는 데 관심을 가지고 있기 때문이다. 그러한 실천을 반성의 수준으로 끌어올리는 것이 우리가 먼저 해야 할 일이다. 이러한 제 요구의 특징과 양식 가운데 새로운 것은 무엇일까?

첫째로, 그러한 요구들은 기존의 권력을 정복하거나 파괴함으로써 갈등을 전면적으로 해결하는 것을 추구하고 있지 않다는 점이다. 그 궁극적인 목표는 피지배자를 지배자의 위치에 올려놓고, 국가가 해체되기 위한 길을 닦는다는 그 유명한 전복(顚覆)이 아니다. 국가권력의 존재가 무시되고 있다는 의미는 아니다. 그러나 어떤 의미에서는 인식되지 않으면 안되는 것은 국가권력의 반대편에 있는 다른 극이다. 예를 들어 감원에 반대하는 투쟁이 최근에 취하게 된 변화를 염두에 둔다면, 이러한 투쟁을 그 경제적인 의미로 축소시키려고 애쓰는 것은 오류일 것이다. 그 투쟁은 일할 권리라는 사회적 권리에 호소하고 있다. 이러한 개념은 사실상 아주 오래된 것인데, 국가권력에 대한 반대에서 새로운 활력을 얻고 있다. 고용 여부에 대해서 결정할 권리를 국가가 전적으로 개인들에게 위임하는 것은—개인들이 아무리 강력하다고 해도—상황과 권력관계의 변동 속에서 점점 더 불가능해지고 있다. 국가는 직접적인 기업가로서, 그리고 간접적으로는 경제체제의 규제자이자 사회 갈등의 조정자로서 전국적 생산의 관리에 과도하게 개입되어 있고, 또 국가가 세계에 개입됨에 따라서 생겨나는 모든 종류의 제약에 지나치게 종속되어 있다. 따라서 우리는 정치권력의 주위에서 분명하게 구별되는 다양한 요소들의 형식적인 독립성이 점점 더 줄어들면서 결합되어 **사회적 권력**을 형성하는 것을 목격하고 있다.

이제 일할 권리에 의해서 타격을 받게 되는 것은 이러한 사회적 권력이다. 왜냐하면 그것은 잉여노동자들을 감축하기로 결정한 특정 생산부문, 특정 지역, 특정 지방, 혹은 몇몇 기업들로부터 나오는 다양한 요구와 연관되어 있기 때문이다. 기업주들이나 관리들이 취하는 조치의 합법성은—기업주나 관리들의 행동은 전통적인 이미지에 의하면 관련 당사자들의 위에 존재하고 있는 듯한 국가에 의해서 보장되고 있다는 식으로 생각되었다—무엇이 사회적으로 정당한 것인가 하는 새로운 사고와 대립되고 있다. 새로운 사고는 대단히 강력해서 때로는 항의에 대해서 폭동에 가까운 성격을 부여하기도 하고, 한편 권위의 상징이 공격대상으로 선정되기도 한다(이 점은 공장내의 관리사무실이라는 '신성한' 공간이 점거되거나 그 대표자를 격리시키거나 하는 데서도 분명히 나타난다). 시위과정에서 합법성이 도전당하는 방식은 기존의 정당성에 대한 문제제기의 표시이다. 그것은 사실상 찾아볼 수 없었던 곳에서 사회적 권력의 존재를 드러내 보이려는 경향이 있다. 그리고 마찬가지로 그것은 권력이 위험을 무릅쓰고 분리하려고 하는 권리의 한쪽 극을 드러내는 경향이 있다. 물론 국가가 합법적으로 폭력을 독점하고 있다는 점에서 항상 우세할 수 있고, 또 전통적인 강압적 수단에 호소할 수도 있다. 국가는 때때로 그렇게 한다. 그런데 그러한 순간은 위험이 충분히 제한될 수 있다고 보일 때이다. 하지만 국가가 허용하는 양보도 주목할 만하다. 이는 폭력의 정당성의 토대가 점점 위협당하고 있는 것처럼 보이고, 폭력을 사용하는 데 따르는 위험부담이 훨씬 더 커지기 때문이다. 또 이렇게 되는 것은 국가가 사회생활의 세세한 영역까지 침투해 있기 때문이다. 합법성을 조금이라도 넘어설 듯한 폭력이 행사되면 체제의 기초가 훼손된다. 이러한 사례는 우리 시대의 민주주의에 고유한 제모순이 광범위하게 존재한다는 점을 생각할 수 있게 해주고, 또 그것이 제공하는 변화 가능성에 대해서 평가할 수 있게 해준다. 일상적인 사회활동과 사회관계에 대해서 위로부터 가해지는 제약이 증가해왔다는 것은 부인할 수 없다. 하지만 동시에 여러 요구도 광범위하게 증가해왔다. 이는 이를테면 단지 이러한 제약에 대한 저항의 표시라는 사실(de facto)을 의미할 뿐 아니라 정의와 상호성, 불의에 대한 관념이 모호해진 점을 입증하는 것이고, 또 사회적 의무가 파기되었음을 입증해준다. 따라서 노동영역으로부터의 축출은 개인들에게는 권리의 침해를 훨씬 넘어서는 것으로, 기업주들의 독단적인 권력의 표시 이상의 것으로 나타나고 있다. 그것은 권리의 부정, 사회적 권리의 부정으로서 나타난다.

예를 들어 철강산업의 위기에서―그리고 이보다 앞서서는 시계제조업이나 직물업의 위기에서―발생한 투쟁에서 혁명적 상황의 최초의 징후를 찾거나, 사회주의를 충실하게 주장하고 있는 정당을 권좌에 앉힐 수 있는 정치적 격변의 징후를 찾으려고 애쓰는 일은 헛수고일 것이다. 비록 그러한 정당들이 위의 투쟁들에서 일정한 이득을 얻는다고 해도 (그리고 우리는 좌익 동맹의 실패에서 이러한 가정 자체가 얼마나 불확실한 것인가를 경험한 바 있다), 그러한 정당들이 집권에 성공한다고 해도, 이전의 정부가 직면했던 것과 동일한 난관에 직면하게 될 것이며, 또 그들은 새로운 기대와 더불어서 더욱 격렬한 요구를 발생시키게 될 것이라고 믿을 만한 충분한 이유가 있다. 그러한 요구는 권리에 대한 인식에 뿌리를 두고 있다. 그러한 요구가 아무리 많고, 또 그러한 요구가 기업 경영제도와 모든 행정분야에 아무리 많은 변화를 가져온다고 해도, 국가권력의 조치에 의해서 요구가 해결되기를 추구하지는 않는다. 그러한 요구들은 국가가 차지할 수 없는 영역에서 제출되고 있다. 그러한 요구들은 주민 가운데 소수집단이나 특정 부분이 사회적으로 인정받고자 하는 열망에 대한 필요성에 의해서 제기되고 있다. 이러한 소수집단은 상황의 산물일 수도 있음이 언급되어야 한다. 즉 그들은 기업체에서 쓸모가 없게 된 노동자들로 구성되어 있을 수도 있고, 산업의 소멸로 인해서 자신들의 주요한 생계 원천을 상실당할 위협에 처해 있는 지역주민들로 구성되어 있을 수도 있고, 또 대흉작을 당한 농부들로 구성되어 있을 수도 있으며, 또 원유누출로 인해서 피해를 본 어민이나 가게주인들로 구성되어 있을 수도 있다. 이러한 소수집단과 범주들은 자신들의 아이덴티티를 —그것이 인종적인 질서에 의한 것이든, 아니면 문화적인 친밀성이나 상황적인 유사성에 기인한 것이든—발견할 수 있고, 혹은 일반적인 중요성을 지니는 일정한 계획(소비자보호, 환경보호 등)을 중심으로 해서 함께 결집할 수도 있다. 그러한 동기와 구성 양식은 너무나 다양해서 얼핏 보면 거기에 공통된 것이라고는 없는 듯이 생각된다. 그 스펙트럼의 한쪽 끝에는 특수한 국민 의무를 면제해줄 것을 요구하거나, 특수한 지위를 요구하는 양심에 의한 반대자들이 있고, 또 특수한 생활방식이 존중되는 것을 원하는 데 지나지 않는 동성연애자들이 있다. 위의 사례들은 일정한 방식으로 차이가 존재한다고 하는 사실에 의해서 함께 묶여질 수 있다. 스펙트럼의 반대쪽 끝에는 갑자기 정상적인 생계수단을 박탈당해서 항의하는 사람들이 있다. 그들의 관심사는 어떤 의미에서는 자신들을 다른 사람들과 비슷하게 회복하는 데 있다. 항의와 요구형태의 이질성을 고려하면 스펙트럼이라는 말조차 하기 어렵다. 그러나 이러한 다양성에도 불구하고, 소수집단의 주장들은 그들이 역설적으로 보이는 방식으로 정당성이라는 관념과 특수성의 대변을 결합시키고 있다는 사실에 의해서 함께 연결되어 있다. 이러한 결합은 그 동기가 무엇이든, 또 그를 만들어낸 상황이 무엇이든 권리개념의 상징적인 효과를 입증하고 있다. 이익에 기초해 있는 요구들은 그 질서가 다르다. 즉 이러한 요구들은 상호간에 충돌하고, 권력관계에 의해서 규제된다. 국가권력은 이익에 기초해 있다. 실로 국가권력은 그 이익들의 분열을 이용함으로써, 즉 얻어진 이익과 손실을 이용함으로써—전자는 항상 후자와 연관되어 있는데—자신의 자율성의 범위를 확대하려고 나선다. 다른 한편 국가는 권리에 대한 요구나 권리에 대한 옹호에 직면하게 되면 자신의 원리에 따라서 허가와 금지라는 기준만이 아니라, 정의와 불의라는 기준에 입각해서 반응하지 않으면 안된다. 그러한 반응이 없을 경우, 법은 강제의 수준으로 떨어지게 될 위험에 처한다. 그리고 또 법이 초월성을 상실하게 되면 그를 적용하는 것으로 보이는 권력은 시시한 것으로 전락해버릴 위험성이 있다. 자기 자신의 논리적 요청에 따라서 그리고 스스로를 확대함으로써 결정하려는 국가의 주장에 맞서서 주장된 권리는, 국가권력을 정면에서 공격하지 않고 완곡하게 우회해서, 말하자면 국가권력이 모든 충성과 복종을 요구하는 그 자신의 권리를 정당화하는 중심부를 건드린다는 점을 다시 강조하고자 한다.

그렇다면 우리가 검토하지 않으면 안되는 것은 권력이라는 사실과, 상이한 권리에 대한 존중을 얻고자 하는 시도 양자를 전제로 하고 있는 갈등의 의미이다. 이러한 갈등은 점점 더 근대 민주주의 사회의 특징이 되고 있다. 국가권력의 기능과 그 개입범위가 점점 더 확대되는 것이 근대 민주주의 사회의 돌이킬 수 없는 한 경향이다. 권력의 폐지가 가능하다거나, 혹은 국가 기구가 점점 강력해지는 경향이 권위를 행사하는 다른 사람들로 대체하는 것을 통해서 역전될 수 있다거나 하는 상상은 순진하고도 위선적인 것이다. 오히려 사회주의의 엄호하에 생산수단과 정보의 집중이 증대하고, 사회활동에 대한 규제와 통제가 증대하며, 인민의 통일성을 가져올 수 있는 모든 수단의 사용이 증가할 것이라고 사람들은 믿는 편이다. 이러한 경향이 전개되는 것이 저지될 수 있다고 해도, 이를 저지하는 반대경향이 국가가 처한 위치에서 생겨나지는 않을 것이다. 국가의 위치가 완전히 고정되어 한때는 종교가 준거점을 제공했던 메타사회적인(meta-social) '다른 장소'로부터 자신을 분리시키자마자, 사회적 공간이 대상화될 가능성이, 그 요소들간의 관계를 완전히 결정할 가능성이 생겨난다. 더구나 이러한 과정은 전제주의를 지망하는 사람들이 권력을 장악한 결과로 생긴 것이 아니다. 즉 그 자체로 인식될 수 있고, 또 자신들의 공간으로 지각할 수 있으며, 또 그 속에 살면서 서로 관련을 맺고 있는 집단들의 공통의 아이덴티티를 구성하고 있는 고유한 사회적 공간을, 초자연적으로 가장함이 없이 경계짓는 작업이, 동시에 사회적 공간에서 등장하고, 또 얼마간 떨어져서는 마치 그 보호자처럼 되어버리는 권력과 관련해서 나란히 진행된다. 따라서 우리는 마찬가지로 현재 권력이 몰두하고 있는 계획, 그리고 지금까지는 알려져 있지 않고 또 상상할 수 없었던 과학 기술자원을 이용할 수 있는 계획은 이제 더이상 개인들이나 특정 지배본능에 귀속될 수 없다는 점을 인식하지 않으면 안된다. 오히려 우리는 이러한 계획이 에너지를 모아내고, 또 그 계획을 수행하는 위치에 있는 사람들의 태도를 만들어낸다는 점을 인식하지 않으면 안된다. 그렇지만 이러한 결론은 자유를 서로 인정하고, 자유를 실현할 수 있는 능력을 서로 보호하는 것이 필요하다는 이유로 시민사회의 중심부에 그러한 계획이 있고, 따라서 국가 권력이 자신의 목표를 추구해 나아가는 것에 대해서 적대적인 운동을 인식할 수 있다고 하는 나의 확신을 단지 확인하는 것에 지나지 않는다.

이는 권리라는 개념에 의해서 고무되는 투쟁의 두번째 특징을 인식할 수 있게 한다. 즉 그것은 그러한 투쟁들이 다양한 중심부에서 발생하고 전개되지만—이는 때로는 일시적인 갈등의 결과 발생하기도 한다—그러한 투쟁들이 함께 결합되지는 않는다는 점이다. 그 투쟁들이 아무리 유사하고 또 수렴되는 것이라고 해도, 그러한 투쟁들은 역사의 동인(動因)으로서의 통일된 민중(People-as-One)이라는 이미지에 지배되고 있지 않으며, 또 그 투쟁들은 권리가 현실 속에서 달성될 것이라고 하는 가정을 거부하고 있다. 따라서 우리는 집단적인 열망을 대안적인 사회라는 모델로 압축한다고 하는 정치 개념, 혹은 같은 이야기지만 우리가 살고 있는 세계를 감독하고 있으면서 그 세계가 최후의 심판의 불벼락을 맞을 수 있도록 하는 정치 개념을 포기하는 결정을 내리지 않으면 안된다. 물론 우리 자신이 이러한 포기를 하는 것은 어려운 듯이 보일 수도 있다. 왜냐하면 개량주의란 속임수라고 확신하고 있는 사람들의 마음속에는 현재의 속박으로부터 해방된 미래에 대한 신념이 깊게 자리잡고 있기 때문이다. 그러나 우리는 이러한 신념에 대해서 검토해야 하고, 또 혁명주의가 개량주의와 동일한 착각에서 배양되는 것은 아닌지에 대해서 자문해보아야 한다. 왜냐하면 양자는 모두 자기 나름의 방식대로 현대사회에서 제기되고 있는 사회적 분화(social division)라는 문제, 국가의 기원과 국가의 상징적 역할이라는 문제, 사회적 분야의 모든 깊이와 폭에 걸쳐서 작용하고 있는 지배자와 피지배자 사이의 대립의 본질에 관한 문제를 회피하고 있기 때문이다. 개량주의는 국가가 자신의 고유한 활동에 의해서, 혹은 민중의 요구가 성장한 결과로(두 가지 경우는 모두 생산과 부, 그리고 교육이 증대한 덕분이다), 사회 변동의 동인이 될 수 있고, 또 점점 더 평등한 체제를 촉진하게 될 수 있다고 생각한다. 혁명주의는 피지배계급이나 그를 이끄는 특정 정당이 국가기구를 정복해서 자신들을 위해서 그 자원을 활용한다면 지배를 철폐할 수 있는 조건을 만들어낸다고 생각한다. 양자는 모두 두 가지 운동이 분리될 수 있는 것이 아님에도 불구하고 두 가지 운동을 동시에 사고할 수는 없는 듯이 보인다. 즉 그것은 사회가 권력이라는 극을 상부에, 전체로부터는 어느 정도 분리되어 상부에 설정하게 만드는 내적인 분열에 의해서 경계가 그어지고 모이면서 명확한 아이덴티티를 부여받게 되는 운동이 그 한 가지이고, 또다른 운동은 이러한 유사분리(quasi-seperation)의 결과, 이러한 극에서 출발해서 권력을 보유하고 있고, 또 자신들의 지위를 공고히 하려고 노력하는 사람들의 이익을 위해서 모든 종류의 지배수단(물질, 자원, 기술, 의사결정)이 축적되는 운동이다. 개량주의자와 혁명주의자들은 권력의 상징적인 기능을 인식하지 못하고 있고, 또 권력의 사실상(de facto)의 기능, 사회조직의 활동에 대한 통제 기능이 사유화되고 있다는 점에만 정신을 빼앗기고 있다. 이와 같은 한편에서의 인식불능과 다른 한편에서의 집착은 그 원인이 동일할 뿐만 아니라 그 결과도 동일하다. 즉 시민사회의 다양한 영역에서 전개되고 있는 투쟁들은 단지 그 투쟁들이 정치집단과 국가기구 사이의 권력관계를 변화시키거나 전복시키는 단기적 혹은 장기적 가능성을 얼마나 제공하고 있는가라는 관점에서만 평가되고 있는 것이다. 이제 권력에 야심이 있는 정치집단이 그러한 투쟁에 설정하고 있는 저당에서 이러한 투쟁들을 해방시키지 않으면 안된다고 나는 믿고 있다. 또 스스로의 자율성을 고수하는 운동을 통해서 사회를 변화시킨다는 생각을 제시함으로써 우리는 이를 수행할 수 있다.

물론 자율성이란 잘 알려진 단어이고, 또 그것이 현재 동력을 끌어모으기보다는 약화시키는 허구의 희생물이 되지 않기 위해서는 약간의 설명이 필요하다. 자율성이란 오직 상대적일 수밖에 없다는 점이 우선 지적되어야 한다. 그러나 우리는 경험적 현실 속에서 그 자율성의 한계를 고정하거나 혹은 없애버리려고 하는 것 또한 헛수고임을 인식하지 않으면 안된다. 이러한 두 가지의 유혹을 노동자 자주관리운동에 관한 논쟁에서 발견할 수 있다. 노동자 자주관리라는 개념은 자율성이란 개념과 동일한 가치를 지니고 있는 것은 아니지만, 이는 생산이라는 사실에 의해서 지배되고 있는 사회에서는, 그리고 특히 조직이라는 사실에 의해서 지배되고 있는 사회에서는 상당한 지지를 모았다. 사람들은 자주관리라는 원리에 의해서 전적으로 통치되는 사회라고 하는 개념을 모순된 것이라고 비판하기도 하고, 또 그러한 개념에서 도출되는 모든 저항이나 비판을 낡은 지배구조를 유지하고자 하는 욕망에서 유래하는 것이라고 서슴없이 생각한다. 이와 관련해서 제기된 주장들은 정치적인 것(the political)이라는 문제를 은폐하는 결과를 낳았다. 현실주의라는 이름으로 제기된 주장은 잘 알려져 있다. 그러한 주장을 더 전개할 필요는 없다. 보다 일반적으로는 생산의 논리와 현대 조직의 논리는 모든 사람이 공적인 책무에 참여하는 것을 불가능하게 만들 것이다. 그러한 논리는 능력에 기초한 위계질서를 다시 강화하는 분업 구상을 제기할 것이고, 또 그러한 능력을 더욱더 권위의 기초로 간주하게 될 것이다. 더구나 우리들이 살고 있는 사회의 거대한 규모, 그리고 일반적인 이익에 부합되는 제목표를 위해서 자원을 동원하기 위해서 필요한 제과제의 복잡성, 활동 부문간의 조정, 모든 종류의 사회적 욕구의 충족, 공공질서의 유지와 국가방위 등에 대한 고려는 오직 중앙화된 의사결정과정과 조화될 수 있을 뿐이다. 이와 같은 중앙화된 의사결정은 기껏해야 그 대표기구의 숫자를 늘릴 수 있을 뿐이고, 그를 구성하는 대중으로부터는 엄격하게 떨어져 있다. 만일 이러한 필요성을 고려에 넣는다면 무수히 많은 사회적 세포의 경계내에서 자주관리가 이루어진다고 하는 생각은 매우 환상적인 듯이 보인다.

그러한 주장은 종종 너무 쉽게 이야기되듯이 단순한 것이 아니고, 또 항상 위선적인 것도 아니다. 그러한 주장들은 현재의 사회구조에 대한 분석에서 단순히 도출된 것이고, 또 그러한 구조를 자연스러운 것으로 파악한다. 그렇기 때문에 그러한 주장들은 우리가 지금의 사회생활의 제한된 지평을 넘어서고자 한다면 구별하지 않으면 안되는 개념들을 혼동하고 있다. 특히 그 주장들은 권력의 행사와 능력의 행사를 혼동하고 있다. 능력에 권위가 부여되는 것을 부정할 이유는 없다. 하지만 능력에 권위가 들어 있다는 생각은 단지 일반적인 권력기구가 별개의 실체로 등장한 사회에서나, 그리고 사회에 관한 전반적인 지식을 보유하고 통제할 수 있는 지위가 그러한 권력에 부여되거나 혹은 권력 스스로 그러한 지위를 떠맡고 있는 사회에서나 적용될 수 있다. 그러한 사회에서는 능력과 권위를 보유하고 있는 개인들은 성공적으로 권력과 동일시될 수 있다(후자의 관점에서 보면 그러하다). 이러한 문제제기는 순전히 형식적인 것은 아니다. 그 문제제기는 현실주의적인 주장에서 아주 종종 은폐되어온 것, 즉 능력의 행사와 권력의 행사 사이에는 차이가 있다는 점을 드러내준다. 자신의 목적을 위해서 능력이 있다는 이미지를 동원하는 것이 권력의 이미지이다. 물론 과학기술의 발전이 능력의 중요성을 증대시키고 있는 상황에서 그렇게 되고 있다. 예를 들면 현실 속에서 다수의 사람들로부터 구별되는 과학 기술적인 교육을 받았거나 혹은 어떤 분야든지 기술자본을 보유하고 있는 개인들이 자신들을 정치권력 체제에 포함시키고 있는 일정한 자유와 의사결정제도로부터 그에 상응하는 혜택을 받고 있다고 어떻게 말할 수 있겠는가? 그들은 조직의 음지에 묻히게 될 가능성이 더 많다고 말해야 할 것이다. 전혀 다르지만 사실 능력(실제적인 것이든 가장된 것이든)은 보상의 위계체제에 대한 기준을 제공해주고, 또 이것은 사회정치 구조의 유지에 확고한 지지를 이루고 있다. 하지만 이러한 위계체제의 정비가 능력에 기초한 차이라는 원리로부터 연역될 수는 없다는 점이 지적되어야 한다. 왜냐하면 그것은 가장 폭넓은 의미에서의 정치적인 해석에서 도출되는 것이기 때문이다. 끝으로 기성제도의 조건에 대해서 마찬가지로 현실주의적으로 추종하는 것은 초중앙집권적인 국가기구에 의해서 규율되지 않고 작동되는 사회를 상상할 수 없도록 만든다. 그것은 대부분 원인이 또한 결과가 된다는 점을 망각하고 있다. 즉 행정의 중앙집중화와 권력의 집중과정과 아울러서 기술선택, 에너지 자원, 바람직한 생산형태, 정보체계, 운송양식, 산업발전의 촉진양식, 도시계획 등이 또한 대중 사회의 사회적 과정을 촉발시킨다는 점이 망각되고 있는 것이다. 더구나 자주관리라는 관념에 대한 비판은 공적인 의사결정과정에 참여하는 방식에 변화를 가져올 새로운 정보 전달방식의 가능성은 물론이고, 그곳에 거주하는 사람들이 관리할 수 있는 분야에서 집단적인 제안이 발견될 수 있는 모든 가능성과 대의 정치의 새로운 모델의 가능성을 무시하도록 이끌고 있다.

다른 한편에서 자주관리이론이 그 목표를 현실 속에 적용하자고 주장하자마자, 우리는 그 이론의 빈곤에 계속 놀라게 된다. 반대자들의 주장이 그에게 되돌아오고, 자율성의 한계가 사라진다. 그것은 마치 피지배자를 지배자에게 묶고 있는 소외가 제거되면 여기저기서 그리고 모든 곳에서 한꺼번에 곧바로 함께 공존하고 함께 생산하며, 함께 결정하고 따르며, 충분히 의사를 소통하고 동일한 욕구를 충족시킨다고 하는 것이 가능하다고 하는 생각과 같다. 그것은 마치 수세기 동안 혹은 수천년 동안의 어떤 불행한 노예생활로 인해서 사람들이 아주 단순한 진리, 즉 자신들이야말로 자신들의 제도와 더군다나 자신들이 선택한 사회의 주인이라고 하는 사실을 망각해버렸다고 주장하는 것과 같다. 이렇게 생각한다면 우리가 지금 살고 있는 역사의 경계선에서 제기되고 있는 문제를 고민할 필요는 없다. 역설적이게도 기성제도는 무엇이나 문제삼을 수 있다고 하는 생각은 이와 같은 주장으로 귀결된다. 즉 과거에는 **사실**이라는 무게 이외에는 남지 않게 되고, 인류는 항상 오늘날과 마찬가지로 급진적인 가능성을 발견하게 된다. 그리고 이는 역사란 없다고 말하는 것과 다름이 없다. 또 평등이나 불평등이라는 문제에 대해서 관찰하고자 하는 관심도 더이상 없다. 불평등은 일정한 사회적·정치적 보상을 대가로 해서만 현실 속에 나타난다고 하는, 있을 수 있는 생각은, 그것은 지배계획을 지지하는 데 이바지하는 사기에 불과하다고 하는 주장으로 귀결되고 만다.

만약 **고상함이** 단지 하나의 계략에 불과한 것이라면, 사람들이 권력—이것은 물질적 제도로 구현되어 있고, 인간에 의해 대변되고 있으며, 호감이 갈 수도 혐오스러울 수도 있는 것이다—에 복종하는 것에 하등 신비스러운 바는 없을 것이다. 만약 그 고상함이 상승과 하강의 일반운동을 입증하는 것이 아니라면, 그리고 만약 그것이 양과 질 모두가 강대해져서 사회(the social)를 제거해버릴 필요성에 부응하여, 사회에 의존하면서 동시에 사회의 제도의 어떤 것을 점령하지 않았다면, 사람들이 권력에 복종하는 것에 신비스러울 것은 없을 것이다. 특히 위로부터 내려오는 사인(sign)이 하나의 열망과 어떤 관계를 갖고 있지 않다면, 자유가 놀랍게도 예속으로 역전되는 것에 대해, 자발적 예속(라 보에티의 설득력있는 표현을 빌리자면)의 수수께끼, 자유에 대한 갈망과 정반대의—이질적인 것이 아니라—예속으로 뒤바뀌는 수수께끼에 대해 놀랄 일은 없을 것이다.

위와 같은 방식으로 자율성의 한계에 대해서 사고하는 것이 사회와 권력 사이의 일반적인 관계라고 하는 측면에서 정치적인 것의 문제를 다시 제기하는 것은 아니다. 나는 사악한 권력이나 자비로운 권력이라는 개념 대신에 애매모호한 권력이라는 개념을 쓰려고 하는 것은 아니다. 나는 일반적으로 간과되고 있는 사회 공간의 특정 차원을 포착하려고 노력하고 있다. 그것이 간과되고 있는 이유는 역설적이지만, 단일성(the One)에 대한 환상적인 유혹과 이를 실제 속에서 구현하고자 하는 뿌리칠 수 없는 유혹에서 기인한다. 권력의 철폐를 꿈꾸고 있는 사람이면 누구나 단일성과 동일성(the Same)에 대한 귀속감을 암암리에 간직하고 있다. 그는 스스로 자발적으로 조화를 이루는 사회를 상상하고 있고, 또 수많은 활동이 서로간에 그 의미가 명백하고, 그리고 동질적인 시간과

공간에서 전개되는 것을 상상하고 있고, 함께 생산하고, 생활하며, 의사
소통하고, 교제하고, 사고하고, 느끼며, 가르치는 방식—이는 단일한 존
재양식을 표현하는 것이다—을 상상하고 있다. 그러면 모든 사물과 모
든 사람에 대한 그와 같은 관점, 좋은 사회에 대한 그같은 사랑스러운
이해가 전지전능한 것에 대한 환상과 동일한 것이 아니라면, 권력의 실
제적인 행사가 만들어내는 것은 무엇인가? 전제주의적인 사고에 의해서
다스려지는 영역이 아니라면 자율성이라는 상상의 영역은 무엇을 의미
하는가? 이것이 우리가 생각해보아야 하는 점이다. 이를 생각한다고 해
서 우리가 현명한 개혁가들(이들은 합리적 권력—이는 자율성의 경험을 적
절한 한계내에 제한할 수 있고, 종종 언급되듯이 계획이라는 권위를 자주관리
의 장점과 결합할 수 있을 것이다—의 도래를 예측하고 있다)이 집단적인
제안을 그것이 국가의 결정과 얼마나 일치하는가를 기준으로 해서 평가
하기로 결정했다고 하는 점을 간과하게 되는 것은 아니다. 그들은 사회
주의 체제의 소작인들에게 단지 지주의 가르침에 순종하라는 말을 들을
자유만을 남겨주고자 한다.

자신을 혁명주의로부터 해방시키는 것이 개량주의로 복귀하게 되는
것은 아니다. 나는 단지 단일성에 대한 유혹을 무시함으로써 얻어지는
것은 없다는 것을 말하고 있다. 지각할 수 있고, 실제적이며 그 내부의
모든 차이를 해소시켜버리는 통일성(a unity)에 대한 환상뿐만이 아니
라 권력이 스스로를 표현하고 있고, 또 이를 차지하려고 애쓰고 있는 지
위와 실제로 동일한 위치에 존재한다고 하는 환상을 버리기 위해서 노
력하는 편이 낫다는 점을 이야기하고 있는 것이다. 상징적인 것과 실제
적인 것을 혼동하기 시작하는 순간, 이러한 이중적인 환상에 빠지게 된
다. 그 결과 어떤 식으로든 사회화 과정의 다원성, 분절화, 이질성을 간
과하게 되고, 또 실천과 표현의 교차적 전개와, 권리의 상호인정을 간과
하게 되는 것이다. 현실주의적인 상상을 허용하지 않는 것은 사회 그 자
체가 통일성을 요청하는 관점에서 조직되어 있고, 또 사회가 잠재적인
공통의 아이덴티티를 입증하고 있으며, 사회를 초월하는 권력의 매개를

통해서 자신과 관계를 맺고 있고, 또한 동시에 확정할 수 없고, 총체화할 수 없는 아주 많은 형태의 사회관계(sociability)가 존재한다는 사실이다. 나는 이 점 때문에 놀라지 않는다. 우리 시대에 그토록 떠들썩하게 받들어지고 있는 상상은 우리들을 모순에 직면하도록 하는 데는, 진정한 모순에 직면하게 만드는 데는 소용이 없다. 이러한 모순은 해결되기를 끈질기게 거부하고 있는데, 왜냐하면 이는 사회적인 것의 제도내에 자리잡고 있는 문제를 의미하기 때문이다. 내친김에 그 모순은 항상 그것이 억누르는 것의 특징을 드러내지 않을 수 없다는 점을 지적해두고자 한다. 단일성에 대한 상상은 권력(단일성의 또다른 이름이다)의 표현, 사회분화의 표시를 은밀히 나타내고 있다. 자유로운 발전과 집단적 에너지의 자유로운 개화라는 상상은 동일성(the Same)이라는 표현, 비분화라는 표시를 암암리에 나타내고 있다.

결국 상상을 거부하고 있는 것은─비록 상상 속에서 미지의 자원을 발견한다고 해도 바로 민주주의이다. 민주주의의 등장은 최초로─혹은 전혀 새로운 각도에서─국가, 사회, 인민이 등장하는 것과 함께 이루어졌다. 그리고 사람들은 위와 같은 각각의 형태를 유일한 것으로 사고하고자 하고, 이를 분열의 위험성으로부터 보호하려고 하고, 이를 해체하거나 파괴하는 것은 무엇이든 거부하려고 한다. 그리고 분화 작업은 민주주의하에서는 자유로운 듯이 보이기 때문에 사람들은 이를 억누르거나 제거하고 싶어한다. 그러나 민주주의하에서 국가, 사회, 인민, 민족은 막연한 실체들이다. 그러한 개념 속에는 그를 긍정하기를 거부하는 인간이라는 개념의 흔적이 남아 있다. 인간이라는 개념은 세계를 분열시키고 있는 적대에 직면하면 하잘것이 없어 보인다. 하지만 이것이 없이는 민주주의는 소멸할 것이다. 그리고 국가, 사회, 인민, 민족 등은 국가이성과 사회, 인민, 민족의 신성한 이익에 대해서 저항하는 권리의 표출에 여전히 계속해서 의존하고 있다. 따라서 우리는 공산주의의 도래로 이해되는 혁명에 대한 열망이, 그리고 좋은 사회에 대한 열망이 민주주의를 사로잡고 있는 가상적인 모습들로부터 우리를 해방시켜줄 것이라고 가정해서는 안된다. 그러한 열망들은 위의 가상적인 모습을 변형시키지만 오히려 그것이 배양되는 신념을 환상의 수준에서 더욱 강화시킨다. 그것은 통일성에 대한 숭배, 마침내는 유일성에서 찾아지는 아이덴티티에 대한 숭배에 기여한다. 그리고 그러한 숭배가 권리라는 개념을 폐기시키게 되는 것은 우연이 아니며, 바로 자기 자신의 논리를 따른 결과이다. 우리는 그러한 가정 대신에 우리 자신을 권력과 단일성이라는 유혹에서 해방시켜줄 가능성을 제공하고 있는 세계의 지평선내에서 사고하고 행동하는 데 동의해야 한다. 이러한 세계에서는 사회적인 것과 역사적인 것의 불확정성이라는 맥락하에서 환상과 정치적 허위에 대해서 끊임없는 비판이 수행되고 있다.

따라서 인권의 정치와 민주적 정치는 동일한 필요성에 대응하는 두 가지 방식을 의미한다. 즉 분열의 효과를 조정하는 경험 속에서 달성되는 자유와 창조성이라는 자원을 이용할 필요성, 현재를 미래와 교환하려는 유혹을 뿌리칠 필요성, 반대로 현재 속에서 기존의 권리를 옹호하고, 또 새로운 권리를 요구함으로써 거기에서 단순한 이익의 충족에 불과한 것이 무엇이고, 또 제기되는 가능한 변화의 표시를 구별해내야 할 필요성이 그것이다. 그러한 정치에는 대담성이 결여되어 있다고 누가 말할 수 있겠는가? 전체주의에 대항해서 봉기하고 있는 소련과 폴란드, 헝가리나 체코, 그리고 중국을 목격하고 있는 시점에서 누가 그렇게 말할 수 있겠는가? 정치적 실천의 의미를 해독할 수 있도록 우리에게 가르침을 줄 수 있는 것은 바로 위의 나라들이다.

(신원철 옮김)

제2장
민주주의와 자본주의*

사무엘 보울스·허버트 진티스

이 글은 개인의 삶과 사회역사를 관리할 수 있는 민중의 역량을 진보적으로 확대하려는 의무에 고무받았다. 이러한 합의를 달성하기 위해서는—앞으로 논의하겠지만—민주적 사회질서를 수립하고 자본주의경제의 중심제도를 제거하는 것이 필요하다. 우리가 살고 있는 사회를 특징짓는 데 매우 광범하게 사용되고 있는 두 용어인 '자본주의'와 '민주주의' 사이에 그렇게 첨예한 대립은 나타나지 않을 수도 있다. 그러나 우리는 어떤 현대 자본주의사회도 개인의 자유를 확보하고 권력행사를 사회적으로 책임진다는 직접적인 의미에서 민주주의적이라고 불릴 만한 합당한 근거가 없다는 입장을 견지할 것이다.

'민주적 자본주의'는 사회적 삶의 각 영역에 자유의 폭을 확대시키는 조화롭고 서로 연관된 일련의 제도들을 연상시킨다. 그러나 우리는 자본

---

* Samuel Bowles and Herbert Gintis, "Present: Politics, Economics and Democracy", *Democracy and Capitalism*(London: Routledge & Kegan Paul Ltd, 1986).

주의와 민주주의가 상호보족적인 체계가 아니라는 사실을 밝힐 것이다. 오히려 그 둘은 인류의 발달과정과 사회 전체의 역사적 진화를 조정하는 아주 상반된 규칙이다. 즉 전자는 소유권에 기초한 경제적 특권의 우위를 의미하고, 후자는 개인의 권리행사에 기초한 자유와 민주적 책임의 우위를 강조한다.

따라서 우리는 민주주의를, 자유와 인민주권이 학습(learning)과 역사를 지배하는 사회상이라고 약정하고 있다. 민주주의는—소유권의 상호작용이 아니라—현재의 우리가 생성되는 과정과 우리의 삶을 조정하는 규칙이 지속적으로 갱신되고 변형되어나가는 과정을 규제하는 근본원리를 제공해야 한다.

이러한 과정의 실현가능성과 획득가능성을 논증하지 않고서는 우리의 약정을 정당화시킬 수 없을 것이다. 대신에 우리는 개인에 대해, 사회에 대해 그리고 역사에 대해 생각하는 방식에 대한 그것들의 함의를 탐구할 것이다. 우리의 약정에 대한 정당화는 필요없을지라도 그 용어는 명료하게 정의되어야 할 것이다. 실제로 우리는 민주주의를 자유 및 인민주권과 동일시하였다. 자유는 개인이 자유롭게 되는 사회적 삶의 외연적 범위를 포괄하는데, 거기에서 개인들은 아무런 사회적 구속 없이 행동하고, 또 타인을 행동하도록 설득할 수 있는 자원을 전유한다. 로널드 드보르킨은 이것을 다음과 같이 아주 잘 표현하고 있다.

> 개인의 권리는 개인이 지니고 있는 정치적 트럼프(trumps)이다. 어떤 이유 때문에 집단목표가 개인이 소유하거나 행위하고자 하는 것을 부정하는 것이 충분히 정당화되지 않을 때, 또 개인들에게 어느 정도의 손실이나 피해를 강요하는 것이 충분히 정당화되지 않을 때 비로소 개인들은 권리를 갖는다.[1]

---

1) Ronald Dworkin, *Taking Rights Seriously*(Cambridge: Harvard University Press, 1978).

따라서 자유는 사상과 결사의 자유, 정치적·문화적 및 종교적 자유를 수반하며, 신체를 보호할 수 있는 권리와 자신의 삶을 정신적·미학적·성적 양식에 따라 표현할 수 있는 권리를 포함한다.

인민주권은 권력이 권력행사에 의해 영향을 받는 모든 사람들에게 주어진 것이고, 또 어떤 의미에서는 동등하게 주어진 것이라는 것을 의미한다. 그러나 인민주권은 일원적일(unitary) 수는 없다. 우리는 자유민주 자본주의에 그리고 실제로는 대부분의 사회질서에 권력의 다원적 중심이 있다는 사실을 논증할 것이며, 또 이러한 권력의 다원주의가 민주주의사회라는 개념의 본질적인 측면을 함의하고 있다는 사실도 논증할 것이다. 그래서 우리는 통일된 '인민의지'(popular will)라는 개념을 거부하고, 주권을 궁극적으로 그리고 불가피하게 이질적인 것으로 간주한다. 사실상 민주주의는 개인과 집단 모두가 가지고 놀 트럼프를 가질 것을 요구한다.

우리는 민주주의사회에 대한 약정에 의해 함축된 사회이론의 여러 변형들을 확인할 것이다. 그렇지만 우리의 관심은 순전히 사색적인 것은 아니다. 우리는 민주주의 이론을 개조하고 또 지난 2세기 동안에 걸친 민주주의와 자본주의의 격동에 찬 궤적을 이해함으로써 유토피아로서의 민주주의가 아니라 오랜 기간 급진적이었지만 좌절된 민주주의의 전망을 만드는 역사적 기획에 합의하게 되었다.

민주주의제도는 종종 선진 자본주의국가의 사회생활에서 단순한 장식품이 되었다. 그것은 외국방문객들에게 자랑스럽게 전시되었고 모든 사람들로부터 찬사를 받았지만 그것의 용도는 인색하였다. 실제상황이 전개되는 곳—가족, 군대, 공장, 관공서 등과 같은 핵심제도—은 결코 민주적이라 할 수 없다. 대의정부, 시민의 자유, 조세제도는 기껏해야 특권과 지배의 기초형태를 때로는 은폐하거나 강화하면서 책임 없는 권력의 영역이 확장되는 것을 억제했을 뿐이다.

그러나 민주주의는 고정불변의 것이 아니다. 민주적 제도가 정착된 곳에서 민주주의는 확대되고 심화되었다. 민주적 공리(idiom)가 정치학의

언어(lingua franca)가 된 곳에서, 민주주의는 익숙하지 않은 의미들을
포괄하게 되었다. 따라서 민주주의는 그 발전과정에서 온갖 형태의 특권
에 무차별적으로 과감하게 도전할지도 모른다. 여성은 물론 대부분의 유
색인종까지도 배제되었던 18세기 인권선언(Rights of Man)에서 20세기
후반의 시민운동, 여성운동, 직업권리에 이르기까지 민주주의는 우여곡
절을 겪었지만, 그 길은 이미 18세기 자유주의에서부터 충분히 예견된
것이었다.

민주주의적 잔기들(sentiments)이 기능할 능력을 위협할 정도로 기본
적인 사회제도를 침해하기 시작할 때, 민주제도는 대체되거나 퇴각할 수
밖에 없게 됨을 발견할 것이다. 이러한 상황은 유럽과 남미의 자유민주
주의 자본주의사회가 현재 처하고 있는 어려움을 정확하게 반영해주고
있다. 포위공격을 받고 있는 영역은 바로 자본주의경제 그 자체이다.[2]

2차대전 후 복지국가의 발전과 케인즈 경제정책은 이윤을 창출하는
기업활동은 규제를 받아야 하고 자본주의적 기업은 그 확장을 용인한다
하더라도 사회안전에 종속되어야 한다는 사실을 인지시켰다. 전후 자유
민주주의 자본주의사회의 놀랄 만한 경제적 성공은 경제엘리트와 시민
의 이러한 상호조화의 이점을 입증하고 있다. 그러나 민주주의에 대한
요구가 확대되자 이 조화는 원상태로 되돌아가게 되었다. 민주주의제도
는 이윤이 있는 곳에 투자하고 노동력을 훈육시키는 자본의 능력을 잠
식할 권력을 시민에게 부여함으로써 자본주의경제의 기본적인 작동에
도전하고, 그것의 동학을 약화시켰다.

그렇지만 복지국가와 케인즈 경제정책은 신중하게 검토되어야 한다.
그것들은 시민에게 결정적인 경제적 기능을 취할 권력을 부여하지 않았
으며, 시민이 경제정책 결정을 민주적으로 책임질 수 있는 능력을 개발

---

2) 여기에서 자유민주주의적 자본주의사회란 시민의 자유와 선거권이 대부분의 성인들에
게까지 확산된 제한 국가에 의해 사회생활이 구조화되고, 임노동과 사적 소유의 생산수단
을 사용하여 시장을 위한 생산에 의해 경제가 특징지어지는 20여 개 국가를 의미한다. 이
러한 특성들은 이후의 장들에서 설명될 것이다—영어판 편집자 주.

시킬 수 있는 공공영역을 제공하지도 않았다. 마찬가지로 중요한 사실은 대부분의 자유민주주의국가의 전후체제는 조직적 혁신 및 구조적 변동의 유형을 관장하는 데 자본에게 결정적인 우위를 부여하였다는 것이다. 이는 결국 정치적·경제적 교착상태를 낳았으며, 여기에서 기업엘리트와 시민은 공히 경제적 변화에 대한 거부권을 가지고 있지만 경제적 미래상에 대해서는 어떠한 공통점도 공유하고 있지 않다.

이러한 교착상태의 정치적·이데올로기적 결과들은 1970년대의 정치과정을 근본적으로 변화시켰다. 자본주의번영의 관건으로서 완전고용의 관점에서 재화와 서비스에 대한 총수요의 국가관리에 초점을 두고 있는 케인즈 경제정책은 매우 모순된 것처럼 보이게 되었다. 케인즈 정책과 복지국가에 의한 경제적 불안정의 감소가 노동에 대한 자본권력의 근본적인 기초, 즉 실업의 위협을 완화시켰다는 사실은 명백해지게 되었다.

복지국가 설계사들이 요체를 밝히지는 못했지만, 경제적 불황과 불안정은 자본가계급이 '너무 강해서' 일어날 수도 있지만, 자본가계급이 '너무 약하기' 때문에 일어날 수도 있다. 자본가계급이 '너무 강할' 때는 자본가계급이 국민소득에 대한 노동자계급의 소비의 비율을 줄이고 경제를 총수요 부족의 탓으로 돌리면서 자신들에게 유리하게 소득을 분배한다. 반대로 자본가계급이 '너무 약할' 때는 노동자계급과 여타 소득생활자들이 이윤율을 쥐어짜내고 투자수준을 낮춘다(아마 투자가들을 목축 등에 투자하도록 유도하면서).

자본주의경제는 규칙적으로 두 가지 유형의 난관을 경험한다. 1930년대에 일어난 대공황이 그 주요증거인데, 그것은 부분적으로 1차대전 후 유럽과 북미 노동자계급의 정치적·경제적 패배에 의해 일어난 총수요의 위기였다. 그렇지만 1960년대 후반과 1970년대 선진 자본주의경제의 이윤하락은 결코 부적정한 수요의 탓으로만 돌릴 수는 없다. 이윤의 하락은 대부분의 나라에서 예외적일 정도로 높은 수준의 생산설비 활용 및 수요팽창과 동시에 발생한다.[3]

대공황의 성격—자본의 압도적인 경제력에 의한 노동자구매력의 결핍—은 노동자계급, 사회민주주의 그리고 진보적인 집단에게 준비된 프로그램을 제공했다. 즉 소득의 균등한 분배는 노동자계급의 물질적 상태를 개선하고 경제적 위기를 종식시킨다는 것. 자본가계급이 '너무 약해서' 공황이 일어날 때는 그러한 특수이익과 보편이익간의 조화로운 공존이 일어나지 않는다. 1970년대와 80년대에 선진 자본주의 자유민주주의 국가가 경험했던 경제적 어려움은 부적정한 소비수요의 징후는 아니었다. 좀더 정확하게 말하자면 그 어려움의 원인은 자본주의적 사회관계와 민주주의적 사회관계의 충돌에 기인하는 것으로 볼 수 있다. 그래서 마지막 대공황기에 제기된 노동자계급과 좌파의 즉각적인 경제적 프로젝트의 최우선과제가 물질적 곤궁을 경감시키고 수요를 높은 수준으로 유지시키기 위한 구매력의 재분배였다면, 현재의 과제는 생산과 분배의 새로운 민주주의적 모델을 제공하기 위해 권력 자체를 재분배하는 것이어야 한다.

이에 대응하여 우파의 프로젝트는 노동자계급과 기타 소득생활자를 훈육시키기 위해 시장을 사용하는 전통적인 방법을 통하여 또는 좀더 효과적인 통제제도를 통하여 경제에서 헤게모니를 재확인하는 것이다.

이러한 상황하에서 민주적 주도권은 투자와 생산결정을 민주주의적으로 책임질 수 있는 방향으로 나아가게 하든가 아니면 거꾸로 민주적 주도권 자체가 후퇴하든가 할 것이다. 만일 민주주의적 주도권이 후퇴하게 된다면, 이 전략적 후퇴는 쉽사리 자유민주주의제도의 좌초를 낳고, 권위주의의 부활을 초래하게 할 것이다.

이러한 갈등하는 경향들에 의해 야기된 복잡한 쟁점들을 이해하고 민주주의경제가 의미하는 바를 해명하는 데는 현대 정치·경제철학에 대한 재검토가 요구된다. 우리는 생산과 투자의 영역에 인민주권과 자유의 규

---

3) 이 논쟁은 S. Bowles, "The Post-Keynesian Capital Labour Stalemate", *Socialist Review* 65(1982), pp. 45~74와 Thomas E. Weisskopf, S. Bowles and David M. Gordon, "Two Views of Capitalist Stagnation: Underconsumption and Challenges to Capitalist Control", *Science and Society* 49(Nov. 1985)에서 아주 잘 전개되었다.

범을 합리적으로 적용시키게 하는 원리를 제공할 역량이 있는가를 기준으로 사회이론을 평가하는 데서부터 시작할 것이다.

이 책은 사회주의적 계획과 시장의 경제적 합리성에 대한 30여 년 전의 논쟁을 환기시킬 것이다. 이 논쟁에는 경제이론의 토론과정을 통해 다양한 유파의 경제학자들이 관련되었다. 그런데 민주주의경제이론에 대한 우리의 견해는 아마 몇몇 친숙한 전선을 흐리게 할지도 모른다. 왜냐하면 우리는 계획이 우위냐 시장이 우위냐, 혹은 마르크스주의 경제범주가 옳으냐 신고전파 미적분이 옳으냐 하는 문제를 제기하지 않을 것이기 때문이다.[4]

1. 다양한 민주주의이론

정치와 경제를 통합하려는 이와 같이 열정적인 시도는 급진적인 민주주의 전통—예컨대 17세기의 평등주의자, 18세기의 상뀔로뜨, 19세기의 차티스트와 농민인민주의, 20세기의 여성해방운동가와 노동자평의회 지지자—으로 나타난다. 우리가 이러한 운동들에서 배울 것은 단지 감상적인 것만은 아니다. 그것은 우리가 어떤 것을 올바른 민주주의 이론으로 받아들여야 하는가에 대한 두 가지의 본질적인 문제를 던져주었다. 첫째는 억압이 여러가지 형태를 띠며, 경제 그리고 특수하게는 가족이 국가 못지않게 지배 영역이자 정치의 각축장으로 되었다는 것이다. 둘째

---

4) 우리는 경제모델을 민주주의 사상의 기초로 보는 견해에 대해 폭넓게 비판한 울린의 입장에 동의하지 않는다. 그는 다음과 같이 서술하고 있다.
  "내가 제기하고 싶은 것은 미국의 정치전통에서 대중은 정체성, 권력 그리고 권력이라는 용어에 대한 관념을 각기 달리하는 두 '실체'(bodies)를 가지고 있다는 사실이다. ……그 하나는 정치적이며 민주주의적인 것인데 그것은 제도정치학이라고도 불린다. 다른 하나는 경제적이며 반민주적인 것으로 이는 정치경제학이라고도 불린다"(Sheldon Wolin, "The People's Two Bodies", *Democracy* 1(1981), p. 11).

는 정치가 단순히 자원을 둘러싸고 경쟁하는 집단을 권력이 통제하는 식으로 작동하지는 않는다는 것이다. 그것은 또한 현재의 우리가 어떻게 되어갈 것인가에 대한 각축장이며, 일체감, 이해관계, 연대가 정치행위의 출발점이자 결과로 되는 각축장이다.

1830년과 40년에 걸쳐 일어난 영국의 차티즘운동의 성쇠는 전술한 첫 번째 문제, 즉 경제의 정치적 속성의 중요성을 아주 잘 보여주고 있다. 차티스트—인민권리의 옹호자—는 19세기 초반에 일어난 가장 성공적 인 급진적 대중운동을 대표한다. 영국의 역사가 가레쓰 스테드만 존스는 자신의 주저 『차티즘에 대한 회고』(*Rethinking Chartism*)에서 급진적 민 주주의전통의 면면한 흐름을 다음과 같이 강조하고 있다.

사악함과 비참함을 정치적 원천의 탓으로 돌리는 급진주의의 중심교리는 부조화의 원천을 자연의 탓으로 돌리는 맬서스주의적 인민정치경제로부터, 그리고 사악함을 국가와 시민사회를 지배하는 허위이념의 탓으로 돌리는 오웬주의적 사회주의로부터 스스로를 분명하게 구분한다.[5]

급진적 민주주의전통 일반과 마찬가지로 차티스트는 그 기원상 정치 적으로 보이는 문제들에 대한 정치적 해결을 포함하고 있다. 그러나 그 들에게서 '정치적인 것'은 '국가'를 의미하였다.

급진적 담화에서는 계급들간의 구분이 고용자와 피고용자 사이에 있는 것이 아니라 대표자와 비대표자 사이에 있다. …… 부의 생산자가 자신의 노동성과물이 박탈당한다고 인지하는 것은 부패한 비(非)대의제 정치체계 를 통해서이다.[6]

---

5) Gareth Stedman Jones, *Language of class: Studies in English Working Class History* 1832~1982(Cambridge: Cambridge University press, 1983), p. 105.
6) 같은 책, p. 106.

급진적 차티스트인 브론테르 오브라이언은 이러한 신념을 다음과 같이 요약하고 있다.

> 보통선거는……급진주의의 장엄한 시험이다. ……하층계급은 당신이 대표자가 아닌 것은 재산이 없기 때문이라고 말할 것이다. 반대로 나는 당신이 재산이 없는 것은 당신이 대표자가 아니기 때문이라고 말할 것이다. ……따라서 당신의 빈곤은 당신이 대표자가 아닌 것에 대한 원인이 아니라 결과이다.[7]

차티스트들이 자신들의 곤경이 정치적 원천에 기인할 수도 있다고 생각한 것이 잘못된 것도 아니고, 비민주적 국가를 억압의 원천으로 본 것이 잘못된 것도 아니다. 오히려 그들의 오류는 고용자와 피고용자간의 관계에서 나온 정치적 속성과 자본소유자가 장악한 책임질 수 없는 사회권력을 과소평가하는 데 있었다. 결국 그들은 "국가와 그 수혜자들의 기생적 약탈이 없다면 시민사회와 지배·피지배자의 관계는 조화롭게 기능할"[8] 것이라고 믿었기 때문에, 보통선거를 통한 민주주의국가의 달성은 민주주의사회로 인도될 것이라고 생각하였다.

차티즘의 요구는 계급요구가 아니라 다양한 경제지위의 비대표집단을 엮어내는 정치적 요구였다. 급진적 메시지의 보편적 호소는 오히려 그것의 취약성에 의해 균형이 유지되었다. 스테드만 존스에 의하면,

> 차티즘의 강령은 실업, 낮은 임금, 경제적 불안정 그리고 여타 물질적 고통이 정치적 원인에 기인한다는 것이 수긍되는 한에서만 확신을 믿을 수 있었다.[9]

---

7) Alfred Plummer, *Bronterre: A Political Biography of Bronterre O'Brien 1804~1864*(London: George Allen & Unwinn, 1971), p. 177.

8) G. S. Jones, 앞의 책, p. 112.

9) 같은 책, p. 106.

선거권의 점진적인 확대에 의해 그리고 경제이데올로기와 국가정책의 준거틀로서의 자유방임의 출현에 의해 특징지어지는 고도의 자유주의국가는 이러한 분석의 신뢰도와 차티스적 처방의 긴급함을 잠식했을 것이다.

차티즘이 붕괴된 지 10년이 지난 후 칼 마르크스는 이 급진적 분석과 언어의 자리를 대체시킨 자본주의적 착취이론을 묘사하였다.[10] 이 이론은 비대의제 국가의 약탈보다는 노동에 대한 자본의 권력에 초점을 두었다. 우리가 경제의 정치적 속성을 강조한 것은 정치중심성에 대한 급진민주주의적 신념에 대한 재확증과, 자본주의경제를 조화의 장이 아니라 억압과 경쟁의 장으로 보는 마르크스의 사고에 대한 재확증으로 간주될 수 있다.

정치가 민중을 낳는다는 우리의 두번째 주제는 아주 최근의 경험에서 나온 교훈이다. 제2차 세계대전 이래 선진 산업사회의 정치생활은 자본주의이건 국가사회주의이건간에 전통적 정치철학의 개념틀과 긴장관계에 있는 민중운동에 의해 점차로 형성되어왔다. 이러한 운동들은 새로운 사회정의의 전망을 포함하고 있다. 이 운동의 관심은 누가 무엇을 갖느냐라는 문제를 넘어서서 성별 및 인종적 평등, 환경보호, 핵무기감축, 세계평화 등과 같은 사회적 필요를 주장하는 것으로 이동하고 있다. 현대의 정치적 기운은 전통적인 권위와 계속 갈등하고 있고, 민주주의적인 공동체와 작업장에 대한 법적 요구는 물론 시민권 개념의 확대—자기신체를 통제할 수 있는 권리, 작업장에서 취급하고 있는 물질의 화학적 성분을 알 권리, 직업기회의 평등 및 보장에 대한 권리, 성별에 따른 능력을 행사할 권리 등—에 대한 법적 요구를 포괄하는 경향을 보여주고 있다.

이러한 정치운동이 익숙한 동원유형을 가지고 있고 또 표준적인 목표

---

10) 급진민주의전통은 소멸되었다기보다는 노동자계급운동과의 통일된 연관을 잃었다. 19세기에 일어난 여성해방운동과 무정부주의는 급진민주주의적인 전망과 언어를 다분히 내포하고 있었다—영어판 편집자 주.

를 표출하고 있기는 하지만 그것은 새로운 측면들을 공유하고 있다. 즉 그 운동의 불만과 열망은 단지 분배적인 측면만을 가지는 것이 아니라 도덕적이고 문화적인 측면도 갖고 있는 것이다. 그것은 공동체의 창조 및 전화 그리고 개인 및 집단정체성의 확립을 목표로 하고 있다.

이 운동은 이해관계를 추구할 뿐만 아니라 그것을 재정의하려고 한다. "흑인은 아름답다!", "여성이여 단결하라, 밤을 도로 찾자"라는 구호는 자원에 대한 요구가 아니다. 이것은 새로운 정치풍경 안에 있는 작은 외침들이다. 여기에서는 의미와 은유가 경쟁의 도구이다. 우익운동—종교적 근본주의의 정치적 전환, 민족주의, '생활권' 보장운동 등—도 정치의 문화적 측면에 동일한 초점을 두고 있다. 미국의 우익들의 자동차 스티커에 적혀 있는 "좌익보다는 죽음이 낫다", "미국을 사랑하라, 그렇지 않으면 미국을 떠나라"라는 구호는 어떤 자원을 요청하는가?

이러한 문화적 정치운동의 출현과 호소는 재화와 서비스의 분배에 대한 투쟁—해럴드 라스웰이 정의한 바에 의하면 누가 언제 어떻게 무엇을 갖느냐에 대한 경쟁—을 정치적으로 우위에 놓는 사람들에게는 다소 모호한 것으로 비칠 것이다.[11] 이 새로운 운동은 자원에 대한 통제나 분배정의의 중요성을 거부한다기보다는 경제적·도덕적·문화적 관심들의 분리가능성을 부정하며, 도덕적·문화적 목표의 우위성과 수단으로서의 경제적 관심의 일반적 지위를 주장한다. 이 새로운 정치행위자는 **획득**(getting)의 정치를 **생성**(becoming)의 정치로 보완하였다.

1980년대에 일어난 보수주의의 공격은 사적 영역과 공적 영역 사이의 파산된 경계를 복구시키거나 지금까지 이름이 없었던 가족과 작업장의 정치라는 새로운 어휘를 지워버리는 데보다는 민주주의적이고 민중주의적인 운동을 담아내는 데 더 성공적이었다. 1968년 5월 프랑스에서 일어난 학생과 노동자의 봉기 그리고 1969년 이탈리아에서 일어난 '뜨거운

---

11) Harold Lasswell, *The Political Writings of Harold D. Lasswell*(Glencoe, Ill.: Free Press, 1951).

가을'의 봉기는 관공서와 공장을 투쟁의 장으로 만들었다. 이 두 봉기에서 노동자들은 승리를 요구할 수 없었다. 오히려 그들은 패배하여, '정치'란 국가 속에서만 일어나는 어떤 것이라는 통념을 수그러뜨리는 것을 도와주었다. 마찬가지로 "개인적인 것은 정치적이다"라는 여성운동가의 구호의 반향도 공적 영역과 사적 영역 사이의 자유주의적 경계와, 정치를 계급투쟁으로 보는 마르크스의 사고에 도전하였다.

지난 세기에는 물론 현재에도 급진민주주의전통은 정치철학의 근본범주에 대한 재고찰을 유발한다. 현대 민주주의자들 앞에 제기된 지적 안건은 아마 민주주의적 약정 그 자체로부터 추론되었을 것이다. 만일 인민주권과 개인의 자유의 통합이 가능하다면, 민주주의자는 사회구조가 우리의 행위를 제한하는 모호한 방식 및 의도의 자율성과 권력을 고려하는 사회적 제약과 개인적 자유에 대한 개념을 개발해야 한다. 또 민주주의의 프로젝트가 유토피아를 자아내는 것이 아니라 역사를 만들어가는 것이라면, 민주주의자들은 개인이 집합적 행위자로 결합하는 방식 그리고 사회구조가 경쟁집단들의 정치적 행위를 통해 갱신되고 전환되는 방식을 이론화해야 한다. 자유주의나 마르크스주의 정치 전통내에서는 아무것도 올바르게 달성되지 않기 때문에 이 과제는 바로 민주주의 이론이 담당해야 할 문제이다.

자유주의와 마르크스주의는 모두 영향력있는 인간해방을 고무시켜왔다. 그러나 그들의 낡아빠진 주장은 많은 현대인들의 귀에는 공허하게 울리고 있다. 여전히 자유의 왕위를 지키고 있는 자유주의는 선진국가에서는 경제적 특권과 정치권력의 집중을 옹호하는 것으로, 그리고 제3세계에서는 초과착취와 독재를 옹호하는 것으로 나타나고 있다. 저명한 자유주의 경제학자인 프리드리히 폰 하이예크는 최근에 다음과 같이 서술하였다.

독재자가 민주주의적인 방식으로 통치하는 것은 가능하다. 그리고 민주주의가 자유주의를 무시한 채 통치하는 것도 가능하다. 나의 견해로는 자유

주의를 무시한 민주주의적 통치가 아니라 자유주의적 독재자를 선호한다.[12]

마르크스주의는 사회평등의 역사적 전망과 국제주의를 자랑스러운 듯
이 주창하고 있으면서도, 그 외피를 입은 나라들에서 전제주의와 제국주
의를 부추기고 있다.

사실상 전통적인 교의들은 때때로 경쟁관계에 있는 경제적·군사적 제
국(帝國)들간의 세계적 투쟁에서 인질로 잡혀 있다. 더욱이 자본주의와
국가사회주의간의 지위쟁탈전은 이데올로기적 우위를 확보하면서 스스
로의 허약함을 은폐시키기 위한 각각의 교의에 대한 지지자를 내세우면
서, 냉엄한 자기비판의 기운을 불러일으켰다. 그 결과 정치철학—그리
고 정치경제학—은 각각의 지적 현상유지를 위한 후위방어의 역할을
하는 것으로 불리게 되었다.

예측컨대 오늘날의 급진민주주의자들은 때때로 자유주의를 자신들의
대의에 비추어 적대적인 것이거나 잘해봐야 부적절한 것으로 간주한다.
그리고 심지어 대부분의 민주주의 정치운동을 이끄는 사회주의자들조차
도 이제는 마르크스주의—여성운동가, 환경운동가, 소수민족, 일반노동
자들에게 제한적으로 관계되어 있지만—를 과거의 업적에 대해서만 존
경하고 있다. 이 운동들은 때때로 마르크스주의를 적대적으로 냉담하게
대우한다. 자본주의나 국가사회주의가 사회해방의 미래를 여는 열쇠라는
관념은 우리들의 뒷전에서 즐겁게 놀고 있는 환상이다.

자유주의와 마르크스주의에 대한 평판이 손상되고 있는 것은 그 둘이
동반자적 관계에 있기 때문인 것은 아니다. 앞으로 살펴보겠지만, 그것
은 그 둘 모두 이론적으로 결함이 있기 때문이다. 그 둘은 모두 그것을
전통적인 지식으로 채택한 나라들에서 전형적으로 나타나는 억압의 특
징적인 형태에 대한 적절한 이해를 구축하지 못하였다. 또 그 둘은 이

---

12) Friedrich von Hayek, Interview in *El Mercurio*(Chile : 12 April 1981). Philip O'
 Brien, "Monetarism in Chile", *Socialist Review* 14(1984), pp. 77~78에서 재인용. .

억압의 형태를 극복하고자 하는 민주주의운동을 이해하고 소개할 만한 역사관을 제공하지 못하였다.

그렇다고 오늘날의 급진민주주의 정치운동에 유용한 지적 유산이 정치철학이나 정치경제학 저작들 속에 있는 것은 아니다. 이 운동의 촉발은 『국부론』, 『자유론』, 『자본론』, 『국가와 혁명』 등과 같은 저작보다는 앙드레 고르즈(Andre Gorz)의 『프롤레타리아여 안녕』(*Adieu au Proletariat*), 알랭 뚜렌느(Alain Tourraine)의 『포스트 사회주의』(*L'Apres Socialisme*), 하이디 하트맨(Heidi Hartmann)의 글, 「마르크스주의와 여성운동의 불행한 결혼」(The Unhappy Marriage of Marxism and Feminism), 노베르토 보비오(Norberto Bobbio)의 『어떤 사회주의인가?』(*Quale Socialismo?*) 등의 저작들에 그 유래를 두고 있다. 19세기의 급진민주주의운동이 일반적으로 고전철학, 자유주의 정치경제학, 마르크스주의를 모두 피하였듯이, 새로운 민주주의정치도 정치적 논쟁의 전통적인 용어들을 건너뛰었다. 때로는 그러한 유서깊은 관심들을 권위의 위임으로 간주하면서, 때로는 경제적 필요에 대한 요구를 반동의 장막으로 간주하면서.

그러나 '당신의 집에 만연된' 이 자유주의 및 마르크스주의 사회이론에 대한 위치 선정은 잘못된 것이다. 민주주의정치학은 자신의 위험을 무릅써야만 대의제, 책임성, 프라이버시, 재산, 착취, 기근 등에 관한 고전철학논쟁을 무시할 수 있다. 두 개의 위대한 고전정치학·경제학 전통이 문제의 부분이라는 것은 사실이지만, 그만큼 그것은 해결의 부분일 수도 있다. 그 두 전통은 현존하는 사회억압을 정당화시키기보다는 오히려 그것을 이해하고 극복하려는 것이었다. 사실상 자유주의와 마르크스주의는 참된 인간생활의 본성에 대해 불가지론적이거나 모호한 견해를 가지고 있으면서도, 억압의 전통적인 형태를 제거하는 것이 참된 생활을 달성하기 위한 전제조건이라는 견해를 견지하고 있었다.

나아가 자유주의는 선택과 대행이 자유의 초석이라는 민주주의교리를 간직하고 있었던 반면에 마르크스주의는 개인적인 선택과 대행은 집단

행동이 결여된 허위자유일 뿐이라는 사실을 보여주고 있다. 사람들은 역사를 만들어가고, 한 사람씩 분리되어서가 아니라 다른 사람들과 연대하면서 자유를 발전시켜나간다.

자유주의에 있어서는 대행에 대한 천벌이 물리적 강제—한 개인에게 다른 방식으로 할 수 없는 것을 하도록 하게 하는 힘의 사용—를 통한 지배로 나타난다. 자유주의의 이상은 완전한 자유가 이루어지는 세계를 구축하는 것이다. 거기에서 개인들은 타인의 동등한 자유에 의해서만 제한될 뿐 자신이 원하는 대로 할 수 있는 자유를 가진다. 실제로 자유주의는 절대주의국가의 강화가 초래한 위협에 대한 진보적인 반응으로 나타난 것이다. 이때 진보적이란 것은 국민주권의 불가피성과 바람직함을 받아들이고 있다는—국민주권의 잠재적 전제권력을 중화시키려 하긴 했지만—의미에서이다. 자유주의는 그 원리상 전제군주와 숙적이다.

마르크스주의는 불평등한 재산소유를 통한 지배—즉 경제생활에서 생산수단에 대한 특권적 지위—에 깊은 관심을 두고 있다. 마르크스주의자들의 이상은 계급지배가 철폐된 세계를 구축하는 것이다. 사실상 마르크스주의는 19세기에 유럽산업자본주의의 강화에 의해 초래된 부와 경제적 권력의 집중에 대한 대응으로 나타난 것이다. 마르크스주의는 그 원리상 계급특권과 숙적이다.

자유주의와 마르크스주의가 지닌 각각의 관심—전자는 정치적 전제주의에 대해, 후자는 경제적 궁핍에 대한 전제주의에 대해—은 이 두 전통을 탄생시킨 그 당시보다 현재에 더 적합하다. 물리적 강제는 폭력 및 감시수단 그리고 강제행정이 과학적으로 발전한 근대시대에 만연되었다. 이것들은 17세기에 구상된 근대권위주의국가에 융합되었지만, 그것의 기술적 가능성은 현대에 와서야 달성되었다.

따라서 금권지배는 세계시장, 근대금융제도, 유한책임회사 등이 발달하게 된 근대에 들어서면서 진전되었다. 이것이 가장 구체적으로 현상한 것이 다국적기업이다. 이 다국적기업은 수백만 명의 생활을 좌지우지하면서 오로지 이윤만을 찾기 위해 눈을 번득이며, 점점 명목적으로만 주권을 가진 국민국가의 대양을 누빈다.

자유주의와 마르크스주의가 공동으로 가진 계몽주의적 골격내에서 우리가 정치이론을 발전시키고자 하는 것은 그것들이 표현하고 있는 광범한 사회억압 형태들에 대한 우리들의 평가와, 그리고 평화로운 세계 속의 참된 사회는 자유주의와 마르크스주의가 역사적으로 대응했던 문제들의 해결 없이는 구축될 수 없다는 우리들의 확신에 기초하고 있다.

2. 전통적 정치학설

우리는 자유주의나 마르크스주의와 같은 아주 복잡한 전통들을 마치 명백히 구별되는 특성들을 보여주고 있는 것처럼 간주하려는 잘못을 저질러왔다. 실제로 각각의 교의는 때때로 단일된 이념체로 혹은 공통의 목표를 가진 사회운동으로 묘사되어왔다. 그러나 엄밀히 고찰해보면, 자유주의와 마르크스주의는 모두 산발적이고 때로는 모순된 사상의 조류가 서로 얽혀 나타난 것이고, 다양성으로 점철된 사회운동을 고무시키기 위해 나타난 것이다.

자유주의 사회이론가에는 공리주의자—이들에게서 자연권이란 것은 불필요하거나 논리에 맞지 않는 것이다(제레미 벤담[Jeremy Bentham]은 한때 프랑스의 인권선언을 '과장된 난센스'라고 낙인을 찍었다)—는 물론 자연권옹호자들—이들에게서 만족의 척도는 원칙들의 전체주의적 타협을 의미한다—도 포함된다. 또 방법론적으로 볼 때 자유주의는 존 로크(John Locke)와 로버트 노직(Robert Nozick)과 같은 개인주의자—이들은 정의사회를 개인적·자원적 선택의 원리들로부터 연역한다—는 물론 에밀 뒤르껭, 탈코트 파슨스, 존 롤스(John Rawls)와 같은 체계이론가들—이들에게서 제도란 것은 그것이 유지·강화하는 사회적 효과라는 대규모 척도로 판단된다—도 포함한다.[13] 자유주의자들의 사회적 약정은 매우 다기하다. 그들은 군주제, 대중민주주의, 자유무역, 노동자결사권, 경

제영역에 대한 정부의 개입, 복지국가 등에 찬성하기도 하고 반대하기도 한다.[14]

마르크스주의가 자유주의보다 덜 다기하다면, 이는 단지 그것의 연륜이 짧기 때문일 뿐이다. 1세기 반이 채 안되는 동안에 마르크스주의는 민주주의자, 전제군주, 혁명적 자유의지와 불가피성을 주창하는 자들, 노동가치론가, 한계효용론자, 시장사회주의자, 중앙집중계획경제옹호자를 두루 포괄하였다.

자유주의와 마르크스주의의 위치와 논쟁은 시대와 공간을 초월하여 널리 전개되어서, 그것들간의 일관성을 포괄하거나 그 교의들의 지적 내용 속에서 일관성과 특수성을 찾아내려고 하는 것은 우둔한 일이 될 것이다.

자유주의와 마르크스주의의 특징과 통일성은 그것들이 세계에 대해 **무엇을** 말했는가에 있는 것이 아니라 그것을 **어떻게** 말하고 있는가에 있다. 이러한 전통들은 내적 일관성을 갖고 있든 없든간에 세계가 어떻게

---

13) 미국의 자유주의와 같은 아주 제한된 경우에서조차도 민주주의의 다양한 조류들이 로크의 언어 아래에서 안전하게 머물 수 있었다는 기존의 관념은 플로렌스공화주의는 물론 흡스주의 사상의 중요성에 비추어 많은 의문을 받아왔다. 포콕은 자신의 저작에서 로크사상의 잠정적인 헤게모니를 아주 색다른 개념으로 치환시키면서 다음과 같이 서술하고 있다.

"로크의 동의개념이 지니고 있는 문제점은……그것이 지연된 이데올로기적 평온이라는 이념을 동반하고 있다는 것이다." J. G. A. Pocock, "Virtue and Commerce in the Eighteenth Century", *Journal of Interdisciplinary History* 3(1972), p. 132. 흡스의 영향에 대해서는 Frank Coleman, *Hobbes and America: Exploring the Constitutional Foundations*(Toronto: Toronto University Press, 1977)을 보라.

14) 이러한 자유주의의 다양성은 당시대를 다룬 모든 역사가들에 의해 인지되었다. 예를 들면 Harold J. Schultz, *History of England*(New York: Barnes & Noble, 1971), p. 295와 Peter Gay and R. K. Webb, *Modern Europe*(New York: Harper & Row, 1973), pp. 538~39를 보라. 그러나 사회이론에서는 일반적으로 이러한 다양성의 중요함이 주변적으로 간주되어왔다. 제2장에서 고찰하게 되겠지만 그것은 자유자본주의 사회의 사회변동을 이해하는 데 있어서 중심적인 위치를 차지한다.

작동되고 또 작동되어야 하는가에 대한 실질적인 명제에서 도출된다기
보다는 그것들이 점하는 의사소통체계로서의 지위로부터 도출된다. 그
둘의 특수한 특성들은 그들의 구체적인 이론적 주장 속에 있는 것이 아
니라, 의사소통체계로서의 전통이 각각 자신들의 언어에서 사회적 실재
가 어떻게 표현될 것인가에 대한 규칙을 수립하는 방식 속에 있다. 간단
히 말하자면, 그 두 전통은 핵심적 용어의 관습적 사용에 의해 드러나는
사회생활의 구조와 행위에 관한 가장 근본적인 지향을 갖는 담화들일
뿐이다.[15] 각 체계는 일관된 이론체계이거나 단일한 철학적 교의라기보

---

15) 우리가 사용하는 자유주의 개념은 다른 문헌에서 공통적으로 나타나는 정의와는 다
   소 차이가 있다. 자유주의는 대체로 그것의 특수한 정치원리로 정의된다. 예컨대 L. T.
   Hobhouse의 *Liberalism*(London: Oxford University Press, 1964)에서는 자유주의
   의 요소가 제도우선주의(institutionalism)와 시민적·재정적·개인적·경제적 자유의 원
   리 속에 있는 것으로 간주한다. 그러나 혹자는 자유주의 원리가 시대에 따라 확대되거
   나 축소되는 사실을 고려하여 자유주의를 일반적인 패러다임적 신념들의 특수한 집합
   으로 정의하기도 하였다. 따라서 Ludwig von Mises의 *Nation, State and Economy*
   (New York: New York University Press, 1983)과 Guido de Ruggiero의 *The His-*
   tory of European Liberalism(Boston: Beacon Press, 1959), p. 350에서는 자유주의가
   방법론적 개인주의의 기초 위에서 사회를 이해하고 사회제도를 정당화하는 방법으로
   구체화하고 있다. 또 Andrew Levine의 *Liberal Democracy: A Critique of Its*
   Theory(New York: Columbia University Press, 1981)에서는 자유주의가 가치들의
   특정한 집합, 즉 개인의 프라이버시를 보호하고, 정치적 권위를 제한하려는 신념으로
   정의되어 있다. 우리는 이러한 접근들을 거부하는데, 왜냐하면 자유주의자로서 행동하
   고 또 자유주의라는 이름을 내걸고 행동해온 모든 사람들이 수용하려고 한 이러한 방
   법이나 가치들의 집합을 발견할 수 없기 때문이다. 이러한 것들은 자유주의 정치원리
   들의 어떠한 종합에도 적용된다. 대체로 자유주의를 가장 엄밀하게 다룬 글들은 그것
   의 단일성을 정치철학으로 보고 있다. 예를 들면 Michael Sandel, *Liberalism and the*
   Limits of Justice(Cambridge: Cambridge University Press, 1982)에 있어서 자유주
   의는 선에 대한 권리(right)의 우위성과 사회적 목표에 대한 정의(Justice)의 우위성
   에 기초한 정치철학이다. 또 R. Dworkin, *Taking Rights Seriously*에 있어서 자유주의
   는 통일된 권리이론이다. 하지만 우리는 이와는 반대로 자유주의를 하나의 통일된 지
   적 구성물로 보려는 시도는 그것이 지니고 있는 가장 근본적인 함의를 이해하지 못한
   다고 생각한다. 사실상 우리가 주장하고자 하는 것은 자유주의의 이론적 과업이 갈등

다는 루트비히 비트겐슈타인(Ludwig Wittgenstein)이 '생활형태'라고 명명한 것으로 간주된다.[16]

자유주의이론의 근본적인 약정은 그것의 담화구조가 지닌 두 가지 측면에 반영되어 있다. 첫째는 그것이 착취와 공동체 문제에 대해 침묵하고 있다는 것이다.

자유주의자들의 사전에는 물질적 착취의 조건을 나타내는 기본단어가 없다. 실제로 자유주의자들은 경제적 남용에 관한 용어를 잘 정돈된 상점에서 끌어낸다. 즉 그들에 따르면, 누군가는 부당하게도 재산을 박탈당하고, 인종차별을 당하고, 교환관계에서 사기를 당할지도 모르지만 그 사람이 자신의 노동결과물을 박탈당한다는 이유만으로 착취를 당한다고 할 수는 없을 것이다. 이러한 문제에 대한 인식의 결핍이 놀랄 만한 것은 아니지만 그렇다고 완전히 간과되고 있는 것도 아니다. 만일 재산을 소유하지 않은 노동자들이 자신들의 평균 노동생산물과 동일한 양을 지불받는다면, 재산의 소유와 관련된 소득을 요구하는 자유주의자들의 권리는 공허한 것이 될 것이다. 이러한 주장은 수학적인 것이지 확신에 기초한 것이 아니다. 재산으로부터 나온 소득은 단지 순생산물에다가 재산을 소유하지 않은 자들이 지불받은 양을 뺀 것에 상응하는 잔여요구일 뿐이다. 만일 임금이 평균노동생산물과 같다면, 잔여소득은 남지 않게 되고 따라서 재산소유자들에게는 아무것도 돌아오지 않게 될 것이다.

자유주의자들의 사전은 공동체라는 개념에 대해서는 더 빈약하다. 공

적이고 아주 동적인 사회질서의 안정과 변화의 과정에 중심을 둔 정치적 담화로서의 그것의 실존에 의해 역사적으로 점증되어왔고, 정의되어왔다는 사실이다.

16) 몇몇 주요 사상가들의 특정한 저작들은 '자유주의적'이라는 말을 자유주의담화―우리가 앞으로 정의를 내리게 될―의 외부에 존재하는 것으로 일컫고 있다. 자유와 학습에 대한 청년 밀(the younger Mill)의 취급방식과 경제민주주의에 대한 그의 주장이 대표적인 본보기이다. 마찬가지로 마르크스의 몇몇 저작과 오늘날 네오마르크스주의라고 불리는 자들의 저작들은 마르크스주의담화에 포함된다. 그렇지만 이 두 담화에 대한 우리들의 해석은 임의적인 것이 아니라―우리가 생각하기에―매우 방어적인 것이다 ―영어판 편집자 주.

동체를 대표하는 두 개의 특권적인 지위를 부여받은 용어—가족과 국
가—는 사회생활을 엮어내는 일체성과 연대성의 풍부한 내용들을 결핍
하고 있다. 자유주의 이론에서는 가족과 국가만이 공동체를 대표하는 것
으로 나타난다. 대부분의 자유주의 이론에서 가족은 개인과 거의 구분될
수 없는 분할불가능한 유기체이다. 또 자유주의 이론에서 국가는 우선적
으로 충성, 학습, 정체감, 위안 등의 저장소로서라기보다는 이기주의적인
행위와 이타주의적인 도구적 행위의 혼합을 규제하는 정책결정구조로서
나타난다.[17] 나아가 현대자본주의에서 집합적 조직체 중 가장 영향력있
는 형태인 근대기업체는 자유주의 이론에 입각할 때 공동체적인 성격을
하나도 갖고 있지 않다. 신고전파경제학도 그것을 법적으로는 의사개인
으로 간주하고 정치적 의미로는 '사적인 것'으로 고려하면서 무시하고
있다. 따라서 사회권력의 형태로서의 그것의 지위는 모호해지고, 또 계
급갈등의 장으로서의 그것의 실체는 체계적으로 경감되고 있다.

자유주의는 침묵을 통해서뿐만 아니라 제2의 방법—자유, 평등, 민주
주의에 관한 기본용어의 가능한 적용범위를 임의로 제한하는—을 이용
하여 자신의 담화규칙에 기본적인 정치적 약정들을 합체시킨다. 사회적
공간에 대한 이러한 자유주의자의 구획은 사회생활의 어떤 특수한 이론
적 표현보다도 선행한다. 마이클 월저는 이러한 관점을 다음과 같이 잘
표현하고 있다.

나는 자유주의를 사회적·정치적 세계지도를 그리는 방법이라고 생각할
것을 제의한다. 구시대의 그리고 자유주의 이전의 지도는 강과 산, 도시와
농촌만을 가지면서 아무런 경계도 없는 미분화된 땅덩어리를 그린 것이다.
사회는 유기체적이고 통일된 전체이다. …… 자유주의 이론가들은 이러한
세계에 직면하게 되면서 구획기술을 설파하고 실행하였다. 그들은 선을 그

---

17) 우리는 공동체에 대한 아주 강한—샌들이 '구성적'(constitutive)이라고 부른—개념
을 사용한다. M. Sandel, 앞의 책, p.150을 보라. 이 개념이 지닌 의미에 대해서는 제5
장과 제6장에서 상세하게 다룰 것이다.

었고, 서로 다른 영역들을 구분지었으며, 우리에게 친밀한 사회정치지도를
만들어냈다. ……자유주의는 장벽의 세계이며, 그 장벽은 새로운 자유를 창
조한다.[18]

　자유주의에서는 두 개의 근본적인 구획이 중심적인 위치를 차지한다.
즉 사회공간은 사적 영역과 공적 영역으로 구획된다. 사회공간의 공적
영역은 국가이고, 반면에 사적 영역은 가족과 자본주의경제로 이루어진
다.[19] 마찬가지로 개인도 두 집단으로 구획된다. 즉 그 하나는 각각의 의
도와 선택이 자유주의의 명백한 정치·경제이론의 주체인 합리적 행위자
이고, 다른 하나는 연령, 능력, 공민권 때문에 그러한 특권적인 범주로부
터 배제된 자들이다. 전자를 **선택자**라 부르고 후자를 **학습자**라고 부른다
면 자유주의담화논리는 강화될 것이다.

　자유주의사상의 이분법에 대한 비판은 이미 요약된 바 있다. 자유주의
가 설립한 장벽은 자유를 창조하는 것 이상을 수행한다. 그것은 지배의
성(城)을 은폐시키기도 한다. 관례적으로 자유는 합리적 행위자(선택자)
에 적용될 뿐 그밖의 다른 사람(학습자)에게는 적용되지 않으며, 민주주
의의 규범은 공적 영역에 있는 선택자의 행위에만 적용된다. 따라서 민
주주의제도는 단지 선택의 행사를 위한 도구로서 기능한다. 민주주의는
인지된 필요의 충족을 촉진시킨다.

　우리는 자유주의사상에 내재한 민주주의에 대한 두 한계가 자유주의

---

18) Michael Walzer, "Liberalism and the Art of Seperation", *Political Theory* 12
(1984), p. 315. 마찬가지로 프러그는 다음과 같이 쓰고 있다.
　"자유주의는 세계를 해석하기 위한 단순한 공식이 아니다. 그것은 세계를 일련의 복
합적 이중성으로 보는 하나의 관점이다."[Gerald Frug, "The City as a Legal Con-
cept", *Harvard Law Review* 93(1980), p. 1075].

19) Jean Elshtain은 *Public Man, Private Women*(Chicago: Chicago University
Press, 1981)에서 정치이론사에 대한 자신의 여성해방론적 독해를 위한 기초로서 공적
·사적 차이라는 용어를 사용하고 있다. 또한 Joan Landes, "Women and the Public
Sphere : A Modern Perspective", *Social Analysis* 15(1984)도 보라.

이론에서조차도 일관되게 유지될 수 없다는 것을 밝힐 것이다. 사회공간에 대한 자유주의자들의 구획은 사회의 기본영역인 경제와 가족을 민주주의의 규범으로부터 임의로 제거시켰다. 또 그들은 민주주의제도를 목적이 아니라 단순히 수단으로 취급함으로써 개인의지의 형성에 대한 민주주의의 실질적 영향을 무시하고, 민주주의공동체의 활력에 대한 참여제도의 기여를 최소화시키고 있다. 자유주의는 민주주의를 엘리트를 위한 것으로 해석하는 듯이 보인다. 즉 그것은 민주주의를 상대적으로 경제권력에 간섭하기 어려운 영역(국가)으로 한정시키고, 또 민중권력을 강화시키는 데 불충분한 형태(대의정부)로 제한한다. 그러나 앞으로 살펴보게 되겠지만, 자유주의에 의해 설립된 장벽은 이미 무너졌고, 민주주의의 급진적인 잠재력을 규제할 능력은 약해졌다.

마르크스주의 이론은 자유주의가 가진 독특한 결함을 가지고 있지는 않다. 마르크스의 저작은 민주주의 이론을 탐구하는 데 필요한 두 가지 근본적인 측면을 위한 출발점을 제공한다. 왜냐하면 그는 민중 자신의 실천과 여타의 실천을 통한 민중의 사회건설에 초점을 두고 있고, 자유주의담화에서 사적이라고 여기는 사회영역—가부장적 가족과 자본주의 경제—이 실제로는 지배의 영역이라고 강조하고 있기 때문이다. 그러나 이러한 본질적인 통찰력에도 불구하고, 마르크스주의 이론의 근본적인 내용은 자유주의보다 결코 더 나은 것은 아니다.

마르크스주의 정치이론은 자유주의와는 달리 일관성없는 구획을 추구하지는 않는다. 월저는 "좌파, 특히 마르크스주의 좌파들은 분리기법을 중요한 것으로 여기지 않는다"[20]고 서술하고 있다. 마르크스주의는 사회생활의 별개의 영역들을 다른 영역의 수동적 반영으로 다루는 입증불가능한 시도를 하고 있다는 데서 그 취약성을 드러내고 있다. 예컨대 자유주의자의 사적·공적 영역의 구획에 대한 마르크스주의의 비판은 사적영역에 대한 일관된 대체개념을 제공하지 못한다. 그것은 사적 영역에

---

20) M. Walzer, 같은 책, p.317.

어떠한 지위도 부과하지 않는다. 또 마르크스주의는 자유주의담화에는 학습(포괄적으로 말하자면 인류발전)에 대한 내용이 잘못 전달되어 있다고 폭로한다. 그러나 마르크스주의는 여기에서 제기되는 문제—즉 사람들이 자기 자신의 학습을 어떻게, 그리고 어느 정도로 효과적이고 정당하게 조절할 수 있을까?—를 해결하지 못한다. 대신에 마르크스주의는 선택의 자율성이 지닌 중요성을 무시함으로써 학습·선택의 구별이 가진 연관성을 부인한다. 이러한 약정은 마르크스주의담화 속에 직접 체현되어 있다.

첫째, 마르크스주의담화 구조는 선택의 조건, 개인의 자유 그리고 존엄성을 나타내는 기본적인 이론적 어휘가 없으며, 따라서 전제주의의 문제를 완전하게 표현할 수가 없다. 둘째로, 마르크스주의 사전에서 **지배, 착취, 계급**이라는 용어는—하나가 각각 다른 하나를 초래시키기 때문에—서로 바꾸어 사용할 수 있는 것이다. 자유주의담화가 자본권력을 위한 보호막으로서 기능을 하는 것과 마찬가지로 그 결과는 비계급적·비경제적 지배형태—예컨대 국가에 의한 지배, 흑인에 대한 백인의 지배, 한 나라에 대한 다른 나라의 지배, 여성에 대한 남성의 지배 등—를 은폐시키려는 것이다.

자유주의자들의 문제에 대한 마르크스주의의 해결방식은 결코 받아들일 수가 없다. 왜냐하면 그것은 자유와 민주주의를 위한 적절한 기초를 제공하지 못하기 때문이다. 게다가 이러한 실패는 체계적인 것이다. 이처럼 사적 영역에 대한 부정과 개인의 선택에 대한 무시는 두 개의 주요한 혼동 중에서 첫번째 것—개인과 그가 구성원이 되는 계급의 동일시—에서 나온다. 마르크스주의 이론에 의하면, 개인은 단지 자신의 사회적(정확히 말하면 특수한 경제적) 관계에 의해 소속되는 사회집단의 담당자일 따름이다. 마르크스는 이를 『자본론』 제1권 초판 서문에서 다음과 같이 서술하고 있다.

만일의 오해를 피하기 위해 한 가지 사실을 언급하고자 한다. …… 여기에서 개인이 문제가 되는 것은 오로지 그들이 여러 경제적 범주들의 인격화인 경우에, 그리고 특정한 계급관계 및 이해관계의 담지자인 경우에 한해서이다. 경제적 사회구성체의 발전을 자연사적 과정으로 파악하는 나의 견해는, 다른 견해보다, 개인이 여전히 피조물로 남게 되는 관계들에 책임을 덜 갖게 할 수 있다.[21]

사실상 우리가 **행위의 표출적 개념**이라고 명명하는 이러한 견해는 민주주의사상의 기초가 될 수 없다. 왜냐하면 그것은 사회적 결과를 개인의 의지로부터 분리시키기 때문이다. 자유주의가 사회적 행위를 목적을 위한 수단으로 환원시키고 있는 데 반해, 마르크스주의는 도구성의 중요성 그리고 나아가서는 선택의 중요성을 부정한다.

사회생활의 특징적 측면들을 이론적으로 구분불가능한 것으로 취급하는 마르크스주의의 경향은 지배, 착취, 계급이라는 용어를 단수로 사용하고 있는 데서도 잘 나타나고 있다. 그 결과 마르크스주의는 지배의 다양한 형태들—제국주의, 여성에 대한 폭력, 국가전제주의, 인종주의, 종교박해, 동성연애 탄압 등—을 모호하게 만들거나 계급분석의 틀로 치환시킨다. 마르크스주의담화내의 용어의 단순화는 상술한 메커니즘에 기초한 착취형태들—전쟁에 의한 약탈, 여성 및 아동노동에 대한 가부장적 통제, 경제활동에 대한 국가의 통제, 중과세 등—을 경시하게 하거나, 그러한 착취형태들을 단지 계급관계의 결과나 그것의 영속화에 필요한 조건으로 간주하게 한다. 결국 그것은 관료제나 가부장제가 모두 비판으로부터 벗어날 탈출구를 마련해준다.

비록 착취와 여타 지배형태에 대한 마르크스주의 분석이 민주주의적 사고를 엄청나게 발전시켰다 하더라도 착취, 특히 계급착취가 사회생활에서 공통적으로 발견되는 정치적 지배와 문화적 우월성의 다양한 형태들을 엄밀하고 비판적으로 다룰 만한 충분한 개념적 기초를 제공하고 있다는 주장에 대해서는 아주 회의적이다.

---

21) K. Marx, *Capital* 1(New York: Vintage, 1977), p. 92.

마르크스주의 목록에 자유(freedom), 개인의 권리, 자유(liberty), 선택 그리고 심지어 민주주의와 같은 용어들이 포함되어 있지 않다는 것은 별로 놀랄 만한 사실이 아니다. 마르크스주의 역사가인 에릭 홉스봄은 "마르크스는 '인간의 권리'에 대해 무관심했을 뿐만 아니라 그것에 강력하게 반대하였다. 왜냐하면 그것은 본질적으로 개인주의적이기 때문이다"라고 논평하고 있다. 계속해서 그는 마르크스주의 이전과 마르크스주의 이후의 노동자계급운동을 구분하는 것은, 전자가 "정치적 민주주의의 달성을 수단이 아니라 목적으로 보고 있는 데" 비해 후자는 "정치적 민주주의를 주로 '자신들의 경제적·사회적 강령'을 달성하기 위한 조건을 창출하는 방법으로 보고 있다는" 데 있다고 서술하고 있다.[22]

민주주의에 대한 마르크스주의적 약정은 로자 룩셈부르크와 니코스 풀란차스의 저작에서처럼 그것이 아주 강력하게 표현된 곳에서조차도 확고한 이론적 기초를 가지지 못하고 있다.[23] 이러한 약정은 후기 스탈린시대가 들어서면서 급속하게 사라지기 시작했고, 마르크스주의담화 그 자체에는 그것의 소멸을 애도할 아무것도 남아 있지 않을 것이다. 고전마르크스주의는 국가권위주의의 위협과 인간해방에서 프라이버시와 개인의 자유의 중심성을 개념화시키지 못하는 어떤 정치철학도 전제군주와 광신자가 도피할 은신처를 마련해주고 있다는 의미에서 이론적으로 반민주주의적이다.[24]

---

22) Eric Hobsbawm, *Workers*(New York: Pantheon, 1984), pp. 304~05, 310.
23) 어네스토 라클라우와 샹탈 무페는 이 쟁점을 정치적 실천상의 문제가 아니라 이론적 문제를 다룬 대표적인 인물이다. Ernesto Laclau and Chantal Mouffe, *Hegemony and Socialist Strategy: Towards a Radical Democratic Politics*(London: Verso, 1985)와 Rosa Luxemburg, "Social Reform or Revolution", Dick Howard(ed.), *Selected Political Writings of Rosa Luxemburg*(New York: Monthly Review Press, 1971), 그리고 Nicos Poulantzas, *State, Power, Socialism*(London: New Left Books, 1978)을 보라.
24) 우리가 이론의 결점을 서술하는 데 있어서 왜 오로지 전통마르크스주의의 견해만을 언급하고 있는가에 대해 독자들은 의아해할 것이다. 루이 알튀세의 구조주의적 마르크

3. 민주주의 이론의 재구성

자유주의와 마르크스주의가 적절한 민주주의 이론을 개발시키지 못한
것은 이 과제가 어렵기 때문이라기보다는 오히려 그 교의들이 두고 있
는 '우선권' 때문이다. 그 둘은 모두 민주주의를 일차적인 목적으로 내세
우지 않았다. 전자는 자유를 강조하고 있고 후자는 무계급사회에 초점을
두었다. 위에서 서술한 자유주의와 마르크스주의에 대한 간단한 논평은
좀더 일관된 이론을 행해 나아갈 수 있게 한다. 우리의 논증을 몇 마디
의 짧은 문구로 요약하는 것은 바보스러운 짓일지도 모르지만, 〈그림 1
-1〉은 주요 관심사를 나타낸 것이다.

스주의, 허버트 마르쿠제와 위르겐 하버마스의 비판이론, 베르텔 올만과 레스제크 콜라
코프스키의 휴머니즘, 그리고 장 폴 사르트르, 앙드레 고르즈, 안토니오 그람시 등과 같
은 사상가들의 독자적인 기여 등에 대해 왜 우리는 언급하지 않았을까? 첫번째로는 독
자들에게 제6장을 읽도록 하기 위한 것이고, 둘째로는 지면이 허락하지 않았기 때문이
다. 이러한 조류들이 사회이론에 대해 때때로 탁월하고 결정적인 기여를 했다는 사실
을 무시하려는 것이 아니라 단지 우리들이 이러한 네오마르크스주의 조류들과 어떤 차
이를 갖고 있는가를 보여주기 위한 것이다. 첫째로 마르크스경제이론의 실패라는 측면
에서 현대 마르크스주의자들은 경제이론 일반의 중요성을 평가절하하였고, 철학, 심리
학, 해석학 및 여타 비판논리를 추구함으로써 사회생활에서 경제가 차지하고 있는 비
중을 간파하는 데 실패하였다. 둘째로 네오마르크스주의 이론들은 권력의 다양한 개념
들을 발전시키기 위한 비판적인 과업에 실패하였고, 국가 전제주의에 대한 자유주의적
이해, 성차별주의에 대한 여성해방론적 이해 그리고 인종적·종교적·민족적 억압에 대
한 구체적인 분석으로 결코 나아가지 못하였다. 끝으로 네오마르크스주의 이론들은 일
반적으로 자신들의 개념기구에 개인선택의 논리를 포함시키지 않았고, 거시사회적 행
위에 대한 미시사회적 측면의 중요성을 이해하지도 못하였으며, 개인자유의 해방적 지
위를 배제하였다. 심지어 사회적 억압에 대해 가장 민감한 반응을 보이고 있는 비판이
론의 전통에서조차도 '지배'의 부정을 '자유'가 아니라 '진리', '이성', '왜곡되지 않은 의사
소통' 혹은 '실질적인 인간욕망의 조화'로 보고 있다. 이러한 것들은 모두 우리가 민주
주의 사회건설에서 가장 중점으로 삼고 있는 '선택'지향과는 거리가 멀다.

〈그림 1-1〉 전통적 교의들의 합의

관 심 사	공 통 된 약 정	자유주의적 형 태	마르크스주의적 형 태
개 인 행 위	외 생 적 개인적 이해관계	도 구 적 행 위 개 념	표 출 적 행 위 개 념
사 회 구 조	권력에 대한 일원적 취급	정 치 의 국가적 개념화	경제주의적 권 력 개 념

앞으로는 마르크스주의와 자유주의가 가지고 있는 두 가지 기본논점
—개인의 행위를 설명하는 전자의 논점(그림의 첫째 열)과 사회구조를
설명하는 후자의 논점(그림의 둘째 열)—에 대해 논의할 것이다.

첫번째로 공유하고 있는 전제는 외생적 이해관계에 대한 의미파악이
다. 이에 따르면, 개인의 행위는 행위 자체에 우선하는 목적의 실현을
위한 수단으로 간주된다. 자유주의체계에서 목적은 개인의 선호(그것이
이기주의적이든 이타주의적이든간에)에 의해 결정되고, 따라서 행위는 소
여의 욕구를 충족시키기 위한 도구이다. 마르크스주의의 경우 목적은 개
인이 속한 사회계급의 객관적 이해에 의해 결정된다. 실제로 마르크스주
의는 집단실천을 객관적 집단이해의 역사적으로 특수한 집합적 체현으
로 간주하고, 개인의 행위를 집단실천의 증거로 간주한다.

자유주의가 행위를 파악하고 있는 방식에서 나타나는 문제는 그것이
행위와 선호형성 사이의 연관을 다룰 수 없다는 사실에 있다. 특히 우리
는 선호와 행위가 상호결정하는 방식으로, 따라서 선호가 선택에 의해
형태지어지는 방식으로 개인이 사회적으로 구성된다는 사실에 대해 논
의할 것이다.

마르크스주의도 행위를 다루는 방식에서 마찬가지의 문제를 안고 있
다. 그러나 여기에서는 개인행위가 아니라 집단행위가 문제가 된다. 마
르크스의 집단행위 이론은 불가피하게 지배에 관한 그의 이론과 연결된
다. 생산양식은 생산자와 그의 노동산물을 전유하는 착취자 사이의 직접

적인 관계를 규정한다. 피지배자에 대한 지배자의 관계나 피착취자에 대한 착취자의 관계는 **수직적**이라고 정의될 수 있을 것이다. 이 수직적 관계는 피착취자들간의 **수평적** 관계―계급연대의 위치로부터 착취자를 대면하도록 할 생산자들 사이의 공동관계유형―를 규정한다.

그러나 마르크스주의 이론이 역사적 행위자로서 계급의 중심성을 정확하게 강조하고 있기는 하지만, 그러한 수평적인 구조적 관계가 사람들의 정체성과 정치적 프로젝트에 얼마나 중요한가에 대해서는 잘 설명하고 있지 못하다. 이는 연대, 분할, 집합행동―노동자는 왜 피킷라인을 지지하는가 조합에 가입하는가 하는 문제를 선택하는가―과 같은 아주 절박한 쟁점을 설명할 수 없다는 것을 의미한다. 개인의 행위는 단지 계급이해관계나 '허위의식'의 표현일 뿐이므로 선택의 문제는 존재하지 않는다. 따라서 이 이론은 계급이해관계의 잘못 위치지어진 객관성을 드러내며, 결국 그것은 사회실천으로부터 이탈되어 오로지 역사의 '철칙' 속에서만 존재하게 된다.

물론 마르크스가 선택의 문제를 간과한 것은 아니다. 마르크스가 보기에 이해관계란 것은 사회구조에 직접적으로 관계되어 있는 것이다. 착취구조는 그에 상응하는 객관적 이해관계의 구조를 초래한다. 노동자계급의 이러한 공통이해관계는 노동자계급을 통일시키는, 그리고 궁극적으로는 혁명적 정치행위를 유발시키는 수평적 연대의 형성을 위한 기초를 제공한다. 그런데 마르크스는 혁명적인 노동자계급의식의 발전에 대해서는 선언적으로만 언급하였다. 그와 반대로 우리는 객관적으로 주어진 이해관계가 가지는 의미가 공허하고 일관성이 없다는 사실을 발견하고, 따라서 '객관적 이해관계의 발견' 과정이 의미없는 것이라는 사실을 발견한다. 또 역사적 의미에서 볼 때, 공통된 억압형태를 공유하는 사람들의 통일된 정치행위를 지지할 수 있는 일련의 이해관계들을 창출하는 과정이 문제투성이라는 사실을 발견할 수 있다. 따라서 우리는 아주 일반적인 용어로 사용되고 있는 이해관계가 오로지 실천을 유발시키기만 하는 것이 아니라 실천을 통해 형성되기도 한다는 사실을 밝힐 것이다.[25]

자유주의와 마르크스주의에서 외생적 이해관계에 관한 전제는 자유와 민주주의주권의 균형잡힌 방어를 불가능하게 만들고 있다. 이 두 전통에서 제도란 것은 개인의지 및 집단연대성의 형성에 강한 영향을 미치는 것이라기보다는 사회적 행위를 유도하는 것으로 간주되고 있다. 따라서 제도는—그것이 민주주의적 선거이든 노동조합이든간에—이미 존재하고 있는 이해관계를 기록하고, 결집시키고, 강화시키고, 만족시킬 수 있는 능력에 기초하여 평가된다. 따라서 제도가 선호와 이해관계를 산출하는 방식은 흐려진다.

우리는 행위라는 개념을 올바르게 정립하기 위해서 인간이 자신의 행위를 통해 자신과 타인을 산출한다는 인식에 기초해야 한다는 사실을 밝힘으로써 외생적 이해관계에 대한 전제를 거부한다. 따라서 행위란 주어진 욕구를 충족시키기 위한 도구도 아니며 객관적 이해관계의 반영도 아니다. 그것은 욕구의 창출이요 객관적 이해관계의 특정화인 것이다. 따라서 개인과 집단은 단지 **획득하는** 것이 아니라 **형성되는** 것이다. 우리는 형성의 정치가 전통정치이론의 규범적 및 설명적인 차원을 교정하는 것이라고 생각한다.

자유주의와 마르크스주의가 공통으로 갖고 있는 두번째 주요전제(우리가 잘못되었다고 생각하는 것)는 우리가 사회구조를 형성하는 수직적 착취—지배와 피지배의 특징적인 유형—라고 부른 것과 관련된 것이다. 이 두 이론은 각각 권력을 일원적인 것으로 보고 있는데, 자유주의에서는 권력이 국가로부터 나오고 마르크스주의에서는 그것이 계급구조로부터 나온다.

쟝 보댕(Jean Bodin)과 16세기의 초기 절대주의국가론자들의 단일주권론을 수용하고 발전시킨 자유주의 이론은 국가를 사회내의 권력의 핵심으로 간주하고, 다른 영역을 국가의 권위 아래로 형식적·실천적으로도

---

25) Adam Przeworski는 "Proletariat Into Class: The Process of Class Formation", *Capitalism and Social Democracy*(Cambridge: Cambridge University Press, 1985), pp. 47~97에서 이 점을 아주 통찰력있게 발전시켰다.

포섭되는 것으로 보고 있다. 마르크스주의 이론은 국가 및 가부장제 권력을 계급구조의 직간접적인 반영물인 부차적이고 부수적인 것으로 간주하는 경향이 있다.

우리는 일원론적 권력개념을 거부하고 **권력의 이질성**이라는 용어를 제안한다. 권력은 다면적인 것이며, 단일한 원천이나 구조로 환원될 수 없다. 바로 이러한 이유에서 우리는 마르크스주의담화에서 동일하게 사용되는 세 용어—착취, 지배, 계급—를 구분된 용법으로 사용할 것을 주장한다. 우리가 제안하는 대체용법에 따르면, 지배는 불평등한 권력의 체계적 관계이고, 착취는 특정한 경제적 지배형태이며, 계급은 소유권에 기초한 착취형태이다. 모든 계급관계는 착취에 기인한 것이지만, 모든 착취관계가 계급관계인 것은 아니며, 모든 착취관계는 지배에 의한 것이지만, 그렇다고 모든 지배형태가 착취형태인 것은 아니다. 또 모든 지배관계는 사회적 관계이지만 모든 사회적 관계가 지배에 의한 것은 아니다.

권력의 이질성을 강조하는 것은 정치의 개념을 아주 공허한 것으로 만드는 것처럼 보일지도 모른다. 만일 정치라는 것이 '노동'과 마찬가지로 시공을 초월하여 일어난다거나 무정형한 형태를 띤다면, 정치라는 개념이 세계에 대한 전통적인 이해가 가지는 협소성을 지시하는 것 이외의 어떤 다른 가능한 견해를 제시할 수 있을까? 그렇지만 우리는 이러한 위험이 실제 이상으로 현상하고 있다고 생각한다. 현대정치이론에 공통된—그렇지만 별로 유쾌하지는 못한—용법에 따르면, **정치**라는 단어는 활동과 구조를 모두 언급하고 있다. 정치**활동**은 전통적으로 경제적 자원이나 지위의 분배를 결정하거나 게임의 규칙을 형성·유지·변경시키는 권력을 둘러싼 경쟁으로 이해되어왔고, 정치의 **장**은 국가로 이해되어왔다. 정치 혹은 정치활동은 많은 구분되는 실천들 중의 하나이며, 그것의 대상—즉 권력—에 의해 구별된다. 대조적으로 정치의 장 혹은 국가는 사회적 활동을 관장하는, 좀더 정확히 말하자면 실천들에 규칙성을 부여하는 많은 게임규칙 중의 하나이다.

정치라는 단어가 지닌 이중적 용법은 사회이론가들의 지적 나태함보다 심각할 정도로 어의상 불합리한 요소를 가지고 있는 것처럼 보인다. 우리가 일련의 규칙이나 활동을 설명하기 위해 둘 다 지시하는 것으로 **축구**나 **장기** 같은 단어를 일반적으로 사용하는 것이 그렇게 대수롭지 않다. 정치에 관한 한 그렇지 않다. 만일 정치가 구조인 동시에 활동이라고 한다면, 그 중 어느 것이 정치이론의 대상인가? 만일 두 개념이 모두 정치이론과 관련되어 있다면, 왜 우리는 가족과 경제—이 둘은 모두 전술한 의미에서 볼 때 확실히 경쟁의 장임에 틀림이 없다—에 대한 정치이론을 갖고 있지 않은가? 이러한 비판적 질문은 우리가 **정치의 국가적 개념**이라고 명명한 것에 나타난 개념적 범주의 불합리한 몰지각에 의해 편의상 생략되고 있다. 정치의 국가적 개념은 정치이론의 대상을 국가영역내의 실천으로 제한한다. 따라서 정치는 국가내에서 일어나는 어떤 것이다.

정치의 국가적 개념은 자유주의 정치이론의 특징적인 정의이지만, 마르크스주의 이론에서도 어느 정도 나타나고 있다. 사실상 이 개념에 따른 두 전통 사이의 차이는 마르크스주의가 정치의 국가적 개념을 거부한 데 있는 것이 아니라, 자유주의가 국가에게 중심적인 역할을 부여하기를 거부한 데 있는 것이다.

정치의 국가적 개념은 사회적 행위의 특수한 측면들을 별개의 인간실천들과 동일시하는—예컨대 경제를 생산과, 교육체계를 학습과, 가족을 성과 및 재생산과 동일시하는—자유주의와 마르크스주의 사회이론의 공통된 경향을 표현하고 있는 것 중의 하나일 따름이다. 예컨대 자유주의 및 마르크스주의 패러다임이 경제생활이 갖고 있는 근본적인 정치적 속성을 무시하는 데 성공한 것은 바로 전술한 경향 때문이다. 이러한 경향은 사회의 다양한 영역에서 일어나는 사회적 실천유형의 다양성을 부정하기 때문에, 구조와 활동간의 일대일 대응도 자유주의적인 학습과 선택의 구획문제로 귀착된다. 이는 교육제도를 민주주의적 선택의 규범으로부터 구분하고, 또 경제제도를 개인의 성장과 발전의 규범으로부터 구분하는 자유주의적 경향을 떠받치고 있다.

우리는 사회생활의 모든 영역들이 적어도 원리상으로는 매우 다양한 인간실천에 구조를 부여한다는 하나의 대안을 제안한다. 경제는 정치적 실천의 영역일 뿐만 아니라 문화적 실천의 영역이기도 하다. 가족은 정치적 장일 뿐만 아니라 생산의 중심이기도 하다. 그러므로 모든 사회영역은 일련의 공통된 규범적 원리와 관계가 있으며, 그것은 인간실천의 범위를 조직하는 차별적 방식이라는 의미에서 분석될 수 있다.

4. 결론 : 역사형성에 대한 이해

자유주의와 마르크스주의는 공히 이론적으로뿐만 아니라 실천적으로도 막강한 영향력을 발휘해왔다. 이 두 이론은 지배엘리트와 대중운동을 안내하고 정당화시켜왔다. 각각 통치와 민중동원의 이론적 근거로서 이 둘이 갖는 장점은 충분히 명확하다. 그러나 급진민주주의 행동에의 안내자로서는 각각의 초점이 갖는 부분적 성격이 단점으로 드러난다.

부분적으로는 그것으로 인해서 자유주의와 마르크스주의는 자유주의적 자본주의사회내의 사회적 행위의 논리와 그에 따른 사회변동의 동학을 결코 충분히 이해하지 못하였다. 그리고 그 두 이론은 선진 자본주의사회의 기본적인 해방적 추진력을 이해하지 못하고 있다. 이 운동은 마르크스주의가 보고 있는 것처럼 사회의 생산력의 발전이나 그에 따른 노동자계급의식의 고양으로부터 나오는 것도 아니고, 자유주의가 보듯이 인구집단의 도덕적·지적 계몽이나 그에 따른 개인권 존중의 개화로부터 나오는 것도 아니다. 자유민주주의적 자본주의사회에서의 진보적인 사회변동은 기본적으로는 마르크스주의 이론이 제기한 억압에 대한 집단적 저항의 논리에 기초하면서, 권리에 대한 자유주의적 언어와 민주주의적 권력부여의 목표를 수용하고 있다.[35]

간단히 말하자면, 자유주의는 우리에게 사회변동의 담화를 제공하고 마르크스주의는 사회변동의 이론을 제공한다. 그렇지만 사회변동 그 자체는 사회변동의 담화가 계급투쟁 및 여타 집합적 투쟁을 통해 발전된다는 사실을 인식하지 못한 자유주의에서나, 이 투쟁이 지향하는 바를 잘못 해석한 마르크스주의에서도 명확하게 설명되지 않고 있다.

권리의 담화는 때때로 민중운동에 적대적이 되기도 했지만, 3세기 동안에 걸쳐 보통사람들의 희망과 분노를 틀지어왔다. 그러는 과정에서 민중연대의 결속이 형성·파괴·재형성되었고, 권리의 담화 자체는 사회해방을 위한 효과적인 무기로 전화되었다. 마르크스주의는 개인권 그리고 심지어는 민주주의 자체의 평등주의적 잠재력을 경시하였고, 따라서 민중의 요구가 권리의 자유주의적 언어 속에 웅크리고 있다는 사실을 권력의 징표로 보지 않고 허위의식과 패배의 징표로 간주하였다.

하지만 이와는 달리 우리는 민주주의적 정치행위에 대한 **전망적·역사적**(visionary historical) 접근방법이 추구될 수 있다고 생각한다. 즉 이것은 사람들을 개인적·집단적 역사의 저술가들에게 좀더 가까이 접근시키려는 목표를 향하여 뿌리깊지만 모순적인 권리의 언어가 지닌 급진적

---

26) 이 두 논리의 결합 불가능성이 잘못 이해되고 있다는 사실은 T. H. Marshall의 탁월한 저서 *Citizenship and Social Class*(Cambridge: Cambridge University Press, 1950)에 의해 제기되었다. 마샬은 권리의 성장을 세 부분, 즉 시민적·정치적·사회적 권리로 나누었다. 시민적 권리는 신체의 자유, 언론과 사상의 자유 그리고 정당한 절차를 의미한다. 마샬에 의하면 그것은 대체로 18세기 말경에 달성되었다. 정치적 권리란 정치권력 행사에 참여할 수 있는 권리를 말하는데, 이는 대체로 19세기 말경에 달성되었다. 사회적 권리는 교육, 건강, 의료 그리고 좀더 일반적으로 말하자면 복지국가의 행정을 의미한다. 그것은 20세기에 들어서면서 시작되고 아직도 진행중에 있다. 마샬은 개인적 권리의 논리를 확장하려고 기도한다. 그러나 진화이데올로기에 대한 그의 합의점은 이 논리가 갖고 있는 갈등적 기초를 폄하시키거나 그것의 동학을 지배적인 권력배분에 대한 반복되는 위협을 노출하는 모순적인 논리로 분석하지 못하는 결과를 초래하였다. 벤딕스(Reinhard Bendix)는 *Nation-Building and Citizenship*(New York: Wiley, 1964)에서 이 전통에 대해 또다른 기여를 하였는데, 그는 그것의 역사적 과정과 그 결론에 대해 아주 주의깊게 논구하였다. 이 두 저작은 권리의 발전에 대해 공부하는 사람들에게 아주 귀중한 자료가 될 것이다.

잠재력을 전개시킨다. 이러한 접근방법이 **전망적인** 이유는 그것이 현대 자유민주주의적 자본주의사회의 틈 속에서 단지 그 윤곽만 보여준 한 사회질서와 생활방식의 구축을 자신의 프로젝트로 삼고 있다는 데 있다. 그리고 **역사적인** 이유는 그것이 그러한 전망의 결실을 이미 확립된 사회세력들의 구체적 동학의 결과물로 간주한다는 데 있다.

(정헌주 옮김)

제3장
평등과 차이*
새로운 시민권 개념의 출현

앤 쇼스택 사쑨

1. 고전적 딜레마

지식인들은, 정치에 개입하려고 하든지 기존의 학문적 논쟁에 입각해서 자신의 주장을 지적 연구로 제출하든지간에, 현실로부터 유리될 위험에 끊임없이 직면한다. 소란스러운 사건들에 부딪치고 정치적 논쟁에 이리저리 휘말리게 되면서, 지적 담화는 너무나 쉽사리 현실에서 멀어지고, 그 의미를 상실하며, 현실에 질서를 부여할 추상적인 도식 속에 안주하려고 하게 된다. 올바른 관념의 안전장치를 추구해나가는 과정에서, 그 관념은 너무나 쉽사리 구체성을 거의 상실하게 되고, 시대에 뒤떨어지고, 비교 역사적 또는 국제적인 시각을 결여하게 되며, 제대로 정리되

* Anne Showstack Sassoon, "Equality and Difference: the Emergence of a New Concept of Citizenship", David McLellan and Sean Sayers(eds.), *Socialism and Democracy*(London: MacMillan, 1991).

지 않은 수수께끼의 단편들을 그대로 합리화하게 된다. 우리가 대중으로부터 유리되는 것은, 다양한 기능들 및 언어들의 거리에서 나오는 몰이해로부터 파생되는 것일 뿐만 아니라, 우리의 작업과 실생활의 문제들 사이의 큰 간격으로부터도 비롯되는 것은 아닐까?

2. 실생활과 새로운 사고

1970년대까지 거슬러올라가는 사회주의 정치에 대한 피할 수 없는 도전은, 지난 수년 남짓 동안 중·동유럽에서 일어난 사건들에서 절정에 달했으며, 정치적 사고의 전통에 대한 우리의 관계를 필연적으로 재검토하도록 했다. 여기서 필연적이라는 단어를 사용하는 것은 적절한데, 왜냐하면 우리가 획득해야만 하는 새로운 사고는 현시기의 변동에 의해서 필연적으로 주어진 것이기 때문이다. 그것은 임의로 선택한 엑스트라가 아니라 선택의 여지가 없는 것이다. 그것은 단순히 우익의 정치에 대한 대응이 아니라 사회경제적 변동에 대한 대응이다. 이 글은 여성의 사회경제적 역할에서 일어난 변화가 갖는 몇 가지 이론적 함의들을 철저히 검토해보려는 의도에 촉발되었는데, 이같은 변화는 상이한 사회영역들간 관계들의 근본적 재편성에 대해서 특히 유용한 시각을 제공해줄 것이다. 대부분의 여성들이, 완전한 성인으로서의 책임을 지는 시기를 포함하여, 자기 생애의 대부분이 공식적 노동력 속에 포함된다는 사실은, 현실 분석을 위해 우리들이. 가지고 있는 개념들의 적합성 여부에 도전할 만큼 정말 기묘한 것이다. 예를 들어 우리가 현대사회에서 가정의 욕구와 노동세계 및 국가정책 사이의 상호의존의 경험적 복잡성을 검토해본다면, 공적인 것과 사적인 것의 개념적 구분이 얼마나 덧없는 것인가를 깨닫게 된다. 이처럼 우리에게 새로운 사고를 요구하는 것은 다름 아니라 '현실 생활'이다.

여기서 문제로 되는 것은 전통적인 정치적 사고에 대한 우리들의 관계이다. 우리가 생각해야 하는 것은 **어떻게** 과거와 관련을 맺을 것인가 하는 것이다. 사회주의 정권들이 무너짐에 따라서, 또한 자칭 무엇이라고 부르든간에 민주사회주의 정당들이 각국에서 지지기반을 재건하려고 시도함에 따라서, 그리고 낡은 국가주의적 해결책들이 일상생활의 필요에 부적합함이 명백히 드러남에 따라서, 마르크스주의에 대한 비판은 하나의 전통을 폐기시키는 결과를 광범위하게 가져왔으며, 특히 앵글로 색슨 세계―이곳만이 아니다―에서는 자유주의 정치사상에 대한 관심의 부흥을 가져왔다. 수년 동안 마르크스주의 혹은 그것의 한 변종에 대한 해석을 둘러싸고 강렬한 이론적 논쟁들이 전개되었고 그밖의 다른 전통들은 무시되거나 폐기되었으며, 이 논쟁은 소수 지식인들이 막다른 골목에 처하는 것으로 종말을 고하고 말 것같이 보였다. 이 시기가 지나가버리자 우리는 다음과 같은 느낌을 갖게 되었다. 즉 우리에게 필요한 것은, 만일 우리가 그것을 알기만 했더라면 그리고 우리가 좌파 고립지구(ghetto)에 대한 국지적 영향력을 포기하기만 했더라면, 언제나 거기에 있었다는 것이다. 그리고 마르크스주의적이든 자유주의적이든간에 하나의 사상이 위기에 빠졌을 때 전통적인 사상 및 사상가들의 비판적·분석적 토론과 대안적 접근방식의 양자를 혼동하게 되는 것은 너무나 당연하지 않겠는가?

필자의 생각으로는, 중요한 것은 어떻게 하면 낡은 개념들의 족쇄에서 벗어날 수가 있는가 하는 것이다. 여기서 이 낡은 개념들이 무어라고 이해되든 그리고 어떤 전통에서 비롯된 것이든지간에, 그 개념들은 우리가 현실을 인식하는 데 방해가 되며, 오늘날의 특유한 문제들이자 최근의 역사적 발전들로부터 파생된 문제들을 제기하는 데에도 방해가 되는 것이다. 이로부터 나는 다음과 같이 주장하고자 한다. 즉 만일 우리가 현재의 곤경을 더 잘 이해하기 위해서 그리고 오늘날의 정치적 사고를 발전시켜 우리가 직면한 현실에 개입하게 하고 나아가 사건들의 결과에 영향을 미치기 위해서 자유주의적 전통을 재독해하는 것이라면, 우리는 여기서 다루고 있는 개념들의 역사적·구체적·정치적 성실을 인식할 필

132

요가 있다. '부르주아 사상들'을 피상적으로 기각하는 하나의 역사를 감안한다면 이것은 논쟁적인 쟁점이다.[1] 그렇지만 만약 하나의 전통을 그 역사적 시기로 혹은 '자본주의의 필요'로 결코 환원시키지 않고, 우리가 물려받은 사상들의 역사적 차원들에 좀더 감수성을 가진다면 우리는 우리 자신의 과제를 좀더 잘 이해할 수 있을 것이고 또한 그 전통으로부터 배울 수 있을 것이다.

홉스나 로크 등의 철학자들이 저술활동을 할 때, 그들 역시 그들이 직면한 현실에 개입하는 데에 유용한 개념들을 만들어내려고 노력했다. 즉 구체적인 사회적·경제적·정치적 변동이 있었기 때문에 기존의 정치적 전통이 더이상 고전적인 정치적 질문들을 제기하는 틀을 제공하지 않는다고 보이는 그런 현실에 개입하기 위해서 그들은 그런 노력을 했던 것이다. 만일 우리가 이같은 역사적 및 정치적 차원을 도입하지 않는다면, 우리는 그들의 사상을 충분히 이해할 수 없을 것이며, 그들이 자신들의 시대 및 오늘날의 우리 시대에 대해 기여한 바를 충분히 이해할 수가 없을 것이다. 이것이 바로 그들이 어떻게 정치적 사고를 발전시켰는지를 이해하는 하나의 측면이다. 그것은 학구적 질문을 넘어서는 것인데, 왜냐하면 만일 우리가 그들로부터 배우려고 한다면, 우리도 그들과 마찬가지로 우리 시대에 적합한 개념들에 도달할 필요성을 민감하게 느껴야하기 때문이다. 과거와의 연속선상에 있는 요소들에 관해 질문하고, 근본적인 변동을 가리키는 요소들을 식별해내려고 노력하면서, 그리고 우리의 초점을 현재에 맞추면서 우리는 과거의 모든 전통에 속한 사상가들로부터 교훈을 배우려고 애쓰는 동시에, **어떠한** 기존의 도식들에도 의존할 수 없다는 불확실성 속에서 살아갈 수 있어야 할 것이다.

그리고 여기서 우리는 마르크스와 그람시 같은 사상가들이 자신의 지적 연구를 수행한 방식으로부터도 **또한** 배울 수 있다고 나는 생각한다.

1) 이것은 학문적으로도 논쟁적인 문제이다. 스키너(Quentin Skinner)의 저작은 정치철학 저작이 위치하는 역사적 맥락이 중요하다고 역설하고 있는데, 이 책은 영미학계에서 논쟁을 불러일으켰다.

이때 우리가 그들이 도달한 대답들에 대해 아무리 비판적이라 할지라도, 우리는 그들이 제기했던 것과 동일한 몇 가지 문제들을 더욱 잘 제기할 수 있을 것이다. 일례로 우리 역시 제기할 수 있는 질문은, 현시대의 주요한 사회경제적 변동이 정치를 새롭게 사고하는 데 어떤 메시지를 전해주는가 하는 점이다. 나아가 이를테면 상이한 역사와 상이한 문화와 상이한 정치적 역관계를 지닌 다른 나라들과 비교하여 대처 치하의 영국에서 특수하게 나타나는 변동의 형태들과, 역사적 변동의 전(全) 기간의 잠재력에 관련된 장기적 경향들을 어떻게 하면 명확히 구분해낼 수 있는가?

정치사상의 다양한 전통들에 대해 우리가 맺는 관계를 재고하면서 우리가 얻을 수 있는 첫번째 교훈은, 우리 앞에 놓인 질문들이 아무리 명백해 보일지라도 그 질문들의 '당연한 것으로' 성질이며, 그리고 이행 및 위기의 시기에 내재되어 있는 불확실성과 애매함, 당혹스러움을 용인하는 풍부함이다. 이같은 시기에는 현실은 너무나 종종 우리의 통제나 영향력에서 벗어나 있는 듯이 보이고, 그리하여 그 현실은—과거에 의해 계발되지만 과거에 사로잡히지는 않는—새로운 사고의 창조적 발전을 부식(腐植)시키는 데 봉사하는 듯이 보이게 된다. 만일 현실을 알게 되는 것은 과학이자 예술이라는 점을 잠정적으로라도 우리 스스로 인정하고, 또한 우리의 낡은 범주들 속으로, 즉 은유적으로 말하자면, 역사적 오류를 지닌 언어들 속으로 쉽게 포괄되지 않는 단편들이 새로운 이해의 씨앗들을 담고 있을지도 모른다는 사실을 스스로 깨닫는다면, 우리가 종국적으로 도달하는 지식은 질적으로 더 나은 것이 될 수 있을 것이다.

3. 시민사회와 시민권

최근 수년 동안에 시민사회 및 시민권이라는 개념들은 영국의 좌익에 관한 논쟁들에서 두드러진 지위를 차지해왔다. 이와 연관되어 있지만 이

같은 두드러진 지위를 차지하지는 못한 하나의 개념, 아마도 전후의 합의의 붕괴와 우익의 정치적 부상 그리고 '3분의 2 및 3분의 1 사회'의 발전 등과 연관된 하나의 개념, 사실상 이런 관념들과 통합되어 있는 하나의 개념은 바로 자유주의적 평등 개념이다. 여기서 염두에 두어야 할 중요한 점은, 이러한 관념들이 관념으로서의 역사를 가지고 있을 뿐만 아니라, 역사적인 시대 전체와 분리될 수 없으며, 봉건제 이후의 근대사회 및 근대국가의 발전으로부터도 분리될 수 없다는 사실이다. 이같은 근대사회 및 근대국가에 이르러서야 비로소 우리는 이 개념의 모든 함의들을 간직하고 있는 다양한 공적·사적 영역들에 관해서 이야기할 수 있게 되기 때문이다. 이를 전제로 할 때만, 우리는 근대사회 및 근대국가가 그것의 초기에 지녔던 새로운 성격을 이해할 수 있고, 오늘날 그것들이 지닌 유용성을 분석할 수 있으며, 또한 우리가 여전히 그것들에 관해서 언급해야 하는, 구체적인 역사적·정치적 이유들을 이해할 수 있게 된다. 만일 시민사회와 시민권 같은 개념들이 역사적으로 낡은 관념으로 '창고에 처박혀'[2] 있을 수 없는 것이라면, 거기에는 진정 현실적인 이유들이 있다. 그러나 이와 똑같이 현실적이고 구체적인 다른 이유들 때문에, 우리는 그처럼 오랫동안 좌익의 정치적 담화를 지배해온 빈약한 사고에 대한 대안으로서 이 개념들을 그저 간단히 채택할 수만은 없는 것이다. 오늘날의 조건들은 우리에게 이 개념들을 그것들이 획득한 새로운 의미 그대로 사용하도록 요구하며 **이와 동시에** 그것들을 넘어설 것을 요구한다.[3] 이를테면 만일 우리가 시민권이라는 개념을 역사화하고 구체화하려고 한다면, 우리는 그것이 오늘날 실행되는 영역(terrain)을 탐구해야만 할 것이다. 그 영역에는 복지국가가 포함된다. 그리고 여기서 작동하고

---

2) 크로체(Benedetto Croce)는 이것이 지난 세기말 마르크스주의와 함께 처리되어야 하는 것이었다고 시사했다.

3) 이것이 그람시가 지식인, 시민사회, 국가, 헤게모니 등 수많은 개념을 사용해서 수행한 일이다. A. S. Sassoon, "Gramsci's Subversion of the Language of Politics", *Rethinking Marxism*(Spring 1990)을 참조하라.

있는 것은 국가에 대한 고도로 복잡하고 분화된 관계들로서, 이는 광범
위한 제도들을 통해서 매개된다. 이 관계들 가운데에서 법 앞에서의 평
등이나 평등한 정치적 권리에 못지않게 중요한 것은 자원과 욕구, 가족
내 위치 및 생애주기상의 시점, 그리고 직업세계와 관련된 생애이력 등
에 따른 사람들 사이의 차별이다.[4]

시민사회 및 시민권 개념들에 관한 최근의 논의는, 현실 정치적 맥락
자체에는 부응한다고 할지라도 추상적이기 때문에, 그 개념들의 구체적
인 영역 속으로 파고들어감으로써 그것들이 오늘날 우리에게 한층 유용
하게 될 수 있도록 풍부히 할 수 있는 가능성이 가로막혀 있다. 그러나
이것은 시민권의 침해라는 맥락에서 시민적 자유의 법적 보장 및 보호
가 필요하다는 주장의 중요성을 결코 감소시키지 않는다. 이에 관련된
많은 논쟁이 지닌 추상적·일반적인 성질의 한 측면은, 인종문제와 민족
문제가 정부의 소수민족 정책의 영향들을 적절히 반영할 만한 비중을
갖지 못해왔다는 것, 즉 좌파는 이 집단들의 요구에 관해 '귀가 막혀' 있
다는, 분명히 좌익을 겨냥한 언급이 그것이다. 이와 동시에 무성적(無性
的, ungendered) 시민권 개념에 대한 비판을 제시하고 있는 광범위하고
풍부한 여성해방론 문헌들은 지배적인 논쟁에서 아무런 반향도 얻지 못
하고 있다. 또한 시민권이라는 개념은 아직까지도 사회적 시민권 혹은
일상생활의 권리라고 부르는 것을 포괄하도록 재규정되지 못하고 있다.

영국에서 시민사회라는 개념에 관한 관심이 유행하고 있는 것은 부분
적으로는 대처 치하의 국가-사회관계의 재조직화에 대한 대응이며, 이는
유럽 전역에 걸쳐 나타난 다른 형태와 비견되는 것이다. 그러나 이 논쟁
은 또한 동유럽의 발전에 의해서 자극되었고, 이 지역에서 시민사회라는
개념은 그것의 분석적 기능 및 규범적 요구 양자로부터 나온 중요한 정
치적 목적에 기여해왔다.[5] 이에 못 미치는 것이긴 하지만, 시민사회를

---

4) Chiara Saraceno, "La Struttura di genere della cittadinanza", in *Democrazia e
diritto*, no. 1, 1988을 참조하라.

재활성화시키고 강력하게 만들 수 있는 가능성에 대한 새로운 관심이
서구에서 고무된 것은, 진보정치를 위한 투쟁이 요컨대 복지국가 및 전
통적인 사회적 민주주의의 방어라는 형태를 취할 수가 없다는 사실이
인식되었기 때문이다. 이렇게 된 부분적 이유는, 대처 집권 10여 년과
노동당의 세 차례의 선거 패배 후, 그리고 영국에서도 유럽 전역에서와
마찬가지로 심층적인 사회경제적 변동 등을 겪은 후에 사회가 과거와는
완전히 다른 모습으로 변해버렸다는 점에 있다.

그러나 수많은 토론의 용어들이 제시되는 방식에는 일말의 위험이 존
재하고 있다. 다시 말해서 그 용어들은 추상적이었고 사회에서 발생하고
있는 일들에 뿌리를 내리지 못했다. 이는 역설적으로 변동의 정치적 형
태에 대해서만, 즉 특별한 종류의 정책들에 의해 이 시대가 주조되어온
방식에 대해서만 관심이 집중됨으로써, 사회경제적 조류의 저변에 있는
정치적 함의들, 예컨대 여성의 점증하고 있는 노동력 참여나, 개인적 욕
구와 사회적 욕구의 복잡성의 증대 같은 것들이 너무나 자주 가려졌기
때문이다. 즉 국가의 역할과 충돌하게 된 복잡한 사회적 역동성 및 조직
이 갖는 중요성, 혹은 달리 말하자면 어떠한 정치세력에 의해서 발생된
것도 아니고 통제될 수도 없는 이같은 기저적인 변동에서 기인하는 국
가의 역할을 재고할 **필요성**이 무시되었던 것이다. 그리하여 국가의 역할
을 재고할 필요성이 있다는 인식이 어느 정도 존재하긴 했지만, 그것은
주로 정치적 및 이데올로기적 공세에 대응하는 것이었고 따라서 "우리
도 또한 국가에 비판적이다"라는 식의 방어적 성격을 갖고 있었던 것이
다. 그것은 사회경제적 조건들의 함의들에 관한 분석으로부터 도출된 것
이 아니었다. 그것은 사회가 변화함에 따라서 우리는 국가를 재고하도록
실제로 **강제되고** 있다는 인식을 반영하지 못했다. 사정이 이러한 만큼,
그것은 사실상 우리가 물려받은 정치사상의 전통이 지닌 중요한 차원을

---

5) 이런 토론의 일부 사례에 관해서는 John Keane(ed.), *Civil Society and the State*,
part 3(London: 1988)과 Vera Gathy(ed.), *State and Civil Society: Relationships in
Flux*(Budapest: 1989)를 참조하라.

재현하지 못했다.

전통적으로, 헤겔과 초기 마르크스의 저작은 물론 자유주의의 고전들로 거슬러올라가보면, 시민사회의 정의는 언제나 근대국가의 출현에 관한 분석과 상호연관되어 있었다. 더욱 최근의 사례를 들자면, 시민사회의 확장 및 국가권력의 축소가 실현될 잠재력이 존재한다는 그람시(Gramsci)의 주장은 국가와 시민사회의·공존하는―현재 **나타나 있는** 그대로의―복잡성 및 모순들에 근거해 있다. 실제로 그람시는 정치사상의 오랜 전통을 이어받아서, 그가 정치학의 고전적 질문 혹은 **모든** 정치학의 질문이라고 이름붙인 것, 즉 치자(leaders)와 피치자(led)의 분리와 관련하여 도대체 사회경제적 변동은 우리에게 무엇을 말해주고 있는가라고 질문했다. 그러나 그는 구체적이고 역사적인 이유들 때문에―즉 실제적인 사회발전 때문에―새로운 예상치 않은 하나의 질문이, 즉 그 분리를 극복할 가능성이 역사적 일정에 올라 있다고 주장했을 때 이 전통을 넘어섰다. 그리하여 이것은 마르크스에 의해서도 제기된 문제였지만, 몇 가지 역사적 이유들 때문에 그람시에 의해 새로운 급박성을 지닌 문제로 간주되었던 것이다. 그 첫번째 이유는 사회주의를 건설하려는 구체적인 시도였지만, 이에 못지않게 중요한 이유는 자본주의의 최신의 발전이라고 그람시는 파악했다. 시민사회의 보다 진전된 확장 및 발전을 가능하게 하며 민주주의의 유례없는 발전을 가능하게 하는 현상들이 존재하고 있으며, 이와 동시에 그 현상들은 이같은 발전에 내재된 모든 문제점들을 구체적으로 제기하는 것이었다.[6] 그람시가 수동혁명이라고 부른 것을 통해서 지배 종속관계가 재구성되고 있음에도 불구하고 민주주의는 역사적 의제에 올라와 있다. 수동혁명은 현시기의 진보의 가능성을 포섭하고 있는 여러 정권의 정책에서 명백히 드러난다.[7]

---

6) A. S. Sassoon, *Gramsci's Politics*, 제2판(London : 1987)을 참조하라.

7) A. S. Sassoon, 같은 책, 제13장 "Passive Revolution: a Strategy for the Bourgeoisie in the War of Position", 혹은 이를 약간 보완 개정한 A. S. Sassoon (ed.),·"Passive Revolution or the Politics of Reform", *Approaches to Gramsci*(Lon-

오늘날의 논쟁에서 결여되어 있는 것은 가장 최근의 사회발전, 즉 어느 정당이 권력을 잡느냐 하는 것과는 무관한, 발전에 내재된 잠재력과 문제점들에 관한 동시적 분석이다. 시민사회와 국가에 있어서, 어느 한쪽의 조건은 다른 쪽의 조건을 의미하며, 양자는 서로 특수한 관계망에 얽혀 있음에도 불구하고, 최근의 시민사회에 대한 강조는 동전의 다른 면인 국가를 무시하거나 적어도 당연시하는 경향이 있다. 만일 예를 들어 지나치게 중앙집중적이고 위계적이며 관료적인 공무원조직으로부터 벗어나서, 사적 영역 및 공적 영역을 넘어서는 사회적 급부의 새로운 형태를 채택하는 움직임이 유럽 전역에 걸쳐 존재하고, 또 국가가 더욱 많은 일을 할 수 있는 역할을 갖고 있다면, 이것은 사회적 필요의 복잡성 및 다양성이 새로운 국가-시민사회 관계를 요구하기 때문이다. 다시 말해서 어떠한 시민사회의 혁신이든 그것은 모두 필연적으로 국가의 재구성을 의미하는데, 이는 단순히 국가의 축소뿐만이 아니라 사회에 대해 다른 관계망을 갖는 다소 색다른 것으로 국가를 재구성하는 것을 뜻한다.

그러나 과연 무엇으로 재구성된다는 말인가? 물론 '낡은 것'을 비판하기란 출현하고 있는 '새로운 것'을 분석하기보다 쉽다. 아마도 거대설계(grand designs) 및 기술공학적 유토피아에 대한, 즉 포스트 모더니스트들이 메타화법(metanarratives)이라고 이름붙인 것에 대한 널리 유포된 환상을 감안한다면, 지적 중용(中庸)이란 잘못된 것은 아니다. 그리고 또한 우리의 낡은 개념적 안경이 우리에게 새로운 것보다는 낡은 것을 더 잘 보이게 한다는 주장도 마찬가지로 잘못은 아니다. 그러나 과제 자체가 잘못 이해되고 있는 듯하다. 만일 지식인들이 자신들의 머리로부터 유토피아를 짜낼 수는 없다는 것을 점차로 인식해가고 있다면, 아마도

don : 1982)를 참조하라. 또 Franco de Felice, "Rivoluzione passiva, fascismo, americanismo in Gramsci", Franco Ferri(ed.), *Politica e storia in Gramsci*(Rome : 1977) ; Christine Buci-Glucksmann, *Gramsci and the State*(London : 1980) Ch. 14 ; Christine Buci-Glucksmann, "State, Transition and Passive Revolution", Chantal Mouffe(ed.), *Gramsci and Marxist Theory*(London : 1979)를 참조하라.

그들의 소명은 무엇이 **가능할 것인지**를 이해하기 위해서는, 우리가 볼 수 있기만 한다면 우리는 눈앞의 **현실이 어떠한지**, 그리고 무엇이 이미 발생하고 있는지에 관해 올바른 질문을 제기하려는 노력에 관심을 집중하는 것이다.

예를 들면 공식적인 노동시장으로 여성 참여의 극적인 증가, 현대 복지국가에서 사회적 욕구를 충족시키려는 복잡성 등과 같은 주요한 사회경제적 변화에 포함되어 있는 것은 도대체 어떠한 가능성, 딜레마, 모순인가? 사회적 현실의 역동성은 시민사회, 국가, 시민권, 평등, 차별, 공적인 것, 사적인 것 등의 개념들에 관해서 도대체 무엇을 우리에게 말해주는가? 우리가 갖고 있는 범주들은 이 요동하고 파편화되고 모순적인 사회의 역동성이 지닌 완전한 잠재력을 파악하기에 과연 적합한 것인가? 수많은 개인들의 결정의 산물인 현상들, 공공정책과 따라서 정치에 의해서 영향을 받지만 모든 정치세력의 통제 밖에 있는 현상들, 상이한 전통과 문화와 제도적 장치 때문에 나라마다 형태가 다르지만 그러면서도 유사한 유형을 띠는 현상들—이같은 현상들의 객관적 및 주관적 측면들을 우리는 도대체 어떻게 이해할 것인가? 완전히 상이한 시각들, 즉 거시적 시각과 미시적 시각, 개인적 선택들과 국가나 경제적 조직체의 정책결정, 역사적·문화적·민족적 특수성들과 일반적·장기적·국제적 경향들—을 우리는 어떻게 고려할 것인가? 예를 들어 수백만 여성들이 공적인 영역들과 사적인 영역들, 가족의 필요와 봉급을 받는 공식적인 직업을 결합시키고 있다는 물질적인 사실들을 분석하기 시작함으로써, 우리는 개인과 평등과 차이 같은 개념들에 관해 새로운 방식으로 사고할 수 있을까?

4. 개인, 평등 그리고 차이

시민사회에 관한 논의의 중요한 측면은 개인들이 수행하는 시민적 역할에 대한 재강조이다. 그리하여 우리는 고전적 자유주의 정치사상에서 비롯되는 또 하나의 개념, 즉 개인(the individual)에 도달하게 된다. 시민사회라는 개념은 계약론과 자유주의 정치사상으로부터 유래된 것이므로 자율적이고 고립된 개인, 즉 보편적 인간이란 관념과 분리될 수 없다. 이 개인의 본질은 법의 지배에 대한 그의(과연 그런가!) 관계라는 측면에서 규정되며, 법적 지배의 평등은 이러한 관계로부터 사회적 지위, 사회경제적 처지, 인종, 성, 기타 등의 온갖 지표들을 제거함으로써 생겨난다. 이에 따라 정의의 상징이 가려지게 되었다. 시민사회의 대두, 법의 지배, 그리고 근대국가가 이 시기에 위대한 진보였듯이 종별성 및 차이와 절연되어 있는 시민의 보편적 측면들에 대한 강조는, 이제 신분이 더 이상 시민과 국가간의 공식적인 법적 관계를 규정하지 못한다는 점에서 봉건사회 및 전통적 사회관계의 속박에 대한 진보였다.

　이러한 진보의 현실은 당시의 성차별적 성격을 인정한다고 하더라도 부정되지 않으며, 새로운 일련의 환경들이 지속적 진보와 새로운 모순을 번갈아 초래하고 있다는 사실에 의해서도 부정되지 않는다. 시민권의 법률적·헌법적 보증물들이 천천히 수립되었기 때문에, 민주적·정치적 권리의 신장을 위한 싸움은, 사회개혁과 사회적 시민권을 위한 투쟁이 정치적 의제로 상정될 수 있는 가능성을 열어주었다. 이것은 정치영역이 투표권의 확장으로 말미암아 변혁되었기 때문이었다. 종래 사적 욕구(private needs)라고 정의되었던 것이, 국가와 동시적으로 발전되었기 때문에 국가에 요청하는 욕구로 표현될 수 있었다. 다시 말해 개인들에 대한 정치적 권리의 부여는 조직화된 집단이 정치에서 차지하는 비중의 증대와 더불어 나타났고, 이와 동시에 결사의 권리는 개인들이 집단의 일원으로서 정치에서 결사를 향유할 수 있는 가능성을 제공했다. 시민권은 개인들, 즉 처음에는 남성들 그 다음에는 여성들의 법적·헌법적 대의권을 의미하게 되고, 사실상 조직화된 집단의 대의권을 뜻하게 된다. 시민권의 의미가 확장되어, 시민적 권리는 물론 정치적 권리를 포함하게 됨에 따라 대규모적인 변화의 조건들이 창출되고 있다. 시민적 권리와 정치적 권리는 정당들 및 압력단체들이 사회적 욕구를 국가에 대한 요구로서 명료하게 구체화하는 것으로 변모된다. 이같은 구체적인 변형과 이에 따른 사회정책의 확장 및 사회에 대한 국가개입의 강화는 복잡하고 모순에 가득 찬 양상을 창출하여 개인과 국가의 관계, 따라서 시민권이 복지국가의 수립 및 확장과 더불어 정치·사회적으로 변형되게 된다.[8]

그렇다면 개인이라는 추상적 개념이 그 한계에도 불구하고, 여전히 작동하는 방식들은 무엇이고, 왜 개인 또는 적어도 그 개념의 변형이 여전히 필요한가? 첫째로 지적할 수 있는 것은 차이의 의미는 문제로 삼고 있지 않으면서도, 즉 차이는 보편적이고도 추상적인 것으로 가정하면서도, 개인이란 관념은 묵시적으로 차이를 인정하고 있다는 점 때문이다.[9] 다시 말해 개인의 의미는 인간존재가 고립되고 개인적이며 제각기 다른 욕구와 욕망을 충족하기 위해 행동한다는 뜻이다. 여기에서 부정하기 어려운 점은 법 앞의 평등, 즉 평등한 기회라는 자유주의 관념이 의미하는 것의 중요성을 끊임없이 강조할 필요가 있다는 사실이다. 그리고 이 평등한 기회란 다름이 아니라, **개인들이 아무리 제각기 차이가 있다고 하더라도, 부당한 차별에 의해 개인들이 동일한 규칙 아래 서로 경쟁하는 것을 막도록 해서는 안된다**는 주장이다. 나아가서 역시 이와 비슷하게 모순적

---

8) 나는 여기서 권력관계 및 지배—복종관계의 구성에 관한 푸코나 다른 사람들의 주장을 무시할 의도는 없다. 이들의 주장에 따르면 이같은 관계의 구성은 현대 국가제도들의 수립을 통해서, 그리고 사회정책의 효과와 전문가들의 권력을 통해서, 혹은 영국의 사례에서 보듯이, 이를테면 건강한 남자들을 군대에 공급하는 일을 보장한다는 차원에서 사회개혁의 도입을 정당화하는 최고 수준의 위원회들의 영향력을 통해서 이루어진다. 마지막 것에 관해서는 Pat Thane, *The Foundations of the Welfare State*(London : 1982)를 참조하라. 나는 단지 현대적 사회정책의 발전을 지배의 한 표출로 환원시키기를 거부하는 다차원적인 분석의 중요성을 강조하고자 했을 뿐이다.

9) Joan W. Scott, "Deconstructing Equality-versus-Difference: or, the Uses of Poststructuralist Theory for Feminism", *Feminist Studies*, no. 1, 1988을 참조하라. 페이트맨이 여성의 억압을 구성하는 요소라고 자유주의적 개인 개념을 강력히 비판한 것은 유용한 것이지만 단지 한 측면만을 강조하고 있다. Carole Pateman, *The Sexual Contract* (Oxford : 1988).

인 방식으로, 개인들의 지위 및 중요성이 사회적 영역으로 격하되어 게임규칙—그것이 이를테면 고용이나 교육분야의 제도들을 규제하는 법률이든 규칙이든간에—의 적용으로부터 배제되는 경우에 한해서만 차이가 인정되고 있다.[10] 현재 법률화되어 있는 것은 보편적인 것, 일반적인 것, 추상적인 것을 지배적인 것으로 하고 특수한 것, 구체적인 것을 부차적인 것으로 보는 위계제인데, 여기서 특수한 것 및 구체적인 것은 그것이 법의 지배 범위내에 있지 않을 때조차 사회질서를 위협하는 것으로 간주된다. 왜냐하면 개인적 욕구는 주로 고립적이고 모순적인 것이라고 간주되기 때문이다.

그러나 이 문제들을 최근의 견해에 비추어 검토해보고 이들을 구체화시킨다면, 우리는 이와는 다른 차원에 도달하게 된다. 현대사회에서의 개인의 욕구라는 관점에서 보면, 복지국가라는 상황 속에서 그리고 생산세계에 대한 여성 참여율의 증대와 더불어, 우리는 복잡하면서도 사회적으로 상호의존적인 정황을 보게 된다. 우리들은 제각기 성인으로서 자신과 타인, 아이, 배우자, 부모를 돌보아야 하며 수많은 가사유지상의 욕구들을 충족시켜야 하는 책임을 지고 있다는 점에서 보면, 한 인간의 욕구는 다른 인간들의 욕구와 매우 다르다. 복지국가와 첨단산업사회라는 현대적 상황 속에서 남성과 여성이 모두 공식적인 임금노동에 종사하게 될 때 이들간의 차별은 공적인 영역으로 들어간다. 즉 이 차별은 더이상

---

10) 평등과 차이 사이의 관계가 지닌, 또한 차별적 관행을 정당화시키는 성적인 고정관념의 지속적인 힘이 지닌 고도로 민감한 성격은 최근에 미국에서 시어스와 뢰벅에 반대해서 평등고용기회위원회(Equal Employment Opportunity Commission)가 제시한 사례에서 잘 드러나고 있다. 시어스는, 여성은 역사적으로 일정한 종류의 노동을 선택했다는 한쪽으로 치우친 어느 역사학자의 증언에 의존해서, 일정한 저급료 직업들에 여성들을 고용하는 것을 옹호하는 데 성공했다. J. W. Scott, "Deconstructing Equality-versus-25, Difference", 앞의 책과 Alice Kessler-Harris, "Equal Employment Opportunity Commission v. Siars, Roebuck and Company : a Personal Account", *Feminist Review*, no. 25, 1987을 참조하라. 엘리스 케슬러-해리스는 시어스의 입장에 반대 주장을 편 역사학자이다.

사적인 것으로 개념화될 수 없다. 성구분과 성적 분업의 현대적 형태에서 여성은 주요 가사노동(the main caring) 책임을 지고 있고, 이에 더하여 이전의 시기에 비해 공식 노동력에 편입되어 있기도 할 뿐만 아니라, 욕구의 충족과 차이의 규정은 훨씬 더 복잡한 일련의 조건들 및 제도들에 좌우된다. 이같은 복잡한 조건들 및 제도들은 각종 서비스의 제공뿐만 아니라 노동조직 및 시간의 조직들과 관련되어 있다.[11] 현대적 상황에 적합한 개인 개념은 모두, 우리가 어떤 사람이고 우리가 무엇을 필요로 하는가라는 점에 있어서, 이러한 복잡성 및 차별을 반드시 포함해야만 한다. 더욱이 제도의 그물을 통한 개인과 국가의 고도로 매개된 관계는, 시민사회와 국가 사이의 경계와 겹치고 있기 때문에, 개인과 국가의 직접적 관계 위에 설정된 자유주의 정치사상의 개념틀 가운데 많은 것을 문제시하고 있다. **동시에** 개인/국가 관계에 토대를 두고 있는 법의 지배 등과 다른 개념들은 여전히 한결같이 중요하고 의의가 있다.

개인이라는 개념은, 이전에는 동원할 수 없던 지식을 활용함으로써 다른 시각에서도 검토될 수 있다. 예를 들어 심리분석에서 비롯된 현대적 통찰력을 적용한다면 우리, 즉 너와 나라는 구체적 개인들은 각기 다른 생활사를 가지고 있으며, 복잡하면서도 진화적인 내적 역동성과 정체성(identity)을 가지고 있다(이것은 단지 과정으로서만 이해될 수 있다). 비록 우리가 사물에 대한 공통된 견해를 가지고 있을지라도, 또한 이방인과 직업인 그리고 지식인이 시간과 사회 전반을 관통하는 양상을 식별할 수 있을지라도, 우리는 모두 각기 다르고, 각기 독특하다. 또한 우리는 각기 다른 관점을 지니고 있다. 아무리 외부의 영향과 제도와 관행에 의해 제약된다고 하더라도, 우리의 주체성과 정체성은 고도로 개인적이며

---

11) 이탈리아공산당 여성위원회는 이러한 주제들을 다룬 흥미로운 문건을 출판했다. 이 문건은 차이문제와 당시의 정책에 관해서 이탈리아 여성해방론자들 사이에 광범위하게 전개됐던 토론을 반영하고 있다. 이 문건은 당내외에서 널리 토론되었고, 그 토론은 이탈리아 좌파의 논의에서 뚜렷한 변화를 초래했다. Sezione femminile della Direzione del PCI, *Dalle donne alle donne. Carta itinerante* (Rome : 1987).

복잡하다.

그렇다면 각기 다른 차원과 상이한 시각에서, 우리는 개인이라는 개념을 필요로 하게 된다. 하지만 이 말은 개인 개념의 내용이 계속 자유주의 정치사상에 속하는 것으로서 존재할 수 있다거나, 또는 이런 추상적 개인이라는 관념과 이것에 붙어 있는 평등 개념에 대한 폭넓은 비판이 무시될 수 있다는 것을 의미하지는 않는다. 아마도 가장 잘 알려져 있는 비판은, 모든 개인들이 가지고 있는 문화적·경제적·사회적 자원이 각기 다르기 때문에, 법의 지배라는 보호와 시민권의 보호라는 혜택을 사실상 완전히 향유할 수 없게 만드는 사회적 조건들이 존재한다는 주장일 것이다. 더욱이 마르크스주의 접근법은 이같은 관념의 보편성을 무역사적이고 현실 은폐적인 것이라고 비판하는 경향이 있는데, 그 근거로는 예를 들면 실제로 계급—즉 생산관계에 의해서 부여된 일종의 불균등—속에 위치해 있는 개인들은 불가피하게 권력의 구조적 불균등을 지닐 수밖에 없다는 점을 들고 있다.

또 최근의 반인종주의적 비판 및 여성해방론적 비판으로 말미암아 우리는 새로운 차원들로 이행하고 있다. 이 차원들은 평등한 기회에 대한 요구 이상의 것이다. 그 차원들은 사람들에 대한 규칙의 평등한 적용으로 빚어진 차별적 효과가 인식됨으로써 간파되고 있다. 한편으로는 이것은 규칙 자체가 결코 중립적이거나 보편적이지 않다는 가정들을 담고 있기 때문이다. 다른 한편으로는 차이에 관해서 침묵하는 보편성이라는 관념이야말로 사실상 특수성, 개별성, 차이 등을 종속시키거나 주변화시킴으로써 그 보편성의 의미를 이끌어내고 있기 때문이다.[12] 구체적이고 실천적 수준에서 볼 때, 지배적 모델로의 통합을 전제로 할 때 평등의 성취는 불가능한 것이다. 그리하여 이들 비판들은 다른 정체성, 인종, 국적, 종교, 성 등의 가치와 타당성을 주장하게 되는 것이다.[13]

---

12) 이에 관한 포스트 구조주의적 및 포스트 모더니즘적 문헌은 엄청나게 많다. 그 일부의 중요한 주장에 관한 훌륭한 요약은 J. W. Scott, 앞의 글을 참조하라.

그리하여 기묘한 일이 일어나고 있다. 개인 개념의 추상적·보편적 영역을 비판하고 있는 동안에 실제 일어나고 있는 일은 개인의 복합적 재규정이다. 이에 따르면 개인은 한 집단, 한 범주, 하나의 성의 일원으로서 재규정되는데, 여기서 개인은 다른 사람들과 일정한 특성을 공유하기 때문에 규칙들에 의해 특수한 방식으로 영향을 받지만, 이들의 정체성은 개인의 구체적 특수성과 개별성 속에서, 그의 독립성 속에서, 그의 다면성 속에서, 그의 시간 계기, 즉 생애주기의 일정 단계에서, 그리고 국가에 대한 차별화된 구체적이고 매개된 관계 속에서 재규정되는 한에서만 의미를 지니는 것이다. 어떤 의미에서 우리들이 공통으로 가지고 있는 것은 우리의 독립성, 우리의 고유성, 우리가 서로 다르다는 사실, 홀로 존재한다는 감정이다. 개인이라는 추상적 개념을 해체하고 구체화하는 것은 다음과 같은 다른 사실을 인식하는 데 유용하다. 즉 우리들의 정체성이나 주체성의 이런저런 측면에서 볼 때, 우리들은 각기 하나의 부분 집단에 속하며 인종, 성, 국적 등에서 서로 '타인'이라는 것이다.

5. 상호의존성, 복잡성 그리고 새로운 시민권 개념

지금까지 정치과정 속에 삽입되어온 것은 민주주의의 확장과 시민권의 신장의 결과 나타난 하나의 모순이다. 근대 산업사회가 발전함에 따라서, 인민들이 투표권의 획득을 위해 싸우고 획득함에 따라서, 이어 이들이 정당·노조·압력집단으로 조직화됨에 따라서 더욱 대규모의 국가개

---

13) 물론 여성해방론적 비판은 민족 및 인종문제의 토론의 결과로 나오는 통찰들과 일치하지 않으며, 심지어 늘상 비슷하지도 않다. 따라서 그 차이를 연구하는 것이 중요할 것이다. 이제는 방대해진 민족중심주의를 넘어서는 여성해방론적 연구를 시도하고 있는 방대한 문헌들 가운데 내가 특히 고무적이라고 생각하는 논문은 Chandra Mohanty, "Under Western Eyes: Feminist Scholarship and Colonial Discourses", *Feminist Review*, no. 30, 1988이다.

146

입이 필요해진 것과 결부되어, 국가를 인민의 욕구에 부응하는 것으로 만든다는 오랜 공리주의적 목표는 새로운 의미를 갖게 되었다. 복지국가의 확장은 부분적으로는 폭넓은 사회적 욕구를 정치의 장에 투입시킨 결과였다. 개인이 국가에 대해 맺는 관계가 재규정되기 시작했는데, 이는 말로만이 아니라 사실상 평등이란 측면에서는 법에 의한 평등대우로, 그리고 차라는 측면에서는 욕구에 따른 구별로 재규정되었다. 나는 일정한 권리들을 갖고 있는 국가의 시민이다. 이러한 시민적·정치적, 또는 사회적 권리들은 마샬(T. H. Marshall)의 시각에서 보면 모든 시민들에게 동일한 것이지만, 개인들의 욕구는 엄청나게 다르다.[14] 개인의 관점에서 볼 때 우리의 자원뿐만이 아니라 우리의 욕구가 생애주기에 걸쳐 다르기 때문에 국가에 대한 우리의 관계도 달라지게 된다. 그래서 어느 순간에도 시민전체는 국가에 대해 고도로 분화된 관계를 가지고 있다.[15]

이 모순은 또 생산의 세계에도 삽입되어 있다.[16] 현대에 들어와서 경제조직의 원리는, 사회주의와 자본주의 모두에게 적용되고 있는 것으로서, 바로 노동자는 행한 직무에 대해 대가를 받으며 모든 차이는 뒷전에 놓이게 된다는 것이다. 다시 말해 공식적·법적 평등의 원리와 유사점이

14) T. H. Marshall, "Citizenship and Social Class", 이 책의 제4장 「시민권과 사회계급」을 참조하라.
15) 공적인 것/사적인 것의 이분법은 어느 시대에나 각기 다른 주민집단들에서 다르게 나타났다. 예전에는 충분한 재산을 갖지 못했거나 잘못된 성에 속한 경우에는 투표를 할 수 없었고, 나아가 공적인 역할을 갖지 못했으며, 이에 따라 그들은 '사적' 생활에만 제한되었다. 이에 반해 지금은 많은 나라들에서 가난한 사람들은 그들 생활의 가장 은밀한 세부 부분까지도 공적인 감독을 받고 있기 때문에 사적인 영역을 거의 누릴 수가 없다. 사라세노(Saraseno)는 자신의 논문 "La struttura di genere della cittadinanza", p. 285에서 이와 관련해 하버마스(J. Habermas)의 일부 사상을 확장시키고 있다.
16) 나는 복지국가에 관한 쟁점은 물론 이 생산영역에 관한 생각들에 관해서 다음 논문에서 상당히 길게 논의했다. A. S. Sassoon, "Women's New Social Role: Contradictions of the Welfare State", A. S. Sassoon(ed.), *Women and the State. The Shifting Boundaries of Public and Private*(London : 1987).

존재하며, 또한 이러한 원리의 실제 적용과 이 원리 자체에 내포되어 있는 보편성 양자의 성차별적 성격에 대한 유사한 비판도 존재한다. 평등한 취업기회와 노동의 평등대우가 평등을 위한 투쟁의 이상이고 목표이며 대상이다. 설사 사람들이 노동세계 밖에서 다른 욕구들을 가지고 있다 하더라도 그 욕구들은 잊혀진 것으로 간주되며, 이 욕구는 시장을 통해서 표명되어야 하는 것으로 생각되고, 서비스 노동은 여성이나 국가에 의해 수행되는 것으로 여겨지고 있다. 구체적인 사회적 인물들은 사실상 일정한 시점에서 보면—개인들에게는 평생에 해당하는 동안에—고도로 분화된 대규모 욕구들을 갖고 있다. 이것과 대조해서 보면 노동조직은 정의(正義)와 마찬가지로 우리들의 눈을 가리게 한다. 이것은 바로 근대 산업사회에서 늘상 있어온 사정이다. 그러나 일단 이들 사회적 인물들이 점차 여성으로 되면, 다른 영역에 속하는 욕구는 점차 적어진다고 말할 수 있다. 가사관리자라는 고전적 예비군, 즉 여성이 노동과 개인생활에 양다리를 걸침에 따라 종전까지 성적 분업에 의해 은폐된 모순이 드러나고 있다. 지불노동은 이들의 사회적 욕구를 충족시키는 능력에 영향을 미치며, 사회적 욕구에 대한 이들의 책임은 생산영역에서 이들의 생활에 영향을 미치면서(따라서 이들의 금전적 행복은, 임금이든 연금 등의 혜택에서 나오는 것이든 모두 노동력의 역사와 관련되고 있다), 국가나 시장에 맡겨질 수 없고 또 결코 맡겨지지 않았음이 분명하다.

  이런 상황에 내재하는 것은, '그의(과연 그런가!) 능력에 따라 일하고 욕구에 따라 분배한다'는 정의가 생겨나고 구체화되었던 생산의 논리 그 자체를 전환시켜야 할 필연성이다. 그 생산의 논리는 이제 더이상 경제계산으로 환원되지 않으며 사회조직을 고려에 넣고 있다. 지불노동의 중심성, 즉 엄격한 비유동적 직무에 의한 우리 생활의 과잉결정이라는 관념은 현재 도전받고 있다. 이러한 맥락 속에서 시민권 및 사회적 권리는 한층 넓게 재규정되어, 일상생활의 권리를 포함함은 물론 나아가 여성은 물론 남성에 대해서도 '돌보는 시간'에 대한 권리로까지 확장된다.[17] 다시 말해 우리가 심지어 가장 발전된 복지국가, 즉 북유럽 국가들을 살펴본

148

다 하더라도, 모든 가사관리의 욕구가 시민사회에서 국가, 시장 또는 자발적 조직들에 의해 충족되고 있다고는 생각하기 어렵다. 우리는 생애주기에 걸쳐 그리고 노동조직과 사회제도에서 시간의 정치를 반영시켜, 가사관리 시간과 노동생활에서의 유연성을 보장받아야 한다.[18] 여기에서 국가에게 요구해야 하는 것은 전통적인 것, 즉 법률적 규제이다. 그러나 그 목적은 새로운 것이고 국가와 사회, 국가와 개인의 새로운 관계를 나타내는 것으로서, 우리의 개인적·사회적 창조성을 가능케 하고 고무하는 것이어야 한다. 이같은 성질을 지닌 변화들은 전체 질서를 뒤엎는 것이다. 이 변화들은 혁명적이다. 그러나 그것은 수백만의 사람들의 생활 속에 표출되어 있는 실제적인 사회적 욕구를 반영하기 때문에 공상적인 것이 아니다.

이런 시각에서 보면 사적인 것, 사회적인 것, 경제적인 것, 정치적인 것, 시민사회와 국가는 상호의존성의 그물을 형성하고 있어서 이들 각각을 분리시켜 '생각하는' 것은 불가능하지는 않더라도 어렵게 된다. 그러나 이들 범주가 시민권의 개념처럼 여전히 활용되고 중요하며, 따라서 필요하다고 할지라도, 사회의 변화와 일상생활의 변화는 실은 이것들이 재규정되고 풍부해져야 한다는 것을 의미한다. 이것들의 점증하는 복잡성은 사회 자체의 복잡성, 수백만에 달하는 인구의 일상생활이 복잡성을 띠고 있다는 사실의 반영이다. 이 범주들이 단순하고 일반적이며 무역사

---

17) 스웨덴은 사회정책에 대한 이러한 시각의 함의들에 관한 보고서를 발표했다. Marten Lagergren, et al., *Time to Care*(Oxford : 1984)를 참조하라. 노르웨이의 논의는 이탈리아에서 상당한 반향을 얻었다. Laura Balbo and Helga Notwotny(eds.), *Time to Care in Tomorrow's Welfare Systems: the Nordic Experience and the Italian Case*(Vienna : 1986)를 참조하라.

18) 이 노선에 따른 법률개정운동이 요구하는 주요내용은 양육휴가, 주간노동시간의 35시간으로의 축소, 7년노동-1년휴가는 물론, 지방자치당국에게 민간생활의 필요에 더욱 잘 부응하도록 하기 위해 상점, 서비스, 기타 부분의 영업시간을 조정하는 권한을 부여하는 것 등 다른 어느 것보다도 폭넓은 내용을 담고 있는데, 이 운동은 이탈리아에서 이탈리아공산당 여성위원회에 의해 수행되었다.

적이고 추상적인 것으로 머물러 있는 한, 이것들은 이러한 현실을 대변하지 못하고 또한 이들 범주들을 활용하는 지식인도 같은 처지가 될 것이다.

우리들의 사고방식에 성구분(gender)을 도입하는 것은 전통적인 개념도식의 보편성을 손상시킨다. 성구분을 지적인 과제로 올려놓은 여성해방론자들의 풍부한 지적 생산은 수백만 여성의 일상적 경험에 의해 뒷받침되고 있다. 여성들은 가사관리 책임을 전적으로 감당하면서 성인으로서 다양한 사회영역들의 곤란을 이겨내야 하는 처지에 있으며, 그럼에도 불구하고 공식적 지불노동이 내포하는 온갖 제약을 무릅쓰고 이에 종사하고 있다. 또한 여성들의 생활은 선입관, 가치판단, 상징들에 기반을 둔 각종 제도들 속에서 이루어지고 있는데, 이것들은 흔히 암시적이어서, 바로 그 때문에 더욱 우리의 자아정의를 손상시키고 우리를 소외시키며 무력하게 만들고 있다. 이들 여성들—우리들—이 경험하는 사실이란, 여성은 남성모델에 따라 만들어진 세계에서는 편안함을 느끼는 것이 불가능하다는 점이다.

지적 성찰을 통해 밝혀진 것은, 바로 이 모델이 부분적으로는 남성적이며 그 이유는 공적인 세계는 바로 그것을 건설한 사회적 인물들인 남성에 의해서 경험적으로 형성되었기 때문이라는 것이다. 그렇지만 아마도 더욱 중요한 것은, 현재도 존재하고 오랫동안 존재해온 지배와 예속의 조건들을 변혁시킨다는 어떠한 전망에서 볼 때도, 근대시기 우리의 개념적 틀 자체와 상징적인 질서가 이들 조건들을 위한 일정한 구조와 정당성을 부여해준다는 점을 깨닫는 일이다. 정치체제, 노동의 세계, 이론적 담론의 세계는 모두, 짐짓 추상적이며 일반적임을 가장하는 보편성이라는 개념에 입각해 있다. 제도들이 조직되는 양식, 그 실천을 규제하는 규칙, 우리의 언어와 개념(예를 들어 인권을 남성의 권리로 표현한 것, the rights of man), 그리고 이성(理性) 자체에 대한 우리의 관념은 보편적인 것이라고 주장되기 때문에, 정의(正義)와 마찬가지로 성구분에 대해서는 눈멀어 있다.[19)]

우리는 보편성이라는 허구를 '해체'할 수 있으며, 이러한 무지와 침묵을 폭로할 수 있다. 이같은 무지와 침묵은 두 가지 시각, 즉 역사적인 시각과 비역사적인 시각에서 나온 것이다. 근대적인 봉건이후 시대, 그것에 이어 산업사회에서 발전되어 계몽사상에서 개념적 형태를 얻은바, 맹목적이고 중립적인 보편성의 허구는 여성의 구체적인 역사적 예속 및 주변화에 기여하였고, 남성, 다시 말해 제도와 개념의 공적인 영역들을 만든 구체적인 인물들의 역사적 지배를 합리화시켰다. 근대사상에 의해 특수한 것, 구체적인 것 등이 낮은 지위로 격하된 것은, 일반적이고 보편적인 범주의 확립을 통해서 복잡한 현실을 이해하고 질서를 만들고 관리하기 위한 시도의 일부였다. 이러한 프로젝트는 그리스시대로까지 소급해 올라가지만 대중에게 특별한 힘을 행사한다. 즉 그것은 우리의 생활에 밀접하게 영향을 미치는 제도들의 그물이 보편적이고 일반적이라는 지식을 불어넣고, 철학자의 영역 이상으로 나아가서 공무원, 정책수립가들, 그리고 사회과학자들의 사고를 구조지으면서 군림하게 된다.

근대의, 보편화 사상의 부적합성은 이와는 다른 비역사적인 측면에 초점을 맞출 때 더욱 확연히 드러난다. 즉 이 세계는 두 개의 성(gender)

---

19) 역사적으로 전개되어온 이성(reason) 개념과, 성(gender) 사이의 관계에 관해서는 Genevieve Lloyd, *The Man of Reason, 'Male' and 'Female' in Western Philosophy* (London : 1984)를 참조하라. 또 Sandra Harding, *The Science Question in Feminism* (Milton Keynes : 1987)을 참조하라. 프랑스에서 Hélene Cixous와 Luce Irigaray의 저작은 이 논의에서 매우 중요한 것이었다. Irigaray는 이탈리아에서 영향력이 있었다. 이탈리아의 논의는 한층 정치적이었고, 이 논문에 있는 사고방식에 영향을 미쳤다. Adriana Cavarero, et al., *Diotima. Il pensiero della differenza sessuale* (Milan : 1987) ; Libreria delle donne in Milan: "Piu donne che uomini", *Sottosopra*, January 1983 ; "Sulla rappresentanza politica femminile", *Sottosopra*, June 1987 ; "Un filo della felicita", *Sottosopra*, January 1989 ; Maria Luisa Boccia and Isabella Peretti(eds.), "Il genere della rappresentanza", supplement to *Democrazia e diritto*, no. 1, 1988을 참조하라. 차이 논의가 광범위한 교육분야에 미친 영향에 관한 개설서로는 Maria Cristina Marcuzza and Anna Rossi-Doria, *La ricerca delle donne. Studi femministi in Italia*(Turin : 1987)을 참조하라.

으로 이루어져 있다는 사실이 그것이다. 이것이 어느 시대 어느 순간에
나 의미하는 바는, 남성이냐 여성이냐를 불문하고, 그들의 내면적 복잡
성과 양자의 규정간의 상호의존성이 역사적으로, 사회적으로, 문화적으
로 결정된다는 것이다. 이 주장은 생물학적 본질주의에서 나오는 것이
아니다. 어느 경우에나 생물학은 훨씬 복잡한 현상의 한 측면에 불과하
며, 생물학의 의미는 사회적·기술적 변동에 의해서 변화되는 것이다. 남
성다움(masculinity)과 여성다움(femininity)이라는 내면적 복잡성이 의
미하는 것은 바로 한쪽을 다른 쪽의 반대라고 간주할 수는 없다는 것이
다. 나아가 우리들은 각각 남성다움과 여성다움의 상이한 혼합체이지만
우리의 정체성은 둘 중 하나에 의해서 과잉결정되기 때문에, 자웅동체를
개념화할 수는 없다. 그러나 이것이 시대의 어떤 특정 순간에 혹은 개별
적인 구체적 개인들에게 무엇을 뜻하든지간에, 그리고 우리의 성별 주체
성이 제아무리 규칙, 규범, 상징, 사상, 관습 등에 의해 제약받고 규제되
며 영향을 받고, 우리의 생물학적·육체적인 존재나 우리의 사회적 역할
에 관련되어 있을지라도, 밤이 지나면 낮이 오듯이 이 세계는 각기 다른
두 개의 성을 가지고 있으며 앞으로도 그럴 것이다.

그러므로 성구분이 역사적·정치적 맥락에서 발생한다 하더라도, 성별
구분을 고려해야 할 필요성은 역사적이거나 정치적인 것이 아니다. 이것
이 현재 논의대상이 되고 있는 데에는 구체적·역사적·정치적 이유가 있
겠지만 차이를 개념화할 필요성은, 예를 들어 노동계급운동과 같이 공적
인 영역에서 미리 정해진 일련의 차이들을 폭로하는 운동으로부터 나오
는 것은 아니다. 다시 말해 그것은, 경제적 이해관계나 계급적 이해관계
가 그래왔듯이 정치체제에 통합될 수도 있고 그렇지 않을 수도 있는 여
타의 이해관계들과 비슷한 어떤 이해관계로 이루어져 있지 않다. 오히려
그것은 앞에서 언급한 바와 같이 훨씬 더 근본적인 것으로부터 나오고
있다. 바로 우리의 정체성 자체가 제도 및 실천에 침투되어 있는 성별로
구분된 관계들에 의해 구조지어져 있다. 차이를 보편화하고자 하거나,
차이에 토대를 두면서 갈등을 중재하거나 조정하고자 하는 일체의 프로

젝트는 불가능한 것이다.

하지만 현재 역사적 의제로 올라 있는 것은 이와는 다른 프로젝트이다. 그것은 하나의 지형을 건설하고 이에 적합한 사상과 제도들과 실천을 수립하려는 프로젝트인데, 여기서는 차이와 갈등이 존재하고 인식되며, 역동적이고 유기적이며 분화된 통일성 개념이 전통적인 사회적·정치적 제도 및 실천들의 잘못된 전제들을 대체하게 된다. 구체적으로 우리는 여성우호적인 세계, 여성이 그 안에서 편안해질 수 있는 세계, 여성과 남성 **양자**를 위해 존재하는 세계를 어떻게 하면 창조할 수 있는지 생각해야만 한다. **두** 성 모두에게 적합한 세계는 바로 여성의 소외는 물론 남성의 소외도 극복함을 뜻하게 될 것이다. 논의를 발전시키자면, 우리는 또 예를 들면 인종적·민족적 차이를 **보고** 인식할 수 있을 것인데, 이는 우리가 타자로서나 더 못난 존재로서가 아니라 서로 다른 존재로서, 우리 자신도 일종의 소수집단의 한 부분이라는 것을 너무나 잘 이해하고 있기 때문이다. 정치의 기초 자체에 삽입되어 있는 것은 바로 복잡성과 갈등인데, 왜냐하면 우리의 정체성의 성구분된 구조에 각인된 화해불가능한 차이가 사회적·정치적 제도 및 이론에 관한 보편주의적 주장과 대응하고 있기 때문이다. 이로부터 나오는 한 가지 추론은, 여성은(이 사항에서는 남성도) 스스로 공적 영역에서 거론되거나 지위를 차지하는 행위자일 때 자신의 성적 주체성을 뒷전에 제쳐둘 수 없다는 사실이다. 다시 말해 성적 존재로서 우리들의 주체성은 반드시 인정받아야 하며, 여성들이 공적 영역에서 남성대용품으로서가 아니라 여성으로서 떳떳하게 행동하도록 할 수 있어야 한다.

이같은 길을 시작하려면 엄청나게 망설이게 된다는 것은 당연하다. 차별은 **지금까지**—사적으로, 성적 고정관념의 형태로, 공적이거나 사적인 지배-예속구조의 일환으로서—주장되고 있다. 우리는 평등을 위한 고통스러운 투쟁의 모반(母班) 때문에 여전히 조심스럽다. 그렇지만 차이에 대한 낡고 구태의연한 개념들과 싸울 필요가 있다. 그러나 우리는 결코 환상을 가져서는 안된다. 구체제의 각인이 새겨져 있는 제도와 실천들은 한쪽 성의 역사적 지배의 산물이다. 보편성이란 개념이나, 또는 성과 차이에 관해 아무것도 말할 수 없는 이 제도들의 실천이 바로 여성의 예속을 구성하고 있다. 우리 스스로가 차이에 대해 눈멀어 있는 것은 곧 이 차이가 계속 존재한다는 것을 의미한다. 이러할 때 우리는 왜 여성이 한쪽 성을 위해 만든 세계에서 계속 예속적 상태에 있는지를 이해할 수 없을 것이며, 사회조직이 어떻든지간에 보편성이라는 제약을 벗어날 수 있을 만큼 개인의 자유의 신장을 위한 토대가 놓여 있는, 그같은 풍부하고 복잡한 개념 및 실천을 위한 조건들을 창조해야 하는 문제를 제기할 수도 없을 것이다. 우리는 다음과 같은 생각에 도달하게 된다. 즉 법 앞에서의 보편적 평등이라는 개념은, 부당한 차별을 통할 수 없게 하므로, 시민권과 평등한 기회라는 두 가지 측면에서 분명 여전히 필요한 것일지라도 이 개념은 차이와 종별성을 고려할 필요성, 사회경제적 변동과 그에 따른 사회적 욕구의 전환에 의해서 우리에게 부과된 필요성과 어우러져야 한다. 그리고 그것은 우리가 우리의 주체성을 표현하고, 인식하며, 그리고 개인이란 관념을 복잡하고도 문제제기적인 것으로 파악하는 지적 인식을 더욱 진전시키는 새로운 방식으로 이루어져야만 한다는 것이다.

우리는 현재 전통적인 정치과학과 전통적 정치에 대한 도전, 지식인의 전문가로서의 역할에 대한 도전, 사회정책의 입안에 대한 도전 등 다양한 도전들이 일어남을 목격하고 있다. 차이와 복잡성과 갈등을 정치이론, 사회이론 및 실천의 초석으로 삼음으로써, 정치와 사회정책의 과제가 변화하고 있다. 따라서 필수적인 일은, 차이와 고도로 분화된 욕구들을 그것들의 특수성과 고유성에 입각해서 표명하는 그런 과정인데, 이 과정에서 보편성은 특수성만큼이나 오해되기 쉽다는 점이 인식될 것이며, 또한 민주적 과정과 민주적 제도를 재고해야 할 필요가 근대 시기의 발전 그 자체로부터 나오고 있다는 점이 인식될 것이다. 우리는 현재 개인의 의미에 대한 재규정과 새로운 시민권 개념의 출현을 경험하고 있다.

우리가 살고 있는 이 시대는 공/사, 국가/시민사회에 대한 낡은 경계선들이 좋든 싫든 전환되고 있는 시기이다. 나아가 새로운 측면에서 철저하게 검토되고 있는 점은, 여성이 국가든 생산현장이든 또는 사회적 영역이든지를 불문하고 공적 생활에 참가하는 조건들이다. 영역간에서 그리고 영역내에서 일어나는 전환의 형태들은 나라마다, 역사적·정치적 조건에 따라, 정치세력의 균형에 따라 달라진다. 이같은 현실에서 개입은 고사하고 이해한다는 것 자체가 두려운 과제이다. 마치 포스트 모더니즘에 관한 많은 논의에서 보듯이 보편성을 폐기한다는 것은 곧 일반적인 이해를 위한 일체의 시도를 포기한다는 뜻인가? 우리는 부분적이고 우연적이며 임기응변적인 지식에 국한될 수밖에 없는가? 그렇지 않으면 현실의 복잡성과 다양성을 이해하고 생각하는 새로운 사고방식들을 구축하기 시작해야만 하는가? 비록 이 과제가 우리를 압도할 만큼 어려워 보일지라도, 우리 앞에 놓여 있는 것에 대한 냉엄한 인식이, 일찍이 그람시가 정치적 변동의 심장부에서 역설한 도덕적·지적 혁명으로 나아가는 첫걸음이 될 것이다.

(이경숙 옮김)

제4장
시민권과 사회계급*

T. H. 마샬

　알프레드 마샬의 글에는 공동체의 완전한 구성원이라는 개념—나는 이것을 시민권이라는 개념으로 부르고 싶다—과 관련된 일종의 기본적인 인간적 평등이라는 사회학적 가설이 잠재적으로 가정되어 있다.[1] 이러한 평등은 사회의 다양한 경제적 수준들을 구분하는 불평등과 조화될 수 있는 것이다. 다시 말해서 사회계급체제의 불평등은 시민권의 평등이 승인될 때만 수용될 수 있는 것이다. ……

　마샬은 아이들이 교육을 받을 권리라는 단 하나의 특정한 권리에 대

＊ T.H. Marshall, "Citizenship and social class", *Citizenship and social class and other essays* (Cambridge: Cambridge University Press, 1950). 원문은 구체적인 역사적 사실을 많이 예시하고 있어 상당히 긴 논문이다. 여기서는 David Held, et al., *States and Societies*(New York University Press, 1983)에 수록된 생략본을 사용했다. 역주도 생략본에 있는 것을 그대로 전재했다.

1) Alfred Marshall은 케임브리지대학의 뛰어난 경제학 교수였으며 그의 '노동자계급들의 미래'(The future of the working classes, 1973)라는 강의는 T. H. Marshall에게 출발점을 제공했다.

해서만 국가가 그의 목적을 달성하기 위해 강제적 권한을 사용하는 것을 인정했다. 그는 어떤 형태의 사회주의 체제와도 그의 체제를 구분하기 위한 자신의 기준—경쟁시장의 자유 유지—을 안정적으로 유지하기 어려웠다. 그의 사회학적 가설은 지난 3/4분기에 그러했던 것만큼 오늘날의 우리 문제의 핵심에 가까이—실제로는 보다 가까이—있다. …… 구성원의 기본적·인간적 평등……은 새로운 실질적인 내용들로 풍부해져왔으며 강력한 권리들로 보강되어왔다. …… 이 평등은 그가 예상했던 것, 혹은 그가 기대했던 것 이상으로 발전해왔다. …… 그것은 명백히 시민이라는 지위와 동일시되어왔다. ……

기본적인 평등이 실질적인 내용들로 풍부해지고 시민권이라는 형식적 권리(이 형식적 권리라는 말은 내용이 없다는 의미가 아니라 내용을 담는 틀이라는 의미이다—역자) 속에 구현될 경우에도, 그것은 여전히 사회계급의 불평등과 조화될 수 있을까?…… 나는 그것은 우리 사회에서는 양자가 여전히 양립가능한 것으로 간주된다고 말하고 싶다. 그래서 어떤 측면에서는 시민권 자체가 합법적인 사회적 불평등의 지주로 되기도 한다. 경쟁시장의 자유를 침해하지 않고도 기본적인 평등이 여전히 만들어지고 유지될 수 있는가? 명백히 그렇지 않다. 우리의 현대체제는 솔직히 사회주의체제이자,[2] 우리의 현대체제의 주창자들이 마샬이 그랬던 것처럼 사회주의와 구분하려고 했던 그런 체제는 아니다. 그러나 한계를 갖지만 여전히 시장이 기능하고 있다는 것도 명백하다. 여기에 원리들 사이의 또다른 가능한 충돌이 있으며 이는 설명을 필요로 한다. 그리고 세 번째로 의무로부터 권리로의 강조점의 뚜렷한 이동의 효과는 무엇인가? 이것이 현대 시민권의 불가피한—불가피하고 불가역적인—특성이 아닌가? ……

나는 사회적 평등을 향한 현대적 지향이 넘을 수 없는, 혹은 넘을 것

---

2) 복지국가의 전성기인 1949년 당시에 마샬은 이 글을 썼는데, 그것은 여기서 '사회민주주의'를 의미한다.

같지 않은 한계들이 있는지를 묻고자 한다. 또한 그러한 추구에 영감을
준 원리들의 경제적 비용(이 중요한 질문은 경제학자들에게 맡긴다)이 아
니라 이 원리들에 내재한 한계들을 생각해보고자 한다. 그러나 사회적
평등을 향한 현대적 지향은 250여 년간 꾸준히 진보해온 시민권 발전의
최근의 국면이라고 나는 믿고 있다. ……

1. 19세기 말까지의 시민권의 발전

…… 시민권을 세 영역으로 나누자고 주장하는 것으로부터 시작한다
면 나는 전형적인 사회학자로서 작업하는 것이 될 것이다. 그러나 이 경
우의 분석은 논리적이기보다 역사적으로 보다 명백하게 이야기될 수 있
다. 나는 이 세 가지를 시민적(civil), 정치적(political), 사회적(social)
영역, 혹은 요소라고 부르고자 한다. 시민적 요소는 개인의 자유를 위해
필요한 다음과 같은 권리들로 구성되어 있다—신체의 자유(liberty of
the person), 언론·사상·신념의 자유, 재산을 소유하고 합법적인 계약을
체결할 수 있는 권리, 그리고 재판을 받을 수 있는 권리. 마지막의 것은
다른 사람과의 동등성과 적법한 절차에 의해서 자신의 모든 권리를 방
어하고 옹호할 수 있는 권리라는 점에서 다른 것들과는 다른 차원에 있
다. 이는 시민적 권리와 가장 직접적으로 연관된 제도가 법정임을 보여
준다. 정치적 요소는 정치적 권위를 갖고 있는 기구에 참가하거나 그 기
구의 구성원에 대한 선거권자로서 정치적 권력의 행사에 참가할 수 있
는 권리를 의미한다. 그에 상응하는 제도는 의회와 지방의회이다. 사회
적 요소는 최소한의 경제적 복지나 보호의 권리로부터 사회적 유산을
완전히 공유하고 그 사회에 지배적인 기준에 따라 문명적인 생활을 할
수 있는 권리에 이르는 모든 영역을 의미한다. 가장 밀접히 관련된 제도
는 교육제도와 사회서비스이다. ……
　정치적 권리가 최초의 걸음마를 시작한 1832년에 이미 시민적 권리는

성년에 이르렀고 대부분의 핵심에 있어서는 오늘날과 같은 모습을 띠고 있었다.[3] 트레벨리언(Trevelyan)은 "초기 하노버 시대의 독특한 성과는 법에 의한 지배의 확립이었으며 이 법은 모든 치명적인 결함에도 불구하고 적어도 자유의 법이었다. 그 확고한 기초 위에 그 뒤에 이어진 모든 개혁이 이루어졌다"라고 썼다. 프랑스혁명에 의해 잠시 중단되었다가 그후에 완성된 18세기의 이 개혁은 대부분 법정에 의해 이루어진 것이었다. 이는 법원의 일상적인 활동과 의회에 대항해 개인의 자유를 위해 싸웠던 경우를 포함하여 일련의 중요한 재판을 통해 이루어졌다. 이 드라마에서 가장 기념비적인 배우는 존 윌크스(John Wilkes)인 것 같다. 비록 우리가 국민적 영웅들에게서 찾고 싶어하는 고귀하고 성스러운 자질을 그가 갖지 못했다는 사실을 아쉬워할 수는 있지만 자유라는 대의가 때때로 보잘것없는 사람에 의해 옹호된다는 것에 대해 불만을 가질 수는 없다.

경제적 영역에서 기본적인 시민적 권리는 노동할 권리이다. 이는 스스로 일할 장소와 직업을 선택하는 것을 의미하며 이때 유일한 조건은 사전의 기술훈련에 대한 정당한 요구이다. 이 권리는 법률과 관습 모두에 의해 부정되어왔다. 한편으로는 특정한 사회계급만이 특정한 직업을 가질 수 있도록 제한한 엘리자베스 1세 시대의 직포공법에 의해서, 다른 한편으로는 도시내의 고용을 그 도시인으로 제한하는 지역적 규제와 도제제도를 충원의 수단이 아니라 배제의 수단으로 사용하는 것에 의해서 이루어졌다. 노동할 권리의 인정은 근본적인 태도변화의 형식적 승인의 결과이다. '교역과 교통은 정부와 규칙이 없이는 유지되거나 증가할 수 없기 때문에' 지역적·집단적 독점이 공공의 이익에 부합한다는 낡은 가설은 그러한 제한이 주체의 자유에 대한 침해이며 국가의 번영에 대한 질곡이 된다는 새로운 가설로 대체되었다. ……

19세기의 시작까지는 개인의 경제적 자유의 원리가 공리로 받아들여

---

3) G. M. Trevelyan, *English Social History*, p. 351.

지게 되었다. 아마도 여러분은 1811년의 하원 특별위원회(Select Com-
mittee) 보고서로부터 웹 부처(Webbs)가 인용한 다음과 같은 구절을 알
고 있을 것이다.

교역의 자유와 모든 개인이 자신의 시간과 노동을 자신의 이익에 가장
적합한 방법과 조건으로 처분할 수 있는 완전한 자유에 대해서 의회가 간
섭하지 않는 것이 공동체의 번영과 행복에 일차적인 중요성을 부여하는 일
반적인 원리를 침해하지 않고도 가능하다. ……[4]

형성기의 시민적 권리의 역사는 새로운 권리를 이미 존재하고 있던
한 신분에 점진적으로 부가하는 것이다. 이 신분은 공동체의 모든 성년
남자—혹은 모든 남자들이라고 할 수도 있다—에게 속했던 것이다. 왜
냐하면 중요한 측면에서 여성들의 신분, 적어도 결혼한 여성들의 신분은
특수했기 때문이다. 이 신분의 민주적 혹은 보편적 성격은 그것이 이미
본질적으로는 자유로운 신분이었다는 사실, 즉 17세기 영국에서 모든 남
자는 자유로웠다는 데서 자연스럽게 비롯되는 것이다. 엘리자베스 시기
에는 혈통에 따른 노예나 농노신분이 명백히 시대에 뒤떨어진 것으로서
잔존하고 있었으나 그후 곧 사라졌다. 노예노동으로부터 자유노동으로의
이 변화는 토니(Tawney) 교수에 의해 '경제·정치사회 양자의 발전에 있
어서 획기적인 사건'이자, 4세기 동안 배제되어왔던 영역에서의 '영국 불
문법의 최후의 승리'라고 묘사되었다. 그 이후 영국의 농민은 '적어도 명
목적으로는 모든 남자에게 하나의 법이 적용되는 사회의 구성원'이 되었
다.[5] 그들의 선조가 자유도시로 도망치는 것에 의해서 획득했던 자유는
권리에 의해서 그들의 것으로 되었다. 도시에 있어서 '자유'와 '시민권'이
라는 단어는 호환적이었다.[6] 자유가 보편적이 되자 시민권은 지역적인

---

4) Sidney and Beatrice Webb, *History of Trade Unionism*, 1920, p. 60.
5) R. H. Tawney, *The Agrarian Problem in the Sixteenth Century*, 1916, pp. 43~44.
6) P. Colquhoun, *A Treatise in Indigence*, 1806, pp. 7~8.

것으로부터 전국적인 제도로 성장했다.

정치적 권리의 역사는 시기와 성격 양자에 있어서 다르다. 그 형성기는 이미 이야기했듯이 19세기 초이다. 이미 이때에 자유신분에 부가된 시민적 권리는 우리들을 일반적인 시민신분이라고 부르는 것이 정당화될 수 있을 정도로 실질적인 내용을 획득하고 있었다. 정치적인 권리가 개시될 때, 그것의 역사는 이미 모두가 누리던 지위에 새로운 권리를 부가하는 것이 아니라, 이미 존재하는 권리를 인구의 새로운 부분에 허용하는 것을 통해서 이루어졌다. ……

우리가 19세기에 시민권이 시민적 권리라는 형식을 통해 보편적이었다고 주장한다고 하더라도, 이때 정치적 투표권이 시민권의 권리 속에 포함되지 않는다는 것은 분명하다. 정치적 투표권은 제한된 경제적 계급의 특권이었고, 그 한계는 계속된 개혁법들에 의해서 확장되어왔다. ……

이제 살펴보겠지만 19세기 자본주의사회가 정치적 권리들을 시민적 권리의 부산물로 취급했다는 것은 올바르다. 20세기 자본주의사회가 이러한 입장을 버리고 직접 정치적 권리를 독립적으로 시민권 그 자체에 결합시켰다는 것도 마찬가지로 올바르다. 원리의 이 중요한 변화는 1918년의 법률이 성년남자의 보통선거권을 채택함으로써 정치적 권리의 기초를 경제적인 것으로부터 개인적 지위로 변화시켰을 때 이루어졌다. 나는 조심스럽게 '성년남자'(manhood)라고 표현했는데 이는 이 개혁의 커다란 중요성을 두번째 개혁—동시에 이루어졌으며 마찬가지로 중요한 여성투표권의 부여—과 구분해서 강조하려 하기 때문이다. ……

사회적 권리의 최초의 원천은 지역공동체와 기능적 결사체의 구성원 자격이었다. 이 원천은 보강되었으며 전국적인 차원에서 계획되어 지역적으로 실행된 구빈법과 임금규제체계로 점차 대체되었다. ……

경쟁경제의 타격에 의해 구질서의 유형과 계획이 해체됨에 따라 구빈법은 좌초되어 사회적 권리의 이념이 점차 고갈되어가는 고립된 생존자가 되었다. 그러나 18세기의 바로 마지막에 낡은 것과 새로운 것 사이의, 즉 계획된(혹은 정형화된) 사회와 경쟁경제 사이의 마지막 투쟁이 발생했다. 이 전투에서 시민권은 분할되어 그 자신에 대해 대립했다. 사회적 권리는 낡은 것의 편에, 시민적 권리는 새로운 것의 편에 섰다. ……

역사의 이 짧막한 에피소드에서 우리는 구빈법이 시민권 중의 사회적 권리를 위한 공격적인 투사였음을 알게 된다. 이어지는 국면에서 우리는 공격자가 그의 원래 위치보다도 훨씬 더 후퇴해버렸음을 발견하게 된다. 1834년의 법령에 의해 구빈법은 임금체계의 영역이나 자유시장의 힘들에 대해 간섭하지 못하게 된다. 그것은 나이나 병에 의해 더이상 투쟁할 수 없게 된 자들이나 투쟁을 포기하고 패배를 받아들여 자비를 구하는 약자들에게만 원조를 제공했다. 사회보장의 개념을 향한 시험적인 움직임은 역전되었다. 그러나 그것을 넘어서 최소한의 사회적 권리는 시민권의 지위로부터 분리되었다. 구빈법은 빈민들의 요구를 시민의 권리에 통합된 일부가 아니라 그것과 양자택일적인 것으로, 즉 요구자가 그 말의 진정한 의미에서의 시민이기를 그칠 때에만 적용되었다. 피구호민들은 작업장에 수용됨으로써 실제로 신체의 자유를 박탈당했고, 그들이 가질 수 있는 정치적 권리도 법에 의해 박탈당했다. 권리의 박탈을 통한 무능력화는 1918년까지 존재했으며 그것의 최종적인 폐지의 중요성은 지금까지도 완전히 인식되지 못하는 것 같다. 빈민구호에 따르는 이 낙인은 피구호민이 시민들의 공동체와 버림받은 빈민들의 집단을 가르는 길을 건너야만 한다는 것을 이해하는 사람들의 뿌리깊은 감정들을 표현했다.

구빈법이 사회적 권리와 시민의 신분 사이의 분리를 보여주는 유일한 사례는 아니다. 초기 공장법들도 동일한 경향을 보여준다. 공장법들이 노동조건의 개선과 노동시간의 단축을 통해 그것이 적용된 산업들에 고용된 모든 노동자에게 실제로 도움을 주었지만, 이러한 보호를 직접 성인남자—바로 이들이 시민이다—에게까지 적용하는 것은 매우 주의깊게 회피되고 있었다. 이는 성인남자들의 시민신분에 대한 고려에서 비롯된 것이었다. 강제적인 보호조치는 자유로운 고용계약을 체결할 시민적 권리를 축소시킨다고 생각했기 때문이다. 보호는 여성과 아이들에게 한 정되었으며 여성들의 권리에 대한 옹호자들은 곧 이것이 의미하는 모욕을 파악할 수 있었다. 여성들은 시민이 아니었기 때문에 보호받는 것이었다. 19세기 말에는 이러한 논의들이 낡은 것이 되어버렸고 공장법은 사회적 권리라는 건축물의 지주들의 하나가 되었다. ……

19세기 말까지는 초등교육이 무상일 뿐만 아니라 강제적인 것으로 되었다. 자유방임으로부터의 이러한 현저한 이탈은 물론 자유로운 선택이라는 것이 성인들만의 권리이며, 아이들은 본래 훈육되어야 하고, 부모들이 아이들의 최선의 이익에 부합하는 것을 할 수 있다고 신뢰할 수 없다는 것에 의해 정당화될 수 있었다. 그러나 그 원칙은 이보다 깊이 들어가는 것이다. 우리는 여기서 개인의 권리를, 정의를 수행해야 한다는 공공적 의무와 결합시키고 있는 것이다. 공공적 의무가 단지 개인의 이익—아이들이 자신의 이익을 완전히 이해할 수 없고 부모들이 아이들을 교화하는 데 적합하지 않을 수도 있다는 점—때문에 부과되고 있는 것인가? 나는 이것이 적절한 설명이 되지 못한다고 생각한다. 19세기가 점차 지나가면서 정치적 민주주의가 교육받은 선거인을 필요로 하며 과학적인 생산은 교육받은 노동자와 기술자를 필요로 한다는 것이 폭넓게 인식되었다. 사회의 건강성이 그 구성원의 문명화에 의존하므로 개인을 진보·문명화시키는 것은 개인적인 의무가 아니라 사회적인 의무이다. 그리고 이 의무를 시행하기 시작한 공동체는 그의 문화가 유기적 통일체이며 그의 문명은 국민적 유산이라는 것을 깨닫기 시작했다. 19세기의 공공초등교육의 성장은 20세기에 시민권의 사회적 권리의 재구축으로 나아가는 중요한 첫걸음인 것이다. ……

2. 사회계급에 대한 시민권의 충격

시민권은 공동체의 전체성원들에게 부여되는 하나의 지위이다. 이 신분을 갖고 있는 모든 사람들은 그 신분에 따르는 권리들과 의무들에 있어서 동일하다. 이 권리들과 의무들이 무엇인지를 결정하는 보편적 원리란 존재하지 않는다. 그러나 시민권이 제도로 발전하고 있는 사회는 이상적인 시민권의 이미지를 창출한다. 이상적인 시민권과 대조해서 성과가 평가되고 열정이 집중된다. 그렇게 구상된 경로를 따르려는 열망은 보다 완전한 평등적 조치와 시민권을 구성하는 요소들의 풍부화, 시민권이 부여되는 사람들의 증가를 향한 열망이다. 반면에 사회계급은 불평등한 체제이다. 그리고 그것도 시민권과 마찬가지로 일련의 이상이나 신념, 가치들에 기초할 수 있다. 따라서 사회계급에 대한 시민권의 충격이 대립하는 원리들 사이의 갈등으로 나타날 것이라고 기대하는 것은 합리적이다. 시민권이 영국에서 적어도 17세기 이후로 발전중인 제도라는 나의 주장이 옳다면 시민권의 성장은 평등한 체제라기보다는 불평등한 체제인 자본주의의 기원과 분명히 일치한다. 여기에서 몇 가지에 대해 설명이 필요하다. 어떻게 두 가지 대립하는 원리가 동일한 기초 위에서 나란히 성장하고 번영할 수 있었는가? 무엇이 이들이 서로 화해하고 적어도 어느 때에는 적대가 아니라 연합하는 것을 가능하게 했는가? 20세기에는 시민권과 자본주의 계급체제가 전쟁중에 있다는 것이 명백하다는 점에 비추어볼 때 이러한 질문은 적절한 것이다. ……

아직도 계급이 기능하고 있다는 것은 옳다. 사회적 불평등은 필요할 뿐만 아니라 합목적적이라고 여겨진다. 그것은 노력하려는 유인을 제공하며 권력의 배분을 틀짓는다. 그러나 각 사회적 수준에 선험적으로 적절한 가치가 부가되는 불평등의 전반적인 유형은 존재하지 않는다. 따라서 불평등은 필요하기는 하지만 과도해질 수 있다. 마치 자주 인용되는 패트릭 코쿤(Patrick Colquhoun)의 이야기와 같다. "커다란 부분의 빈곤이 없었다면 부라는 것도 없었을 것이다. 왜냐하면 노동은 오직 빈곤상태로부터만 비롯되는데 부라는 것은 노동의 산물이기 때문이다.……그러므로 빈곤은 사회에 가장 필요하고 필수불가결한 요소이며 빈곤이 없다면 국가나 공동체가 문명의 상태로 존재할 수 없을 것이다." ……

부를 우월성의 결과적인 증명이라고 간주할수록 빈곤을 실패의 증거라고 여기기 쉽다. 그러나 실패의 대가는 공격보증서보다도 훨씬 큰 것처럼 보인다. 그런 상황에서는 불평등의 상당히 달갑지 못한 특성들이 보다 무책임하게, 마치 공장굴뚝이 뿜어내는 시커먼 연기처럼 귀찮은 것으로 취급되는 것이 자연스러워진다. 그리고 때때로 사회적 양심이 살아날 때는 계급차이의 축소가 매연억제처럼 사회기구의 지속적인 효율성과 양립할 수 있는 정도까지 추구되어야 할 바람직한 목표가 된다.

그러나 이러한 형태의 계급차이 축소는 계급체제에 대한 공격이 아니다. 반면에 그것은 방어하기 어려운 결과들을 완화시킴으로써 계급체제 자체가 보다 공격당하기 어렵게 만드는 것을—종종 의식적으로—목표로 삼고 있다. 계급차이를 축소시키는 것은 사회라는 건물의 지하실 바닥을 높이고 보다 위생적으로도 만들 수 있지만 지하실은 여전히 지하실이며 높이 있는 층들은 전혀 영향을 받지 않는 것이다. ……

19세기 후기에 사회정의의 원리로서 평등에 대한 관심이 증가했고 권리에 대해 동등한 자격을 갖는다는 형식적 승인만으로는 충분하지 않다는 사실에 대한 인식이 발전했다. 시민적 권리를 그 구제책으로부터 분리시키는 모든 장벽들을 완전하게 제거한다고 해도 이론적으로는 자본주의체제의 원리나 계급구조를 침해하지 않을 것이다. 실제로는 장벽이 제거된다면 경쟁적 시장경제의 수많은 지지자들이 이미 존재하고 있는 것으로 그릇되게 가정하는 그러한 상황이 만들어질 것이다. 그러나 실제로 이 장벽들을 제거하려는 노력을 불러일으키는 정신적 태도는 협소한 한계들을 뛰어넘는 평등의 개념으로부터 비롯된다. 이 평등의 개념은 단지 동등한 자연권의 개념이 아니라 동등한 사회적 가치라는 개념인 것이다. 그러므로 시민권이 19세기 말까지도 사회적 불평등을 감소시키는 데 별다른 기여를 하지 못했다고 해도 20세기의 평등주의적 정책으로 직결되는 진보의 길을 이끄는 데 기여했던 것이다. ……

이러한 성장하는 국민적 의식, 각성하는 여론, 공동체 구성원과 공동의 유산에 대한 최초의 의식발흥은 계급구조와 사회적 불평등에 대해 아무런 물리적 영향도 미치지 못했다. 이는 19세기 말까지도 노동자 대중이 효율적인 정치권력을 행사하지 못하고 있었다는 단순하고도 명백한 이유에 기인한 것이다. 그때까지 투표권은 이미 폭넓게 부여되어 있었으나 이제 막 투표권을 받은 사람들은 아직 그것을 어떻게 행사해야 하는가를 배우지 못하고 있었다. 시민권의 정치적 권리는 시민적 권리와는 달리 자본주의 체제에 대한 잠재적 위협으로 가득하다. 그러나 조심스럽게 투표권을 사회의 하층으로 확산시켰던 사람들은 아마도 그 위험이 얼마나 큰 것인가를 모르고 있었을 것이다. 그들은 폭력적인 유혈혁명이 없이도 얼마나 광범한 변화가 정치권력의 평화적인 사용에 의해 초래될 수 있는지를 예측할 수 없었을 것이다. '계획사회'나 복지국가는 아직 지평선 위로 떠오르지 않았고 현실정치가들의 전망 안에만 존재하고 있었다. 시장경제와 계약체제의 기초들은 어떠한 공격에 대해서도 저항할 수 있을 정도로 강력한 것으로 보였다. 사실 노동계급이 교육을 받을 경우 체제의 기본적인 원리들을 받아들이고 그들에 대한 보호와 진보를 시민권의 시민적 권리에 기꺼이 의존할 것―이는 경쟁자본주의에 대해 어떠한 질곡도 되지 못한다―이라고 기대한 데에는 몇 가지 근거가 있다. 이러한 견해는 19세기 후기에 정치적 권력의 주요한 성과의 하나가 단체교섭권의 승인이라는 데 따라 강화되었다. 이는 사회적 진보가 사회적 권리를 창조하는 것이 아니라 시민적 권리를 강화하는 것에 의해서 추구될 수 있다는 것을 의미한다. 최저임금이나 사회보장이 아니라 공개시장에서의 계약을 통해.

그러나 이러한 해석은 시민적 권리의 경제적 영역으로의 확장이 갖는 중요성을 과소평가하고 있다. 왜냐하면 시민적 권리는 본래 개인적 성격이 강했고 그것이 바로 자본주의의 개인적 단계와 조화로울 수 있었던 이유이기 때문이다. 법인화라는 장치를 통해 집단들은 법적으로 개인으로 행동할 수 있게 되었다. 이 중요한 발전이 아무런 도전에 직면하지 않고 이루어진 것도 아니었고, 유한책임은 개인의 책임에 대한 침해라고 광범하게 비난받았다. 그러나 노동조합은 법인화를 추구하지도 획득하지도 않았다는 점에서 훨씬 더 비정형적이었다. 그래서 노조가 핵심적인 시민적 권리를 형식적인 집단적 책임이 없이도 그 구성원들을 대표해서 집단적으로 행사할 수는 있지만 계약에 관련된 노동자들의 개인적 책임은 상당히 비강제적이다. 이 시민적 권리는 노동자들이 사회적이고 경제적인 지위를 향상시키는 수단, 즉 시민으로서 특정한 사회적 권리를 갖고 있다는 요구를 확립하는 수단이 되었다. 그러나 사회적 권리를 구축하는 일반적인 방법은 정치적 권력을 행사하는 것이다. 왜냐하면 사회적 권리는 문명의 특정한 표준적 수준을 누릴 절대적 권리를 의미하며 시민권에 따르는 일반적인 의무의 포기를 조건으로 해서만 주어지기 때문이다. 그 내용은 개인적 요구자의 경제적인 가치에 의존하지 않는다. 그러므로 경제적 세력들이 자유시장에서 균형을 달성하기 위해 사용하는 진정한 단체교섭과 사회정의의 구성요소들에 대한 기본적 요구를 주장하기 위한 집단적·시민적 권리의 사용 사이에는 중요한 차이가 있다. 따라서 단체교섭을 받아들이는 것이 단순한 시민적 권리의 자연적 확장은 아니다. 그것은 시민권의 정치적 영역으로부터 시민적 영역으로의 중요한 과정의 이전을 대표한다. 그러나 '이전'은 아마도 적당한 용어가 아닐 것 같다. 왜냐하면 이전이 나타났을 때 노동자들은 정치적 투표권을 갖거나 그 사용법을 배우지 못하고 있었기 때문이다. 그 이후에야 그들은 정치적 권리를 획득했고 완전히 이용하게 되었다. 따라서 노동조합은 정치적 시민권에 나란히 그것을 보충하는 것으로 2차적인 산업적 시민권을 창출했다. ……

19세기 말에 새로운 시기가 시작되었으며 이는 부스의 「런던인들의 생활과 노동에 관한 조사」나 왕립 고령빈민위원회에 의해 쉽게 구분된

다. 그 시기에 사회적 권리에서 최초의 커다란 진보가 있었으며 이는 시
민권 속에 나타나는 평등주의적 원리에서의 중대한 변화와 관련된다. 그
러나 거기에는 동시에 작용하는 여러가지 힘들이 있다. 사회계급들간에
불균등하게 분배되었던 화폐임금의 상승이 숙련노동과 비숙련노동, 숙련
노동과 비육체노동 사이의 차이를 감소시키면서, 계급들을 서로 분리시
켰던 경제적 차이를 변화시켰다. 한편 소규모저축의 꾸준한 증가는 자본
가와 무산노동계급 사이의 계급구분을 흐릿하게 만들었다. 두번째로 보
다 누진적으로 등급을 구분하는 직접세체계가 가처분소득의 전체 규모
를 압축시켰다. 세번째로 가정용품의 대량생산과 보통사람들의 기호와
필요에 따른 제품을 생산하는 산업의 이익 증가가 보다 못한 사람들이
부자들과 비교해 이전보다 질이 크게 떨어지지 않는 물질문명을 향유하
는 것을 가능하게 하였다. 이 모든 것들이 시민권의 진보가 이루어지는
환경을 크게 변화시켰다. 사회적 통합은 감성이나 애국심의 영역으로부
터 물질적 향유의 영역으로까지 확산되었다. 문명적이고 문화적인 생활
의 요소들이 이전에는 소수의 수중에 독점되었던 것으로부터 점차로 많
은 사람들이 도달할 수 있는 범위내에 들어오게 되었다. 따라서 아직 그
들의 손길을 거부하고 있는 것에 대해서까지 그들의 손을 뻗치도록 고
무되었다. 불평등의 감소는 적어도 사회복지의 핵심적인 것들에 대해서
는 불평등 폐지의 요구를 강화하였다. 이 열망은 사회적 권리를 시민의
지위에 통합시키는 것, 따라서 요구자의 시장가치에 비례하지 않는 실질
임금에 대한 보편적인 권리를 창출하는 것을 통해서 부분적으로 충족되
었다. 계급차이의 축소는 아직도 사회적 권리의 목표이지만 새로운 의미
를 획득하고 있다. 이제 그것은 더이상 사회의 최하층의 빈곤이라는 명
백한 결함을 줄이려는 시도에 그치지 않는다. 그것은 사회적 불평등의
존재 유형을 수정하려는 행동방식을 전제하고 있다. 계급차이를 축소시
키는 것은 이제 더이상 사회라는 건물의 상부구조는 그대로 둔 채 지하
실 바닥만을 높이는 것에 만족하지 않는다. 이미 전체 건물을 다시 형성
하기 시작했고 마천루를 단층집으로 전환시켜버리는 것으로 끝마칠지도

모른다. 그러므로 어떠한 궁극적인 목적이 이러한 발전의 본질에 잠재되어 있는 것인지, 혹은 처음에 제시했듯이 보다 큰 사회적·경제적 평등을 향한 현재의 추진력에 본질적인 한계가 있는 것인지를 검토하는 것이 중요하다. ……

「현대의 복지수혜체계」에 의해 달성된 평등화의 정도는 네 가지에 의존하고 있다. 수혜가 모든 계급에 제공되는가 아니면 특정한 계급에만 제공되는가. 화폐의 형태로 지급되는가 혹은 서비스의 형태로 이루어지는가. 최저한도의 고저. 어떻게 수혜를 제공할 자금이 모아지는가. 소득한도와 재산측정에 따른 현금수혜는 단순하고도 명백한 평등화효과를 갖는다. 이것은 계급차이 축소를 그 용어의 단초적이고 제한적인 의미에서만 달성할 수 있다. 목표는 모든 시민에게 자신의 자원에 의해서든, 그것이 불가능할 경우에는 도움을 통해서든 적어도 미리 설정된 최저한도를 보장하는 것이다. 수혜는 그것을 필요로 하는 사람들에게만 주어질 것이며 따라서 최하층에서의 불평등은 제거될 것이다. 이 체계는 구빈법과 고령연금의 경우에 가장 단순하고 미성숙한 형태로 작동했다. 그러나 경제적 평등화가 심리적 계급차별을 동반할 수 있었다. 구빈법에 찍힌 낙인은 '피구호민(pauper)'을 하나의 계급을 규정하는 모욕적인 용어로 만들었다. '고령연금자'의 경우 부끄러운 치욕은 아니지만 어느 정도 같은 느낌을 가질 수도 있었다. ……

사회서비스의 확장은 우선적으로 소득을 평등화시키는 수단은 아니다. 몇몇 경우에는 그럴 수도 있지만 다른 경우에는 그렇지 않을 수도 있다. 문제는 상대적으로 중요하지 않은 것이다. 그것은 사회정책의 다른 영역에 속한다. 중요한 것은 문명화된 생활의 구체적인 실질적 내용의 전반적인 풍부화와 위험과 불안전의 전반적인 감소, 모든 수준에서 보다 행복한 사람과 그렇지 못한 사람―건강한 사람과 병자, 취업자와 실업자, 늙은이와 활력적인 사람, 독신자와 대가족의 아버지―사이의 평등화가 존재한다는 것이다. 평등화는 계급들 사이에서가 아니라 이 목적을 위해 하나의 계급처럼 취급되는 주민의 개인들 사이에서 이루어진

다. 신분의 평등은 소득의 평등보다 중요하다. ······

이미 앞에서 20세기에 시민권과 사회계급체제가 전쟁중에 있다고 말한 바 있다. 이 구절이 지나치게 강한 표현일 수도 있지만 시민권이 후자를 수정해왔다는 것은 분명하다. 그러나 지위가 계약과 갈등하는 원리임에도 불구하고 시민권 안으로 숨어들어오는 계층화된 지위체제가 경제세계의 외부에 있는 이질적인 요소라고 가정하는 것은 정당화될 수 없다. 현대적인 형태에서 사회적 권리는 지위에 의한 계약의 침해와 시장가격의 사회정의에 대한 종속, 그리고 자유교섭의 권리선언으로의 대체를 의미한다. 그러나 이 원리들이 오늘날의 시장의 작동에 그렇게 이질적인 것인가, 아니면 이미 계약체제내에 확립된 것인가? 나는 이 원리들이 명백히 그렇다고 생각한다. ······

3. 결론

나는 지금까지 어떻게 시민권과 그 외부의 다른 힘들이 사회적 불평등의 유형을 변화시켜왔는지를 보이고자 노력해왔다. ······ 우리는 여기서 세 가지 요소들의 결합효과를 살펴보아야 한다. 첫번째는 양극으로부터의 소득분배규모에 대한 압력. 두번째는 공통의 문화와 경험영역의 거대한 확장. 그리고 세번째는 보편적인 시민권 지위의 풍부화로, 이는 주로 교육과 직업의 연관된 체제에 의해 초래되는 특정한 지위 차이를 승인하고 안정화시키는 것과 결합되어 있다. ······

나는 처음에 사회적 평등을 향한 현재의 지향에 대해 이 운동을 지배하는 원리들에 한계가 내재해 있는가를 물었다. 나의 대답은 시민권의 풍부화가 경제적 불평등의 유지를 점점 더 어렵게 한다는 것이다. 경제적 불평등의 여지는 점점 더 적어지고 있으며, 그것이 도전받을 가능성은 점차로 높아지고 있다. 그러나 우리는 분명히 그 가설이 옳다는 가정하에서 진행하고 있다. 그리고 이 가정은 두번째 질문에 대한 대답을 제공해준다. 우리는 절대적인 평등을 지향하고 있는 것은 아니다. 평등주의적 운동에는 내재된 한계들이 있다. 그러나 그 운동은 이중적인 것이다. 그것은 부분적으로는 시민권을 통해서 그리고 부분적으로는 경제체제를 통해서 작용한다. 양자 모두에서 목적은 정당하지 않다고 여겨지는 불평등을 제거하는 것이지만, 정당성의 기준은 다르다. 전자의 경우 그 기준은 사회정의이며, 후자의 경우는 경제적 필요와 결합된 사회정의이다. 따라서 운동의 양측에서 각기 허용하는 불평등은 일치하지 않을 수 있다. 적절한 경제적 기능을 갖지 못한 계급차별이 존속될 수도 있고, 수용되는 계급차별에 상응하지 않는 경제적 차이가 존속될 수도 있다.

(황덕순 옮김)

제5장
마르크스의 시민사회론과 자본주의 생산양식론 비판*

진 코헨

마르크스에게 국가와 시민사회의 이중성은 근대를 증명하는 것이다.[1] 결코 포기될 수 없는 이러한 이론적 틀에 기초하여 마르크스는 특수 근대적인 계층화 원리—사회경제적 계급관계—에 관한 이론을 발전시켰다. 국가와 시민사회의 구분을 기초적인 토대로 정초함으로써 그는 자본

---

* Jean Cohen, "Civile Society and Its Discontents", *Class and Civil Society*(Martin Robertson & Company Ltd, 1982).

1) Bürgerliche Gesellschaft라는 용어는 부르주아사회 또는 시민사회로 번역될 수 있다. 헤겔을 따라서 마르크스는 이 용어를 근대경제 및 근대사회의 등장이라는 의미로 사용한다. 이 개념의 역사에 대해서는 Manfred Riedel, "Bürger, Staatsburgern, Bürgertum"과 "Gesellschaft, bürgerliche", *Geschichtliche Grundbegriffe*(Stuttgart : 1972, 1975), 제1, 2권을 참고하라. 나는 마르크스의 후기 저작들이 시민사회, 소외개념이 등장하지 않고 헤겔 변증법과 관련이 없기 때문에 헤겔과 단절된다는 구조주의적 입장을 거부한다. 이러한 입장에 대해서는 L. Althusser, *For Marx*와 *Reading Capital* (New York : Random House, 1970), 여러 곳을 보라.

172

주의 생산양식을 그 자체의 내적 동학, 발전논리 그리고 위기경향을 내
포한 **체제**로서 획기적으로 분석할 수 있었다. 확실히 마르크스는 자신의
가장 중요한 교사이자 선배인 헤겔로부터 시민사회의 개념을 물려받았
으나,[2] 시민사회에 대한 마르크스의 태도는 헤겔의 태도보다 덜 변호론
적이면서 더욱 양면성적이었다. 따라서 마르크스에서 시민사회의 등장과
발전은 자유, 자율, 개성, 사회적 정의를 위한 필수조건이자 지배, 속박,
소외, 불평등의 새로운 형태로 포착될 수 있었다. 마르크스의 작업에 내
재한 이 개념의 변모, 헤겔의 시민사회론에 대한 그의 선택적 영유와 비
판에 따른 이익과 손실은 계급이론, 혁명이론 그리고 그가 발전시킨 여
러 공산주의적 미래 모델과 결정적인 관련을 지니고 있다. 더욱이 시민
사회 개념은 마르크스적 방법론에 결정적이다. 왜냐하면 시민사회에 대
한 해석이 **변화**함에 따라 연구대상, 이데올로기 개념, 분석방법이 모두가
변화했기 때문이다.

　나의 논의의 기본 전제는 다음과 같은 것이다. 즉 하나의 특정한 방법
(또는 시기)을 '진정한' 것으로 추출함으로써 마르크스를 '구제하려는' 모
든 시도는, 아무리 그것이 마르크스적 철학, 과학 또는 비판이라 하더라
도 오직 그의 작업에 내재하고 있는 심층적인 모순—계급이론이 해결
하는 것처럼 보이지만 앞으로 보는 바와 같이 해결하지 못하는 모순—
을 오해하는 대가를 치르고서만 일관성을 얻을 수 있다는 것이다. 다른
한편 마르크스의 계급이론을 그의 시민사회 개념의 변화에 관련시켜 추
적하는 어떠한 분석도 마르크스 작업 전체의 시기구분을 함축한다. 내가
마르크스의 텍스트를 다음과 같은 시기들로 분류하는 것은 이하의 논의
에서 보아 명료할 것이다. 1844년 이전의 시민사회 비판 ; 1844년의 최초
의 정치경제학 비판 ; 1845~57년 역사적 유물론 ; 1857~83년 『개요』와
『자본론』에서의 체계적인 자본주의 발전이론. 그러나 나는 우선 마르크

2) G. W. F. Hegel, *The Philosophy of Right*, T. N. Knox, trans and ed.(New York:
　Oxford University Press, 1967).

스주의 문헌학에 대한 관심도, 정치적 도구주의도 이러한 시기구분에 기
초를 제공할 수 없다는 것을 강조하고자 한다. 1930년대의 공식적인 공
산주의 입장에서 시작하는 일련의 마르크스 해석들과는 달리, 나는 마르
크스 작업 전체의 연속성을 주장하고자 하지 않으며, 또한 '진정한' '마르
크스주의적' 마르크스는 오직 특정 시기 또는 이론에서만 시작한다는 것
을 주장하고 싶지도 않다.[3] 오히려 나는 마르크스의 작업에 만연되어 있
는 방법과 전제들의 모순에 초점을 맞추어 설명하고자 한다. 내재적 비
판을 통해, 나는 각각의 새로운 시기는 시민사회에 대한 비판의 이전 정
식에서 생겨난 문제들―계급이론이 야기시키고 동시에 상응하는 변화
를 통해 응답하는―에 대한 해결책 또는 대안을 발전시키려는 시도로
파악될 수 있다는 것을 보이고자 한다.

　단순한 마르크스학을 뛰어넘는 이론적·정치적 주제들이 문제가 되고
있다. 마르크스주의는 여전히 근대에 관한 가장 영향력있는 이론의 하나
이며, 발전도상국에서 강력한 근대화 이데올로기로 기능하고 있음에도
불구하고 고도로 분화된 선진 서구사회의 구조를 설명하거나, 거기서 증
폭되고 있는 다양한 사회운동의 기초를 제공하기 위한 적절한 이론적
틀을 제공하지 못한다. 이러한 실패의 중요한 이유는 시민사회에 대한
마르크스의 사고와 계급분석 속에서 찾아질 수 있다. 경제의 조직원리
―임노동/자본 관계―에 관한 그의 탁월한 이론은, 시민사회를 그것의
가장 중요한 표현인 자본주의와 동일시하는 대가로 성취될 수 있었다.
시민사회의 이질적인 기원들 또는 제도화를 결코 검토하지 않은 채, 마
르크스는 자본주의의 논리가 모든 사회관계들에 자신의 형태를 각인시

---

3) 마르크스주의의 불연속성에 관한 주장들(디아마트[Diamat] 및 더욱 최근에는 과학으
　로서의 마르크스주의라는 알튀세의 구조주의적 변종)과, 마르크스의 기획의 기본적인
　연속성(철학으로서의 마르크스주의 및 또는 비판으로서의 마르크스주의, 전형적인 사회
　주의적·인간주의적 해석과 프랑크푸르트학파의 비판이론가들의 접근)에 관한 주장들 사
　이에서 이리저리 흔들렸다. 그들이 연속성을 강조하든 단절을 강조하든, 이 모든 접근들
　에는 마르크스 이론을 '구제'하려는 텍스트들의 '징후적' 독해가 따른다.

킬 것이라고 가정함으로써 근대를 자본주의와 동일시하였다. 어떤 의미
에서 사회적·정치적·사적·법적 제도들은 자본주의체계의 환경으로 취급
되어 이 제도들은 그 자체의 동학이 없이 자본주의체계의 논리에 의해
변형되는 것으로만 취급된다. 경제적 범주들과 사회계급들을 총체적인
체계논리에 관련지어 분석함으로써 근대시민사회의 분화된 성격과 국가
에 대한 통찰이 손상을 입게 되었다. 이것은 무엇보다도 계급이론에 의
해 영속화되어 마르크스의 유산으로 남아 있다.

　헤겔이 제출하는 시민사회의 제도적 접합, 국가 그리고 그 상호관계의
풍부함과 비교하면 마르크스의 분석은 아주 빈곤해 보인다. 헤겔은 시민
사회의 등장의 '긍정적 측면'을 파악하는 데 탁월하였다. 마르크스의 주
요한 공헌은 그 '부정적 측면'―시민사회의 지형 위에서 격증하는 새로
운 형태의 지배와 계급화―을 설명한 데 있다. 그러나 비록 부정적 측
면에 대한 헤겔의 이해가 부적절했다 하더라도, 그는 마르크스가 계급이
론을 그 해결책으로 제시한 문제들의 일반적 매개변수를 제공했다. 시민
사회(Bürgerliche Gesellshaft 또는 civil society)는 헤겔에 의해 다음과
같이 차별화되었다. 욕구의 체계(시장경제) ; 법체계(사법〔Rechtspflege〕
또는 시민적 자유 및 전제〔專制〕로부터의 보호를 보장하는 정의의 행정) ; 다
원성의 체계―결사체와 공공행정의 네트워크(법인과 경찰).[4]

　헤겔의 경우 국가로부터 시민사회의 형식적 분리와 더불어 시민사회
의 내적 분화는, 만족과 자율에의 요구를 지닌 자유롭고 스스로 설정하
는 인격이라는 원리가 등장한 토대를 구성했다. 그러나 그는 또한 이러
한 원리가 만족을 달성하기 위한 만인에 대한 만인의 투쟁 속에서, 윤리
적인 공적 생활을 위협하고 대립하는 자기이해로서 자신의 욕구를 표출
하는 사사화된(privatized) 개인이라는 형태로 구체화되었다는 것을 알
고 있었다.[5] 헤겔은 분업, 사적 소유 및 교환의 체계, 그리고 이와 더불

---

4) G. Hegel, *Philosophy of Right*, pp. 122~55.
5) 같은 책, pp. 189, 289.

어 욕구를 무한히 확장될 수 있는 것으로 승인하는 사회적 결정이 시민
사회 성원들의 보편적 상호의존으로 귀결된다고 주장했다. 그러나 이러
한 상호의존은 의식적인 협력의 형태가 아니라 외적 필연성으로 느껴진
다. 상호의존은 개인으로 하여금 **자신의 이해를 위하여** 다른 사람들의 이
해를 수단으로 생각하게 하는 경쟁구조와 분업에서 유래하는 경제법칙
의 형태를 취한다. 그러나 고전적인 자유주의자들과는 달리 헤겔은 보편
적인 행복의 대가가 시장 합리성을 위한 윤리적 생활의 희생이었다는
것을 이해하였다.[6] 정치경제학자들이 찬양한 경제법칙의 '보이지 않는
손'은 이기적인 이해와는 다른 어떠한 원리(예를 들어 일반의지 또는 전체
적인 사회목표에 대한 관심)로도 향할 수 있는 활동을 시민사회의 내적
동학에서 배제시키는 것에 달려 있다. 더욱 고차적인 통일의 부재 속에
서 스스로 결정하는 인격이라는 원리는 이기적인 소유자의 추상적 자유
로 변형되는데, 이 이기적인 소유자는 필연적으로 다른 사람들을 수단으
로 취급하며 그의 운명은 법칙과도 같은 경제관계의 외적 영향에 달려
있다.

헤겔은 적대적인 욕구의 체계와 시민사회의 분열 및 붕괴의 위협에
대한 부분적인 해결책을 그 상쇄 경향 속에서 발견했다고 생각했는데,
이 상쇄 경향이란 특수이해를 초월하여 일반이해를 긍정하며 사회적 연
대 형태 및 사회적 의식 형태를 산출하는 집단에 대해 개인들이 그 성
원으로 되고자 한다는 것이었다. 이것이 법인들의 기능이자 사회적 복지
의 수호자—경찰—에 의한 정의로운 행정의 기능이었다.[7] 개인을 집단
구조에 통합시키고 소유권, 집단이해 모두를 옹호함으로써 이 제도들은
고립되고 이기적인 개인과 오직 보편성만을 지향하는 국가라는 고차적
인 윤리적 공동체 사이를 조정한다. 이 제도들은 순수한 이기적 이해와

---

6) 같은 책, pp. 122, 181 ; pp. 124, 187 ; pp. 125~27, 190~93. 이 문제에 관한 뛰어난 논의
   에 대해서는 Manfred Riedel, *Bürgerliche Gesellschaft und Staat bei Hegel*(Berlin :
   Luchter Verlag, 1970), 여러 곳을 참고하라.
7) G. Hegel, 앞의 책, pp. 122~55.

는 다른 방식으로 개인이 관계할 수 있는 공적 기초를 제공함으로써 그 렇게 한다.[8]

헤겔은 윤리적 생활, 사회적 연대의 형성과 안정적인 정치적 공동체에 대해 '상징적인 것'—의미, 가치, 규범 그리고 이들의 제도적 접합—이 지니는 중요성을 승인했지만, 이러한 그의 승인은 정치적 자유를 보장해 줄 수 있는 제도와 전통보다는 시민사회와 국가(개인과 집합체)를 효과 적으로 통합할 수 있는 제도와 전통을 특권화하는 분석형태를 취했다. 헤겔의 시민사회론은 그가 자코뱅주의(특히 루소적 모델)에 체현된 천부 인권론의 핵심적 위험으로 간주한 것—즉 개인과 국가를 매개하는 제 도들의 부재와 '인민' 또는 '시민'이라는 이름에 정확히 내포된 공포정치 의 가능성—에 대한 응답이었다.[9] 따라서 그는 '일인 일표'에 기초한 직 접민주주의뿐만 아니라 인민주권, 일반의지 그리고 의회민주주의의 원리 도 거부하였다. 그 대신 그는 다원적인 매개조직과 신분 및 법인 대표의 복합적인 체계를 제시하였으며, 이것은 개인의 자유를 보호하고 전제(專 制)에 제한을 가하며 보편성(일반의지, 공공성)을 보장하기 위해 기능해 야 했다. 천부인권론의 원리는 계약론의 개인주의적인 공리에 의존하지 않고 사회적 교환과 시민적 자유라는 사적 영역을 보장하는 탈정치화된 형태(추상적인 권리체계)로 유지되었다. 동시에 그는 사회적·정치적 생활 에 '공동체의 윤리적 본질'(그가 자유의 역사적 전개에 있어 그리스 폴리스 의 근본적인 공헌으로 간주한)을 재도입하고자 했으나, 이에 상응하는 시 민의 참여민주주의는 배제하였다.

물론 근대시민사회의 체계적 경향은 윤리적 상호작용과 사회적 연대 를 이익지향적 행위로 대체하며, 사회적 스펙트럼의 한 끝에 있는 부와 다른 한 끝에 있는 빈곤 사이의 심연을 확립하는 것이라는 것을 헤겔은

---

8) Shlomo Avineri, *Hegel's Theory of the Modern State*(Cambridge: Cambridge University Press, 1872), p. 135.

9) Joachim Ritter, *Hegel und die französische Revolution*(Frankfurt: Suhrkamp Verlag, 1972).

간파했다.[10] 그러나 빈자의 곤경 또는 시민사회의 불평등보다 훨씬 더 헤겔의 흥미를 끈 것은 시장체계의 발전에 따른 사회적 통합에의 위협과 국가에 의한 전제적 정치권력의 실행의 위험이었다. 더욱이 계몽운동의 철학자들로부터(그리고 토크빌로부터) 시민사회가 지닌 문제들에 대한 헤겔의 평가와 해결책을 구분짓는 것은 **여론**에 대한 그의 양면성이다. 그는 여론의 자유로운 표현을 '이성적인 정치질서'와 자유로운 시민사회를 위한 필수조건으로 생각하였으나 그것은 또한 오류, 무지 그리고 비이성적인 군중정치의 잠재적 매개물이기도 하였다. 헤겔은 이성적인 여론이 형성될 수 있는 시민사회, 계발된 정치적 의지가 산출될 수 있고 시민사회의 성원에게 공적 생활에의 참여를 보장할 수 있는 시민사회내의 제도들을 확인하려 하지 않았다. 대신 그는 공공성의 원리를 단지 사적 개인이 자신의 개인적인 견해를 표현할 권리, 다른 사람들의 정치적 행위의 결과를 알 권리로서만 긍정하였다. 그는 정치적으로 기능하는 공적 영역에의 참여를, 신분에 입각하여 구성된 입법부의 성원들로 제한하였다. 마찬가지로 여론의 원리는 개인과 국가 사이의 잠재적인 비판력과 조정자에서 위로부터의 통합 메커니즘으로 변형되었다.[11]

여론에 대한 헤겔의 양면성과 그의 반민주적 입장은, 그가 신분적 형태의 정치참여를 선택하고, 원자화되고 이기적이며 이해에 좌우되는 시민사회의 요소들에 안정적인 조직적 형태들을 부여하며, 더욱 큰 집단적 동일성을 위해 고립된 개인을 교육하는 수단으로서 법인을 선택한 이유를 설명해준다. 그러나 시민에게 민주적 정치조직에의 적극적 정치참여

---

10) 여기서 헤겔에 의한 **도덕**과 **윤리**의 구분을 기억하는 것이 결정적으로 중요하다—전자는 개인적 행동을 인도하는 사적 가치와 관련되고 후자는 공적 기준과 관련된다. 정치적 자유주의와 정치경제학자에 반대하는 헤겔의 요점은 시장이 스스로 사회적 생활을 통합할 수 없다는 것이다.

11) 이러한 방향에 따른, 헤겔에 대한 뛰어난 비판에 대해서는 Jürgen Habermas, *Strukturwandel der Öffentlichkeit* (Berlin: Luchterhand Verlag, 1962), pp. 144~58을 보라.

를 준비시키기는커녕(실천활동[vita activa]에서의 경험을 제공하기는커녕) 법인(합법적으로 설립되었음에도 불구하고 비정치적인 이익집단)이라는 학교를 통해 획득된 덕목은, 본질적으로 **사사화된** 개인과 집단 및 국가(애국심)와의 동일성을 촉진시킴으로써 오직 사회적 통합이라는 과제에만 복무하였다.[12] 이것은 별로 놀랄 만한 일이 못된다. 왜냐하면 고대 그리스에서 헤겔을 매료시킨 것은 여론의 중심성과 이에 상응하는 활발한 활동 또는 민주주의적 참여가 아니라 인륜(Sittlichkeit), 사회적 통합에 복무하는 문화적 규범, 가치, 관습의 효율성이었다.[13]

시민사회의 법인조직과 신분적 대의형태에 대한 마르크스의 비판은 잘 알려져 있다. 마르크스에 의하면 헤겔적인 법인 및 신분체계의 결점은, 그것이 시대착오적일 뿐만 아니라 헤겔 자신이 밝힌 시민사회의 결정적 원리와도 어긋난다는 것이다.[14] 자발적 결사체를 법인, 즉 국가의 승인과 국가 관료제의 필요로 하는 법인으로 제도화함으로써 얻어지는 안정성—신분체계에 의하여 시민사회가 국가 속에서 집단적으로 대표됨으로써 성취되는 폐쇄성—은 숙명적으로 개성, **자유로운 연합** 그리고 자기조직을 그 원리로 하는 시민사회의 독립성을 침식한다.

마르크스는 헤겔의 시민사회와 국가의 조정체계를 비판하는 것에 성공하였으나, 그는 욕구의 체계에 대한 어떤 의미있는 반 경향도 존재하지 않으며, 제도를 조정하는 **형태뿐만** 아니라 **기능은** 효과가 없거나 시대착오적이라고 잘못 가정하기에 이르렀다.[15] 마르크스는 정치적 의지의 형성을 국가제도들내의 행위로 제한했던, 정치적 자유에 대한 자유주의

---

12) 같은 책.

13) 반대 접근에 대해서는 Hannah Arendt, *The Human Condition* (Chicago: University of Chicago Press, 1958)을 보라.

14) 확실히 이것은 근대 조합주의의 토대로 해석될 수 있을 것이다. Avineri, *Hegel's Theory*는 그런 해석을 시도하지만, 여기서 논의된 주요한 문제를 파악하지는 못하고 있다.

15) 조정의 허구성은, 사실은 모순을 보존하면서도 모순을 극복한 체험으로써, 모순을 해결하는 것이 아니라 다른 차원으로 전이시키는 것이라고 마르크스는 주장한다. K.

적 변형 및 헤겔주의적 변형을 거부했다. 양자는 모두 정치적 소외의 축도였다. 그러나 그는 법인적 해결책을 거부하면서도, 시민사회의 문제에 관한 헤겔의 정식—적대하는 특수이해를 충족시키기 위한 갈등 속에서 이루어지는 만인에 대한 만인의 전쟁—을 물려받았다. 그러나 일단 '계급'과 '사회관계'가 시민사회의 새로운 근대적 사회성을 해명하는 유일한 개념으로 되자, 국가내에서의 형식적인 민주주의적 대표와는 구분되는 그리고 거기에 부가되는, 시민사회의 제도적 구조 속에서 '공적 자유'의 형태를 획득할 수 있는 다원성의 잠재력에 대한 어떠한 질문도 폐쇄되었다. 요컨대 근대적 질서의 문제들에 대한 헤겔의 제도적 해결책을 거부함으로써 마르크스는 목욕물과 함께 아기도 내버리고 말았다. 시민사회의 모든 제도들은 용인될 수 없는 것으로 간주되었다. 이리하여 마르크스는 총체적으로 분열된 시민사회와 국가의 대립(오직 계급억압을 통해서만 조정되는)을 급진화시키면서, 정치적·사회적 생활의 어떤 재통일 형태를 내포하게 될 모순의 해결책을 미래(시간과 구조 모두의 면에서)에 설정하기에 이르렀다.

근대사회의 법적 명시와 근대국가의 형식적 민주주의가 특수계급의 특수이해를 가리고 있다는 획기적인 발견과 함께 국가로부터 시민사회의 분리 및 시민사회의 탈정치화를 통찰함으로써 마르크스는 자신의 이론적·정치적 기획을 위한 문제틀을 갖추게 되었다. 이기적인 특수성, 지배, 배제(시장과 국가)에 책임이 있는 것으로 보였던 구조들에 대한 반감 때문에, 그는 이해대립의 원천으로 간주된 시장과 국가 모두를 폐지할 수 있는 특수한 행위자 속에서 보편성을 탐구하였다. 시민사회의 제도적 구조화와 국가—모든 이해들의 공식화를 허용하고 국가의 정치 독점에 도전하는 사회정치적 생활에의 모든 다원성의 참여를 허용하는 한에서 보편적인 국가—를 접합하고자 하는 대신, 그는 특수계급 속에서 보편

Marx, *Contribution to the Critique of Hegel's Philosophy of Law*, Karl Marx and Friedrich Engels, *Collected Works*(New York: International Publishers, 1975), 3: 88.

성의 확신을 탐구하였다. 따라서 체계적인 지배관계에 관한 마르크스의 이해가 심화됨에 따라 계급 개념이 어떻게 발전했는가를 이해하기 위해서는 그의 시민사회 개념의 운명을 추적하는 것이 결정적이다. 그런 다음에라야 이러한 문제들이 모든 마르크스주의에 끼쳤던 영향—즉 자본주의적 지배와 동일하다고 여겨진 시민사회에 대한 증오, 그리고 자본주의와 시민사회 모두의 폐지를 지향하는 혁명적 이데올로기의 발전—을 파악할 수 있다. 마르크스주의와 권위주의 사이에 관련이 있다면 이것의 이론적 기초는 여기에서 위치지어져야 한다.[16]

1. 시민사회에 대한 '내재적 비판'

마르크스는 헤겔의 『법철학』과 프랑스 및 미국의 민주헌법에서 명확히 되어 있는 국가와 시민사회의 규범적인 주장에 대한 내재적 비판을 통해 독창적으로 비판적 계급 개념에 도달하였다.[17] 형식적 민주주의국가는 그 자기정당화가 철학에 의해 밝혀진 보편주의적인 원리인 한에서 이성의 요구들을 내포하고 있기 때문에, 비판의 과제는 근대적 정치제도의 진정한 진리 내용을 이루는 규범들(자유, 민주주의, 평등, 정의, 인격, 자율적인 개성)을 추출하여, 이것들을 단지 부분적으로만 실현시킨 특수한 제도형태들과 대조하는 것이었다. 따라서 **내재적 비판**은 이중의 기획을 가지고 있었다. (1) 사회적·정치적 실천의 기초를 이루는 근대적 정치구

---

16) L. Kolakowski, "Marxist Roots of Stalinism", R.C. Tucker(ed.), *Stalinism*, (New York: W.W. Norton, 1977), pp. 283~98을 보라. 꼴라꼬프스키와는 달리 나는 마르크스주의의 기본 가치들을 실현하려는 어떠한 시도도 스탈린주의와 아주 유사한 통치체계를 낳을 것이라고는 믿지 않는다. 그러나 시민사회를 국가 속으로 흡수하든 국가를 시민사회 속으로 흡수하든, 자율적인 시민사회를 총체적으로 억압하려는 어떠한 시도에도 권위주의가 원래 내재한다고 논의할 때 그는 옳다.

17) K. Marx, "On the Jewish Question", Karl Marx and Friedlich Engels, *Collected Works*, Vol 3, pp. 146~75.

조에 고유한 규범적 원리들을 주제화하여 토론하는 것, (2) 근대사회에서 그 원리들의 접합을 가로막는 제도적 속박을 증명하는 것(지배 및 계층화에 대한 비판).

확실히 마르크스는 자신의 초기 저작들에서 또한 포이어바흐로부터 빌려온 '전도적 비판'(invertive critique) 방법도 사용하지만, 그의 초기 저작들이 본질적으로 포이어바흐적인 '문제틀'에 지배되어 있었다고 간단히 처리하는 것은 마르크스의 시민사회론에 있는 새로운 것을 놓치는 것이다.[18] 전도적 비판은 헤겔의 사변적인 범논리주의, 즉 세계 속에서 이성을 발견하려는 것과, 역사보다는 이론 또는 논리에 우위를 두는 것에 대한 거부로 이루어진다. 이 때문에 헤겔은 비판적 연구를 모든 곳에 존재하는 자기 자신에 대한 철학의 자족적인 발견으로 변호론적으로 대체해버림으로써 자신이 연구하는 제도들의 실제적인 본성을 고려할 수 없었다.[19] 마르크스에 따르면 헤겔의 범논리주의 이론은 그가 '개념'(Begriff)을 주체로 하여 전개하고 개인들과 가족, 시민사회, 국가 속에서의 그들의 실존양식을 술어로 환원시킨 결과이다. 그러나 마르크스는 헤겔이 개념에 할애한 특권적인 공간에 단순히 '인간'을 위치시키지는 않는다.[20] 마르크스의 국가 비판의 대상과 그의 포이어바흐의 극복을 구성하는 것은 인류학적 인간 개념이 아니라 시민사회 개념이다.[21] 전도적이고 내재적인 비판들은 근대사회에 독특한, 전도되고 이중화된 사회관계의 일상세계에서의 경험을 파악하려는 시도들로서 서로 관련된다. 주체성을 결여한 개인적 주체의 모순적 출현, '인간'(부르주아)과 '시민'으로의 각인의 분열, 국가와 사회의 분리, 국가의 성원으로서 개인들의 가공적인 공동적 실존과 병존하는 시민사회내 개인들의 원자화와 고립, 그리

---

18) L. Althusser, *For Marx*, pp. 41~87.

19) K. Marx, *Contribution to the Critique of Hegel's Philosophy*, p. 18.

20) L. Althusser, 앞의 책.

21) Helmut Reichelt, *Zur logischen Struktur des Kapitalbegriffs*(Frankfurt: Europäische Verlagsanstalt, 1973), pp. 19~73.

고 화폐형태로 존재하는, 인간 자신이 대상화된 사회적 권력에의 인간의
종속은 근대세계에서 겪는 사회생활의 현상 형태에 대한 묘사이다.

더욱이 마르크스에게 **시민사회**는 무엇보다도 **욕구의 체계**를 의미하지
만, 이 시점에서 시민사회는 그가 이후 그것의 해부학이라고 부르게 되
었던 것—노동 또는 생산양식—과 전혀 동일시되지 않았다. 마르크스
가 아직은 시민사회와 국가를 경제에 의한 결정으로 환원시키지 않았기
때문에, 그는 내재적 비판을 통해 근대사회의 보편주의적인 규범적 원리
들을 그 이데올로기적 외피로부터 추출할 수 있었으며, 다른 방식으로
그 원리들의 실현을 역설할 수 있었다. 사실 마르크스는 시민사회가 그
윤리적 통합의 결여에도 불구하고 근대세계에 독특한 우선적으로 중요
한 규범적 원리—사회적 정의와 욕구달성에의 평등한 권리를 지닌, 자
유롭고 스스로 결정하며 자율적인 인격이라는 **보편주의적** 원리—를 전
제한다는 헤겔의 견해에 동의한다.[22] 시민사회의 내적인 합법적 제도화
및 입헌적·형식적 민주주의국가 모두가 이러한 원리에 기초해 있다.[23]
비판이 경험적인 사회제도형태로부터 착수되고, 또 제주장을 그것들이
정당화하는 제도적 형태들과 내재적으로 비교할 수 있는 것은, 사실상
철학이 이미 근대사회의 제도들내에서 실현되었다는 가정 때문이며, 국
가와 시민사회가 자신들의 정당성의 근거로서 철학에 의해 밝혀진 보편
주의적 원리들을 가지고 있기 때문이다. 따라서 내재적 비판은 **이데올로
기 비판**[24]의 특수한 형태인데, 이 이데올로기 비판은 근대적 제도의 규범
적 원리들을(다른 어떤 것에도 우월성을 두지 않고) 이 제도의 진리 내용

---

22) 이러한 원리들은 자연법 전통에서 유래하는데 헤겔과 마르크스 모두 그것에 대한 비
평에도 불구하고 이 원리들을 영유한다.

23) 노동의 소외가능성과 소유 및 욕구의 충족이 사법(私法)에 의해 보장되는 한, 전자는
형식적으로 자유롭고 평등한 개인들의 결정에 달려 있다. 후자는 자기결정이 인민주권
이라는 정치형태를 성취하는 한, 그 토대로서 어떤 합법적인 권위에 끊임없이 호소해
야 하는가에 달려 있다.

24) J. Habermas, *Theorie und Praxis*, pp. 283~306 ; Albrecht Wellmer, *Critical
Theory of Society*(New York: Herder and Herder, 1971)는 마르크스의 접근을 특징

으로 추출하며, 이 규범적 원리들을 오직 부분적으로만 실현하거나 또는 전혀 실현하지 않음으로써 이것들을 체계적으로 허구화시키는 제도들에 이 원리들을 대조시키는 것을 가능하게 한다.

그러나 철학은 그것이 오직 실현될 때에만 지양될(aufgehoben) 수 있다는 마르크스의 유명한 주장에도 불구하고, 내재적 비판방법은 철학을 완전히 대체하지는 않는다.[25] 비판이 철학의 실현을 가로막는 제도적 장애들을 분쇄하는 전술을 포함하는 한, 그것은 철학적 지향을 함축한다. 이 철학적 지향은 대상화된 규범들을, 개인들이 자신들에게 순응할 새로운 사회관계를 수립할 수 있는 실제적인 가능성의 전제조건에 결합시키는 것이다. 물론 『헤겔법철학비판 서문』은 **인간, 소외, 유적**의 존재 개념을 포함하고 있으나, 이 개념들은 구조주의적 해석(알튀세)이 그것들에게 부여한 역할을 수행하지는 않는다.[26] '성숙한' 마르크스도 자신의 초기 텍스트들의 철학적 골격을 버리지 않는다. 반대로 무엇보다도 '사회주의적 인간주의자들'에 의해 처음 제출된, 구조주의적 해석에 대한 반론, 즉 마르크스 저작의 통일성은 결코 포기된 적이 없는 실천의 철학에 있다는 반론은, 하나의 유보조건이 있기는 하지만 설득력이 있다. 실천 개념은 여러 시기의 마르크스 저작들에 있는 시민사회 개념에 따라 변한다. 가장 최초의 텍스트들에서 말하는 **실천**은 정치적 상호작용을 지칭한다. 1844년까지 그것은 주로 대상화를 의미한다. 후기의 텍스트들에서 그 의미는 대상화와 계급투쟁 사이를 오간다.[27]

최초의 시민사회 비판에 관한 한, 마르크스는 '인간의 본질'인 실천을

짓기 위해 이 이데올로기 비판 개념을 발전시킨다. 그러나 그들은 마르크스의 작업이 발전함에 따른 비판의 개념과 대상의 변화를 인식하지 못한다.

25) 철학이 사회경제적 범주들 속에 체현되기 때문에, 마르크스의 저작들에서 철학은 초월된다는 것이 마르쿠제의 입장이다. Herbert Marcuse, *Reason and Revolution* (Boston: Beacon Press, 1969).

26) 바꾸어 말하면 이 개념들은 고정된 인간의 본성 개념 또는 경험주의적인 문제틀의 흔적이 아니며 이 둘은 모두 역사의 변함없는 주체로서의 인간의 현존을 가정한다.

27) J. Cohen, *Class and Civil Society* 제2장, 제3장을 보라.

정치적 사회성, 또는 공동체의 업무에 관계된 다른 사람들과의 상호작용을 통한 자기결정능력 속에 위치짓는다. 고전적인 정치철학자들처럼 시민사회 비판가는 인간의 **종차(種差)**를 정치적 행위로 간주했다. 따라서 정치적 생활에의 개인들의 **참여**는 인간성의 참된 표현이다.[28] 그러나 '인간의 본질', 실천에 대한 이러한 이해는 인간성의 개념보다 더 내재적이고 규정적인 규범이다. 그것은 개인들의 영원한 속성이라기보다는 만들어나가야 할 진리(verité à faaire)이다. 그것은 규제적 원리의 역할, 개성 및 정치적·사회적 구조의 가치가 판정될 수 있는 기준의 역할을 한다. 소외된 노동에 대한 후기의 비판처럼 정치적 소외의 비판은 '유적 생활'로부터의 개인의 분리를 지칭하는 것으로서, 사회적·정치적 업무에의 개인의 활발한 참여를 가로막는 제도적 골격으로서의 국가와 시민사회의 분리에 대한 비판형태를 취한다.

지극히 능숙하지만 치명적인 문제점을 지니고 있는 논의 속에서 마르크스는 시민사회와 국가의 대립이 규범과 현실, 특수성과 보편성의 화해할 수 없는 모순의 근거라고 주장한다. 근대국가는 보편성을 주장하는 독특한 정치제도들(의회, 관료주의, 군대, 경찰, 법정)의 네트워크로서 등장하는 반면, 그 동시적인 전제조건과 결과는 시민사회의 출현인데, 이것은 오직 사적 욕구, 이해 그리고 분업과 시장에 의한 상호의존을 통해서만 연합되는 비정치적인 개인들로 구성되는 영역이다. 새롭게 조직된 사회영역 속에서 개성을 성취하는 대가는 개성의 탈정치화, 사사화, 원자화(부르주아로서의 개인)이다. 정치생활의 **독점**을 통해 국가는 시민사회의 성원들에게 공동체의 상실과 의미있는 시민권의 부정 모두를 알린다. 따라서 '시민사회'는 근대적 개별성의 탈정치화에 관한 마르크스의 개념이다.

이런 점에서 관료주의 비판은 교훈적이다. 헤겔은 보편성이 국가관료

---

28) K. Marx, *Contribution to the Critique of Hegel's Philosophy*, pp. 81, 117. 이 초기 텍스트에서 노동은 특수 인간적인 것의 정의에서 제외된다. 단지 1844년의 『수고』에 이르러서야 노동은 대상화이론을 통해 스스로 대상화하는 실천이라는 개념에 들어간다.

주의 속에서 체현되며, 관료들이 공동체 전체의 의지와 이해를 대표하는 한 그들은 보편계급이라고 주장하였다.[29] 그의 모델에 따르면 근대 관료주의는 시민사회내의 계층에 전형적인 특수주의적인 물질적 이해에서 자유롭다. 그것은 재산자격 및 급진적 불안정과는 관계가 없기 때문이다. 고정적인 급료, 재능에 따른 성공, 지식과 능력의 객관적 증명(시험)의 필요, 법의 지배에 의해 수호되는 구조의 비개인성, 관료에게 요구되는 공평한 품행과 의무의 분별, 이 모든 것이 헤겔에게는 관료주의가 시민사회의 특수이해를 초월하고, 그것에 맞서 보호되는 실력사회임을 의미하였다. 따라서 그는 관료주의가 그 자체의 어떠한 특수이해도 가지고 있지 않다고 생각하였다. 그것은 의도, 구조, 사회적 구성에서 보편적이다.

　이러한 이론에 대한 마르크스의 비판은 상호의존적인 두 경로를 밟는다. 한편으로 그는 비밀주의와 위계의 원리, 고정적인 급료, 시험이라는 필요물이 관료주의의 보편성의 표시이기는커녕 근대 관료주의의 특수성과 특권을 증명한다고 논의한다. 그러나 이것이 관료주의가 단순히 시민사회내의 또다른 계급임을 의미하지는 않는다. 오히려 그것은 정치기구 속에 위치한 '카스트 같은' 실체인데, 이 정치기구의 특수이해는 권력의 축적과 자기확장인 것이다. 이것은 마르크스가 계급과는 다른 계층화 원리를 분석하는 처음이자 마지막 시점이며, 여기서 이 원리의 힘 또는 논리는 시민사회내의 관계에서 나온다고 시사하지 않는다.[30]

　다른 한편으로 관료주의는 정치적 공동체의 업무에 대한 접근과 업무행정을 독점하기 때문에 국가관료주의는 시민사회의 탈정치화와 시민사회의 성원들의 정치적 소외를 입증한다. 여기에서 권위는 그것에 대한 지식의 기초이지만 그 역은 아니다. 시험이라는 필요물은 시민권을 **특권**으로 인식하는 것의 합법적 승인을 표현하는 의식이다.[31] 토크빌과 베버

29) G. Hegel, *Grundlinien der Philosophie des Recht*(Frankfurt: Suhrkamp Verlag, 1970), pars. 205, 291, 296, 297, 303.

30) J. Cohen, 앞의 책, 제4장을 보라.

186

를 생각나게 하는 구절에서 마르크스는 다음과 같이 논의한다. 자격을 갖춘 모든 개인들에게 개방되어 있을 때조차도, 위계적 구조로서의 관료주의의 현존은 정치적 생활이 시민사회 안이 아니라 바깥에 존재함을 증명한다는 것이다. 관료주의(군대, 경찰, 행정)의 현존은, 국가와 시민사회가 "모든 병사들이 '탈주'를 통해 '적의' 군대의 성원이 될 기회를 가지고 있는 **적대적인 두 군대**"³²임을 폭로한다. 따라서 관료주의는 국가의 보편성을 침해한다. 이 단계의 마르크스의 저작에서 '보편성'은 어떠한 집단의 이익과도 관련되지 않고 규범, 법, 제도적 구조와 관련된다는 것은 언급할 가치가 있다.

따라서 마르크스는 정치적 소외가 수반되었음에도 불구하고 근대국가와 시민사회의 등장을 이롭다고 생각하였다. 공동체의 상실, 시민사회의 무제한적인 이기주의, 정치조직의 불완전한 보편성은 부정적인 측면을 형성하였으나, 시민사회의 등장과 민주주의국가에는 '자유의 증대'가 따른다. 시민권이라는 보편주의적 규범, 인민주권, 자율, 평등, 민주주의 등은 적어도 **인간**과 **시민**으로서의 개인 및 **신분**과 권리의 분리에 대한 형식적·법적 승인을 보장한다. 그것들은 또한 정치적 자결의 원리, 배제와 정치적 불평등에 대항하는 사회운동의 기초를 제공하는 데 유용한 원리를 확립한다.

정치혁명으로 인해 **시민사회의 정치적 성격**이 **폐기되었다**. 그것은 시민사회를 단순한 구성부분들로 해체하였다. 한편으로는 개인들, 다른 한편으로는 이 개인들의 욕구, 생활, 사회적 지위를 구성하는 **물질적·정신적** 요소들. 그것은 봉건사회의 여러 막다른 길에서 분열되고 분할, 분산된 정치적 정신을 해방시켰다. 그것은 정치적 정신의 부분들을 모았고, 이것을 시민적 생활과의 혼합물로부터 자유롭게 하였으며, 그런 시민적 생활의 **특수한** 요소들과 관념적으로 무관한 공동체의 영역, 민족에 대한 **일반적** 관심으로 이것을 확립

---

31) K. Marx, *Contribution to the Critique of Hegel's Philosophy*, pp. 50~51.
32) 같은 책.

시켰다. 생활 속에서 한 인간의 **독특한** 활동과 독특한 상황은 단지 개인적인 의미로 축소되었다. 더이상 국가 전체에 대한 개인의 일반적 관계는 구성되지 않았다. 다른 한편 공공업무 그 자체는 각 개인의 일반적 업무가 되었고, 정치적 기능은 개인의 일반적 기능이 되었다.[33]

따라서 정치적 보편주의는 시민사회의 탄생과 형식적인 민주주의국가에 의해 주어진 주요한 이익이다.

이것은 또한 개인이 이중적인 의미에서 주체로 등장한 이유이다. 개인은 정치적·사적 생활에 대한 자기 결정의 근원이자 기초로 설정되면서 또 경험적인 개인으로서는 법률과 법규에 종속된다. 여기에 전도, 이중화, 또는 근대사회에서의 소외의 토대가 있다. 국가의 성원으로서 개인은 공공업무의 결정에 참여하는 '시민'임과 동시에 '주체'(Untertan)이며, 정치적 규제의 사사화된 대상이다. 시민사회로서의 개인은 자신의 의지를 결정할 수 있는 자유에도 불구하고 또는 그 때문에 소외된 힘(경제법칙)에 종속되는데, 이 소외된 힘은 자신의 운명을 결정하고, 자신의 욕구에 이해구조를 강요하며 사회생활에서의 자율을 부정한다.

자신의 국가 비판에서 마르크스는 일상생활에서의 개인의 탈정치화가 시민으로서의 '공동'생활을 형식적이고 추상적이며 공허한 것으로 만든다는 것을 논증하고자 하였다. 이행되지 않은 시민사회의 약속에 대한 그의 통찰에 기초할 때, 내재적 비판에서 생겨나는 실천적 과제는 불공평한 형태의 개인/부르주아, 시민/주체의 정신분열적인 분화를 재생산하지 않는 제도적 구조를 확립하는 것같이 보였다. 시민사회의 일관된 모습은 형식적으로 말하면, 새롭게 등장하는 사회영역(자율적이고 자기설립적인)의 확대, 국가의 형식적 합법성의 유지, 그리고 모든 사람들에게 열린 참여기회를 보장하는 사회 및 국가제도내에서의 공적 공간의 정교화를 내포할 것이다. 역할—개인적·시민적·공적·사적·사회적—의 차별화는 그러한 맥락 속에서는 더이상 불공정하지 않을 것이다. 그러나 마

---

33) K. Marx, "On the Jewish Question", 앞의 책, p. 166.

르크스는 바로 그 국가와 시민사회의 분리를 정치적 소외의 **원인**으로 생각했기 때문에, 욕구의 체계를 상쇄하는 경향들(임의단체와 잠재적인 공적 공간의 형성) 속에서 **오직** 이기적인 특수이해(시장에 의해 결정된)의 표현만을 보았기 때문에, 이러한 대안은 그에게 닫혀져 있었다. 근대사회의 이율배반—공동체 대 개인, 사적 대 공적, 보편적 대 특수적, 지배 대 자유, 불평등 대 평등—에 대해 그가 제안한 여러가지 해결책은 공통적으로 하나의 주제를 가지고 있었다. 국가와 시민사회의 재통일, 인간과 시민의 재통일.

현실적인 개인이 그 자신 속에서 추상적 시민을 동화시킬 때에만……인간이 자신의 '고유한 힘'을 사회적 힘으로 인식하고 조직하며, 그 결과 정치권력의 형태 속에서 그 자신으로부터 사회적 권력을 분리시키지 않을 때에만, 오직 그런 후에만 인간해방은 성취될 것이다.[34]

이러한 전망이 어떠한 형태를 취한다 할지라도(그리고 마르크스는 항상 미래의 제도에 관해서는 상론을 피하였다) 그것에 내재한 위험은 사회영역의 자율성의 침해이다. 묘하게도 마르크스는 위의 인용문이 나오는 같은 텍스트에서 바로 이 위험을 우리에게 경고하고 있다. 자코뱅주의를 비판하는 문맥 속에서 그는 말하고 있다.

특별히 자기확신에 차 있는 시기에 정치적 생활은 그 전제조건, 시민사회 그리고 이러한 사회를 구성하는 요소들을 억압하려 하며, 스스로를 모순이 없는 인간의 참된 유적 생활로 구성하려 한다. 그러나 그것은 그 자체의 생존조건을 지닌 **격렬한** 모순을 이어받음으로써만, 그리고 혁명이 **영원하리라**고 선언함으로써만 이를 성취할 수 있다.[35]

---

34) 같은 책, p. 168.
35) 같은 책, p. 156.

오직 공포정치에 의해서만, 따라서 인간과 시민, 국가와 시민사회의
재통일은 대단히 모호하며, 시민사회에 대한 마르크스의 태도의 양면성
을 반영하고 있다. 모든 마르크스주의는 이러한 양면성에 감염되어왔다.
이것은 근대에 관한 가장 통찰력있고 미래지향적인 분석의 하나, 즉 국
가와 사회를 일치시키려는 목표가 지닌 매우 반근대적인 공격성을 설명
해준다.

마르크스가 공적 자유, 민주주의, 자율, 평등의 가치에 전력을 기울였
다는 것은 의문의 여지가 없으나, 그는 단지 가장 초기의 텍스트들 속에
서만 시민사회의 폐지보다는 그것의 심화된 발전에 기초한 직접민주주
의 형태—개인의 활발한 참여를 통해 국가와 사회로부터 그 자신을 보
호하는 동시에 그를 국가와 사회에 통합시킬 형태—를 관찰하였다.[36] 그
러나 대부분 마르크스는 자본주의가 근대적 시민사회를 '가져왔으며', 근
대적 민주주의국가가 관료주의를 육성했다고 인식했기 때문에, 그는 양
제도들의 이질성을 볼 수 없었으며, 전근대적 폴리스에 되돌아가 귀기울
이는 대안이나 사회적·공동적·정치적 생활의 재통일을 미래에 국가주의
화·기술관료주의화할 것을 주장하는 대안을 역설하였다.[37] 그는 '비자유
의 민주주의'(봉건제)에서의 정치생활의 국가독점으로의 발전에 대해서
국가 없는, 자유의 직접민주주의(공동체로서의 사회·정치적 루소주의) 또

---

36) 참정권과 자유로운 언론을 통한 계몽된 공중의 창조를 통해 개인들은 공무에의 직접
   적인 참여를 성취할 수 있었으며, 따라서 시민사회에서의 그들의 생활을 재정치화할
   수 있었다. 이 모델은 직접적인 참여의 공간을 형식적인 민주주의의 구조에 부가할 것
   이며, 의사결정에 대한 행정적 독점을 통해 정치적 생활을 전유하는 관료주의의 폐지
   를 내포할 뿐이다. K. Marx, *Contribution to the Critique of Hegel's Philosophy*, pp.
   30, 61~63, 121. 그러나 마르크스는 일찍 이러한 접근을 포기하며 국가권력을 견제하는
   시민사회내의 정치적 공간의 중요성에 대해 결코 다시는 성찰하지 않는다. 토크빌(Al-
   exis de Tocqueville, *Democracy in America*[New York: Doubleday, 1966])과는 달
   리 그는 결코 다수의 압제라는 문제를 인식하지 못했으며, 따라서 다수가 프롤레타리
   아트로 되었을 때의 그 권력에 대한 어떠한 제한도 추구하지 않았다.

37) J. Cohen, 앞의 책, 제6장을 보라.

는 중앙계획적인, 합리적으로 관리되는 사회(생 시몽주의)로 대답하고자 하였다. 단적으로 말해 국가와 시민사회의 차별화가 공동체의 상실의 근원이었다는 가정 때문에, 마르크스의 혁명이론은 낭만주의와 과학주의적 합리주의 사이에서 동요한 것으로 비난받게 된다. 계급이론은 이러한 근대적 합리화의 원형적 모순을 결코 극복할 수 없었다.

시민사회에 대한 내재적 비판은 마르크스에게 되풀이하여 재현되는 문제를 제기하였다. 즉 공동체의 사회적·정치적 생활을 소외된 형태로 재구성하지 않고, 거기에 참여하는 것에 대해서뿐만 아니라 개인적 자율에 대해서도 자본주의적 사적 소유와는 다른 기초를 제공할 사회구성체를 고찰하는 문제. 그러나 자본주의의 폐지를 시민사회의 폐지와 결합시키려는 경향 때문에, 마르크스는 미래를 비판에 의해 밝혀진 제도와 규범(그리고 사회운동)으로부터 더욱 멀리 떨어져 있는, 현재로부터의 총체적인 이탈로 생각하기에 이르렀다.

국가/시민사회의 이중성은 허위적인 보편성(관료주의와 계급)에 의한 양자의 왜곡을 내포한다고 본 마르크스의 확신은 공동체, 사회, 개별성(프롤레타리아트)을 화해시킬 수 있는 '진정한' 보편성의 화신을 탐구하게 하였다. 이러한 탐구는 출발부터 계급이론에 과중한 짐을 지웠으며, 마르크스가 근대시민사회의 '부정적' 측면에 대한 제도적 대안을 탐구하는 것에서 벗어나게 하였다. 그러한 제도적 대안은 근대사회의 이점을 보존할 수 있고, 국가와 경제기구와는 구분되면서 그것들을 묻어버릴(embed) 수 있는, 독자적인 토대 위에서 작용하는 사회적 공간이다. 그가 비판했던 체계와 마찬가지로, 마르크스 역시 지나치게 사회적인 것(시민사회)을 사회적 생산관계로 해소하려 하거나 사회적인 것을 '공동체'와 동일시함으로써 그러한 물화를 추상적으로 부정하려 했다(계급 개념의 두 측면). 계층화의 문제가 분석의 중심으로 되자, 점차 그는 계층화의 메커니즘을 한꺼번에 폐지할 (발전과 혁명의) 논리를 탐구하면서, 계층화의 사회적 측면보다는 경제적 측면에 더욱 집중하였다(계급화의 합법적인 규범들, 다원성, 그리고 이 규범들의 발생을 위한 제도적 참여 공간에 대한 성찰에 비해 분배메커니즘, 생산관계에 집중). 이러한 탐구가 그의 시민사회 개념의 변화의 근저에 있었다. 왜냐하면 마르크스가 계급, 지배, 불평등의 체계적인 원인으로서의 자본주의에 집중하기 시작함에 따라 초점과 방법이 바뀌었기 때문이다.

2. 시민사회에 대한 폭로적·초월적 비판

시민사회 비판은 그 근거가 바뀌었다. 내재적 비판은 근대사회의 지배관계들이 지닌 체계적 성격을 설명할 수 있는 적절한 사회이론의 부재로 인해 곤란을 겪었지만, 보편주의적 규범들로부터 그 이데올로기적인 기능 또는 정당화 기능의 분리를 가능케 하는 장점을 가지고 있었다. 따라서 근대사회 그 자체의 규범들이 역사적으로 자리매김될 수 있었을 것이다. 동시에 혁명적 실천의 문제가 사회적·정치적 규범들에 대한 성찰과 이 규범들을 실현하는 데 필요한 제도형태에 대한 성찰을 포함하는 실천적인 정치적 문제로서 제출될 수 있었을 것이다. 불평등 및 지배의 사회경제적 관계들이 체계적으로 재생산되는 토대를 연구하는 과정에서 마르크스는 비판방법뿐만 아니라 시민사회에 대한 자신의 이해도 변형시켰다. 1844년의 파리 『수고』는 마르크스가 최초로 정치경제학과 대결한 결과였을 뿐만 아니라, 무엇보다도 시민사회의 분석에 대한 새로운 접근을 알리는 것이었기 때문에 마르크스의 작업에서 주요한 전환점을 이룬다.[38] 이중적인 노동 개념(대상화하는 실천/역사적으로 특수한 임

---

38) 1844년 『수고』의 본질과 중요성에 관한 논쟁은 정치경제학 비판이 자본주의체계의 역사적으로 특수한 특징에 대한 연구에서 유래하는가, 아니면 그것이 종말론적이고 목적론적인 역사철학에 의존하는가의 문제를 둘러싸고 일어난다. 최근 전자의 입장을 지지하는 사람들은 Reichelt, *Zur logischen Struktur* ; Ernst Mandel, *The Formation of the Economic Thought of Karl Marx*(New York: Monthly Review Press, 1971)이다. 두번째 접근은 L. Althusser, *For Marx ; Reading Capital* 그리고 Jindrigh

금노동)³⁸⁾을 시민사회와 국가 양자의 통일적이고 생동하는 중심으로 도
입함으로써 전환이 일어난다. 최초의 정치경제학 비판(1844)은 더이상
내재적 비판(규범과 '현실'의 대비)이 아니다. 시민사회는 그것의 '해부체'
—노동과 계급관계—에 의해 분석되게 된다. 이데올로기 개념과 이데
올로기 비판방법은 근본적으로 바뀐다.

 여기에서의 시민사회 개념과 이전의 개념의 근본적인 차이는 시민사
회의 분명한(definitive) 대표체들—욕구의 체계, 법관계, 이기적 개인
—을 더욱 깊은 현실—노동/소유관계—의 피상적인 표현으로 재구성
한 데 있다. 문제는 더이상 국가와 시민사회의 분리를 주제화하는 것이
아니라 갈등하는 이해들, 교환 그리고 정치적 형태들의 피상적인 외관
아래에 숨어 있는 것을 분석하는 것이었다. 문제는 눈에 보이는 관계들
의 더욱 깊은 조직원리의 문제로 되었다. 『수고』에서의 정치경제학 비판
의 요점은 규범과 현실을 대조하는 것이 아니라 임금노동/소유관계의
지배구조를 드러내고 정치경제학을 정당화 이데올로기로서 폭로하는 것
이다. 나는 이러한 방법을 '폭로적' 비판이라고 부르고자 한다. 이것은 세
가지 속성을 지닌다. 정치경제학 이론의 내적 모순을 드러낸다. 이러한
'과학/이데올로기'의 검증되지 않은 전제들을 명료하게 표현한다. 그리
고 이것은 자본주의 안에서 발생하는, 진보적인 방향으로 자본주의의 전
환을 주장하는 일련의 '급진적 요구'에 대해 말하려고 한다. 정치경제학
은 비록 불충분하나마 시민사회의 조직원리, 즉 노동/소유관계를 제출
하기 때문에 이러한 비판의 특권적인 대상이다. 단적으로 말해 정치경제
학의 '경제학'은 자본주의 경제학이다.

Zeleny, *Die Wissenschafts Logik und "Das Kapital"*(Frankfurt: Europäische Ver-
lagsanstalt, 1973)으로 대표된다.

39) K. 코지크는 *Die Dialektik des Konkreten*(Frankfurt: Suhrkamp Verlag, 1967)에서
 마르크스의 실천철학을 뛰어나게 분석한다. 그러나 코지크는 마르크스 작업 전체를 통
 일하는 실천으로서의 노동의 존재론을 발전시킨다. 그는 이런 견해의 결과로 마르크스
 방법론의 모순을 말하지 않는다.

정치경제학의 중심적 모순, 그리고 정치경제학이 이론화하는 사회의 중심적 모순은 부의 축적과 생산성의 향상이 노동자에게 빈곤, 종속, 소외를 선고하면서도 노동을 모든 부의 원천으로 설정하는 것이다.[40] 검증되지 않은 정치경제학의 근본적인 전제―경쟁법칙, 교환, 이윤, 축적, 소유―는 비역사적인, 자연적인 '사실'로 제시된다. 이들은 역사적으로 또는 체계적으로 설명되지 않는다.[41] 그러나 마르크스는 기초적인 임노동/소유관계에 의하여 시민사회를 이해하기 때문에, 전제들에 대한 비판은 더이상 시민사회의 제도들 속에서 표현은 되었지만 실현되지는 않은 규범적 원리들에 맞춰질 수 없다. 정치경제학의 규범들은 시민사회의 상태를 부정하지 않고 확증한다. 검약, 절제, 절약, 일, 취득, 자기이해―이들은 정치경제학의 법칙들을 보충하는 데 복무하는 정치경제학의 선언적인 윤리이다. 마르크스가 지적하듯 한 사람이 탐욕과 자기이해는 비도덕적이라거나 순전히 경제적인 동기라고 주장한다면, 그는 이와 관련된 이론과 관계가 없는 다른 영역(종교, 철학)에서 비롯된 기준을 적용하고 있는 셈이다. 막스 베버의 어법을 이용한다면, 정치경제학의 내밀한 세속적인 금욕주의는 매우 윤리적인 극기가 아니라 도덕법칙을 정치경제학적인 형태로 표현하는 것이다.

이 '과학'의 규범들이 그 전제들을 확증하고 있기 때문에, 그리고 자신이 아직 자본주의 발전이론을 형성하지 못했기 때문에, 마르크스는 해방된 사회의 전망을 자본주의의 해부체의 분석 속에서 정초하지 못한다. 사람들에게 '스파르타적 검약'을 부과함으로써 형성되는 정치적 의지를 통해 민주주의를 창조하려는 시도는 필연적으로 실패한다고 인식한 마르크스는, 이론은 오직 그 사람들의 **욕구**의 실현인 한에서만, 사람들 속에서 실현될 수 있을 뿐이라는 결론에 이르렀다.[42] 따라서 비판의 과제

---

40) K. Marx, *Economic and Philosophic Manuscripts of 1844* ; Marx and Engels, *Collected Works*, Vol. 3, pp. 231~32.

41) 같은 책, p. 270.

42) K. Marx, "On the Jewish Question", 앞의 책, p. 199, 또 *Contribution to a Critique*

는 자본주의가 체계적으로 창조하지만 충족시킬 수 없는 그러한 욕구들 (그리고 그 담지자)을 확인하는 것이다. 소외이론과 실천 개념이 새로운 의미를 획득하는 것은, 그리고 양자가 목적론적 역사철학에 결합되는 한 에서 새로운 기능을 획득하는 것은 바로 이러한 문맥에서였다. 소외된 노동에 대한 유명한 논의는, 자본주의사회에서의 임금노동자의 경험에 관계될 뿐만 아니라 대상화로서의 철학적인 노동 개념을 전제한다(이중 적인 노동 개념). 철학적인 실천 개념은 이제 대상화로서의 노동—자신 들의 생산물, 사회관계, 문화, 제도와 더불어 자신들의 욕구도 형성하는 개인들의 역사적 창조성—에 관계된다. 그것은 미래에 스스로 구성될 주체성의 실천적인 활동이라는 관점에서 마르크스가 역사를 소외로서 총체화할 수 있게 한 규범적이고 미래지향적인 개념이다.[43] 이러한 인간 활동 모델은 환원주의적·경제주의적 이데올로기로서의 정치경제학에 대 한 **초월적** 비판에 기초를 제공한다. 왜냐하면 정치경제학의 내적 모순을 드러내기 위하여 비판대상(정치경제학)의 관점을 취하는 비판에 더하여, 마르크스는 유적 활동이라는 초월적 입장에서 정치경제학의 범주—무 엇보다도 임금노동—들을 평가한다. 그는 노동하는 개인을 일하는 동 물, 생산의 도구로 간주하고 사회관계를 추상적인 경제법칙으로 환원시 키는 정치경제학(그리고 자본주의)의 환원주의적 논리를 비난한다.[44]

그럼에도 불구하고 비판을 통한 철학과 정치경제학의 종합은 애매한 종합이다. 새로운 시민사회 개념에 대한 비판이 폭로적 비판의 형태를 취했기 때문에, 역사 및 실천철학은 해방된 사회를 위한 초월적인 규범 적 원리들을 추상적인 초역사적 변증법 속에서 정초하기 위한 대안적인

---

of Hegel's Philosophy, p. 183을 보라.

43) Gyorgy Markus, "Der Begriff des 'Menschlichen Wesens' in der Philosophie des jungen Marx", *Internationale Marxistische Diskussion 53*(Berlin: Merve Verlag, 1976), pp. 41~90, 그리고 "Human Essence and History", *International Journal of Sociology* 4, no. 1(Spring 1974), p.89를 보라.

44) K. Marx, *Manuscripts of 1844*, pp. 241~42, 256.

시도로 간주되어야만 한다. 더욱이 일단 이러한 변증법의 사변적이고 종
말론적인 성격이 지적되면[45] 정치경제학 비판의 결함에 직면하는데, 그
결함이란 이 비판이 자신의 규범들에 적절한 근거를 부여할 수 없다는
사실이다. 또한 그것은 자신의 기획을 실현시킬 객관적 가능성에 대해서
도 논증할 수 없다. 왜냐하면 대안적 미래를 **선택**할 어떤 불가피한 이유
도 주어져 있지 않거나(정치철학의 부재), 자본주의의 **위**기경향에 대한
해결책으로 출현하는 공산주의의 **개연성**을 인정할 어떤 불가피한 이유
도 주어져 있지 않기 때문이다(자본주의 발전이론의 부재).[46]

실천 및 소외이론에 인간의 본성이라는 개념이 있다고 생각하지 않고
그것을 규범적인 이론으로 해석한다 하더라도,[47] 그리고 실천 및 소외이
론의 기능이 역사의 '의미'를 실천적 과제와 규범적인 공산주의 개념으
로 명료하게 파악하는 것이라고 인정한다고 하더라도, 목적론이라는 허
물은 피할 수 없다. 역사철학에 대상화 개념(유의 힘과 욕구의 영속적인
발전)을 연결시키는 것에는 현재의 기준과 속성을 과거와 미래에 투사
하는 진화론적인 편견이 따른다. 두 가지 발전모델이 여기에서 혼동되어
있다. 하나는 인류의 생산적 능력, 또는 기술적 발전과 자연의 통제를
표명하는 것을 지칭한다. 다른 하나는 인간의 형성과정에서의 진보를 지
칭한다. 이 과정 속에서 개별성은 연속하는 각 세대에 유용한 대상화(예
술, 철학, 윤리, 욕구, 능력)의 더욱 증가하는 순환에 의해 풍부해진다.[48] 자
연의 한계를 극복한다는 의미에서의 발전이 개인들의 완전한 자기발전
을 위한 전제조건으로 파악되는 한 이것들은 융합된다. 이러한 접근의

---

45) L. Althusser, *For Marx*, 여러 곳.
46) 『수고』에서 소외의 극복, 유적 생활의 실현, 그리고 임금노동/자본 이중성의 폐지로서
   의 공산주의모델은, 같은 텍스트에서의 시민사회 분석에 비해 규범적이지만 추상적이
   다. K. Marx, *Manuscripts of 1844*, pp. 231, 306.
47) G. Markus, "Human Essence", 여러 곳.
48) Agnes Heller, *Toward a Marxist Theory of Value*, Kinesis: *Graduate Journal in
   Philosophy* (Southern Illinois University, 1972), pp. 8~76을 보라.

약점은 두 가지이다. 첫째는 근대시민사회내의 역사적 맥락에서 나온 욕구, 능력, 통제의 영속적인 발전으로서의 대상화 논리를 역사성의 원리 그 자체로서 과거와 미래에 부당하게 투사하는 것이다.[49] 이것은 전자본주의적 체제들에 대해서는 그릇된 것이며, 마르크스주의에서 너무나 자주 그렇게 하듯이, 그것이 무제한적인 생산의 확장을 함축한다면 미래를 위한 논리로서는 생태적으로 파멸적인 것이다. 이러한 접근의 두번째 약점은 그것이 너무 절대적인 진보의 관념을 제안한다는 것으로서, 이러한 관념은 가치창조, 상징적 의미 등의 영역내에서의 어떠한 손실도 허용하지 않는다.[50]

그후의 저작들에서 마르크스는 이 딜레마에 대해 내가 앞으로 보여주듯이 성공적이지 못한 두 가지 대안을 제시한다. 첫째는 위에서 서술된 역사철학을 더욱 '구체적인' 역사적 진화이론으로 대체하고자 하는 역사적 유물론 이론 속에서 등장한다. 이 이론의 구조 안에서 물질적 생산은 새로운 시민사회 개념의 중심이 됨으로써, 그리고 역사적 발전의 다음 단계로서 공산주의의 객관적 필연성을 증명했다고 주장하는 새로운 방법, 즉 '과학'의 중심이 됨으로써 이중적인 노동 개념을 대체하였다. 반대로 『개요』와 『자본론』에서 소외개념은 역사화된다. 변증법은 역사에서 빠져나와서 자본주의 발전이론의 내적 구조 안에 위치지어졌다. 마르크

---

49) 원시사회는 이런 특징을 보여주지 않기 때문에 마르크스에게 원시사회는 비역사적인 것으로 나타난다. 따라서 의례와 신화의 상호관계, 상징적 의미의 재생산과 발전, 단적으로 말해 원시사회의 문화적 역사는 이러한 형태로 대상화의 이론에 대해 폐쇄되어 있다.

50) 유적 발전이 사회수준에서 계속 이루어진다는 이론은, 소외의 틀내에서의 생산력의 확장 자체가, 특히 자유주의에서 후기자본주의로의 이행에 따라, 사회수준에서의 진보를 가로막는다고 주장하는 사람들에 의해 도전받아왔다. 아도르노, 호르크하이머, 벤자민, 마르쿠제는 '문명화과정'에 수반되는 돌이킬 수 없는 손실을 지적하였다. 특히 아도르노에게는 문화적 가치가 수없이 파괴되어왔기 때문에 "전체가 거짓이 되었다." Theodor Adorno, *Minima Moralia*(London: New Left Review Editions, 1974), p. 50.

스의 이론적·실천적 기획에 대해 이러한 변화가 지니는 함의를 간단히
추적해보자.

3. 과학과 사회

국가/시민사회의 이중성에 대한 내재적 비판은 관료주의와 시장경제
를, 형식적 민주주의와 시장경제의 보편주의적 요구들에 도전하는 역사
적으로 특수한 불평등과 지배의 두 형태로서 지적했다. 그러나 내재적
비판은 자신이 단순한 신비화라고 폭로했던 규범들을 기각시키지도 않
았고, 그 규범들에 의해 정당화된 정치제도들을 경제관계에 수반하는 현
상 형태로 환원시키지도 않았다. 역사적 유물론으로의 전환은 마르크스
의 계급이론과 시민사회, 국가, 이데올로기의 분석에 대해 중대하고 참
혹한 결과를 초래했다. **생산양식**의 개념이 비판대상으로서의 **시민사회**를
대체하게 되고, 시민사회 개념은 모든 '문명화된' 사회를 지칭하는 것으
로 선택적으로 탈역사화되거나 '부르주아적'이라고 이해된다. 즉 근대는
자본주의적 생산 및 교환관계와 완전히 동일시된다.[51] 생산력/생산관계
와 상관개념인 계급 개념은 모든 역사의 동력으로서, 그리고 지배관계와
모든 역동적인 '역사적' 사회들에서의 해방을 위한 투쟁들을 이해하는
열쇠로서 역투사되어 제시된다. 우리가 보게 되는 바와 같이 이러한 접
근은 계급의 특수성에 대한 마르크스의 독창적인 통찰을 손상시켰으며,
비계급적 형태의 지배, 계층화, 차별화에 대한 연구를 배제하였다.[52]

마르크스에 의한 시민사회와 자본주의적 생산양식의 동일시는 비판
개념과 이데올로기 이론에 대해 응당한 결과를 초래했다. 역사적 유물론
에 내재하는 분석방법은 과학으로 제시된다. 따라서 비판은 그 우위성과

---

51) J. Cohen, 앞의 책, 제3장을 보라.
52) 같은 책.

이데올로기, 그 진리 내용을 상실한다. 생산을 세계가 구성되는 근본적 활동과 동일시함으로써 마르크스는 **생산양식**과 **분업**의 개념을, 모든 제도적 형태들을 '최종 심급에서' 설명하는 것으로까지 확장했다. 국가, 법, 이데올로기가 생산양식의 단순한 부수 현상적 표현이라는 토대／상부구조 모델의 도입은 초기에 논의된 국가와 시민사회의 대립모델이 지니는 풍부함을 해체하는 데 기여했다. 국가, 법, 시민적 자유, 보편성은 개별성, 인격, 시민권 등을 보장하기보다는 자본가적 이해를 보호하는 데 복무하는 부르주아적 소유관계의 이데올로기적인 표현으로 나타난다. 시민의 진리는 이제 그저 부르주아일 뿐이다.

그러므로 이데올로기의 기본 성격은 순전한 환상이라는 것이다. 분업(정신노동)의 차원에서 이해된 이데올로기는 의식의 환상, 즉 그것이 나타나는 사회적 조건과는 무관한 환상이다.[53] 진리 내용이 결여된 이데올로기는 역사(정치, 법, 과학, 도덕, 이념의 역사)에 대한 왜곡된 관념이거나 역사로부터의 완전한 추상이다.[54] 따라서 이데올로기 '비판'은 이데올로기의 진정한 규범적 원리들을 드러내거나 그 전제들의 내적 모순을 증명하는 형태를 취할 수 없다(사회와 경제에 대한 과학적 이론이라는 관념을 지니고 있고, 자연과학을 이데올로기의 지위로부터 해방시켰기 때문에, 이러한 이론적 접근에서 이데올로기로 비판당하지 않은 유일한 '부르주아' 이론은 정치경제학이라는 사실을 여기에서 언급할 가치가 있다!). 이데올로기 비판은 그 허구적인 겉치레에 대한 격렬한 비난으로 되었다. 보편성이라는 가면 아래 지배계급의 특수이해를 감춤으로써 지배계급에 봉사하는 이데올로기는 정치, 법, 철학, 윤리 등을 포함한다.[55] 개인들 사이의 '실제적

---

53) "이 순간부터 의식은 자신이 실제적으로 존재하는 의식 이외의 다른 어떤 것이라고 정말로 자부할 수 있다. …… 이제부터 의식은 '순수'이론, 신학, 철학, 도덕 등으로 나아가기 위하여 자신을 세계로부터 해방시키는 위치에 있다." 마르크스에 의하면 지적 정신노동과 육체노동이 각각 다른 사람들에게 맡겨지자마자 그러하다. K. Marx, *The German Ideology ;* Marx and Engels, *Collected Works* , Vol 5, p. 45.

54) 같은 책, p. 92.

관계'는 이제 마르크스에 의해 **생산관계**로 이해된다. 허구적인 정신적 산물, 허위적인 의식이기 때문에 이데올로기는 내재적 비판에 종속되지 않는다. 대신 마르크스는 이데올로기의 주장들을 거부하며 그것에 대해 생산양식 또는 역사적 유물론이라는 과학을 **대치시킨다**. 자연과학에 대한 실증주의적 이해를 본따서 만들어진 이러한 과학은, 마르크스에 의해 계속하여 사회의 사회적·정치적 구조와 생산 사이의 관련을 경험적으로 밝히는 데로 나아간다. 따라서 이 과학은 이데올로기에 대한 적극적인 대체물로 제시된다. 이 '어렵게 탐색된' 현실주의는 프롤레타리아트가 보편적인 계급이며, 따라서 어떠한 이데올로기도 필요로 하지 않는다는 전제를 동반한다. 그것은 단지 과학적 이론―마르크스주의―만을 필요로 한다. 이러한 이론과 결합된 공산주의의 모델들은 낭만적·유토피아적이거나(『독일 이데올로기』에서의 분업으로부터 해방된 만능의 개인이라는 르네상스적 이상) 국가주의적·권위주의적이다.

역사적 유물론이라는 과학의 실증주의적인 편견은 많은 사람들에 의해 지적되어왔다.[56] 확실히 역사적 유물론에 대한 구조주의적 독해에 의하면, 역사적 유물론은 마르크스 초기 저작들의 특징을 이루고 있는 '인류학적'·'경험주의적' 문제 설정과 단절하면서, 초기 저작들을 사회관계의 과학으로 대체한 것이라고 포고된다.[57] 구조주의자들에서 철학은 오직 과학적·구조적 분석양식에 대한 메타이론적 설명(이론적 실천의 이론)으로서만 이론에 관여한다. 그러나 나는 **생산양식** 개념을 역사 분석의

---

55) 같은 책, p. 36.
56) J. Habermas, *Knowledge and Human Interests* (Boston: Beacon Press, 1971), pp. 25~42 ; 그리고 Wellmer, *Critical Theory*, pp. 67~121. 이들의 비평은 마르크스의 자기 이해를 두고 말한다. 마르크스는 실증주의적으로 이해된 자연과학모델의 노선에 따라 자기 자신의 이론을 조망하고, 그것에 의해 과학과 비판의 차이뿐만 아니라 자연과학과 사회과학의 차이를 흐리게 했다는 것이다. 마르크스가 새로운 과학, 과학의 통일, 그리고 기술의 보존 또는 변형을 옹호했는가 하는 문제에 대해서는 수많은 논쟁이 있다. 하버마스와 벨머의 견해와 반대되는 견해에 대해서는 John O'Nell, *Sociology as a Skin Trade* (New York: Harper and Row, 1972)를 참고하라.

열쇠로 확장하는 것은 결코 실천철학의 탁월함을 나타내는 것이 아님을 주장하고자 한다. 오히려 그것은 다른 모든 형태의 활동보다 물질적 생산을 역사와 시민사회의 결정적인 동력으로 특권화시키는 '인간'이라는 관념에 기초하고 있다. 더욱이 주체로서의 인간을 추방시킨 것은 더욱 과학적인 분석에 이르는 것이 아니라, 오히려 인간의 물화된 주체로 대체—구조의 자율적인 운동—하기에 이른다.[36] 구조주의적 해석은 사회현실을 단지 대상으로서, 그리고 객관적 구조로 구성되는 완성된 결과로 간주함으로써 그것을 (허구적) 총체성으로 생각한다(사회학주의). 실로 구조주의적 해석의 약점은 역사적 유물론 자체의 방법론적 접근의 약점에 상응한다. 토대/상부구조 모델과 더불어 시민사회 개념의 탈역사화는, 자본주의적 생산관계의 역사적으로 특수하고 형태구성적인(form-giving) 범주이면서 동시에 **물신숭배적인** 범주들에 대한 비판적 분석을 배제해버린다. 더욱이 구조주의적 접근은 '성숙한' 마르크스의 '과학적' 이론을 역사적 유물론으로 개념화하기 때문에, 제2의 정치경제학 비판(『자본론』)을 역사적 유물론과 구별짓는, 방법론(비판방법) 및 분석대상에서의 변화를 보지 못한다.

4. 탈물신적(defetishizing) 비판

그러나 마르크스가 생산양식 개념을, 그리고 우리가 앞으로 보는 바와

---

57) 알튀세에 따르면 과학은, 주체 개념 또는 주체에 대한 언급이 없는 순수한 이론화 양식이 지식은 실제적 대상의 실제적 부분이며 사회적 조건에서 분리되어 있는 것이라는 '경험주의적' 가정을 포기하는 것이다. 『독일 이데올로기』에서의 마르크스가 이데올로기에 부여하고 있는 그러한 특성을 알튀세가 과학에 부여하고 있다는 것, 그리고 동일한 텍스트들에 대한 언급 속에서 그러하다는 것은 역설적이다! L. Althusser, *Reading Capital*, p. 38.

58) K. Kosik, *Die Dialektik des Konkreten*, p. 57.

같이 계급 개념과 생산력 생산관계의 변증법을 모든 역사에 과잉확장시킨 것은, 더이상 정치경제학에 대한 성숙한 비판의 특징이 아니다. 여기서는 역사진화에 대한 단계이론이, **논리**와 **역사적 발생**을 구별하는 사회구성체 분석으로 대체된다. 더욱 중요한 것은 변증법이 역사 밖으로 나와 자본주의의 체계적 발전 동학의 분석 안에 위치지어진다는 것이다.[59] 새로운 형태의 비판은 국가에 대한 내재적 비판과 1844년의 정치경제학에 대한 폭로적이고 초월적인 비판 모두와 구별되는 후기의 텍스트들에서 나타난다. 왜냐하면 자본주의 발전이론(새로운 형태의 과학)과 관련된 물신숭배 개념은 1844년의 텍스트들의 요지를 훨씬 뛰어넘는 비판양식이 필요한 이데올로기 개념을 도입하기 때문이다. 동시에 시민사회 개념은 재역사화되지만 결코 초기 저작들의 풍부함을 재획득하지 못하며, 여전히 그 심원한 구조—자본주의적 생산관계—와 동일시된다. 따라서 마르크스의 저작 전체에 스며 있는 긴장과 모순은, 계급이론을 둘러싼 문제들과 이 문제들에 대해 시도된 해결책의 윤곽을 보여주는 후기 저작들 속에서 특수한 형태를 취한다.

확실히 자신의 저작에 관한 마르크스의 수많은 진술은 위의 주장과 모순된다. 역사적 유물론과, 1859년 『정치경제학 비판 서설』 및 『자본론』 제1권에 부친 서문에서의 정치경제학 비판 사이에 존재하는 차이는 좀처럼 발견하기 어려울 것이다. 물질적 생산의 우위성, 토대/상부구조 모델, 생산력/생산관계 모순의 모든 역사로의 확장, 결정론적 혁명이론과 진화론적인 사회발전단계이론, 이 모든 것은 과학적 이론화를 향한 자기 자신의 지적 발전의 경로에 대해 마르크스가 반성하는 문맥 속에서 출현한다. 더욱이 역사발전과 과학 개념에 부착되어 있는 '필연성'이라는 관념은, 자본주의적 재생산의 '자연법칙'과 아직 완전히 산업화되지

---

59) 이것은 무엇보다도 Reichelt의 입장이다. *Zur logischen Struktur*, 여러 곳을 보라. 확실히 구조주의자들은 **기원**과 **구조**를 구별하지만, 과거의 역사를 분석하는 데 이용될 수 있는 범주들을 지닌 생산양식으로서 구조를 이해할 때 그 구별의 의미는 상실되고 만다.

못한 나라들이 가장 발전된 자본주의국가인 영국의 길을 따라야 할 불가피성과 관련하여 다시 나타난다.[60]

그럼에도 불구하고 우리는 마르크스의 자기이해를 우리 자신의 것으로 만들 필요는 없다. 사실 우리는 『개요』(마르크스 생전에 출판되지 않은)의 방법론적 서문을 언급함으로써 역사적 유물론의 선험성에 대한 우리의 논증을 부분적으로 마르크스 자신에 근거지을 수 있다. 여기에서 마르크스는 자본주의체계의 범주들을 통해 분석될 수 없는 이 체계의 역사적 형성과 체계논리 그 자체—자본주의의 역사적 현존을 전제하는 —의 차이와 관련하여, 체계적 분석과 역사적 발생을 구별한다.[61] 자본주의체계의 현재의 동학에 적절한 개념들의 이론체계를 구축하기 위해서는 근대시민사회에서의 이 개념들의 접합(Gliederung)을 지침으로 해야 한다고 그는 진술한다.[62] 더욱 중요한 것은 모든 경제사회(또는 생산양식)에 공통적인 중요성을 확립하기 위해 노동 일반 개념(또는 생산양식)에서 시작하는 역사적 분석을 마르크스가 거부했다는 것이다. 그러한 접근은 현재의 체계분석의 범주들을 과거에 그대로 부여함으로써 사회구성체들 사이의 본질적인 차이를 놓치게 될 것이다.[63] 그렇게 해서 마르크스는 자신의 후기 저작들을 정치경제학, 역사적 유물론에 관한 자신의 초기 이론, 그리고 덧붙이자면 구조주의적 해석과 암묵적으로 구별한다.

---

60) K. Marx, *Capital* (London: International Publishers, 1967), Vol 1, pp. 8~9.

61) K. Marx, *Grundrisse: Foundations of the Critique of Political Economy* (trs.), Martin Nicolas (London: Penguin Books, 1973), pp. 81~115.

62) 같은 책, pp. 107~08. 여기에서 언급하는 것은 추상과 구체의 변증법에 대한 것이다 —물론 사고는 구체적인 것이 생겨나는 과정을 따르는 것이 아니라, 체계적인 이론적 산물을 생산하기 위해 총체성으로서의 체계의 현존을 전제한다. 구조주의자는 순수이론과 '현실', 지식의 대상과 실제적 대상, 이론적 추상물과 '실제적' 추상물의 총체적인 분리를 함축하기 위해 이것을 이용하고 있지만, 더욱 적절한 해석은 J. F. Lyotard의 해석이다. 그는 미출판 수고에서 체계의 범주들은 역사적 현재를 전제하며 실천을 고무하는 지향을 가지고 있지만, 역사성을 직접적으로 표현하려고 하지는 않는다고 주장한다. Lyotard, "The Place of Alienation in the Marxist Overthrow".

63) K. Marx, *Grundrisse*, pp. 85~86.

논리와 발생 사이의 구별은 변증법(생산력/생산관계, 추상/구체, 본질/
현상)이 더이상 모든 역사에 투사되는 것이 아니라 오직 자본주의의 논
리로서 파악된다는 것을 함축한다. 변증법을 자본주의의 내적 동학에 한
정하는 것은, 오직 자본주의하에서만 사회화된 활동이 존재하여, 그것을
체계적이고 물신숭배적이며 예측가능하거나 합리적으로 되게 할 수 있
다는 전제에 입각해 있다. 처음으로 경제는, 그 재생산논리가 사회관계
의 재생산에 근본적인 체제적 총체성으로 등장한다. 개인들은 경제에 종
속당하게 된다. 루카치가 지적했듯이 사회의 사회화(Vergesellschaf-
tung)는 독특한 자본주의적 현상으로서, 이것은 사회 전체를 통하여 생
산과 교환을 통합하고 개인적 행위자들을 기본적인 체계적 범주의 표상
적 역할(인물가면)로 환원시킴으로써 자신의 체계적 성격을 표현하게 되
는 것이다.[64] 이에 상응하여 개인과 유적 발전의 분리로서의 소외이론은
역사화되며 더이상 역사철학의 역할을 하지 않는다. 마르크스는 이제 유
적 능력의 발전이 개인들의 능력 및 욕구의 확대와 분리되는 체계적 원
인으로서 생산을 위한 (욕구의 충족보다는) 생산을 확인한다.[65] 더욱이 노
동 일반 개념을 자본주의사회로 제한함으로써 (추상적 노동) 진화론적인
역사적 유물론은 그 기초를 상실하고 포기된다.

『자본론』에서의 분석이 자본주의적 생산양식의 구조의 과학 이외에
아무것도 아니라는 주장이 여전히 제시될 수 있을 것이다.[66] 그러나 나
는 마르크스가 『자본론』에서 가정한 체계와 계급 사이의 관계와 더불어
『자본론』의 방법은, (사회)과학으로서의 위치 이외에, 또한 **특수한 철학적
전제들을 지닌 비판**임을 인식하지 않고서는 이해될 수 없다고 주장하고
자 한다. 더욱이 과학, 비판, 철학의 방법이 원활하게 전체로 통일되지

64) Georg Lukacs, *History and Class Consciousness*(London: Merlin Press, 1968), pp.
   83~110.
65) K. Marx, *Theories of Surplus Value*(Moscow: Progress Publishers, 1968), pp.
   117~18.
66) L. Althusser, *Reading Capital,* 여러 곳.

않고 서로 충돌하는 한, 오직 이 텍스트들에 대한 정당화가 아닌 비판적 분석만이 거기에서 발견되는 계급분석의 의문스런 지위를 명확히 할 수 있을 것이다.[67]

『자본론』에 '과학적' 계기가 있다면 그것은 서술(Darstellung) 양식 또는 자본 개념의 전개에 대해서뿐만 아니라, 자본주의적 발전 및 위기 경향 이론과도 관련된다.[68]

따라서 마르크스의 이론은, 어떤 사회이론도 그 대상 영역의 체계적이고 법칙적인 특성을 설명하려고 하는 한 과학적이라고 말해질 수 있다는 의미에서는 과학적이다. 그러나 이때의 '과학'이라는 말은 실증주의적인 의미나 순수이론적인 실천으로 이해되어서는 안된다—오히려 헤겔적인 학(Wissenschaft)의 개념이 더욱 적절하다. 『자본론』에서 드러나고 있는 체계의 체계성(또는 탈중심적 총체성이라는 개념)—그 내적 논리는 범주들과 그 '대리인들'의 변증법적 전개를 구조화시킨다—은 바로 헤겔의 『논리학』에서 작동하고 있는 과학이라는 개념이다. 이 저작의 영향은 『자본론』 전체의 운동에 침투해 있는데 주요한 차이가 있다면, 그것은 마르크스의 분석은 무전제적인 척하지 않는다는 주요한 점이다. 대신 마르크스는 정치경제학의 범주들과 자본주의적 생산체계의 역사적 현존 모두를 전제한다. 이러한 맥락에서 『자본론』의 과학적 대상을 구조로 이해하는 것과 체계로 이해하는 것의 차이는 용어상의 차이를 넘는 것이다. 왜냐하면 전자본주의적 사회들을 분석하는 데 이용될 수 있는 범주들—생산양식, 생산력과 생산관계—을 지닌 **구조**를 파헤치는 분석은, 역사적으로 등장한 하나의 사회구성체인 자본주의, 즉 최초로 그 사회경제적 관계가 총체성을 형성하는 사회에 독특한 **체계** 논리를 전개하는 접근과 **충돌하기** 때문이다.

후자의 이해에 대해 역사주의라는 비난이 가해질 수 있다. 그러나 자

---

67) J. Cohen, 앞의 책, 제6장을 보라.
68) Reichelt, *Zur logischen Struktur*, p. 14.

본주의적 발전 논리의 이론적 전개가 또한 **비판**이기도 하다는 것을 알게 된다면 이러한 비난은 즉시 벗을 수 있다. 이것은 물신숭배 개념의 중심성이 후기 저작들에서 인식될 때에 비로소 가능하다. 사실 물신숭배 개념은 사회관계의 비투명성을 설명하고 동시에 가치이론에 대한 비판적 공격을 수행함으로써 소외 개념이 1844년에 가졌던 기능을 물려받는다.『자본론』의 범주들의 변증법적 전개—사용가치와 교환가치의 모순, 노동의 이중적 성격, 상품 물신숭배에서 죽은 노동과 산 노동의 모순(자본 물신숭배) 및 '토지부인'과 '자본선생'이라는 유령의 활보에 이르기까지를 포함하는—는 물신숭배이론에 뿌리를 두고 있다.[69]

더욱이 후기 저작들에서의 물신숭배 개념의 중심성은 새로운 이데올로기 개념을 내포하고 있는데, 이제 이 새로운 이데올로기 개념은 역사적 유물론에서의 그것과 단절하는 것이다. 물신화된 현실의 중요 부분으로서, 그리고 상품 및 자본 물신을 재생산하고 재확증하는 이론으로서 정치경제학은 비판의 사정(射程) 안에 있는 매우 탁월한 이데올로기이다. 그러나 이데올로기는 더이상 초기 이론의 의미에서—단순한 환상으로서—이해될 수 없고 오히려 **거짓된** 현실의 필연적이고 올바른 표현으로 파악된다. 따라서 그것의 **탈물신적 비판**은 역사적 유물론의 추문 폭로적인(muckraking) 활동과도, 마르크스의 초기 저작들의 규범 비판과도 동일시될 수 없다. 그러나 그것은 또한 정치경제학의 전제들에 대한『수고』의 폭로적인 비판과도 유사하지 않다. 대신 새로운 비판은, 정치경제학과 경험적 의식의 이데올로기적인 외관의 필연성을 설명하기 위해, 그리고 또한 그 이데올로기적인 외관을 분명히 표현함으로써 억압된 범주

---

69) 정치경제학 비판이 단지 부정적인 요지만을 지니고 있는지, 아니면 발전에 관한 긍정적인 이론도 전개하려 하는지 하는 것은 열려 있는 문제이다. G. Lukacs, *History and Class Consciousness*는 후자의 견해를 지지하고 J. F. Lyotard, "Place of Alienation"은 전자를 지지한다. '토지부인'과 '자본선생'은 정치경제학내에서의 지대와 이윤의 물신화를 언급하기 위해 마르크스가 『자본론』 제3권에서 사용한 용어이다. K. Marx, *Capital*, Vol. 3, pp. 829~30.

들의 탈물신화를 성취하기 위해 자본주의적 생산의 발전논리를 위기이론으로 펼쳐보이는 이론형태를 취한다.[70] 정치경제학의 범주들은 비판의 토대를 형성한다. 왜냐하면 정치경제학은 자본주의내에서의 물신숭배적인 경험 양식을 직접적으로 예증하기 때문이다. 정치경제학의 범주들은 경제적 활동과 행위자들을 사회적 활동으로서가 아니라 대상의 형태 아래에서만 이해할 수 있게 한다. 바로 그 노동가치론은 자본주의적 생산양식의 구조를 명료하게 표현하는 데 이바지할 뿐만 아니라 마르크스에게는 반드시 폐지되어야만 하는 물신숭배적 논리의 표현이기도 하다. 사물들, 상품들 사이의 계산가능한 가치관계라는 부조리로 사회관계를 환원시키는 체계를 타도하는 것이 비판의 공격목표이다.

따라서 주어진 현실로부터 근본적으로 봉쇄된 닫힌 구조적 체계를 발전시키기는커녕, 정치경제학 비판은 정치경제학의 물신적 대상—법률학적 자본주의체계—을 이론적으로 폐지하고, 그 자신을 이론으로서 가능케 하는 현재의 역사적 조건들을 무너뜨리는 것을 지향한다. 이론적 수준에서 작동하는 탈물신화의 동학은 실로 참고할 만하며 정치적 함의를 지니고 있다. 그것은 물신화된 자본주의적 생산관계 속에서 자신의 활동과 의식이 억압된 사람들—노동자—의 실천에 영향을 끼치고자 한다. 이것은 실천철학의 범주들(대상화, 소외)이 새로운 방식으로 작동한다고 하더라도 이 철학이 여전히 후기 저작들의 기초를 이루고 있다는 것을 의미한다. 한편으로 우리는 노동의 소외에 대한 풍부한 묘사를 그 이전 1844년 정치경제학 비판에서의 묘사를 생각나게 하는 이 텍스트들에서 발견할 수 있을 것이다. 그러나 이러한 소외를 직접적으로 파악하려는 『수고』의 시도를 반복하는 것이 아니라, 그것을 역사철학내에 개념적으로 위치지음으로써 마르크스는 소외를 하나의 **범주로서** 『자본론』에 재도입하지는 않는다. 오히려 이 작업의 비판적 성격은 소외를 역사적 **경험**으로 전제하면서, 이러한 경험을 개념들 속에서 재생산하지 않고 경험의

---

70) Reicht, *Zur logischen Struktur*, p. 85.

그 전복 논리를 구성하기 위해 경험수준의 근저에 있는 것을 탐구하는 이론을 구축함에 있다. 자신의 노동력을 상품으로 팔아야만 하는 임금노동자가 경험하는 소외는 자신의 활동과 산물에 대한 모든 통제를 상실하고 공장에서의 자본가의 압제에 종속되는 것인데, 이는 반체계, 전도된 체계인 비판으로서의 이론적 체계를 구축할 수 있게 하는 자본주의적 생산양식의 기본적인 측면이다.[71]

그럼에도 불구하고 여전히 후기 저작들의 기초를 이루고 있는 실천철학적 전제들이 함축하는 정치적 기획은 많은 난제를 제기한다. 루카치가 주장해왔듯이, 물신숭배에 대한 비판은 발전에 관한 실증적인 이론을 위기이론—이 이론의 기능은 실천의 객관적 가능성을 제시할 수 있을 체계의 균열을 적시하고 물신숭배를 극복하는 데 있어 노동자가 걸어야 할 길을 적시하는 것이다—으로서 전개하는 것과 적절히 부합되는가? 혹은 『자본론』에서의 총체화된 분석의 기능은 구조에 관한 실증적인 이론에 도달하는 것도, 잠재적인 혁명적 주체가 걸어야 할 길을 제시하는 것도 아니고, 오히려 반체계—자기 자신과 그 수신인의 실천 사이를 매개하는 어떠한 주장도 없이 자신의 대상을 이론적으로 해체하는—를 발전시키는 것인가?[72] 전자의 접근은 여전히 『자본론』에 과학적 계기가 있다는 것을 인정하지만 후자의 이론은 그것을 완전히 거부한다. **요컨대 우리는 마르크스의 텍스트들에 내재하고 있는 비판, 과학, 철학 사이의 세 갈래의 대립에 직면하고 있다.**

『자본론』에는 비판 및 탈물신화에 맞추어진 접근과, 운동법칙 및 체계의 위기경향을 결정할 수 있는 더욱 세련된 정치경제학으로 자본주의적 발전에 관한 실증적 이론을 발전시키는 것에 맞추어진 접근 사이의 많은 모호함이 있다. 이들 어떤 접근도 혁명적 실천의 이론과 완전히 부합되거나 적절히 관련되어 있지 않다. 왜냐하면 비록 물신숭배적으로 해석

---

71) J. F. Lyotard, "Place of Alieanation", p. 4.
72) 같은 글, p. 37.

208

된다고 하더라도, 『자본론』의 논리는 완전히 동일한 분석 속에서, 자신의 활동이 가장 체계적으로 자본에 의해 요구된 기능으로 되어 버리는 그러한 계급과, 실천적인 계몽과정을 통해 스스로를 **유일한 혁명적 주체**로 구성할 수 있게 될 계급을 동일시하는 주장이 어떤 근거로 가능한가를 질문해야만 하기 때문이다. 여기에서 나는 후기 저작들의 모순적 방법론과 이 텍스트들에 스며 있는 시민사회 개념 사이의 관계를 밝히고자 한다.

　후기 저작들이 초기 저작들에서 발견될 수 있는 어떤 것보다 자본주의적 생산양식의 발전경향 및 모순을 훨씬 더 일관되게 분석했다는 것은 부정할 수 없다. 그럼에도 불구하고 이러한 이점은 근본적인 결함, 즉 초기보다 훨씬 더 강화된 형태로 '시민사회'가 자본주의적 생산양식으로 환원되는 것을 수반한다. 『자본론』이 단지 정치경제학 비판을 통해 생산, 재생산의 동학과 자본주의의 전환을 제시하는 한, 문화적·법률적 하위체계들은 단지 지나가는 투로 언급될 뿐이다. 사실 심지어 마르크스는 자본 자체가 시민사회를 **창조한다**고까지 말하기에 이른다.[73] 과거의 역사가 생산의 변증법의 압제에서 해방되었다고 하더라도, 그 변증법은 시민사회 분석으로 되돌아와서 복수를 한다. 토대/상부구조 모델은 이상하게 변형되어 이제 유통영역은 생산관계의 이데올로기적인 피상적 외관으로 나타나는데, 이 생산관계의 발전논리는 점점 더 그 최초의 전제—단순상품생산—와 모순된다. 근대사회의 법적·정치적 형태와 이들의 기초를 이루는 규범 모두가 이제 유통—교환관계—영역의 필연적인 표현으로 나타난다. 욕구와 소유관계를 통해 통합된 독창적인 헤겔적 시민사회 모델은 이제 '자유롭고' '평등한' 구매자와 판매자가 자신들의 상품을 등가물과 교환하는 유통영역의 법률적인 반영으로 나타난다. 시민사회의 규범적 원리와 제도적 지주는 그 이데올로기적 내용이자 토대인 생산관계로 환원된다.[74]

---

73) K. Marx, *Grundrisse*, p. 409.

성숙한 마르크스의 작업에 내재한 비판적·철학적·체계적 계기들 사이의 긴장의 원천은 바로 이처럼 시민사회를 생산양식의 동학으로 환원시킨 데 있다. 체계논리를 체계의 역사적 발생과 분리시키는 것은, 과거 및 미래에 대해 자본주의의 특수한 역사성을 증명하는 데 복무한다. 그러나 미래의 전망은 분석에서 해결되지 않은 긴장에 기인하는 모순적인 전망이다. 한편으로 축적의 발전이론(반체계가 아닌)은, 자본주의의 생산주의적 논리를 더욱 합리화된 형태, 즉 중앙계획으로 유지하는 공산주의 모델을 함축한다.[75] 다른 한편 정치경제학 비판은 계급관계의 위계를 강요하는 구조적·기능적 차별화에서 해방된 자유롭게 연합한 개인들의 공동체/사회로서 규범적인 미래모델을 설정하는 것에 상응한다(생산주의적이고 제도가 없는 반근대적 유토피아로서의 노동자들의 통제). 그러나 시민사회와 그 규범적 원리 및 제도적 접합을 부르주아관계의 부수현상이라는 지위로 환원시키게 되면, 후자는 근거가 지극히 박약하다. 가치, 규범, 비도구적 동기부여를 통한 사회적 통합은 결국 체계통합(사회경제관계의 생산주의적 논리)으로 와해되어버리고, 그 결과 현재의 경제적 논리를 뛰어넘을 수 있는 미래모델을 내재적으로 근거지을 수 있는 어떠한 방법도 마르크스에게는 남아 있지 않게 되었다는 것이다.[76]

그러나 비경제적·사회적 규범과 제도가 경제적 관계 속에 그것의 발생 또는 진리를 가진다고 가정함에 있어서 최대의 위험은, 형식적 민주주의의 보편주의적 원리들을 부르주아적이라고 거부하고, 시민사회 전체의 폐지를 강변하는 억측에 집착하는 사람들과 유사한 경향을 가진다는 데 있다. 자본주의체계의 파괴는 '본질적인' 자유와 평등을 실현하는 전제조건으로서 시민사회(그 법적·제도적 지주들을 포함하여)의 파괴를 요구하는 것으로 보인다. 그와 같은 사고의 오류는 규범/법의 **형식성**이 이들의 본질적인 실현을 가로막는 토대라는 믿음에 있는 것인데 이러한 믿

---

74) 같은 글, p. 245.

75) K. Marx, *Capital*, Vol 1, pp. 78~79.

76) J. Habermas, *Legitimation Crisis* (Boston: Beacon Press, 1975).

음은 규범/법의 이데올로기적인 성격은 오히려 그것들이 충분히 형식적이지 못하다는 데 있음을 이해하지 못한다.[77] 바꾸어 말하면 '부르주아' 사회와 정치의 결함은 자본주의적 소유/생산관계가 개별성, 자유, 민주주의 등의 필수적인 전제조건이라고 가정하는 것이다. 근대시민사회의 비극은 자본주의라는 제한된 토대 위에서 그것의 규범들을 보편화하고 정식화하려는 시도에 있다. 더 나아가 이러한 원리들을 시민사회의 경제적 토대로 환원하는 것은 논리적 오류를 불합리의 극치에 이르게 할 뿐이다.

요컨대 이러한 접근이 함축하는 것은 물신숭배 비판에서 물신숭배 논리의 재생산으로의 이동이다. 자본주의체계의 발전의 논리가 동시에 그것의 붕괴논리(객관적 가능성)로 제시되지 않는다면, 현재 속에 내재된 마르크스주의 정치학 및 윤리학의 토대의 상실은 덜 혼란스러울 것이다. 왜냐하면 일단 공산주의가 자본주의의 내적 논리, 위기로 치닫는 논리, 발전논리, 물신숭배적 논리에만 근거를 두면, 가치와 제도들의 문제가 더이상 제기될 수 없다. 마르크스에 의해서 그렇게 되었듯이, 시민사회에 대한 초기의 내재적 비판에 의해 산출된 보편주의적 가치들이 보존된다고 하더라도, 그 가치들은 초월적이고 자의적으로 될 것임에 틀림없다. 더욱이 정치경제학 비판에서 획득된 발전이론은 현재에서 미래로의 운동을 설명하는 과제에 무겁게 짓눌리게 된다. 시민사회의 정치적·사회적·규범적 지주들을 자본주의적 생산양식의 논리로 환원하는 것은, 현재와 미래의 역사에서 체계논리의 붕괴를 가져온다. 정치경제학 비판은 시민사회에 대한 초기의 내재적 비판에 비해 빈곤하다. 왜냐하면 그것은 실천에 대해 오직 결정론적이거나 자의적인 관계를 유지할 수 있을 뿐이기 때문이다. 그러므로 중앙계획적인 국가주의적 사회가 마르크스의 이름으로 독립적인 시민사회를 부르주아적이라고 거부할 뿐만 아

---

77) 자연법이론 및 헤겔과 관련된 이 문제의 탁월한 논의에 대해서는 Albercht Wellmer 의 수고 "Ethik und kritische Theorie"를 보라.

니라 형식적인 민주주의적 구조도 거부하는 것은 전혀 근거가 없는 것이 아니다. 다음과 같이 말할 수도 있을 것이다. 어떠한 시민적 자유, 자발적 단체, 또는 공적 공간도 자본주의의 폐지가 없이는 결코 사회주의와 같은 것이라고 할 수 없지만, 마르크스 이론의 정신을 따라 비록 공식적인 논리와는 부합하지 않는다 하더라도 식민적 자유, 자발적 단체, 공적 공간이 없이는 어떠한 (시민)사회도 사회주의적이라고 불릴 수 없을 것이다.

계급이론이 마르크스의 전저작에 있는 과학적·비판적·철학적 전제들 사이를 성공적으로 조정하는 데 기여하는가의 여부를 고찰하는 것이 다음 장에서 나의 과제가 될 것이다. 마르크스의 작업에 내재하고 있는 모순은 시민적·정치적·법률적·규범적·문화적 계기들을 이른바 시민사회의 해부체―정치경제―의 부차적인 측면으로 환원하는 근대시민사회 분석에서 유래한다는 것이 나의 테제이다. 그리고 시민사회의 **부르주아사회로의 환원을 수행하는 가장 중요한 수단은 생산관계와 상관개념인, 특수한 마르크스적 계급 개념** 이외에 아무것도 아니다. 나는 위에서 논의된 시민사회 분석에서의 변화와 관련하여 계급 개념의 파라미터들을 추적하고자 한다. 나는 정치경제학 비판에서 생산력/생산관계 변증법의 재역사화에도 불구하고, 적어도 자본주의사회의 내적 동학이 생산형태에 대한 비판을 통해 파악될 수 있고 계급관계로 이해될 수 있다는 전제는 근대시민사회에 대한 마르크스의 인식을 왜곡시킨 생산주의적 논리에 의거한다는 것을 논증할 것이다.

계급관계를 근대사회에서의 지배 및 해방의 보편적인 토대로 제시하는 어떠한 분석에도 이중적 경향은 원래 존재한다. 한편으로 그러한 계급이론은, 계급관계의 구조에 들어맞지 않거나 계급관계의 도구로 파악될 수 없는 기본적 지배형태에 대한 승인을 배제한다. 다른 한편으로 계급이론은 갈등하는 이해들, 욕구의 구조, 그리고 사회영역의 법적 지주들을 생산관계의 피상적인 표현, 계급관계로 간주함으로써 국가/사회의 구분과 함께 나타난 **사회영역**의 복합성을 모호하게 한다. 시민사회의 분석에서 마르크스의 가장 중요한 통찰은 민주주의 및 자유의 문제가 사회적 문제의 해결이 없이는 풀릴 수 없다는 것이었다. 계급이론은 노동자운동, 정치적 민주주의를 위한 투쟁, 그리고 자본주의적 재생산의 체계적 분석을 '변증법적' 전체 속으로 종합하려는 웅대한 노력이었다. 그러나 마르크스는 정치적 상호작용을 계급관계의 수단으로, 시민사회를 자본주의로 환원하려 했기 때문에 정치적인 문제를 사회적인 문제로 해소하기에 이르렀다. 마르크스는 또한 무제한적인 성장과 잠재적인 풍요를 가정했기 때문에 (그릇되게도) 선택이라고 하는 근본적인 정치적 문제와 대면하지 않았다.

마르크스 계급이론에서 나오는 공산주의모델은 세 가지 대안적 전망—비정치적(apolitical), 국가주의적, 관료주의적 전망—으로 분해되었다. 이익집단, 자발적 결사체 그리고 근대시민사회의 공중 등의 다원성을 자본주의적 계급관계에서 야기되는 부분적 분열로 간주한 분석에서는, 미래의 사회는 의식적인 합리적 계획화를 통해 조직된 투명한 사회관계 속에서 완전히 사회화되어 개인과 사회의 적대, 보편적인 것과 특수한 것 사이의 적대를 해결한 것으로 파악될 수밖에 없다. 우리는 이제 이것이 근대의 도래를 예고한 바로 그 이질성의 파괴에 입각한 위험한 신화라는 것을 알고 있기 때문에, 추체험의 이익을 갖고 시민사회의 분석으로 돌아가야 한다. 마르크스의 자본주의적 계급관계에 대한 비판은 변호론에 빠지지 않고자 하는 시민사회에 대한 어떠한 재평가 노력에서도 여전히 근본적이다. 그러나 사회주의적 시민사회라는 기획을 제출하기 위해서는 시민사회의 파라미터들 및 형식적인 민주주의국가가 반드시 재평가되지 않으면 안된다. 시민사회의 모순적인 제도화에 대한 마르크스의 통찰은 대단히 중요한 출발점이다. 계급이론을 재구축하는 데 있어 나의 목적은, 마르크스가 제시한 해결책의 부적절함, 그리고 어느 정도까지는 그의 전제들의 부적절함에도 불구하고, 마르크스가 직면했던 문제는 여전히 여러 측면에서 우리 자신의 것임을 보여주는 것이다. 오직 마르크스주의의 최후의 도그마인 계급 개념에 대한 내재적 비판만이 해결을 위한 길을 닦을 수 있을 것이다.

(권기돈·이병천 옮김)

제6장
시민사회론의 역사와 포스트 마르크스주의*

존 킨

1. '사회주의'적 시민사회?

민주적 혹은 사회주의 시민사회에 대한 새로운 사고—그 윤곽이 대
체로 중부유럽의 저자들로부터 출발된—에 대해 대부분의 보수주의자
와 자유주의자들은 불편함을 느끼고 있다.[1] 사회주의자 서클에 수용된

* John Keane, "Remembering the Dead: Civil Society and the State from Hobbes
to Marx and Beyond", *Democracy and Civil Society: On the Predicaments of
European Socialism, the Prospect for Democracy and the problem of Controlling
Social and Political power* (London: Verso, 1988). 『사회와 사상』 25, 1991 여름호에서
전재함.

1) J. Tesar, "Totalitarian Dictatorship as a Phenomenon of the Twentieth Century
and the Possibilities of Overcoming Theme", *International Journal of Politics*, vol.
11 no. 1, Spring 1981, pp. 85~100; L. Hejdánek, "Prospects for democracy and
Socialism in Eastern Europe", V. Havel, et al., *The Power of the Power less*, J.
Keane(ed.), (London: 1985), pp. 141~51; L. Kolakowski, "Marxist Roots of

이러한 사고는 일반적으로 환대받을 리 없다. 특히 마르크스주의 전통에서 '사회주의 시민사회'란 용어는 자체모순적이고 심지어 비상식적인 것으로 보인다. 예컨대 풀란차스에 따르면, 국가로부터 분리된 시민사회라는 개념은 18세기 정치이론의 산물이다. 헤겔과 청년 마르크스에 의해서 발전되었던 이 개념은 '욕구의 세계', 생산하고 소비하는 '개인들', 즉 근대국가의 기반으로 기능하는 사회계급들로 나누어진 개인들의 부르주아 경제를 가리키는 말이었다.[2] 이러한 관점은 사회주의 전통에 공통된 것이다. 이는 근대국가로부터의 분리와 마찬가지로 시민사회의 의미가 특정한 역사적 시기와 관련된다는 것을 전제하고 있다. 17, 18세기부터 나타난 '시민사회'란 용어는 역사적으로 형성된 부르주아지의 프롤레타리아트에 대한 지배, 사적 자본과 임노동 사이의 '정치 외적인' 관계의 표현을 의미했다. 시민사회는 내용뿐만 아니라 그 형식에서도 부르주아적인 것이다. 시민사회는 국가가 보장하는 상품생산과 교환—사적 소유, 탐욕스런 시장경쟁, 사적 권리—의 영역이다. 그렇다면 도대체 어떻게

Stalinism", R. C. Tucker(ed.), *Stalinism: Essays in Historical Interpretation*(New York: 1977); A. Heller, "Opposition in Eastern Europe: Dilemmas and Prospects", R. L. Tokes(ed.), *Opposition in Eastern Europe*(London and Basingstoke: 1979), pp. 187~208 등을 보라.

2) N. Poulantzas, *Political Power and Social Classes*(London: 1973), pp. 124~25. 풀란차스는 사회주의의 이론적 논쟁 속에 '주관주의와 역사주의'를 불필요하게 끌어들인다는 점에서 국가-시민사회 구분을 비판한다. 이 구분은 생산의 수행자들이 (현실에서와 같이) 투쟁하는 사회계급의 행위자라기보다는 자율적인 개인주체들이라고 전제하기 때문에 계급투쟁과 자본주의국가 사이의 상대적으로 자유로운 관계에 대한 '과학적 고찰'을 가로막는 것으로 보인다. 그의 마지막 저서에서 국가-시민사회 구분에 대한 풀란차스의 엄격한 비판은 이 글에서 옹호되는 것과 비슷한 민주주의에 대한 이해를 위해서 적절한 것이다. 예컨대 N. Poulantzas, *State, Power, Socialism*(London: 1978), p. 256을 보라. 여기에서 풀란차스는 현대의 사회주의자가 직면하고 있는 본질상 정치적인 물음은 "어떻게 하면 정치적 자유 및 대의민주주의 제도들을 확장하고 심화하는 방식으로 국가를 근본적으로 변혁하는 것이 가능한가?……어떻게 하면 직접민주주의 형식의 가치와 자본관리체의 급성장을 결합할 수 있는가?"라고 주장한다.

사회주의 시민사회라는 말을 할 수 있을까?

이런 유형(마르크스주의)의 문제에 대해서 많은 답변들이 가능하다. 두 가지 예비적인 문제에서 출발하는 것이 유용한데, 이것들이 이 글에서 고찰하고자 하는 문제들을 정의하는 데 도움이 될 것이다. 첫째는 근대 시민사회에 대한 마르크스주의적 이해가 사회학적 지평상 제한되어 있다는 점이다.[3] 마르크스주의 이론은 국가를 부르주아지의 정치적 조직형태로 환원시킨다는 점에서 명백히 국가와 시민사회 구별의 가치를 떨어뜨리고 있다. 바로 그 기반 위에서 시민사회의 갈등과 운동을 생산양식의 논리와 모순—자본주의경제—으로 환원시킬 뿐 아니라, 계층화와 집단조직화의 복잡한 측면들을 더욱 단순화시킨다. 시민사회의 여타 제도—가족, 교회 그리고 과학과 문화단체, 교도소와 병원 등과 같은—의 중요성이 평가절하되고 있다. 그들의 운명은 '자본주의'의 압도적인 권력에 불균등하게 결합되어 있다고 전제된다. 이런 식의 환원주의적 설명은 특히 마르크스 자신의 저작 속에 깊숙이 깔려 있다. 필자는 브레이(J. F. Bray)의 유명한 저서인 『노동의 과실 그리고 노동의 구제』(*Labour's Wrongs, and Labour's Remedy*, 1839)에 의거한 마르크스의 『철학의 빈곤』(*The Poverty of Philosophy*)에서 단지 몇 가지만을 논평하고자 한다.

진리에 도달할 수 있는 유일한 길은 제일의 원칙으로 나아가는 것뿐이

---

3) J. Keane, *Civil Society and the State*: New European Perspective 서문과 제2장을 보라. 또한 A. Gouldner, "Civil Society in Capitalism and Socialism", *The Two Marxisms, Contradictions and Anomalies in the Development of Theory*(London and Basingstoke: 1980), pp. 355~73을 보라. 이와 유사한 주제가 J. Cohen, *Class and Civil Society: The Limits of Marxism Critical Theory*(Amherstm: 1982)에서 다루어진다. 여기서 마르크스주의 전통에 대한 비판은 시민사회에 대한 비역사적(따라서 관념적인) 개념에 의존하고 있다. 근대 시민사회는 "합법성(사법 ; 시민적·사회적·정치적 평등과 권리), 다원성(자율적이며 자체적으로 구성하는 임의결사체), 그리고 공공성(의사소통의 공간, 대중적 참여, 갈등, 반성, 정치적 의지 및 사회적 규범의 조정)" (J. Cohen, 같은 책, p. 255) 등과 같은 것으로 간주된다.

다. 우리는 즉시 통치체 그 자신이 기반했던 근원으로 나아가자. 이렇게 사물의 기원으로 나아감으로써 우리는 모든 통치체의 형태를 발견하게 될 것이며, 모든 사회적 폐해와 통치상의 오류가 자신이 기반하고 있는 기존 사회체제—현재에도 존재하고 있는 소유제도—에 기인하는 것임을 발견하게 될 것이다. 따라서 만일 우리가 우리의 오류와 고통을 즉시 그리고 영원히 척결하고자 한다면, 현존 사회의 존재방식이 완전히 뒤집어질 것임에 틀림없다.[4]

두번째 예비사항은 이러한 환원주의 문제를 보완한다. 시민사회와 국가의 구별에 대한 전통적인 마르크스주의 이해는 예컨대 고대 및 중세의 정치사상에서 보이는 부르주아지의 출현 이전에 나타난 시민사회, 그리고 잘 무장된 시민사회의 개념을 망각하고 있다.[5] 더불어 가장 중요하게는 이러한 구별이 근대 초기에 다양한 의미들을 갖고 있다는 점을 간과하는 것이다. 이들은 어떻게 그리고 어떠한 조건에서 국가권력을 통제하고 정당화할 수 있는가라는 정치적 문제에 집중하고 있었다.

자본주의와 동등한 것으로서 국가와 시민사회의 분리에 대해 계속해서 말하는 것은 풍부하고 설득력있는 정치적 담화의 모든 전통을 깨뜨리는 것이다. 이는 현대의 정치사상보다 더 우월한—적어도 어떻게 권력을 제한하고 분할할 것인가라는 '오랫동안 계속되고 있는' 문제의식에

---

4) K. Marx, *The Poverty of Philosophy*(Moscow: 1973), pp. 60~61(원문 강조). 마르크스가 초기 사회주의자들의 시민사회와 국가이론이 빚지고 있는 점에 대해서는 R. Adamiak, "State and Society in Early Socialist Tought", *Survey*, vol. 26, no. 1, Winter 1982, pp. 1~28.

5) T. Eschmann, "Studies on the Notion of Society in St. Thomas Aquinas", *Mediaeval Studies*, vol. 8, 1944, pp. 1~42: M. Riedel, "Gesellschaft, bürgerliche", O. Brunner, et al.,(eds.), *Geschichtliche Grundbegriffe Historicsches Lexikon zur politischsozialen Sprache in Deutschland*(Stuttgart: 1975), vol. 2, pp. 719~800: J. Keane, "Despotism and Democracy: The Origins and Development of the Distinction Between Civil Society and the State, 1750~1850", *Civil Society and the State* 등을 보라.

훨씬 민감하다는 점에서—정치적 통찰, 그리고 도서관이나 고문서의 케케묵은 망각상태로 빠지는 것을 허락하지 않는 정치적 통찰의 보고(寶庫)를 파괴하는 것에 관련된다. 사회주의가 시민사회와 국가의 분리를 민주적으로 유지하고 변혁하는 것과 동의어로서 정의된다고 제안하는 것은 시민사회와 '국가행위의 제한'에 대한 근대 초기의 관심사를 복원하고 발전시키자는 제안이다(1790년대 초 훔볼트의 영향력있는 저작의 제목을 상기하라)[6].

이는 사회주의전통에 의해서 낡은 것으로 혹은 부르주아적인 것으로 치부되던 저자들, 저작들, 그리고 잃어버린 그 의미들의 유산을 재취합하고 복원해내는 회상과 미래지향적인 기억의 유형에서 시작된다.[7] 이러한 미래지향적인 기억의 유형—그의 눈은 과거를 바라보고 있는 정치이론—은 현대의 민주적 사고를 고취하는 점에서 매우 중요하다. 이는 현재 민주주의의 확장을 지지하는(종종 미래의 세대로 불리는) 사람들의 손에서 역전의 무기가 될 수 있다. 능동적인 민주적 기억이 현재에 대한 관점을 더욱 생기있고 자극적인 것으로 발전시키고자 할 때, 이것이 관행적인 사고방식을 깨뜨리는 비판을 통해서, 그리고 부분적으로는 잊혀질 위험에 처한 것들을 회상시키는 비판의 유형을 통해서만 가능하다는 점을 인정한다. 그렇다고 해서 과거의 것에 대한 민주적 회상이 단지 향수에 젖는 것은 아니며 시대착오적인 것도 아니다. 이는 과거를 위해서가 아니라—마치 현재의 고통의 비밀이 그곳에 감추어져 있는 것처럼—현재와 미래에서 민주주의를 더욱 보장하려는 목적으로 과거를 바라본다. 능동적인 민주적 기억은 과거 정치적 담화의 전통이 몇 가지 점에서 우리를 놀라게 하거나 자극함으로써 우리의 불일치를 교화하는 것

---

6) W. von Humboldt, *Ideen zu einem Versuch die Grenzen der Wirksamkeit des Staats zu bestimmen*, 1792(stuttgart: 1982).

7) 이와 같은 간단한 방법론적 논평은 J. Tully(ed.), "More Theses on the Philosophy of History", *Meaning and Context Quentin Skinner and His Critics*(Cambridge: 1988).

220

이상을 제공한다. 그들은 '지속적으로 제기되는' 정치적·사회적 삶의 문제를 다시금 생각하게 한다. 이것에 의해서 그들은 우리가 누구이며 어디에 서 있는가, 그리고 우리가 바라는 것이 무엇인가를 이해하는 데 도움을 줄 수 있다.

덧붙여서 능동적 기억을 발전시키고자 하는 민주적 이론은 좌파와 우파의 전통적인 구별을 무시한다. 전통적으로 좌파가 현재에 기반해서 낙관적으로 미래를 전망하는 것에 반해서, 우파는 향수(鄕愁) 속에서 과거를 바라보는 입장으로서 인식되어왔다. 이 글에서 택한 방법은 이러한 무용한 구별을 넘어서 있다. 이는 전통이 보수주의자의 배타적 전유물이라는 사고를 거부한다. 민주적 이론의 생명성은 과거를 잊고 '새로운 것'을 포괄하는 능력으로 판정되는 것이 아니라, 구래의 정치사상이 갖는 전복적인(subversive) 주제 위에 서 있는가, 그리고 그것을 얼마나 풍부하게 변화시키는가에 달려 있다.

영국내전 시기로부터 1848년의 유산된 혁명에 이르기까지 근대 초기 '자유주의적' 담화의 전통을 살펴보자. 라스키(H. J. Lasky), 호르크하이머(M. Horkheimer), 아도르노(T. W. Adorno) 등의[8] 저자들이 주장했던 것처럼, 그리고 여전히 다수의 사회주의자들이 전제하듯이, 이 전통이 단순히 자본주의의 입장에서 세계를 안전하게 지키려 하는 것은 아니다. 초기 자유주의 정치철학이 근대 자본주의의 성장에만 관심을 기울인 것은 아니다. 이들은 또한 상이한 개인, 집단 그리고 계급의 자유를 정치질서 및 강제와 조화시키는 근본적인 문제에도 관심을 기울였다. 전형적으로 국가는 이성의 산물로서, 사적인 이해와 열정들을 집단적으로 제한하는 일종의 제도로서, 그리고 순수한 힘의 임의적인 행사나 혹은 무

8) H. J. Lasky, *The Rise of European Liberalism*(London: 1962) ; M. Horkheimer and T. W. Adorno, *Dialetik der Aufklarung*(Frnkfurt am Main: 1969), p. 164.
"상이함에도 불구하고 그리고 바로 이러한 이유로 부르주아의 모든 성격은 경쟁사회의 냉엄함이라는 동일한 것을 의미한다. 이런 사회를 지지하는 개인들은 결점을 갖고 있다. 그의 외견상의 자유는 경제조직과 사회조직의 산물일 뿐이다."

질서 및 혼란에 직면해서 통제되고 질서잡힌 자유를 보장하는 것으로서 간주되었다. 정치적 이성은 국가이성(raison d'etat)이다. 이는 세금을 거두고 외교정책을 수행하며 법을 조정·집행하고 그 신민들을 '다스리는' 등의 방법으로서 강화된 폭력수단을 독점하는 완전히 새로운 권력기구 —근대관료제국가—를 정당화하고 있다. 대부분의 근대 초기 자유주의 사상가들은 이 국가의 주권권력에 대한 무조건적인 승인이 그 시민의 권력을 박탈하는 결과를 낳으리라—또한 실제로 낳았다—고 생각했다. 결과적으로 초기 자유주의 사상가들이 중앙집권화된 국가를 일종의 필요물로서 정당화하려 했지만, 그들은 또한 잠재적으로 강제권에 대한 제한을 정당화하고자 했다. 17세기 중반부터 마르크스의 시대까지 자유주의 정치사상의 역사는 힘과 정의, 정치권력과 법, 신민의 의무와 시민의 권리를 정당화하려 시도했던 역사이다.

국가권력을 제한하는 것에 대한 자유주의적 관심의 중심적 요소는 국가 이전 상태와 비국가상태로부터 국가기관을 분별하려는 시도이다. 여기서 우리는 비국가영역과 국가영역을 구별하려는 이론적 시도의 다섯 가지 상이한 관점(혹은 모델)을 고찰할 수 있는데, 이러한 관점들은 정당한 국가행위의 영역에 몇 가지 제한을 가할 수 있다고 본다.

첫째 관점(보댕, 홉스, 스피노자 등)은 국가를 자연상태에 대한 근본적인 부정으로서 간주한다. 때때로 국가 이전의 상태가 상대적으로 평화로운 것으로 이해되지만, 대부분은 매우 불안정하고 반사회적이며 전쟁이 끊이지 않는 상태로 인식된다. 국가는 공포에 떠는 주민들 사이에서 계약상의 동의과정을 통해 자연의 전쟁상태를 철폐함으로써 그 정당성과 위임권한을 갖는다. 그 결과 시민사회는 국가 및 그 법률과 동등한 것으로 간주된다.

두번째 관점(푸펜도르프, 로크, 칸트, 중농주의자들, 퍼거슨과 그외 스코틀랜드 계몽주의자들)에 따르면, 사회는 자연적인 것이다. 이는 국가에 의해서 보존되고 조절되어야만 할 것인데, 그 기능은 (첫째 모델처럼) 자연상태를 대체하는 것이 아니다. 더욱이 국가는 (잠재적인) 자유 및 평등을 조정하고 혹은 완전케 하는 사회의 도구이다. 칸트가 말하듯이, 자연상태에는 시민(bürgerliche)사회가 아니라 썩 훌륭한 사회, 즉 공법을 통해서 나의 것과 너의 것을 보장하고 보증하는 정치적 질서가 존재한다. 자연상태의 보존과 완성에 대한 이러한 강조로 인해서, 이 두번째 관점은 시민사회와 국가의 구별을 뚜렷이 하지 않는 특징이 있다(예컨대 로크는 국가 이전의 존재조건이 아니라 정치사회, 즉 국가를 가리키기 위해서 societas civilis라는 라틴어의 의미를 인용하고 있다).

푸펜도르프·로크의 모델을 그 극한까지 밀어붙인 세번째 관점은 버크의 저작『프랑스혁명에 대한 재고』에 대한 페인(Tomas Paine)의 답변에서 분명하게 나타난다. 여기에서 국가에 대립하는 시민사회라는 주제가 처음으로 중심적인 주제가 된다. 국가는 필요악(必要惡)으로 간주되며 자연상태는 무제한의 선(善)으로 생각된다. 국가는 더이상 사회적 이익을 위한 사회권력의 위임 이상으로 간주되지 않는다. 이미 언급했듯이 자연적인 사회성향이 존재하는데, 이것은 국가에 앞서서 존재하며 사회의 상호이해 및 연대의 망은 보편적인 안정과 평화를 촉진한다. 이렇게 해서 시민사회가 완성되면 될수록, 시민사회는 자신의 일을 더욱 많이 조절하게 되고 통치를 필요로 하는 경우는 더욱더 줄어든다. 사회적 자유 및 통치의 간소화와 사회적 제재 및 통치의 필요 사이에 역전된 관계가 나타난다.

네번째 관점(헤겔)에 따르면, 국가의 임무는 시민사회를 보호하고 초월하는 것이며, 자유의 자연상태(셋째 모델처럼)로서가 아니라 경제적·사회적 이익집단과 민법 및 '복지'를 집행하는 책임을 지닌 제도 등을 포함하여 역사적으로 수립된 윤리적 삶의 정립으로서 인식된다. 국가는 영속적인 전쟁(홉스, 스피노자)상태에 있는 사회에 대한 근본적인 부정이 아니며, 사회를 완성하는(푸펜도르프, 로크) 일종의 도구도 아니다. 국가는 시민사회가 '형식적 보편성'으로부터 '유기적 현실성'으로 전환하기 위해서 자신의 독자성을 포용하고 보호하는 하나의 새로운 계기인 것이다. 시민사회는 주권국가의 제도적 분리를 위한 전제들을 요구하고 동시에 제공하며, 자기규정적인 전체에서 시민사회의 요소들을 함께 견지하며 윤리적 삶을 모든 것이 포괄되는 더 높은 통일성으로 끌어올린다. 단지 종속적인 위치에서 시민사회를 인지하고 유지함으로써 국가는 자신의 자유를 보지할 수 있다.

다섯째 관점은 지금까지 논의했던 견해들에 대한 논쟁적인 행위를 다시 수행한다. 이들은 새로운 형태의 국가개입에 의해서 시민사회가 질식되지나 않을까 염려한다. 이들은 스스로 조직되는 것으로서 이해되며, 국가에 직접적으로 의존하지 않는 영역으로서 합법적으로 보장되는 시민사회를 지켜내고 새롭게 하는 중요성을 강조한다. 이러한 관점은 밀(J. S. Mill)의 저작이나 대중적으로 선출된 새로운 전제주의의 근대적 형태에 대한 토크빌의 관심에서 뚜렷하게 나타난다. 여기에서 결정적으로 중요한 근대의 정치적 문제는, 어떻게 하면 국가가 권력을 남용하거나 시민사회를 먹어치우지 못하도록 방지하고 시민의 자유를 강탈하지 못하도록 막음으로써 민주화에 의해서 시작된 평등화의 경향을 보존할 수 있는가라는 것이다.

이러한 국가권력 모델들을 선택적으로 재고찰하는 것은 우리의 역사적인 무지와 명료하지 못했던 점들을 씻어내고, 국가–시민사회의 구별에 대한 최근 논의가 보여주는 혼란을 벗어나는 데 도움이 된다.[9] 또한 이것은 근대국가와 시민사회에 대한 마르크스주의 이해의 한계를 규명하고, 민주적 시민사회 개념을 더욱 정밀하게 확증하는 데에도 유용할 것이다.

---

9) 그러한 구별이 갖는 의미의 중요한 역사적 변동을 인식하지 못했던 것은 그 주제에 대한 저작들에 영향을 미치고 있다. 예컨대 A. Arato, "Civil Society Against the State: Poland 1980~81", *Telos*, 47, spring 1981, pp. 23~47 ; J. Cohen, *Class and Civil Society*: B. Frankel, *Beyond the State? Dominant Theories and Socialist Strategies* (London: 1983), 특히 제1부 ; 이와 동일한 약점은 신그람시주의의 시민사회 개념에서도 나타난다. 예컨대 J. Urry, *The Anatomy of Capitalist Societies: The Economy, Civil Society and the State*(London and Basingstoke: 1981).

2. 안보국가

여기서 고찰하는 국가권력에 대한 첫째 모델—홉스의 『리바이어던』 (*Leviathan*, 1651)[10]에서 정의되었던 안보국가—은 그 이후의 모델들과 비교할 때, 그들이 국가행위의 제한이라는 주제를 사실상 하찮은 것으로 제한해버렸다는 이유만으로도 충격적이다. 홉스는 타인에 대해 '천부적인' 경의심을 갖지 않는 개인들이 더 상위의 가시적이고 잘 무장된 주권국가, 이 개인들에게 질서를 부여하고 평정하는 기능으로서의 주권국가에 복종하지 않는 한 지구상에 평화나 물질적 안락이란 존재할 수 없다고 강조한다. 안보국가에 의해서 강제되는 평화질서는 이른바 시민사회라 불린다. 이는 말썽많고 탐욕스러운 개인들 사이의 폭력적인 경쟁이라는 자연상태를 근본적으로 부정하는 것이다. 이런 점에서 안보국가에 대한 홉스의 정당화는 전쟁과 시민사회간의 극적인 대조에 기반하는 것이다. 근대세계는 "자연상태의 폭력과 혼란이냐 아니면 무제한의 국가권력에 대한 개인들의 거의 전적인 복종을 통한 평화스럽고 사교적이며 안락한 삶이냐"(p. 216) 중 하나를 선택해야 한다.

홉스는 두 가지 방식으로 전쟁이 방지되고 안보국가가 형성될 수 있다고 주장한다. 하나는 획득(외부침략에 의해서 한 국가가 다른 국가에게 복종하는 것)을 통해서이고, 다른 하나는 제도를 통하는 것인데, 이 경우에 개인들 다수는 다시금 공포에 떨면서 다른 타인에 의해서 통치되는 것에 동의한다. 이 모든 경우에 안보국가가 의지적으로 형성된다는 점에서 홉스는 안보국가를 정당한 것으로 간주한다. 국가의 통치자들은 공포에 사로잡힌 주민들 사이에서 계약상의 동의를 추론해내는(따라서 가설

---

10) T. Hobbes, *Liviathan, or The Matter, Forme, and Power of a Common Wealth*, C. B. Macpherson(ed., Harmondsworth: 1972), 이하 모든 인용은 이 책을 사용함.

적인!) 과정을 통해서 자연의 전쟁상태를 영원히 폐지하는 권한을 위임
받았다.[11] 일단 수립된 이상, 안보국가는 절대적인 것이다. 개인들은 폭
력, 세금, 공공여론형성, 정책입안 및 행정 등의 모든 수단들을 독점하는
국가에게 자신의 모든 권리와 자기결정권을 영원히 양도한다. 평화의 대
가란 이처럼 값비싼 것이다. 개별 신민들은 결코 다시는 벗어날 수 없는
국가권력의 망으로 자신의 주위를 에워싼다.

  홉스는 이러한 권력의 정당한 영역이란 원칙적으로 무제한이라고 강
조한다. "보다 우월하지 않은 것은 최고의 것이 아니다. 말하자면 더이
상 주권을 갖는 것이 될 수 없다"(p. 246). 이러한 첫째 모델의 관점에서
는 시민사회와 국가가 동일한 것이 된다. 국가의 통치능력을 촉진하는
것이라면 모든 것이 선하고 정당하며, 국가권력에 대해 신민들이 의문시
하거나 저항하는 능력을 촉진하는 것이라면 그 모든 것은 악하고 부당
한 것이다. 신민들은 안보국가의 형태를 변경할 수 있는 어떠한 권리도
없으며, 심지어 주권업무를 담당할 사람을 선택할 권리—홉스는 제한된
혹은 해제할 수 있는 계약상의 주권성이라는 의회주의 원리를 부정한다
—조차 없다. 주권은 지상에서의 신의 해석자—홉스는 왕당파의 왕권
신수설(王權神授說)을 부정한다—인 까닭에 신민들은 복종하지 않는 행
동(혹은 시도)을 정당화하기 위해서 신에게 호소할 수도 없다. 소수자로
서의 소수자들에게는 이견이 허용되지 않는다. 심지어 다수자들조차 오
류를 범했다고 해서 주권을 처벌하거나 해체할 수 있는 정당한 권리를
갖지 못한다는 점에서, 부당하거나 해가 되는 주권권력의 행위를 비난할
수 없다.

  홉스는 그들의 천부적인 생활권(음식, 물, 의약품 등)을 박탈하거나 혹
은 그들 자신의 삶을 파멸시키려(예컨대 신민의 처형으로 귀결되는 강제된
혼란을 통해서) 조작하는 국가의 시도에 대해서는 개인으로서 신민들이

---

11) 홉스는 모든 개인들을 복종케 하는 주권권력의 통치가 신민들 자신에 의해서 '권위화'
   되었다고 항상 서술한다. T. Hobbes, 같은 책, pp. 256, 276, 279, 720~21.

저항권을 행사할 수 있다고 지적한다. 그러나 이러한 개인들의 저항권은 순전히 형식이다. 전횡적인 국가권력의 행사에 대한 모든 집단적인 저항—심지어 자연법에 따라서 규정된 삶의 양식을 지키고자 하는 반란조차—은 그것이 잠재적으로 정치체의 평화와 안전에 대립되는 까닭에 엄격하게 금지된다(pp. 286~87). 오직 주권통치자가 그 신민들을 보호할 수 있는 능력을 상실한 경우에만 신민들은 국가에 대한 집단적인 자기보호권을 행사할 수 있다(pp. 272, 276). 그 외에 어떤 경우에도 안보국가(혹은 시민사회)는 도전받을 수 있는 것이 아니다. 부당한 주권권력이란 용어상 모순된다. "어떠한 법률이라도 부당한 것일 수 없다. 법률은 주권권력에 의해서 만들어지며, 그 모든 것들은 바로 이 권력에 의해서 행사되고 보호받는다"(p. 388) 등의 정의에 따르자면, 주권자들은 부당하거나 해로운 행위에 관여할 수 없다. "주권이란 모든 신민들의 절대적인 대표권이다"(p. 275). 주권체는 신민들을 감시하고 질서지으며 개화시키는 한에서 유일한 입법자이며, 또한 자신의 후계자를 임명하고 결정하거나 신민들간에 제기된 대립을 듣고 판정하는 배타적인 권리를 갖는다. 안보국가의 본질적인 특징은 국내외의 평화를 지키는 데서(혹은 회복시키는 데서) 필수적인 것을 결정하는 독점권이다. 홉스는 이러한 독점권이 신민들에게 분할하거나 양도할 수 없는 것이라고 주장한다. 왜냐하면 그 국가권력이 분할되거나 흩어져 있는 시민사회라면 필연적으로 폭력적인 내전을 일으키는 다수의 자연적인 욕구나 소란들 속에서 오랫동안 살아남을 수 없기 때문이다.

안보국가의 모델에서 국가행위의 제한에 대한 근대 초기 자유주의적 논의가 매우 빈약하다는 점은 이러한 간략한 요약에서도 분명해진다. 이들은 여하튼 필수적인 것에 시민적 평화를 위임하며, 또한 이들은 홉스가 폭군공포증—강력하게 통치되는 것에 대한 공포—이라 부른 것에 대해 명백히 반대한다(pp. 370, 722). 확실히 홉스는 권력의 전횡적인 행사에 우호적이지는 않다. 그의 관점에서 주권권력은 생명이나 자신의 보호수단을 파괴하지 못하게 하는 일반적인 '자연법'에 일치하게 행사되어야 한다.[12] 그리고 홉스가 시민사회내의 사적 영역의 존재를 규정하고 있는 것은 사실이며, 그 속에서 개별적인 신민들은 어떠한 부정적인 자유권을 행사할 수 있다. 이것은 예컨대 주권이 개인들의 "사고 팔고 계약을 맺는 자유, 그리고 그들 자신의 교통편이나 음식물 및 생계방편을 선택하며 그들이 적합하다고 생각하는 대로 자녀를 낳는 등의 자유"를 금지하지 않는 활동으로 구성된다(p. 264). 같이 고려할 때, 이러한 행위들은 주권이 미치지 않는 독자적인 사적 자유의 영역—홉스가 '사적인 체계'라 말한 것(pp. 274~75)—을 구성하는 것으로 간주된다. 국가행위로부터 이러한 자유의 영역은 자연상태의 어떤 성질을 보존하는 것을 의미한다. '법의 침묵'(p. 271) 덕택에 개별적인 신민들은 사적인 상호교류와 연합(혹은 홉스가 '연맹', '사적 모임체', '조합', '사회'라 불렀던 것들, pp. 274~88) 내에서 스스로 이동할 수 있다.

절대적인 정치권력의 영역을 제한하는 원칙에 대한 이러한 허용은 실제보다 더 뚜렷하다. 사적 영역에서 가정생활의 조정이 아내나 자녀들을 절대적으로 통제하도록 허용받은 가부장의 손에 전적으로 맡겨져 있는 것은 아니다(p. 285). 전반적으로 사적 영역은 주권권력에 의한 침입과 문명화의 주도력 및 그 권력의 특권에 항상적으로 복종한다. 모든 생활영역에서 신민들은 이 권력에 의해서 감시되며 다스려지는데, 그 면전에선(홉스식의 직유를 반복하자면) 신민들은 기껏해야 찬란하게 빛나는 태양 앞에 선 하나의 작은 별일 뿐이다(p. 238).

3. 입헌국가

국가의 주권은 법의 통치에 의해서 보장받는 사적 자유와 일치할 수

---

12) T. Hobbes, 같은 책, p. 215.
　　"부정, 배은망덕, 교만, 자만, 불법행위, 편들기 등은 결코 합법화될 수 없다."

228

없기 때문에, 제한받지 않는 한 과잉되거나 위험한 것이 될 수도 있다는 점이 두번째의 입헌국가 모델—이 글에서는 로크의 『시민정부의 참된 기원, 확장, 종말에 대한 고찰』(1689?)[13]—에서 훨씬 집중적으로 다루어진다. 확실히 안보국가와 입헌국가 모델 사이에는 강한 친화성(親和性)이 있다. 예컨대 양자는 모두 국가가 더불어 살아가고 있는 개인들 사이에서 발생하는 갈등(종종 폭력적인 갈등)을 규제하기 위해서 고안된 것으로 본다. 양 모델은 모두 시민사회 혹은 정치사회로서 정치적으로 강제되는 조건과 관련된다. '안락하며 평화스럽고 안전한 생활'조건으로서(p. 375) 시민사회는 '자유롭고 평등하며 독립적인' 개별적인 남성들 사이의 안정적인 상호작용의 복합체로서 형성된다. 그들은 법을 제정하고 집행하며 강제하는 과정을 독점하는 국가에 복종함으로써 자신의 재산(넓은 의미에서)을 정치적으로 보호받는다. 그러한 유사성에도 불구하고 로크가 옹호하는 입헌국가의 상에는 안보국가와 구별되는 두 가지 중요한 사항이 있다. 양자의 차이는 결정적으로 시민사회의 입장에서 어떠한 방식으로 그리고 어느 정도로 근대국가의 권력이 제한될 수 있는가라는 문제의 정식화에 달려 있다.

첫째의 경우에 입헌국가 이론은 자연상태의 전쟁과 시민사회의 평화 간의 강력한 대립(홉스에 의해 그려졌던)을 상당히 약화시킨다. '자연적인' 사회안정의 가능성이 주어진다. 자연상태에는 반(反)사회적 사회성(후에 칸트가 언급했듯이)이 불안정한 상태를 통해서 상호유익한 조건으로 나아가는 경향이 있는데, 여기서 서로 평등한 '개인'(재산을 소유한 성인남성)들은 그들이 선택하는 대로 그들의 권력과 소유를 행사하는 자유를 누린다.[14] 이러한 사회성향에는 몇 가지 자원이 있는데, 그것은 정치

---

13) J. Locke, *An Essay Concerning the True Origines, Extent, and End of civil Government, in Two Treaties of Government*, Peter Lasletti(ed., New York : 1963), pp. 305~541. 이하 모든 인용은 이 책을 사용함.

14) 이 '개인들'(W. von Leyden(ed.), *Essays on the Law of Nature*(Oxford : 1954), pp. 156~57에서 로크가 말하고 있듯이)은 "어떠한 자연적인 성향에 의해서 사회에 참여

이전의 것, 따라서 근대 시민사회의 형성에 앞서는 것이다. 로크는 가부
장적인 가정이 자연적 연대의 기원이자 그 가장 기초적인 형태라고 주
장한다(pp. 361~62, 380~82). 더욱이 인간들은 이웃한 지역의 공동의 적
에 대항해서 자신들을 방어하기 위해서 자연스럽게 자신을 더 큰 집단
으로 형성하는 경향을 갖는다(pp. 383~86). 마지막으로 자연스러운 '계급
연대'의 가능성이 상상된다. 로크는 자연상태가 방종과 폭력의 상태가
아니라는 점을 강조하는데, 대부분의 (재산을 소유한 성인남성) '개인들'은
명시된 자연법에 일치해서 행동하는 경향을 보인다. 이 자연법은 개인들
이 폭력적이고 파괴적인 행동을 못하도록 하며, 또한 일반적으로 타인의
재산을 존중하고 평화를 지키도록 고취한다.

자연적인 사회의 안정성에 대한 이러한 주장은 국가가 왜 자연상태에
대한 절대적인 부정으로 보이지 않고, 오히려 그 사회성의 완전한 회복
으로 보이는가를 설명해준다. 국가는 자연상태를 보존하고 교정하며 따
라서 자연상태를 '완성하는' 이중기능을 부여받은 일종의 도구로 간주된
다. 입헌국가이론은 이러한 방식에서 절대적이고 자기 영속적인 주권이
라는 관념에 도전한다. 이 점이야말로 입헌국가이론이 그 후계자들과 달
리하는 두번째의 결정적인 차이이다. 로크의 입헌국가모델은 의회제이건
군주제이건 (홉스류의) 주권체가 자신의 계승자들을 한손에 장악하고 절
대적인 통치권을 장악해야 한다는 주장을 강력하게 반대한다. 신민들은
절대적인 통치자의 노리개일 수 없다.[15] 무엇보다도 통치자 역시 인간일
뿐이며, 오류를 범하는 여타의 '개인들'과 마찬가지로 여러가지 욕구에
굴복하며 결과적으로 그들이 통치하는 사람들의 것과 구분되는 자기의

하게 되며, 의사표현이나 언어교류를 통해서 사회의 유지를 준비해간다."

15) T. Hobbes, *Leviathan*, p. 313 참조.
  "의회 혹은 어떤 사람으로서 공공복지의 주권자는 민법에 복종하지 않는다. 법률을
  제정하고 폐지하는 권력을 갖기 때문에 주권자는 자신이 원할 때에 그에게 문제가 되
  는 법률을 폐지하고 새로운 법률을 제정함으로써 자신을 이러한 복종으로부터 해방시
  킬 수 있다."

이해를 제기하는 경향이 있다. 따라서 그들은 그들 자신의 경우에 대한 배타적인 심판자로 인정될 수 없다. 시민사회에서 어떠한 개인도 법의 통치로부터 예외일 수 없다. 로크는 "부자와 가난한 사람에 대해서, 그리고 왕실의 총아들과 농사짓는 시골 사람들에 대해서 동일한 하나의 법"이 존재할 수 없다고 강조한다(p. 409).

이 점은 정치권력이 항상적으로 신임을 유지해야 한다는 주장으로 명확해진다. 입헌국가를 통해서 시민사회를 통치하는 사람들은 피통치자들의 신임을 받은 사람들이다.[16] 몇 가지 예를 들자면, 그들은 세상에 공표되고 널리 알려진 법률들에 따라 통치해야 하는데 이 법률들은 자연법에 일치하며 보편적으로 적용된다. 최고의 권력자인 입법자들은 시기별 선거에 따라야 할 것이며, 이것은 조작되거나 취소될 수 없다. 삶의 풍요나 자유, 그리고 (세금을 포함한) 재산 등은 참정권을 갖는 다수나 그 대표들의 동의가 없이는 처분될 수 없다(심지어 이러한 재산권의 처리는 시민사회의 부와 권력의 더욱 불평등한 분배를 낳기도 한다). 결과적으로 정치권력과 온정주의적 권력이 구별되기 때문에—여기서 로크는 필머(Filmer)나 그로티우스(Grotius)와 다르다—주권자는 가부장적 가계를 침해할 수 없으며, 이 속에서 남성들은 '그들의' 부인이나 자녀들, 하인들에

---

16) 절대적인 주권에 대한 로크의 탄핵의 범위가 과장되어서는 안된다. 주권자의 특권적 권력—매우 광범위하게 규정되며 '공공선'에 대비하는 자유재량권—에 관한 권고에 의해서 이들은 약화되거나 심지어 모순되기도 한다. 로크가 말하듯이, 이러한 유형의 국가권력은 무제한이다. 이는 심지어 일상의 실정법과 반대로 행사될 수도 있으며, 타락하거나 위험시되는 부분을 '도려냄'으로써 시민사회를 보존한다는 정당한 권리를 갖는다(pp. 420, 424~25, 429). 특권적 권력은 참정권에 의해서 충분히 위협받고 있다. 또한 주권자들은 공공선의 명목으로 특정한 개인들의 자유를 위협할 수 있다. 만일 로크의 신임의 원칙에 따라 판단하자면, 참정권이 없는 대중의 입장에서 특권적 권력은 폭군과 다를 바 없다. 참정권이 없는 사람들은 대중에게 유익한 것이라 정의되는 무제한의 권력을 갖는 통치자의 대상일 뿐이다. 이러한 의미에서 참정권이 없는 사람들은 시민사회 안에 존재하지만, 시민사회의 존재는 아니다. 그들에게 시민사회는 무조건적으로 복종해야 하는 세계이지만, 그들은 시민사회로부터 완전히 배제된다. 여하한 시민권도 없는 한, 그들은 부당하다고 항의하지도 못하면서 국가권력의 노예가 된다.

대한 절대권력을 자연스럽게 행사한다(pp. 357, 366).

이러한 이유들로 인해서 국가정책 입안자들이 그들에게 양도된 신임에 반하여 행동하는 것은 여성이나 재산을 소유한 신민들에 대해 전쟁을 선포하는 것으로 간주된다. 이러한 의미에서 전쟁이라는 사건이 명확해질 경우에, 참정권을 갖게 된 사람들은 기존 국가의 권위에 대한 의무에서 사면되며, 심지어 강제적인 반란을 통해서라도 새로운 정치적 권위를 수립하는 자유를 갖는다. "그리고 공동체는 심지어 입법자라 할지라도 그들이 매우 어리석고 사악하게도 신민의 재산과 자유에 반하는 계획을 꾸미거나 수행하려 할 때마다, 여하한 조직체의 시도나 계획으로부터 자신을 보호하는 최고 권력을 영구히 유지한다"(p. 413). 무제한적인 통치에 대한 참정권자(공동체)의 이러한 반란권이 결코 무질서나 폭력적 혼란을 허용하지는 않는다. 이는 입헌국가 이론—여기서 앞의 안보국가 이론과 결정적으로 구별된다—이 핵심적으로 사회와 국가간의 구별에 의지하기 때문이다.[17] 합법적인 저항을 통한 무제한적 통치의 해체는 자연법의 한계내에서 살아갈 수 있는 '자유롭고 평등하며 독립한' 개인들 사이의 자연스런 연대라는 정치 이전의 상태로 돌아가는 것과 마찬가지로 보인다. 안보국가 모델과는 대조적으로, 입헌국가 모델은 국가제도의 해체와 '동료애 및 사회성'의 해체를 구별한다(p. 430). 사회가 해체될 수 없음에도 불구하고 (예컨대 주권의 정복이나 침략을 통해) 확실히 이것에 대응하는 국가제도는 영속적일 수 없다. 그러나 그 역이 반드시 필수적이지는 않다. '개인들'이 타인과의 폭력적인 갈등으로 끌어들여지지 않고서도 사회는 정당하게 무제한적 국가에 대항할 수 있다.

---

17) 로크는 분명히 리처드 후커의 '사회화된' 삶과 '공공복리' 구분에 대해 말하고 있다. "공공사회를 지탱하는 두 가지 기반이 있다. 하나는 자연적인 경향으로서 모든 사람들이 사회적 삶과 동료애를 갈구한다. 다른 하나는 공개적이거나 비밀스럽게 동의한 질서로서 더불어 살아가는 그들의 결합방식에 관여한다. 공공복리법 혹은 정치체의 정신 등으로 불리는 것이 바로 후자인데, 그 부분들은 법률에 의해서 고무되고 결합되며 공공선이 요구하는 행위들을 수행한다."

4. 최소국가

볼린(Sheldon Wolin) 및 여타 사람들과는 반대로, 자연사회가 때때로 국가에 대항해서 방어되어야만 한다는 주장은 시민사회를 우선하는 편에서 국가권력을 제한하려는 근대 초기 관심사의 결정적인 단계로 해석된다. 이 단계는 최소국가라는 세번째 모델에서 뚜렷해진다. 페인의 『인간의 권리』(1791~92)[18]에서 나타나는 무정부주의적 자유주의는 이러한 발전을 훌륭하게 밝혀주고 있는데, 이 속에서 국가행위를 제한하려는 주제가 거의 그 극한까지 전개되고 있다. 최소국가의 모델에서 국가는 일종의 필요악으로 간주되며, 자연사회는 무제한의 선으로 간주된다. 정당한 국가는 단순히 사회의 공공선을 위한 권력의 위임 이상이 아니다. 시민사회가 완성되면 될수록 자신의 업무에 대한 시민사회의 조정은 더욱 많아질 것이며, 통치를 필요로 하는 경우는 더욱 줄어들게 된다.

페인에 따르면 자기조절적이며 최소국가에 의해서 운영되는 사회의 가능성은 페인의 현재 전제정치의 시대와 대비된다. 미국이라는 특별한 예외를 빼고 나면, 국가는 어느 곳에서나 대중을 궤멸시키고 조잡하게 만든다. 페인이 푸념하듯이 전반적인 전제정치의 상태는 개인들로 하여금 사고하는 것을 공포스럽게 만든다. 이성은 반역으로 간주된다. 그리고 개인들의 천부적인 자유권이 지구상의 구석구석에서 내쫓긴다. 근대세계는 과잉통치됨으로써 '반문명화'되었다(p. 105). 개인들은 기존 법률이 기반하고 있는 원칙들의 선과 악을 철저하게 파헤치지 못하도록 하는 정치제도의 끝없는 미로 속에 사로잡히게 된다. 이는 국가와 법의 압도적인 힘이 개인들을 따로따로 떼어놓음으로써 개인들의 인성을 변질시

---

18) 이하 모든 인용은 T. Paine, *Rights of Man*, Henry Collins(ed., Harmondsworth: 1977).

킴으로써 이들을 불행하게 만든다. 개인들은 전반적인 정치적 소외체제에 의해서 퇴락하고 희생된다. 이러한 세계는 전제통치에 의해서 전도되며, (잠재적으로) 자기결정적이고 사회적인 개인들을 잃게 되며, 원인과 결과가 거꾸로 나타나고 국가는 재산과 권력과 특권의 실질적이고 적절한 근원으로서 스스로를 대표한다.

이러한 전도는 매우 위험한 결과를 낳는다. 페인은 전제국가가 가족 내에서 가부장적인 권력행태를 유지하는 데 책임이 있다고 강조한다. 전제국가는 그 기능상의 전제로서 전제적인 가족에 의존하며, 이 속에서 가부장에 의한 권력의 전횡(예컨대 그들의 장남에게 재산을 상속하게 하는 것)은 '가족의 전제정치와 부정'을 강화한다(p. 105). 전제국가는 또한 신민들에게 터무니없는 세율을 매김으로써 사회내에 계급분열을 제도화한다. 이는 역으로 사회의 일정한 부분을 가난과 불평 속에 던져넣는다. 재산이 없는 사람들은 헐벗고 억압받으며, 부자들은 더욱 많은 특권을 갖게 되며, 계급들간에는 폭력투쟁이 벌어진다. 스스로 강화하는 전제정부는 또한 권력을 확장하고자 하며, 호전적인 민족성을 일구어내고 타국가와의 무력갈등을 준비함으로써 사회로부터 세입(稅入)을 신장하고자 한다. 전제정치의 시대가 곧 전쟁의 시대인 것은 단지 우연이 아니다. 국가간의 전쟁은 국민들에 대한 국가권력의 증대를 낳으며, 역으로 이는 사회적 화합의 가능성을 뿌리까지 갉아먹는다.

페인은 전제국가에 의한 사회의 전반적인 흡수가 단지 일시적인 것이라고 확신한다. 전횡적인 정치권력의 해소는 단지 시기의 문제일 뿐이다. 전제국가는 그것이 '비자연적'이기 때문에 나약하고 비대중적이다. 미국혁명의 예를 들면서 페인은 그들의 자유를 잠식하는 국가권력에 대해 시민들이 저항할 필요가 있음을 반복해서 강조한다. 이러한 확신은 상당히 다르지만 서로 관련된 두 가지 논의유형에 의해서 조장되는데, 이는 안보국가나 입헌국가 모델과 매우 상이한 사회적·정치적 결론을 이끌어낸다.

첫째, 정당한 국가는 피통치자의 능동적인 동의와 자연권의 원칙(언론

자유, 공공집회, 예배의 자유 등)에 의해 안내된다. 여기서 최소국가 모델은 안보국가와 입헌국가 모델에서 사용된 계약주의 논의를 급진화하고 보편화한다. 국가권력은 능동적으로 동의하는 남성과 여성 개인들에 의해서 오직 위임받고 신임받은 것일 뿐이며, 이들은 어느 때이건 자신의 동의를 철회함으로써 이 권력을 정당하게 회수할 수 있다는 점이 강조된다. 이는 '재산을 갖지 않은 사람'이라는 원칙으로부터 나온다(p. 64). 모든 개인들은 평등한 자연권을 부여받으며, 평등하게 태어난다(이 점에서 원문상의 증거에 따르면 페인은 소수자뿐 아니라 여성 및 하층계급을 포함시켜 로크류의 동의이론을 보편화하고 있다). 이러한 자연권은 "타인이 당신에게 해주기를 원하는 만큼 당신이 타인에게 그렇게 하라"는 (기독교의) 원칙에 따라서 개인들이 타인을 존중할 것을 전제로 삼는다. 그들은 개인들이 타인의 자연권에 해를 입히거나 침해하지 않고서도 그들의 안락과 행복을 위해서 자유롭고 이성적으로 행동할 수 있도록 한다.

이처럼 신이 부여한 권리들은 버트나 여타의 사상가들과 반대로 폐지될 수도 없고 양도할 수도 없으며 또한 나눌 수 있는 것도 아니며, 어느 세대도 그들의 상속인으로부터 이 권리들을 가로채거나 삭제할 수 없다. 따라서 국가는 오직 그들이 개인들 스스로의 명확한 동의를 통해서 형성될 때에만, 그리고 이 능동적인 동의가 제도적으로 형성되고 의회나 대의적인 메커니즘을 통해서 지속적으로 조정될 경우에만 정당한 것으로 간주되고 '개화'될 수 있다. 문명화된 통치체는 천부적으로 자유롭고 평등한 개인들의 능동적인 동의에 의해서 권력을 위임받은 입헌통치체이다. 이 통치체는 영원한 주권자로서의 시민에 대해서 어떠한 권리도 없으며, 단지 의무만이 있을 뿐이다. 시민과 통치체가 대립할 경우에도 다음과 같은 격언이 적용된다. 모든 것은 삶, 자유, 그리고 순수성에 입각해서 확인된다.

이러한 결론으로부터 페인은 두번째 테제로 나아간다. 이는 시민사회와 국가를 명백히 구분함으로써 국가행위를 제한하려 했던 근대 초기 이론의 지평을 결정적으로 확장하고 있다. 페인은 안보국가나 입헌국가

모델에 반해서 세상에서 더불어 살아가는 자유롭고 평등한 개인들이 왜 국가제도로부터 독립된 평화롭고 상호협동적인 사회적 삶의 양식을 바라는가를 해명하고자 한다. 페인에 따르면 개인들이 천부적으로 상호협조적인 사회적 삶의 양식에는 두 가지 측면이 존재한다.

첫째는 개인의 자연적인 욕구들이 그들의 개인적인 권력을 넘어선다는 점인데, 이는 그들이 타인의 노동이나 지원이 없는 한 자신의 권력을 실현할 수도 없고 그들의 다기한 필요를 만족시킬 수도 없다는 것을 의미한다. 결과적으로 그들은 (행위들이 자연스럽게 가운데로 끌려가듯이, p. 185) 상호이해에 기반한 상업적 교환양식을 수립하고 발전시키게 된다. 페인이 주장하듯이, 개인들의 다기한 필요를 충족시키기 위한 타인에의 시장의존성은 '사회적 허식의 체제'(p. 185)에 의해서 계속 강화된다. 이처럼 타인과의 연대에 대한 간절한 동경(憧憬)은 천부적인 성향이며, 또한 이는 역설적으로 개인들의 시장이해(市場利害)의 추동력에 의해서 지속적으로 재충전된다. 페인은 이러한 도구적 시장이해와 타인에 대한 사랑의 적절한 일치가 개인들로 하여금 국가제도에 의해서 은폐되지 않는 시민사회내에서 자신의 천부적인 자유권과 행복권을 행사함으로써 조화롭게 살도록 하며, 모든 개인들의 이해와 안전과 자유를 만족시키고 서로를 존중하는 그러한 원칙만을 인정하도록 한다.

확실히 페인은 사회적 삶이 타락하거나 해체될 수 있으며, 정치적 효과가 퇴행할 수 있다는 점을 인식하고 있다(pp. 90, 126). 그러나 일단 개인들이 사회성에 대한 기대를 고취하는 한, 전제국가는 빠른 속도로 부서지기 시작해서 폐허가 되고 만다. 실제로 시민사회가 스스로를 통치하는 능력에서 더 많은 신뢰를 확보하면 할수록, 국가제도나 법에 대한 필요성은 더욱 감소하게 된다. 신뢰적이고 자율적인 사회는 시민사회의 다양한 부분들이 서로에 대한 자연스러운 상호작용을 보장하는 최소한의 정치적 메커니즘—페인이 '통치체'라 부르는 것—만을 필요로 한다. 페인은 상호이해와 상호애정으로 묶여진 사회에 의해서 지도되는 최소국가가 (국제적인) 질서와 화합의 조건을 창출할 것이라고 확신한다. 자유롭게 상호작용하는 개인들은 그들이 타인과 다른 사회로부터 받는 도움 위에서 번성한다. 공동이해와 안정성이 시민사회의 '법'이다. 이 '법'은 국가제도에 의해서 제정되고 운영되는 실정법의 중요성이나 굳어 있는 영향력을 훨씬 앞서는 것이다. "순간적인 형식적 통치체가 폐지되면 사회가 활동하기 시작한다. 일반적인 연대가 발생하고 공동이해가 공동안보를 낳게 된다"(p. 186). 페인으로서는 국가개입이 없는 공동안보란 자연스런 힘(말하자면 역사상의 획득물이 아닌)의 결과로서 인식된다. 개인들은 타인들과 자연발생적으로 교류하는 성향을 가지며, 이는 그들로 하여금 갈등으로부터 해방된 결합적이고 자기충족적인 사회망을 형성하게 한다. 만일 국가가 어디에서나 이러한 자연스런 사회적 기반 위에서 세워진다면, 그들은 영역상 제한되고 평화를 애호하게 되며, 값싸고 그 기능상 단순한 국가가 될 것이다. 사회적 분할과 (국내외의) 정치적 불안이 사라지게 될 것이다. 정치학은 시민사회의 '충심어린 조화'(p. 189)로 대체될 것이다.

5. 보편국가

헤겔의 『법철학강요』(1921)[19]에서 명확히 표현되었던 보편국가 모델은 두 가지 점에서 근대의 시민사회와 국가 이론에서 없어서는 안될 정도로 중요하게 공헌한다. 첫째는 페인이 옹호하던 최소국가 모델과 대조적으로, 시민사회(bürgerliche Gesellschaft)가 자유로운 자연상태가 아니라 가부장적인 가족과 국가 사이에 위치하는 역사적으로 형성된 윤리적 삶의 영역으로서 인식된다. 시민사회에는 경제, 사회계급들, 기업, 복지 및 민법의 진행에 관련된 제도들이 포함된다. 시민사회는 사적인 개인들,

---

19) 이하 모든 인용은 G. W. F. Hegel, *Grundlinien der Philosophie des Rechts* (Frankfurt am Main: 1976). 번역은 필자 자신의 것임.

계급들, 집단들 그리고 그 상호작용이 민법에 의해서 조정되는 제도들의
모자이크이며, 정치적 국가 자체에 직접적으로 의존하지 않는다. 헤겔은
이러한 점에서 시민사회가 미리 주어진 것이 아니며, 공간과 시간의 밖
에 존재하는 바뀔 수 없는 삶의 하부기반도 아니라는 점을 강조한다. 시
민사회는 장기간의 복합적인 역사적 변화과정의 산물이다. "시민사회의
창출은 근대세계의 유산이다"(p. 339). 더욱이 이것이 발전시키는 '욕구의
체계'는 자연환경과의 결정적이고 명백한 단절을 나타낸다(pp. 346~60).
예컨대 근대 부르주아지가 지배하는 경제는 상품이라는 수단에 의한 상
품생산의 체제이다. 이로 인해 자연은 욕구를 충족시키는 일종의 도구로
바뀌게 되며, 다양하게 분기하여 더이상 '자연적인' 것으로서 이해되지
않는다(pp. 341~43, 346~51).

근대 초기의 시민사회와 국가에 관한 이론에 대해서 헤겔의 두번째
새로운 (그리고 동일하게 논박하는) 기여는 이러한 자연주의 비판으로부
터 나온다. 그에 따르면 시민사회의 다양한 요소 사이에 어떠한 필수적
인 일체성이나 조화가 존재하는 것은 아니다. 미성숙한 사랑에 의해서
받쳐지는 조화야말로 가부장적 가족의 본질적 특성이지만, 시민사회의
본질적인 특성은 다르다. 상호작용과 집단적인 연대의 복수형태들은 깨
지기 쉽고, 종종 심각한 갈등에 빠진다. 근대 시민사회는 사적(남성의)
이해와 사적(여성의) 이해가 마주치는 끊임없는 전투의 장이다. 이는 맹
목적이고 임의적이며 의사(擬似)자발적인 사세로 유지되고 발전한다. 이
는 자신의 독자적인 특성을 넘어서지 못할 뿐 아니라 자신의 다원주의
를 마비시키고 갉아먹는 경향을 의미한다.

시민사회의 이러한 자체 무력화 경향은 헤겔에서 커다란 골칫거리이
다. 이는 헤겔이 근대 시민사회란 스스로의 힘만으로 그 자신의 파편화
를 극복하거나 자신의 고유한 갈등을 해결할 수 없다고 강조하는 것에
서 표현된다. 시민사회는 정치적으로 질서잡히지 않는 한 '시민성'을 유
지할 수 없다. 오직 최상의 공적 권위—군주, 시민봉사, 토지보유자에
의해 운영되는 입헌국가—만이 시민사회의 부정의(不正義)를 효과적으

로 치유할 수 있으며, 특수한 이해들을 보편적인 정치공동체 안으로 종합할 수 있다. 이러한 관점에서 이상적인 국가란 영원한 전쟁에 처한 자연상태의 근본적인 부정이 아니며(홉스), 자연사회를 보호하고 완성하는 하나의 도구도 아니고(로크), 또한 천부적으로 주어졌으며 자체적으로 통치하는 시민사회를 운영하기 위한 단순한 도구(페인)도 아니다. 오히려 정치적 국가는 사회를 통일성으로 다시 표현해내는 하나의 새로운 계기로 인식된다. 최상위의 공적인 권위 덕택으로 시민사회가 지양된다. 시민사회는 일종의 필요성으로 보존되고 극복되는 동시에 더욱 폭넓고 복잡하며 더 높이 위치하는 정치적으로 조직된 공동체에 복종한다. 헤겔에 따르자면, 만일 국가가 시민사회로부터 자체적으로 필요한 것만을 요구한다면, 그리고 필요한 최소한의 것만을 보장하는 것으로 자신을 한정 짓는다면, 국가는 이러한 한계 이상으로 시민사회내에서 살아가는 남성 개인들과 집단의 자유영역을 상당히 허용할 수 있고 또한 허용해야 할 것이다.

헤겔이 국가로부터 시민사회의 분리를 해소하는 것에 반대하는 데 비해서, 시민사회가 국가로부터 자유를 향유하는 정도가 딱딱하게 굳어진 일반법을 통해서 고정될 수는 없다는 점은 명백하다. 궁극적으로 그의 관점에서 국가와 시민사회의 관계는 오직 정치적 이성의 견지에서 시민사회의 독자성, 추상적인 자유, 경쟁적인 다원주의를 제한하는 것이 보편적인 국가의 특권에 비추어서 유익한가 무익한가를 판단하는 것에 의해서만 결정될 수 있다. 헤겔은 국가개입(그의 말대로 하자면 국가의 '특권과 오류에의 침입')이 정당하게 되는 두 가지 조건을 가정하고 있다. 첫째는 타자에 대한 일인 혹은 여러 계급들의 지배, 전반적인 집단의 피구호민화, 지방 과두제(예컨대 한 지역이나 지방자치체의 내부에)의 수립 등과 같은 시민사회내의 부정이나 불평등을 제거하기 위해서는 국가가 개입할 수 있다. 두번째로 최상위의 공적 권력이(국가 자신이 정의하는) 대중의 보편적 이해를 보호하고 확장하기 위해서 시민사회의 사건에 직접 개입하는 것은 정당화된다.

이를 한꺼번에 고려하자면, 이 두 가지 조건은 사회적 삶에 대한 국가의 조정과 지배를 매우 폭넓게 허용하고 있다. 더욱이 최소국가 모델과는 대조적으로, 잘못 주장하는 국가권력을 문제시하고 조사하며 저항할 수 있는가라는 문제—정치적 민주주의 및 능동적인 시민권의 문제—가 애매하게 처리되고 있다. 간략하게 말해서, 만일 공공선의 요구가 시민사회의 자율성을 제한하는 것이라면, 그리고 국가 자신이 이러한 요구들을 결정하는 책임을 갖는다면, 어떻게 그 개입이 정당한 것으로 입증되고 방어될 수 있는가? 보편국가의 균형과 (민주적) 검토라는 본질적으로 근대적인 문제를 적절히 다루는 데서 나타난 헤겔의 실패—마지막 경우에서 군주제 국가는 가족과 시민사회내에서의 모든 관계에 대하여 주권체이다는 헤겔의 가정—는 개인들과 집단의 '살아 있는 자유'를 보장하는 것으로서 독자적인 시민사회를 중시하는 그의 주장을 약화시키거나 심지어 모순되게 한다.

헤겔 형이상학의 관점에서 보편국가의 이념은 '절대적으로 이성적인 것'으로 이해된다(pp. 11~28, 399). 이는 이성이 현존 세계 안에서 능동적으로 활동하는 역사발전과정의 최고 계기이자 완성의 계기이다. 보편국가는 지상에서 의식적으로 실현된 윤리적 이념과 정신(Geist)의 담지자이다. 이러한 의미에서 인간 역사의 과정이 '세계 속에서의 신의 운동'(p. 403)이라면, 헤겔은 보편국가를 세속신(世俗神)으로 간주할 수밖에 없으며, 남성 시민들과 여성 시민들에 대한 국가의 요구는 언제나 그들에게 이익이 되며 궁극적으로 의심할 수도 없고 도전받을 수도 없는 것이 된다.

6. 민주국가

필자가 다룰 마지막 모델인 민주국가 모델은 토크빌(Alexis de Tocqueville)의 『미국의 민주주의』(1835~40)[20]에서 옹호되고 있다. 이 저작은 보편국가 모델에 내재한 정치적 위험에 주의를 끌기 위한 최초의 가장 자극적인 시도를 제공한다. 토크빌에게는 보편이익의 이름으로 시민사회를 통치하는 국가 옹호 주장은 그의 동시대인들에 의해 거의 검토되지 않았던 위험스러운 발전, 즉 대중이 선출한 새로운 유형의 국가전제(state despotism)와 관련되어 있다. 토크빌은 미국정부와 사회에 대한 연구(그리고 『앙시앙 레짐과 혁명』에서 프랑스혁명의 재검토)를 수행하면서, 근대국가가 직면한 주된 위험은 특정 이익에 의해 산출된 갈등과 무질서가 아니라 이러한 새로운 유형의 선출된 국가전제라고 주장한다. 사회생활은 통일성 속에서 사회를 대표하고 보호한다고 주장하는 정치제도보다 점점 더 열세에 놓인다.

역설적으로 권력의 불평등에 저항하고 특권을 견제하기 위한 민주적 메커니즘에 크게 기여하는 시대가 또한 평등과 균일한 규정의 이름으로 집중화된 행정국가의 손에 권력과 특권의 점진적 집중을 허용한다. 시민사회가 이러한 정치제도에 투여한 권력은 시민사회 자체에 되돌아온다. 민주주의의 이름으로 사회는 그것의 복지를 보장하고 자유를 빼앗으며, '은혜를 베풀지만' 꼬치꼬치 캐물으며 매사에 간섭하는 국가권력의 지배를 받는다. 국가는 사회생활의 조절자, 조사관, 고문, 교육자, 징벌자가 된다. 국가는 그것 없이는 사회가 대처할 수 없는 후견권력으로 기능한다. 즉 "집중화된 행정은 일상업무에 규칙성을 주는 데 어렵지 않게 성공했다. 사회의 세부적인 치안유지를 기술적으로 감독하고 작은 무질서와 사소한 침해를 억누르며 사회가 몰락하거나 발전하지 않도록 현상을 유지하며 행정수뇌부가 선량한 질서와 공공의 안녕을 호소하고 싶어하는 행정적 졸음의 유형을 사회구조 속에 영구화한다"(p. 158, vol. 1).

토크빌은 이러한 발전에 경악한다. 그의 견해로는 그것이 민주주의혁명의 결정적인 승리 및 만인의 평등과 자유라는 목표를 사보타주하겠다

---

20) 이하 모든 인용은 A. de Tocqueville, *De la Démocratie en Amérique*(paris: 1981), 프랑소아 푸레의 서문을 보라. 번역은 필자 자신이 한 것임.

고 위협한다는 것이다. 결국 현대의 결정적인 정치문제는 이러한 민주주의 혁명에 의해 얻어진 평등화 경향이 국가에 의한 권력남용과 시민의 자유박탈을 허용하지 않으면서 유지될 수 있는가와 관련된다고 추론한다. 토크빌은 자유를 지닌 평등이 국가제도를 철폐하거나 최소한으로 감소시킴으로써 확보될 수 없다고 주장한다. 적극적이고 강력한 정치제도 (여기서 토크빌은 로크가 암시했던 논의를 반복하고 있다)는 민주적인 자유와 평등의 필요하고도 바람직한 조건이다. 어떤 언어의 사용자들이 자신을 표현하기 위해 일정한 문법형식에 의존하는 것과 마찬가지로, 민주주의 속에서 함께 생활하는 시민들은 정치적 권위에 복종하지 않을 수 없으며, 그것이 없다면 그들은 혼란과 무질서에 빠질 것이다. 이는 특히 거대하고 복잡한 민주국가 속에서 그러하다. 실정법의 규정과 행정 및 대외 정책의 실행과 같은 공동이익은 강력하고 집중화된 정부기구 없이는 효율적으로 수행될 수 없다. 그러나 근대세계에 국가전제의 굴레가 씌워지는 것을 막기 위해서 토크빌은 권력독점을 방지하기 위한 메커니즘이 국가와 시민사회의 영역내에 강화되어야 한다고 주장한다.

정치제도의 영역―여기서 인권의 몇 가지 주요 주제가 재등장한다―내에서 민주주의의 자기마비는 정치권력이 수많은 다양한 손으로 분배됨을 보장함으로써 최소화될 수 있다. 예컨대 주기적 선거에 복종하는 정치권력이 빈번하게 교체되고 상이한 행동경로를 채택하며 과도한 집중과 포괄을 방지함으로써 전제의 위험을 최소화한다. 또한 토크빌은 국가기구내에서 시민행동의 매우 풍부한 민주적 중요성을 강조한다. 미국의 사법체계는 직접적인 시민참여로 대의제 민주주의 메커니즘(예컨대 시민의 의회대표 선출)을 보완하는 이러한 원칙의 사례로 간주된다. 그의 견해로는 사법체계가 타인을 신중하고 공정하게 통치하는 법을 시민들에게 가르칠 뿐만 아니라 시민의 가치를 용이하게 한다. 그들은 동료시민들이 스스로 심판받고자 할 때 그들을 심판하는 법을 배운다(p. 376, vol. 1).

토크빌은 전제에 대한 이러한 종류의 정치적 견제가 국가기구의 직접적인 통제 위에 존재하는 시민결사의 성장과 발전에 의해 강화되어야 한다고 확신한다. 토크빌이 자본주의적 매뉴팩처공업의 장악에 대한 노동자들의 저항이 갖는 민주적 잠재력을 과소평가했음은 의심할 여지가 없다. 그는 사회주의 시민사회의 가능성, 즉 더이상 자본주의적 기업, 가부장적 가정이나 여타의 비민주적 결사형태에 의해 지배되지 않는 초현대적 시민사회의 유형을 고려하지 못했다. 그럼에도 불구하고 토크빌은 과학·문학 서클, 학교, 출판사, 숙박업소, 제조업체, 종교조직, 지방자치단체, 독립적 가정과 같은 시민결사의 형태가 국가전제에 대한 중요한 방파제임을 올바르게 파악하였다. 그는 '독자적인 사회의 눈'(p. 236, vol. 1) ─상호작용하고 자발적이며 경계의 눈초리를 늦추지 않는 다양한 시민결사로 이루어지는─이 민주주의 혁명을 강화하는 데 필요하다고 끊임없이 반복한다. 광범하고 더욱 일반적인 공동체의 이해에 초점을 맞춘 정치적 참가형태(선거와 법률업무에의 참여와 같은)와는 대조적으로, 시민결사는 '소규모 업무'에 관심이 있는 시민들의 결합으로 구성된다(p. 150, vol. 2). 시민결사가 시민들에게 전정치체에 대한 폭넓은 관심을 유발시킨다는 것은 의심할 여지가 없다.

그러나 시민결사는 이 이상의 역할을 수행한다. 그것들은 또한 민주적 평등을 유지하고 다수에 의한 소수의 폭압을 방지하는 데 필요한 국부적이고 특수한 자유를 성장시키고 강력하게 심화시킨다. 토크빌은 상이한 시민결사간의 갈등, 혹은 국가와의 갈등의 가능성(근대사회에서 민주화의 범위를 과장하는 그의 경향의 결과)을 과소평가했을지도 모른다. 그럼에도 불구하고 그는 시민결사야말로 개인이 자신의 이기적이고 갈등을 일으키는 편협한 사적 목표를 뛰어넘어 관심을 쏟을 수 있는 영역이라고 올바르게 간주했다. 시민결사에서의 활동을 통해 그들은 자체추진하는 단자(monad)가 아니라는 것, 동료시민의 지지를 얻기 위해서는 때때로 협력해야 한다는 것을 인식하게 된다.

토크빌은 시민결사가 그것의 생존과 조화를 위해서는 집중화된 국가기구에 항상 의존한다는 것을 인정하고 있다. 하지만 개인과 집단간의 자유와 평등은 국부적 자유를 성장시키고 특수 이익의 적극적 표현을 제공하는 조직의 유지에 의존하기도 한다. 국가로부터 독립한 다원적이고 자발적인 시민사회는 민주주의의 불가결한 조건이다. 국가와 시민사회의 통일을 조장하는 사람은 누구나 민주주의 혁명을 위험에 빠뜨린다. 사회적 장애가 없다면 국가권력은 언제나 유해하고 바람직하지 않으며, 전제정치를 허용하게 된다.

7. 집단 조화의 신화

시민사회와 국가의 관계에 대한 근대 초기의 논의는 토크빌의 시대에 와서 절정에 달한다. 이후에는 드문드문하게 나타날 뿐이지만 쇠퇴의 시기가 시작된다(예컨대 이는 19세기 후반 점증하는 국가 개입에 대한 자유주의자들의 항의에서 분명하게 나타난다. 뒤르켕의 이론은 재산을 처리하고 상호부조를 보장하는 가족, 교회, 지역단위체들이 쇠퇴함으로써 초래되는 아노미나 여타의 병리현상을 방지하고 중재하는 사회조직—개인들과 국가 사이의 소규모의 '안전망'—의 중요성을 강조한다. 그리고 길드 사회주의자와 오스트리아 마르크스주의자들은 기능적 민주주의 이론을 발전시켰다).[21] 19세기 중반기 이후 유럽의 정치사상과 사회사상은 복합적인 사회체제가 사회권력과 정치권력의 분리를 소멸시키는 것에 의해서 갈등으로부터 해방되고 질서를 이루며 평화를 정착시킬 수 있다는 신화적 가설을 따르기

---

21) 예컨대 H. Spencer, *The Man verus the State*(London : 1902) ; K. Renner, "Democratie und Rätesystem", *Der Kampf*, xiv 1921, pp. 54~67; G. D. H. Gole, *Professional Ethics and Civic Morals*(Glenco Illinois : 1958), G. D. H. Gole, *The Devision of Labour in Society*(New York and London : 1964), p. 28.

"개인들을 행위의 영역으로 강력하게 끌어들이고 또한 그들을 사회적 삶의 일반적 급류 속으로 밀어넣기에 충분한 일련의 이차집단들이 국가와 개인 사이에 끼어들 경우에만 민족이 유지될 수 있다."

시작했다. 이러한 집단 조화의 신화에 의해 인도되면서, 정치이론과 사회이론은 유럽 근대성—사회적 삶과 국가제도의 차별화—의 중요한 획득물들을 본래대로 돌려놓고 뒤집는 임무를 맡았다.

이러한 유기적 통일성에의 바람은 19세기 공상주의자의 사고에서 가장 강력하고 뚜렷하게 나타난다. 다수의 자기선언적인 공상주의자들은 사회적·정치적 사건의 물질적 원인이 자연과학의 유추의 방법과 유사한 방법으로 탐구될 수 있으며, 이렇게 주워 모아진 지식은 인간의 완전성과 뉴턴식의 운동법칙의 효율성 및 포괄성 등으로 사회 안에서 작동하는 보편적 화합의 원칙을 밝혀낼 수 있다고 믿었다.[22]

유기적 통일성에 대한 기대는 공상주의에만 국한되지 않는다. 그 영향력은 더욱 넓어서 일반적으로 두 가지 형태를 이루고 있다. 유기체론의 한 유형은 콩트와 생시몽, 마르크스와 엥겔스, 무정부주의자 등의 저작에서 나타나는데, 굴드너(Gouldner)가 지적했듯이 이들은 19세기의 사회학 전통에 공헌한 바가 많다.[23] 집단 조화의 신화에 대한 이들의 관점은 근대국가의 (필연적이고 가능한) 사멸이라는 테제를 옹호함으로써 최초국가 모델의 지평을 더욱 확장한다. 이들은 사회적 삶의 미래 형태가 국가의 힘이나 여타의 진부하거나 기생적인 권력형태로부터 해방될 수 있다고 주장하며, 이는 결국 항상성(恒常性)으로 귀결될 것이라고 주장한다. 미래 사회질서의 상호의존적인 요소들은 상대적으로 안정되고 평화로우며 자체적으로 균등해지는 경향을 보인다. 집단조화의 신화에 대한 두번째 관점은 이 반대의 가설에 의해서 촉진된다. 이들은 국가가 사

---

22) B. Goodwin, *Social Science and Utopia, Nineteenth-Century Models of Social Harmony*(Hassock : 1978).

23) A. Gouldner, "Civil Society in Capitalism and Socialism", *The Two Marxisms. Contradictions and Anomalies in the Development of Theory*(London and Bassingstoke : 1980), p. 263.

"초기의 사회학은 국가에 의한 사회의 지배를 반대하고, 국가가 사회를 침식하고 있으며 그 특징적인 형태가 힘에 의한 지배라는 점에서 본질적으로 케케묵은 것이라고 보았다."

회를 완전히 통합하거나 폐지할 수 있고 또한 그렇게 해야 한다고 가정함으로써 헤겔 이상으로 보편국가 모델을 추구한다. 이 중 가장 앞선 것이자 가장 영향력있는 실례로 로렌쯔 폰 쉬타인의 『1789년에서 현재까지 프랑크 사회운동의 역사』(1850)를 들 수 있다. 이 전통내에서 기존 시민사회는 국가권력이 보장하는 상위의 합리성과 질서를 통해서 조정되고 지배되어야만 하는 무질서의 영역으로서 인식된다.

이와 같은 집단조화의 신화에 대한 두 가지 관점은 사회주의 전통에 강한 영향을 미쳤다. 그들은 전통적으로 각각 자주관리 사회주의와 국가 사회주의로서 받아들여졌다. 전자의 앞선 예가 오웬의 『가족 식민지』(1841)[24]라는 저작이다. 이 저작은 국가제도가 아니라 철도(!)에 의해서 결합된 수백 개의 독립적인 소규모 공동체들로 이루어진 이상사회로의 이행을 그리고 있다. 이 '가족 식민지'는 선출된 통치자에 의해서 지도되며, 비정치적인 위원회에 의해서 운영된다. 식민지는 주로 농업생산, 상업생활, 자의적인 협동, 합리적인 지식에 기반하는 새로운 도덕성, 선의와 행복 등의 원칙 위에서 기초한다. 그들은 자급자족하며, 모든 구성원들에게 생활의 필요물과 안락을 제공한다. 분배는 주로 필요의 원칙에 따라 결정되며, 임금노동은 철폐되고 화폐교환이 실질적으로 사라지게 될 것이다. 아이들은 식민지의 육체적·도덕적·지적·기술적 방식으로 완벽하게 교육될 것이다. 과학의 도입은 육체노동의 양을 절감시킬 것이며, 이를 '건강하고 마음에 드는 활동'으로 바꾸어놓을 것이다(p. 67). 남녀 모두에게 확대된 여가시간은 '정신적 개선과 이성적 향유'를 가능하게 할 것이다(p. 69). 과학의 도입으로 인한 부의 풍요로움은 목욕탕, 과학관찰실, 실내체육관, 도서관, 상쾌한 공원, 광활한 정원 등의 건설을 촉진할 것이다.

이렇게 자주관리 공동체에서 근대 자본주의에 의해서 발생하는 사회

---

24) 이하 모든 인용은 R. Owen, *A Developement of the Principles and plans on which to Establish Self Supporting Home Colonies*(London : 1841).

적·정치적 악(惡)—사적 소유, 빈곤, 질병, 잘못된 가치기준, 통치의 권위와 종교—은 모두 사라지게 될 것이다. 식민주의자들은 타인에 대해 합리적이고 자비로우며 참을성있는 사람이 될 것이다. 개인들은 협동원칙과 자신들의 연대를 선언할 것이고, 이렇게 형성된 사회적 의무는 갈등을 불유쾌하고 불필요한 것으로 넘겨줄 것이다. 자주관리하는 식민지의 새로운 세계에는 "나이나 경험 등 자연적인 불평등을 제외하면 어떠한 노예, 복종, 조건의 불평등도 존재하지 않을 것이다. 이는 사회의 질서와 화합을 영원히 보존할 것이다"(p. 2).

오웬의 『가족 식민지』가 결코 사회주의 사고의 자주관리 전통을 '대표하는' 교과서는 아니지만, 이것은 몇 가지의 가장 심오하고 중추적인 전제들을 밝히고 있다. 자주관리 사회주의는 국가의 '외부'나 혹은 '밑으로부터'의 사회적 주도와 계급투쟁을 통해서 정치권력을 폐지하는 궁극적인 목적을 강조한다. 가장 중요한 권력갈등은 궁극적으로 재산에 기반한 (즉 계급) 적대로 소급된다는 환원주의 전제의 기반에서, 이들은 순수한 사회주의의 조건에서는 어떠한 심각한 이해의 갈등도 개인이나 집단 사이에 발생하지 않을 것이며, 상품과 서비스의 생산, 분배, 관리가 정치권력이나 갈등중재 및 억압의 메커니즘에 의존하지 않으리라고 가정한다. 수제품들처럼 국가는 역사상의 골동품이 될 것이고, 규칙적인 부기나 단순한 사물의 관리로 대체될 것이다. 이는 작거나 덜 중요한 것을 떠나서 공공업무의 모든 결정이 심각한 이해갈등도 없이 공동체 전체에 의해서 직접 처리될 것이라고 가정한다. 따라서 동의를 이끌기 위한 정치체의 분리나 갈등을 화해시키고 감소시키려는 노력이 불필요하게 된다. 착취는 과거의 것이 된다. 사회적 관계는 통일되고 투명해질 것이다. 결합된 개인들은 그들의 삶을 완전히 책임지게 될 것이다.

볼셰비키혁명 이후의 또다른 사회주의 전통으로서 국가사회주의는 좌파의 정치학에 더욱 강한 영향을 남겼다. 국가사회주의 예찬자들은 정치적 수단을 통해서 위로부터 시민사회를 조정하고 통합할 필요를 강조한다. 그들은 전형적으로 국가가 보편적 이해의 살아 있는 담지자이거나 보호자라고(혹은 그렇게 될 수 있는 것이라고) 가정한다. 모든 특수 이익에 대한 국가의 윤리적 우위성은 활동가 의식이나 혹은 당의 정치적 지도자 의식에서 결정화된 것으로 보인다. 오직 그들만이 특수한 이해들을 보편적인 이해('노동계급의 해방', '사회주의를 건설하는 투쟁', '모든 시민들의 자유와 평등'이라는 어구로 표현되는)와 결합시키거나 강제할 수 있다. 그들의 보편적 의식과 국가 안에서의 활동은 사회적·정치적 질서의 특수한 지위상의 욕구 및 투쟁과 일반선의 결합이 가능하게 한다. 국가는 보편적인 이해의 후원자이다. 이 기능은 스스로를 해치는 재난으로부터 시민사회를 해방시키는 것이다.

이러한 입장은 라살레의 『노동자 강령』(1862)[25]으로 예증된다. 라살레는 모든 통치계급이 하층계급을 억압하기 위해서 국가를 유지함으로써 자신의 재산을 보호한다고 생각한다. 부르주아지도 예외가 아니다. 국가의 윤리적 기능은 인격적 자유와 개인의 재산을 보호한다는 의미로 인식된다. 노동계급—그 이해가 인류 전체의 이해와 일치하는—은 이러한 '안보국가'(p. 65)를 자유를 더욱 양성하고 완성하는 국가로 변혁할 것을 주장하는 것이 정당한데, 이는 인류의 운명이다. 라살레에 따르면(여기서는 아우구스트 뵈스의 것을 인용한다), 가장 완전한 정도로 국가의 윤리적 의무와 임무를 확장하는 것이 필수적이다. "국가는 인간성의 모든 덕목들이 실현되는 조직체가 될 것이다"(p. 65). 국가는 보통선거권을 공식적으로 확장해야 한다(모든 계급에게 참정권을 부여해야 한다). 노동계급의 재정조건이 개선될 것이다(고용과 충분한 임금을 보장해야 한다). 무엇보다도 국가는 '윤리로 질서잡힌 공동체'를 창출할 책임이 있다(p. 64).[26] 이처럼 국가가 지배하는 공동체는 갈등과 이기심에(현재의 부르주아시대

---

25) 이하 모든 인용은 F. Lassalle, *Arbeiter Programm: Uber den besonderen Zusammenhang der gegenwärtigen Geschictsperiode mit der Idee des Arbeiterstandes* (Leipzig: 1919). 모든 번역은 필자 자신의 것임.

26) 라살레의 이상국가 개념이 헤겔주의적 뿌리를 갖고 있음은 이 책, 특히 pp. 67~68에서 분명하게 드러난다.

처럼) 기반하지 않고, 연대와 상호성의 역사적 시대를 여는 조화로운 원칙에 기반할 것이다.

현대의 사회주의 전통에서 활동가, 관리 그리고 연구자들은 관행적으로 자주관리 사회주의와 국가사회주의를 이분법적으로 대립된 관념과 전략으로서 생각한다. 그들간의 적대성은 자명한 것으로 받아들여진다. 국가사회주의는 재산의 국유화와 전체의 사회적 삶을 통한 사회계급의 철폐를 사회주의의 본질로 인식하는 반면에, 자주관리 사회주의는 사회주의를 국가와 사회계급의 철폐 및 '직접생산자의 자유로운 결사'(엥겔스)에 의한 대체라고 생각한다. 이러한 가정은 사회주의의 두 가지 입장 사이의 논쟁사를 규정함으로써 더욱 강화된다. 생시몽주의의 전략이 민족국가를 장악하고 이것을 과학전문가들에 의해서 지도되는 거대한 생산조직으로 전환시키려는 것임에 비해서 푸리에-오웬주의자들은 순수한 사회적 공동체의 지역망을 건설하도록 강조한다. 그리고 제1인터내셔널 시기 바쿠닌과 마르크스 사이의 논쟁, 당이 지도하는 정치강령에 대한 소렐의 비판, 『신시대』에서 벌어졌던 카우츠키의 사회민주주의에 대한 안톤 팬콕의 논쟁, 로자 룩셈부르크의 레닌 비판, 트로츠키의 노동조합 국유화에 대한 아시아 무정부주의-조합주의자들의 저항 등등이다.

의심할 여지없이 사회주의 전역사에 걸쳐서 지속되던 이러한 잘못된 갈등의 결과와 삶이나 죽음의 중요성이 결코 잊혀지거나 과소평가되어서는 안된다. 그럼에도 불구하고 나는 이러한 갈등—'자유론자'와 '통제론자' 사이의—이 사회영역과 정치영역을 통일시키고자 하는 궁극적인 목적에 관한 깊은 동의 속에서 규범적으로 배태된 것이라고 주장한다.

"이전의 모든 국가와 대조적으로, 노동계급의 윤리적 이념에 의해서 통치되는 국가는 더이상 무의식적으로 운영되지 않을 것이며, 사물의 본성이나 환경의 힘에 따르는 의지에 반해서 운영되지 않을 것이다. 오히려 이 국가는 가장 분명한 의식과 전망을 갖고서 국가의 윤리적 본성을 자신의 과제로 할 것이다. 자유롭고 불완전하게 도출되었던 것들을 완성한다.…… 따라서 이 국가는 인간정신의 비상(飛翔)을 이끌 것이며, 세계사에 전례가 없는 행복, 문화, 복지, 자유의 증진을 낳을 것이다."

바꾸어 말해서 그들은 사회분할과 정치갈등의 종식이라는 그들 상호의
기대에 의해서 은밀하게 하나로 결합되어왔다(이 뿌리깊은 항상성의 이데
올로기, 모든 특수한 이해들이 전체 안으로 통합되는 사회—공동이해와 일치
하게 되는 실제의 사회 유기체—를 건설할 수 있다는 이데올로기는 사회주
의로의 이행단계와 같은 모델 속에서 자유주의자의 전제와 국가주의자의 전
제가 분명히 절충적으로 결합됨으로써 제기된다. 예컨대 이 모델은 혁명적인
전위에 의해서 고취된 직접적인 행동에 대한 바쿠닌주의 강령이나[27] 마르크스
주의의 프롤레타리아 독재론으로 나타난다).[28] 이러한 관점에서 볼 때, 지난
세기와 또 반세기 동안의 사회주의 전통에서 수많은 논쟁들은 주로 자
본주의 이후의 미래를 성취할 수단에 대한 것이었다. 따라서 확실하게
동의된 것은 인식했거나 전혀 예상하지 못했던 장애물들이 다수 존재함
에도 불구하고—어느 궁극적인 시점에는 인간해방이 가능할 것이라는
점이다. 인간해방은 사회계급들의 폐지와 이에 따르는 시민사회와 국가
의 분리의 폐지, 그리고 이에 기반해서 개인과 각 개인 및 단체의 집단
적인 존재와의 통일 및 자유로운 상호조정을 통해서 가능할 것이다. 이
렇게 보면 '사회주의'라는 용어는 19세기의 사반세기에 출현했던 때부터
집단적인 재산소유, 인간들이 합리적으로 상호작용하는 사회적 환경에
대한 집단적 계획화와 조정에 의해서 특징지어지는 체제내에서 더불어

---

27) 이 강령은 네차예프에게 보내는 미하일 바쿠닌의 1870년 1월 2일자 편지 속에 잘 요
   약되어 있다. M. Confino, "Bakunin et Nechaev", *Cahiers du Monde Russe er
   Soviergue*, vol. 7 no. 4, 1966, pp. 629~30.
   "공식적인 독재에 의하지 않고, 모든 억압으로부터 완전히 해방되고 세상에 알려지지
   않은 사회에서 확고하게 통일되어 언제 어디서나 동일한 목적을 갖고 동일한 강령에
   따라 행동하는 대중의 집단적이고 거의 느낄 수 있는 독재에 의해서 형식국가의 세계,
   부르주아지의 이른바 모든 문명의 세계를 완전히 파괴하는 것이다."
28) K. Marx, "Critique of the Gotha Programm," *Selected Works*, vol. 3(Moscow:
   1970), p. 26.
   "자본주의사회와 공산주의사회 사이에는 혁명적인 변화의 시기가 놓여 있다. 이에 상
   응해서 국가가 단지 프롤레타리아트의 혁명적 독재 외에 아무것도 아니게 되는 정치적
   이행기가 존재한다."

사회적으로 조화롭게 살아가는 것을 의미한다.[29]

8. ……그리고 마르크스?

간단히 말해서 항상성의 가능성에 관한 가정은 시민사회와 국가에 대한 마르크스의 논의에서 매우 분명하게 드러난다. 마르크스가 지적했던 근대 부르주아시대는 계층화의 정치적·사회적 유형을 '분리'시킨다는 점에서 독특한 것이다. 이것은 처음으로 인간을 사회계급들로 세분한다. 개인의 법적 지위는 시민사회내에서 그들의 사회경제적 역할과 분리되고, 개인은 사적 이기주의자이자 공적 시민으로 분열된다. 이와는 대조적으로 봉건사회는 직접적으로 정치적인 성격을 띠었다. 시민생활의 주요한 요소들(소유, 가족, 노동의 양태)은 지주제도, 신분, 조합체의 형태들을 취했다. 봉건사회의 개별 구성원들은 '사적 영역'을 전혀 향유하지 못했다. 그들의 운명은 그들이 속한 조직과 뗄 수 없을 정도로 밀접하게 결합되어 있었고, 이는 여타 '공적' 조직들의 모자이크와 차례로 맞물려 있었다. '정치적 속박으로부터의 탈피'[30]는 근대 부르주아 질서의 두드러진 표지이다. 사적 욕구와 이해의 영역이자 임노동과 사적 권리의 영역인 시민사회는 정치적 통제로부터 해방되고, 국가의 기반이자 전제가 된다.

그것은 마르크스가 시민사회와 국가를 구별하는 중요성을 인식함으로써 근대 초기 정치사상의 전통에 대한 선입견에 빠지고 있다는 점에서

29) C. Grünberg, "Der Ursprung Worte 'Sozialismus' und 'Sozialist'", *Archiv für die Geschichte des Sozialismus und der Arbeiterbewegung*, 11, 1912, pp. 372~79; A. E. Bestor Jr, "The Evolution of the Socialist Vocabulary", *The Journal of the History of Ideas*, vol. 9 no. 3, June 1948, pp. 259~302; G. D. H. Cole, *A History of Socialist Thought*, vol(London and Basingstoke : 1971).

30) K. Marx, "On The Jewish Question", *Writings of the Young Marx on Philosophy and Society*, L. D. Easton and K. H, Guddat(eds, Gorden City : 1967), p. 239.

명백해진다. 또한 마르크스는 국가와 비국가 혹은 시민영역을 구별함으로써 국가행위를 제한하려 한 후기 홉스주의에 대해서 매우 비판적이다. 그의 반대는 종종 무리한 것이기도 하다. 그러나 그들은 시민사회와 국가에 대한 완전히 민주적인 이론으로서 위치지어지는 세 가지의 새로운 문제군을 낳았다.

우선 그러한 문제들은 근대 시민사회의 기원과 발전을 설명하고자 한 마르크스의 시도에서 제기된다. 앞서 논의되었던 세 가지 모델(홉스, 로크, 페인의 모델)과는 대조적으로, 마르크스는 시민사회를 자연적으로 부여된 상태가 아니라 부수적인 역사적 현상으로서—올바르게—묘사한다. 국가의 후견을 받는 근대 시민사회는 영원한 자연법에 따르는 것이 아니며, 또한 확실히 어떠한 '자연적인 사회성향'(페인)의 압력으로 나타난 것도 아니다. 그것은 역사적으로 결정된 실체이며 특정한 생산양식, 생산관계, 계급분화, 계급투쟁에 의해서 특징지어지며, 이것에 '상응'하는 정치적·법적 기제들에 의해서 보호받는다. 또한 부르주아 시민사회가 근대의 유일한 산물인 것은 아니다. (근대 역사가) 본래의 사슬에 매인 계급으로서 시민사회의 계급이 아니라 시민사회에서의 계급이며, 모든 계급들의 소멸을 이끈다는 의미에서 보편적인 계급인 프롤레타리아트 역시 탄생시키는 한, 근대 시민사회의 수명(壽命)은 제한된다.

마르크스는 근대 시민사회의 역사적 특수성을 정확하게 강조하고 있지만, 근대 시민사회의 성장과 발전에 대한 그의 분석은 일차원적인 것이다. 마르크스의 시민사회론은 생산체계에 따른 시민사회뿐만 아니라 가족·자발적인 단체·전문가·의사전달매체·학교와 같은 규율적인 제도·감옥·병원 등을 포함한 시민적 삶의 또다른 형태의 매우 중요한 역동체로서의 시민사회에 대한 비판적 이론으로 발전하기 어려운 것으로 보인다. 헤겔과 토크빌의 묘사와는 반대로 마르크스에서 시민사회의 권력관계는 주로 생산력과 생산관계라는 용어로 설명된다. 시민사회는 부르주아지가 자신의 모습을 본떠서 만들어낸 세계의 경제적 형태로 간주된다. 이로 인해 시민사회의 제도적 복합성이 감추어지는데, 근대적 삶은 경제구조 혹은 정치(그리고 이데올로기) 구조, 즉 하부구조 혹은 상부구조의 요소라는 단순화한 이분법적 용어로 분석된다.

이러한 '경제주의'는 그 시초부터 마르크스주의 이론을 괴롭히며 절름발이로 만드는데, 마르크스에서 민주주의이론과 정치학의 매우 중요한 다양한 사회적 현상에 관해 지속적으로 그 중요성을 말하는 경우가 거의 없거나 전혀 없는 이유를 설명해준다. 예컨대 원래의 마르크스주의 연구는 근대 부르주아 생산양식의 출현이 봉건적 질서가 붕괴된 도시의 시장과 농촌에서 자기방어의 사회조직이 앞서 발전함으로써 촉진되었다는 점을 전혀 보지 않고 있다. 부르주아지 경제권력의 발전은 낡은 봉건적 권위로부터 스스로를 분리시키고, 코뮌·조합·법정·동맹·연방과 같은 다양한 비경제적 단체를 통해서 새로운 생활양식을 발전시키는 그들의 앞선 능력에 기인한다.[31] 더욱이 마르크스주의 해석은 과거나 현재의 부르주아 시민사회가 이기주의나 사적 소유 그리고 계급갈등의 영역으로서 단순하고 순진하게 이해될 수 없다는 점을 보지 못했다. 마르크스는 인간결사 '자연스러운 결속'이 첨예한 부르주아 경쟁이나 시민사회의 이기주의로 해소된다고 보았다. "단지 18세기와 '시민사회'에서만 사회적 연관의 다양한 형태가 개인의 외적인 욕구로서의 사적인 목적을 위해 단순한 수단으로서 제시된다."[32]

마르크스는 부르주아에 의해 지배되는 근대 시민사회의 성격을 강조

---

31) J. Szücs, "Three Historical Rigions of Europe", *Civil Society and State*; A. Gouldner, *Civil Society in Capitalism and Socialism*, pp. 355~63. 제임스 오코너는 1983년 8월 29일자 편지에서 마르크스가 근대시민사회를 지나치게 단순화했던 또다른 요인을 덧붙였다.

"사회는 또한 도망노동, 자유노동, 장인, 도제 그리고 도덕과 화폐경제를 균형시키려 애쓰는 여타의 독립상품생산자들을 포괄했다. 자본주의(사회)가 오직 자본과 노동에 의해서만 이루어지는 것으로 보았던 마르크스는 이러한 사실들을 이해하지 못했다. ……이렇게 해서 마르크스의 '사회'관은 일면적인 것이 된다."

32) K. Marx, *Grundrisse Introduction to the Critique of Political Economy*, M. Nicolaus(trs, Harmondsworth : 1973), p. 84.

하는 데 열중함으로써 시민사회가 원자화되는 정도를 과장했다. 그는 시
민사회의 남성통제를 보장하는 데에 있어서 그리고 노동시장의 통제로
부터 노동자의 주기적 퇴각이나 영원한 추방을 용이하게 하는 데에서
가부장적 가족제도가 수행하는(매우 모호하긴 하지만) 중요한 역할을 소
홀히 했다(essay 3을 보라. 헤겔이 시민사회 개념에서 가족생활을 배제했던
것이 이러한 오류에 크게 영향을 미쳤다는 점은 의심할 여지가 없다). 마르
크스는 또한 계급권력모델에 의해서는 설명될 수 없는 시민사회내의 인
식과 권력과 권위 등 18세기 이후의 새로운 제도들―전문적인 기술자,
의사, 법률가, 건축가 그리고 정신과 의사들의 조직들― 의 성장을 간과
했다.[33] 마지막으로 시민사회에 대한 마르크스의 경제주의적 설명은 페
인과 토크빌이 소중히 여기던 시민결사체 유형이 갖는 민주적 잠재성을
간과하게 했다. 독자적인 출판, 집회의 자유, 투표할 권리 등의 메커니즘
―후기 부르주아 민주제의 필요조건이라기보다는 단지 부르주아 권력이
정립되는 양식으로서 이해되었다―에 대한 열의 및 존중의 결여는 마
르크스주의 사회주의관을 정치적 독재로 나타나게 했다. 이러한 사고는
부르주아 민주주의에 대한 평결을 혁명가들의 손에 맡김으로써 '부르주
아적인 자유'를 경멸하게 했으며, '자본주의'를 제거한다는 명목으로 정
치적 민주주의의 시민적 뿌리를 짓밟는 데 몰두하게 했다.

　두번째 문제군은 근대국가의 보편주의적 개념에 대한 마르크스의 반
론에 의해서 발생했다. 마르크스가 설득력있게 주장하듯이, 근대국가는
시민사회의 불일치된 요소들을 조화롭게 하거나 보다 높은 통일성으로
묶어낼 수 있는 장치에 대한 이성적 동의가 아니다. 예외적인 환경―마
르크스가 비스마르크의 독일과 프랑스의 보나파르트 국가를 그 예로 논
의했던―에서 근대국가는 시민사회로부터 상대적으로 더욱 독립된 것
으로 나타나는데, 이는 부르주아의 성장을 가로막는 봉건적 잔재의 지속

---

33) H. Siegrist(ed.), 'Bürgerliche Berufe' Beiträge zur Geschichte der akademischen
　und freien Berufe(Göttingen : 1988).

이나 혹은 시민사회의 계급들(또는 계급분파들)간의 막다른 처지에서 기인한다.[34] 그러나 이들은 예외적인 것이다. 마르크스는 국가가 보편적인 이익을 실현하며, 신민을 공평하게 다스리는 분리된 실체일 수 있다고 가정하는 홉스, 로크, 헤겔의 국가모델을 거부한다. 근대국가는 가상(假像)의 보편적인 공동체이다. 사실 근대국가는 시민사회의 특수하고 역사상 특정한 이익을 반영하고 강제하는 억압적 제도이다. "국가형태뿐 아니라 법적 관계 역시 그들 자체로부터 형성된 것이 아니고 이른바 인간 정신의 일반적 발전에서 이루어진 것도 아니며, 오히려 삶의 물질적 조건, 18세기 영국인과 프랑스인의 예에 따르자면 헤겔이 '시민사회'의 이름으로 종합했던 것의 총합에 자신의 뿌리를 두고 있는 것이다."[35] 근대국가는 규범상 부수적인 현상 혹은 파생적인 현상이다. 근대국가란 부르주아 국가이며, 부르주아지와 그들의 동맹자의 일상업무를 보호하고 관리하기 위한 도구이다. 마르크스는 이것을 『자본론』 제1권의 유명한 문장에서 "국가의 권력이란 사회의 집중되고 조직된 힘"이라 주장한다.[36]

역사적 맥락 속에서 이러한 테제는 의심할 여지없이 근대 초기의 자유주의 정치사상 전통의 전반에 반대하는 자유로운 도전을 대표했다. 국가이성(raison d'etat)의 매력은 전복되었다. 덧붙이자면 상품생산 및 교환이라는 시장체제로 결정화(結晶化)된 착취와 사회권력의 형태에 대한 자유주의자의 침묵(혹은 점잔빼는 소리)도 효과적으로 분쇄되었다. 그러나 이러한 중대한 돌파(breakthrough)도 국가 제도마다 특수한 권력에

---

34) K. Marx and F. Engels, "The German Ideology", *Writings of the Young Marx on Philosophy and Society*(Gorden City and New York : 1967), p. 470; K. Marx, "The Eighteenth Brumaire of Louis Bonaparte", *Selected Works*, vol. 2, p. 219.
35) K. Marx, "Preface to A Contribution to the Critique of Political Economy", *Selected Works*, vol. 1, p. 503.
36) K. Marx, *Capital*(Moscow : 1970), vol. 1, p. 703.
   "정치적 조건이란 시민사회의 단지 공식적인 표현일 뿐이다.……그것이 정치적이든 사회적이든간에 입법은 경제관계의 의지를 선포하고 문자로서 표현하는 것에 다름 아니다."

관해서는 새로운 이론적 침묵을 낳았다. 시민사회의 편에 서서 국가권력을 제한하는 것에 집착하던 예전의 자유주의의 국가중심적 사고를 벗어남으로써, 그리고 국가 및 준국가 제도들에 대한 사회중심적 관점을 세움으로써—시민사회의 해부가 정치경제학에서 찾아지는 것이라고 결론지음으로써—마르크스주의 이론은 사회적 갈등이 억제되고, 이해들이 중재되며, 뒤따르는 결과들을 권위적으로 확립하는 영역으로서의 국가관을 옹호했다.

현대의 시민사회와 국가에 대한 민주적 이론—전후 사회민주주의의 국가주의적 실행, 신보수주의의 등장, 군사독재와 전체주의 체제의 놀랄 만한 성장률 등에 도전하려는 이론—은 이러한 사회중심적 접근을 거부해야만 하며, '정치적 조건이란 시민사회의 단지 공식적인 표현'이라는 일면적인 가정을 거부해야만 한다. 민주적 이론은 국내적·국제적 정황을 변화시킬 수 있는 국가제도의 능력에 대한 연구로서 사회권력에 대한 분석을 보완해야만 한다. 이러한 접근은 자칫 국가권력을 예찬하거나 국가권력의 효능을 과대평가하는 이중의 위험에서 벗어나야 할 것이다. 이 이론은 군사독재와 전체주의체제의 성장과 붕괴의 근거를 밝혀내야 할 것이다. 또한 이론은 적절한 곳에서 시민사회와 국가가 상호작용하는 복잡한 양상에 주의를 기울여야 한다. 이러한 접근은 마르크스에 앞서는 근대정치사상의 중심된 관심을 확장하는 것으로 나타나야 할 것이다. 그것은 다양한 유형의 현대국가(그리고 준국가) 기제들이 어느 정도로 사회권력·재산·지위의 불평등을 야기하거나 고정하거나 축소하는가, 즉 사회적 폐쇄유형과 개방유형을 어느 정도로 지원하거나 침식해들어가는가를 고찰해야 할 것이다. 또한 국가정책이 지배적인 사회계급과 집단 그리고 지배적인 운동과는 상이하게 활동경로를 추구하는 데 성공하기도 하는 방식들 역시 살펴보아야 하며, 신민들에게 세금을 부과하고, 부를 산출하는 국가제도 및 국내질서를 유지하고, 국제환경을 통제하는 국가제도들의 권력과 영역을 강화하는 방식—일종의 제로섬게임의 양상—에 대해서도 고찰해야 할 것이다.

그렇지만 국가와 시민사회의 상호작용에 대한 포스트 마르크스주의 이론은 또다른 가능성을 인식할 필요가 있다. 시민사회의 권력과 국가제도의 능력 양자는 긍정적인 종합의 상호작용에서 동시에 증진될 수 있으나, 국가의 정책결정과 행정능력이 독자적이며 자체 결정하는 행위에 대한 시민사회의 능력에 따라 침체하는 경우와 같이 부정적인 종합의 방식으로는 동시에 쇠퇴할 수도 있다.[37] 민주화—국가제도들의 믿을 만한 틀에 의해서 보호되고 장려되는 시민사회내 권력의 다원화—야말로 국가-시민사회 관계의 유일하게 가능한 형태이다. 그것이 어떻게 성취될 수 있는가라는 문제가 제기되어야 하는데, 이처럼 역전된 의미에서 민주주의에 대한 마르크스주의의 편견에서 벗어난 방식으로 제기되어야 한다. 이러한 문제는 페인, 헤겔 그리고 토크빌과 같은 사상가들에게 신세를 져도 좋은데, 다음과 같은 내용들을 포함해야 할 것이다. 어떠한 유형의 국가개입이 시민사회에서 민주화과정을 무력하게 만드는가? 이러한 마비상태는 어떻게 방지할 수 있는가? 시민사회에서 어떠한 유형의 후기자본주의적 소유방식이 과도하게 확대된 국가권력에 대한 저항을 가장 용이하게 촉진할 수 있는가? 민주적 성격과 유효성을 극대화하기 위해서는 국가제도와 정책들을 어떻게 변화시킬 수 있는가? 민주화과정에서 필수적인 조건으로서 강화해야 할 국가제도가 무엇이고 약화시켜야 할 것은 무엇인가? 그리고 어떤 유형의 제도야말로 시민사회와 국가

---

37) 이러한 가능성은 시민사회의 자기해방을 주장하는 앨빈 굴드너에 의해서 부인되었다. 그는 국가와 시민사회가 오직 제로섬게임의 관계에서만 존속할 수 있다고 생각한다. "Civil Society in Capitalism and Socialism", p. 371을 보라. 시민사회와 영토상 제한되고 중앙집중화된 국가 사이의 가능한 관계에 대한 더욱 풍부한 설명으로는 M. Mann, "The Autonomos Power of the State: it's Origins, Mechanisms and Results", *Archives Europeennes de Sociologie*, vol. 25, no. 2, 1984, pp. 185~213, 또한 *The Source of Social power*, vol. 1: *A History of power from the Beginning to Ad 1760*(Cambridge : 1986) ; T. Skocpol, *States and Social Revolutions*(Cambridge : 1979): Charles Tilly(ed.), *The Formation of National State in Western Europe*(Princeton : 1975).

사이의 '매개자'로서 가장 훌륭하게 작동할 것인가?

　세번째의 문제군은 미래의 공동체 사회에서 국가의 폐지와 갈등의 사멸이라는 마르크스의 기대로부터 도출된다. 앞에서 논의된 최소국가 모델, 보편국가 모델, 민주국가 모델과는 대조적으로 마르크스는 근대국가와 시민사회의 분리를 일시적이고 바람직하지 못한 현상으로서 인식한다. 근대국가는 사회권력을 소외시키며, 바로 이러한 이유 때문에 시민사회내에서 소외를 폐지하려는 투쟁은 국가의 퇴화를 예시한다. 근대 시민사회는 보편적 계급인 프롤레타리아트를 양산하는데, 그들의 점증하는 자본주의 생산양식에 대한 저항은 국가 이전상태나 비국가 상태를 모두에 대한 각자의 전쟁이 아니라(안보국가와 입헌국가의 모델처럼) 사회계급간의 투쟁의 장으로 규정한다. 마르크스는 예견할 수 있는 프롤레타리아트의 승리가 국가제도들을 부르주아지의 지배로부터 해방된 능동적 사회질서내로 재흡수할 수 있게 하리라고 확신했다. 사회계급에 대한 착취가 폐지되어야 하며, 생산수단은 생산자 결사체의 통제를 받아야 한다. 오직 계급투쟁에 의해 먼저 시민사회를 변혁하고 시민사회와 억압적인 국가간의 분리를 폐지하는 것에 의해서만 프롤레타리아트는 자신을 완전히 해방시킬 수 있다. (프롤레타리아트는) 자의식 속에서 자체결정의 권력을 안정되고 조화로운 사회질서—어느 누구도 여타의 사람을 지배하지 않으며, 권력이 모두에 의해서 실행되는, 정확히 말해서 어느 누구에 의해서도 실행되지 않는 공산주의 사회—로 조직하는 것이 가능하다. 공산주의사회가 되면 권력은 간단하게 사라질 것이다.

　마르크스는 "자유란 사회 위에 부과된 기관으로서의 국가를 사회에 완전히 복속하는 것으로 전복시키는 데서 이루어진다"고 믿었다. 그는 시민사회를 통제하기 위한 노동계급의 성공적인 투쟁이란 국가의 폐지를 촉진하는 것이어야 한다고 주장했다. 바꾸어 말해서 이것은 거침없는 창조적 행위를 방류하는 것이다. 자유는 정치적·법적 제도의 틀내에서 행동하는 자체 한정적인 주체의 독립성을 극대화하는 데 있지 않다. 자유는 오히려 상이한 삶의 영역간의 장벽을 무너뜨리는 데 있으며, 따라서 자체결정적이고 충분히 의식적인 사회적 개인들 사이의 통일성과 조화와 의무를 극대화하는 데 있다. 마르크스는 국가장치가 폐지될 수 있으며, 간소한 행정기관으로 대체될 수 있다고 생각했다. 그는 통치자와 여타 공산주의자들 사이의 투쟁이나 잉여생산물의 분배를 둘러싼 갈등이 간단하게 발생하지 않았다고 믿었다. 모든 공산주의자는 중요하지 않은 것에 상관없이, 그리고 갈등을 조정하거나 동의를 지켜내기 위해서 따로 분리된 정치적 제도에 호소함이 없이, 모든 공적인 문제에 대해 결정할 수 있다. 심지어 시민—어떤 정책목표에 반대하거나 옹호하기 위해서 다른 사람들과 제휴하여 행동하는—이라는 개념조차 사라질 것이다.

이러한 일종의 집단조화의 신화를 방어하기 위해서, 마르크스의 정식은 사회주의투쟁에서 노동계급의 중심된 역할을 전제했다. 그러나 그것은 어떤 특수한 나라에서 노동계급의 민주적 잠재성이 역사적 조건, 개인들간의 관계구조, 국가전략, 그리고 시민사회에서 다른 집단들과 연대를 형성하는 능력 등의 요소에 의존하는 것이 아니라는 점은 인식하지 못했다. 또한 급진화되고 더욱 재산에 민감해진 토크빌의 민주국가 모델의 관점에서 보면, 마르크스의 정식은 노동계급의 사회적 승리가 어떻게 국가의 민주화과정을 이끌 것이며, 어떻게 시민사회의 보전과 근본적인 민주적 개혁을 이끌 것인가를 고려하지 못했다. 더이상 상품의 생산과 교환에 의해서 지배되지 않으며 국가가 후원하는 사회주의 시민사회의 가능성이 마르크스에서는 전혀 제기되지 않았다. 갈등으로부터도 자유롭고 권력으로부터도 자유로운 공산주의 사회에 대한 마르크스의 견해는 복잡한 후기자본주의 체제에서 국가제도란 항상 어느 정도 필수적이라는 점을 인식하지 못한 것이다.[38] 결과적으로 마르크스는 국가권력이 질식할 정도로 성장하는 것을 실제로 방지하기 위해서 이러한 체제가 국

---

38) J. Keane, *Public Life and Late Capitalism*(Cambridge and New York : 1984). 이 책의 제5장, 제7장을 B. Frankel, *Beyond the State?*(London and Bassingstoke), 제13장과 비교해보라.

가권력의 남용에 대한 방어수단을 필요로 했다는 점을 보지 못했다. 마르크스주의 이론은 '통치체의 기능이 간소한 행정적 기능으로 되는 참된 민주주의'를 기대함으로써,[39] 국가권력의 영역과 한계에 대한 이론적 숙고의 모든 전통을 부르주아 전사(前史)의 박물관 속으로 보내버렸다.

국가-시민사회 관계에 대한 마르크스주의의 이해가 19세기 이래의 사회주의 전통에 특별한 영향력을 발휘했다는 것은 의심할 바 없는 사실이다. 물론 이 영향의 모든 것이 헛되거나 부당했던 것은 아니다. 이는 마르크스가 브루노 바우어 등을 논박했듯이, 정치적 해방이 곧 사회적 해방과 동등한 것은 아니라는 점을 상기시켰다. 이러한 마르크스주의의 이해는 근대 시민사회들의 집단 구조와 제도들이 자연적으로 주어진 생활체계가 아니고, 자발적인 적응만을 겪다가 오직 상당한 위기에 처했을 때 변경될 수 있다는 점을 강조한다. 따라서 마르크스주의의 견해는 초기 자유주의적 담화가 정당화하거나 당연시했던 근대 시민사회의 부당하고 비민주적인 계급권력 형태들을 민감하게 느낄 수 있도록 했다. 그럼에도 불구하고 필자는 마르크스주의의 경제주의 접근법과 '보편적인 계급'이라는 가정, 그리고 집단 조화의 신화에의 명시적인 집착 등이 철저하게 거부되어야 한다고 확신한다. 만일 '사회주의로의 길'이 시민사회와 국가의 분리를 민주적으로 유지하고 변혁하는(마르크스가 주장하듯이 폐지하는 것이 아니라) 과정으로서 고려된다면, 현대 민주주의 이론의 중심된 과제는 이 글에서 논의했던 마르크스주의 이론의 결함들을 자각하도록 고쳐하는 일이다. 필자 역시 이러한 유형의 논의가 도달했던 곳에서 결국 순수하게 민주적인 이론이 역시 모험적이라고 믿지는 않는다. 그러나 필자는 시민사회와 국가권력의 제한에 대한 낡은 '부르주아'사상의 복구와 재정립이 현대의 민주적인 상상력을 고취하는 필수적인 조건이라고 확신한다. 그러므로 현재에도 살아 있는 것이지만 과거로부터 중

---

39) K. Marx and F. Engels, "Fictitious Splits in the International(1872)", *Selected Works*, vol. 2, p. 285.

요한 것을 복구하려는 시도는 『인간의 권리』, 『법철학요강』, 『미국의 민주주의』 등의 저서가 갖는 충분히 민주적인 견해들을 철저하게 재서술할 필요성을 수반하는 것이다.

(강경성 옮김)

제7장
그람시와 시민사회의 개념*

노베르토 보비오

1. 사회에서 국가로, 국가에서 사회로

홉스로부터 헤겔까지 근대 정치사상은—여러 방식으로 표출되기도
하는데—자연국가와 연관된 개념으로서, 국가나 정치사회를 합리적 실
체로서 인류의 공통적이고 집단적인 생활에서는 최상의 일정 단계로서
이해한다. 또 조정되지 않은 힘의 지배를 조정된 자유의 하나로 전환시
킴으로써 본능·욕망·이익 등에 대한 합리화 과정의 가장 완전한 혹은
덜 불완전한 결과물로서 국가나 정치사회를 생각하는 경향을 보여왔다.
국가는 이성의 산물로서 혹은 합리적 사회로서 인식되어왔다. 이는 국가
가 인간으로 하여금 이성에 순응하도록 하는, 곧 그들의 본성에 일치하
는 삶을 살아갈 수 있도록 하는 유일한 것으로 인식되었다는 말이다. 이

---

* Norberto Bobbio, "Gramsci and the Concept of Civil Society", *Which Socialism?*
Marxism, Socialism and Democracy (Minneapolis: University of Minnesota press,
1987).

러한 개념에는 국가를 있는 그대로 묘사하는 현실주의자의 이론—마키아벨리로부터 '국가 이성'(reason of state)론자들에 이르는—과 국가는 그 자신의 진정한 목적을 실현시키기 위해서 어때해야 하는가를 규정함으로써 국가의 이상적 모델을 제안하는 자연법론자들의 이론—홉스로부터 루소와 칸트에 이르는—이 함께 혼용되어 있다.

자연법 이론의 특징인 국가(합리적 사회로서의 국가)의 합리화 과정은 국가 이성론의 특징을 이루는 이성의 '국가화'(statization) 과정과 서로 융합되어 있다. 이 두 흐름은 정치사상의 최고봉일 뿐만 아니라 전통으로부터 결정적 단절을 나타내는 헤겔에 와서 종합된다. 그리하여 『법철학』(Philosophy of Right)에서 국가의 이성화는 자신의 궁극적 표현을 달성하게 되고, 동시에 단순히 이성적 모델에 대한 제안뿐만이 아니라 실제 역사의 운동을 이해하는 열쇠로서 나타나게 된다. 즉 국가의 합리성은 단지 필요성이 아니라 현실이며, 이상적일 뿐 아니라 역사적 사건인 것이다. 청년 마르크스가 그의 초기 저작에서 "헤겔은 근대국가의 성격을 있는 그대로 묘사한 것에 대하여 비난받는 것이 아니라, 국가의 본질로서 존재하는 근대국가의 성격을 제시함으로써 비난받는 것이다"[1]라고 했을 때 이는 헤겔 법철학의 특징에 대하여 깊은 통찰을 보여주는 것이다.

부정적인 단계로서 간주되는 전(前)국가 또는 반(反)국가 사회와는 상반된 긍정적인 단계로서 국가를 인식하는 이분법적 모델의 사용을 통하여 국가의 합리화가 이루어졌다. 그리고 비교적 도식적인 방법이기는 하지만, 이 모델의 주요한 세 가지 변형들을 구별할 수가 있다. 첫째, 국가에 선행하는 인류 발전 단계로 비유되는 자연상태를 제거하고 극복하는 급진적 부정, 즉 혁신으로서의 정치국가(홉스와 로크)이다. 둘째, 자연사회의 규제, 그러니까 자연사회에 대한 대안으로서가 아니라, 그것을 실

---

1) Karl Marx, "Critique of Hegel's Philosophy of Right", *Collected Works* (Moscow; Progress Publishers and London: Lawrence & Wishart, 1975), vol. 3, p. 63.

현하고 완성하는 자연사회의 보존 및 규제로서의 국가(로크와 칸트)이
다. 셋째, 국가는 하나의 **새로운** 계기이며, 이전 단계를 완전하게 할 뿐만
아니라(로크와 칸트와는 다른) 절대적 부정이 아닌 하나의 대안(홉스와 루
소와는 다른)이라는 의미에서 전(前)국가 사회의 보존이자 초월로서의
국가(헤겔)이다.

홉스와 루소의 국가는 분명히 자연상태를 배제하는 반면에 헤겔의 국
가는 시민사회(civil society ; 자연법 철학자들의 자연상태나 자연사회에 대
한 역사화인)를 포함한다. 헤겔의 국가는 시민사회를 포함하고 그것을 초
월한다. 헤겔의 국가는 단지 형식적 보편성(eine formelle allgemein-heit)
을 유기체적 실재(organische Wirklichkeit)로 변형시키는 것이다. 그런
점에서 시민사회를 초월하는 것이 아니라 그 존재와 목적을 정당화하는
국가, 즉 시민사회(여전히 로크에 있어서는 자연사회로 인식되는)를 포함하
는 로크의 국가와는 다르다.

헤겔에 이르러 국가의 합리화(= 이성화) 과정은 포물선의 최고정점에
이르게 된다. 같은 시대에 정치적 혁명이 아닌 산업혁명으로부터 결과하
는 사회의 심원한 변화를 고려하고, 형이상학자와 군인들에 의해 지지되
어온 전통적 질서에 반대함으로써 이제 과학자와 산업가에 의해 지배될
새로운 질서의 도래를 예견한 생 시몽(Saint-Simon)의 저작들에서 포물
선은 하락의 경향을 나타냈으며, 국가가 필연적으로 소멸할 것이라는 이
론 혹은 단순한 믿음이 점차 정식화되기 시작했다. 이러한 이론이나 신
념은 19세기에 유행한 정치적 이데올로기의 독자적인 특징이었다. 마르
크스와 엥겔스는 그것을 그들의 체계와 중심 이념들 중의 하나로 채택
하였다. 즉 국가는 더이상 윤리적 이념의 현실, 합리적 실체가 아니며,
『자본론』에서의 유명한 정식에 의하면 그것은 '사회의 집중화되고 조직
화된 폭력'[2]이라는 것이다. 헤겔에 이르러 정점을 이룬 자연법 철학의
전통에 대한 반대 개념이 가장 정식화된 형태를 갖춘 것이다.

---

2) Karl Marx, *Capital* (London: Lawrence & Wishart, 1970), vol. 1, p. 703.

마르크스와 엥겔스의 국가 모델은 첫번째 모델과는 달리, 국가는 자연상태의 제거로 인식되는 것이 아니라 그것의 보존·연장·안정화로 인식된다. 국가에서 강제력에 의한 통치는 억제되어온 것이 아니라 영구화되어 왔다. 유일한 차이는 만인에 대한 만인의 투쟁이 양측의 투쟁으로 바뀐 점이다(예를 들어 국가는 계급투쟁의 표현이자 도구인 것이다). 또한 두번째 모델과는 달리, 국가가 최고 통치자인 사회는 인류의 영원한 속성에 순응하는 자연사회가 아니라 특정 생산양식과 사회적 관계에 의해 특징지어진 역사적으로 결정된 사회라는 것이다. 따라서 보편적이고 합리적인 필요의 표현이기보다는 지배계급의 제도로서 국가는 특정한 이익의 반복이자 강화인 것이다. 마지막으로 세번째 모델과 비교해서, 국가는 시민사회의 초월로서 제시되는 것이 아니라 단지 그의 반영으로 나타난다. 시민사회가 존재하는 것처럼 국가 또한 마찬가지인 것이다. 국가는 시민사회를 다른 어떠한 것으로 변형시키기 위해서가 아니라, 있는 그 자체로 유지하기 위해서 시민사회를 병합한다. 곧 역사적으로 결정된 시민사회는 국가 속으로 사라지는 것이 아니라 그 모든 구체적 표상을 통해 국가 속에 재발현되는 것이다. 이 세 가지의 대립명제(anti-thesis)로부터 마르크스와 엥겔스의 국가에 대한 세 가지 기본 요소를 유추해낼 수 있다.

 i) 강압적 기구 또는 '사회에 대한 집중화되고 조직화된 폭력'으로서의 국가, 다시 말하면 국가를 윤리적 또는 최종적인 완결점으로 보는 입장과 반대되는 국가에 대한 도구적 개념.

 ii) '근대국가의 행정부는 단지 전체부르주아 계급의 공동 관심사를 관리하는 위원회',[3] 계급지배의 도구로서의 국가, 다시 말하면 헤겔을 포함하는 모든 자연법 개념에 의한 보편적 국가관과는 반대되는 것으로서

---

3) K. Marx and F. Engels, *Manifesto of the Communist Party*, *Selected Works*(Moscow: Progress Publishers, 1973), vol. 1, pp. 110~11.

국가에 대한 특수한 개념.

ⅲ) '시민사회를 조건짓고 규정하는 것은 국가가 아니라, 국가를 조건
짓고 규정하는 것이 바로 시민사회'[4]라는 시민사회와 관계하여 부차적이
거나 종속적인 현상으로서의 국가, 즉 합리주의적인 사고에서 보이는 긍
정적 개념에 완전히 반대되는 국가에 대한 부정적 개념.

강압적이고 개별적이며 종속적 기구로서 국가는 역사과정의 최종적인
단계가 아니라 극복되어야 할 운명에 처한 과도적 제도인 것이다. 시민
사회와 정치 사회간의 관계가 전도된 결과로서 역사과정에 대한 개념이
완전히 달라진다. 진보는 사회에서 국가로가 아니라 그 반대로 국가에서
사회로 이동해가는 것이다. 국가는 자연상태를 철폐한다는 개념에서 시
작한 사고는 반대로 국가 자체가 철폐되어야 한다는 이론의 출현과 공
고화로 끝난다.

국가에 대한 안토니오 그람시(Antonio Gramsci)의 이론은—특히 그
의 『옥중 수고』(*Prison Notebooks*)를 중심으로 생각해볼 때—국가는 그
자체 목적이 아니라 기구이자 도구라는 이 새로운 단계의 정치적 사고
에 속한다. 국가는 보편적인 이익이 아니라 특정한 특수 이익을 대표한
다. 국가는 사회의 상부에 위치한 분리적·주권적 실체가 아니라 사회에
의해 조건지어지고 사회에 종속되는 것이다. 국가는 영원한 제도가 아니
라 사회의 변혁과 더불어 소멸할 과도적인 것이다. 수천 페이지에 달하
는 『옥중 수고』에서 도구적이고 특수적이며 종속적이고 과도적인 실체
로 국가를 보는 것이 네 가지 기본적인 주제를 반영하는 구절을 발췌하
는 것은 어려운 일이 아니다. 지금까지 그람시의 저작과 익숙한 사람이
라면 누구나 그의 사상이—거의 논쟁적인 정치적 동기에 의해 항상 고
취되어온—'그람시는 마르크스-레닌주의자다' 혹은 '마르크스주의자라기

---

4) F. Engels, "On the History of the Communist League", *Selected Works*, vol. 3, p.
178.

보다는 레닌주의자에 더 가깝다', '그는 마르크스주의자도 레닌주의자도
아니다' 따위에서 보이는 바와 같이 손쉬운 범주화를 허용하지 않는 독
창적이고 개성적인 특징을 지니고 있음을 알 수 있다.

그람시의 사상에 대한 연구를 수행할 때 그 첫번째 과제는 몇 가지
개념상의 난삽함에다가 단편적이고, 산만하고, 비체계적인 것처럼 보이
는, 그렇지만 영감의 강한 통일성에 의해 어떤 일관성(특히 옥중에서의
그의 저술들에서 보이는)이 부여되고 있는, 그의 이론의 개요를 재구성하
겠다는 관심을 가지고 이 개성적이고 독창적인 사상을 면밀히 검토하고
분석하는 것이다. 때때로 자기의 당 노선(이탈리아공산당)에 비추어 정
통 노선을 옹호하는 그의 지나치게 격정적인 주장은 많은 이들로 하여
금 이단적인, 심지어는 변절적인 증거를 그로부터 찾아내도록 이끄는
강한 반향을 촉발시켰다. 자신의 입장을 위한 열정적인 변호는, 만약 내
가 틀리지 않는다면, 우상숭배적 반향을 불러일으키는 것 같은데 그것
은 아직 대대적인 것은 아니지만 어떤 반감의 표시들 속에서 볼 수 있
는 것이다. 그러나 정통과 이단이라는 것이 철학적 비판의 타당성 기준
이 아닌 것과 마찬가지로, 열광과 불경은 기만적인 것이며, 사상사에 있
어서 특정 국면에 대한 이해를 얻고자 하는 정신의 기만적이고 왜곡된
상태이다.

2. 헤겔과 마르크스의 시민사회

그람시의 정치적 사고를 재구성하기 위하여 필요한 출발점을 형성해
주는 주요 개념은 **시민사회**(civil society)의 개념이다. 이는 국가의 개념
보다는 시민사회의 개념으로 출발해야만 한다는 것이다. 그 이유는 헤겔
뿐만 아니라 마르크스와 엥겔스의 개념과 의미있게 구분되는 것은 바로
국가보다는 시민사회에 대한 그의 개념 사용에 있기 때문이다.

헤겔과 마르크스의 관계 문제가 방법의 비교에서(변증법적 방법의 사용

과 이른바 '헤겔식 사고에 고정된' 방법의 사용) 내용의 비교로 옮겨간 시기
로부터—청년 헤겔에 대한 루카치의 저작이 이러한 새로운 관점의 기
초가 되어왔다—헤겔이 시민사회를 분석한 구절은 대단한 관심으로 연
구되어왔다. 마르크스에 있어 헤겔주의의 영향의 정도는 또한 시민사회
에 대한 헤겔의 묘사(보다 정확하게는 필요체계에 관한 첫 부분에 대한)가
마르크스의 자본주의 사회에 대한 분석과 비판의 원형으로 고려될 수
있는 정도에 따라서 평가된다. 마르크스의 자본주의 사회에 대한 분석과
헤겔의 시민사회에 대한 분석 사이의 연관에 대한 통찰은 「정치경제학
비판 서문」(Preface to a Contribution to the Critique of Political Econ-
omy)의 유명한 구절 속에서 마르크스 자신에 의해 제시되었다. 마르크
스는 헤겔의 법철학에 대한 이 비판적 분석에서 다음과 같이 쓰고 있다.

나의 연구는 국가형태뿐만 아니라 법적 관계가 이른바 그 자체 혹은 일
반적인 인간 정신 과정에 의해서는 이해될 수도 설명될 수도 없는 것으로
서 삶의 물질적 조건(시민사회라는 이름으로 18세기 영국과 프랑스에서의 유행
을 본 후 헤겔에 의해서 집약된)에 근거를 두고 있다는 결론에 도달했다. 이
시민사회에 대한 해부는 정치경제학을 통해서 추구되어야 한다.[5]

그러나 입증된 바와 같이, 헤겔 법철학의 연구자들은 1920년경 헤겔
연구에 있어 배타적인 중요성을 지니게 돼 그의 국가론에 대하여 주의
를 집중시키고 시민사회에 대한 분석을 무시하는 경향이 있었다. 다른
한편으로 오랫동안 마르크스주의 학자들은 예외적으로 헤겔과의 관계
문제를 마르크스의 변증법적 방법의 수용이란 관점에서 고려하는 경향
이 있었다. 몇몇 헤겔주의자 또는 헤겔 연구학자들이던 라브리올라(A.
Labriola), 크로체(B. Croce), 젠틸레(Gentile), 몬돌포(Mondolfo) 같은
가장 중요한 이탈리아 마르크스주의 학자들의 저작 속에서 헤겔의 시민

---

5) K. Marx and F. Engels, *Basic Writings on Politics and Philosophy*, Lewis S.
Feuer, ed.(London: Collins, the Fontana Library, 1969), p. 84.

사회 개념에 대한 언급이(비록 소렐에서는 보이지만) 전혀 보이지 않는다는 것은 잘 알려진 사실이다.

그람시는 그의 저작에서 잘 볼 수 있듯이 헤겔에 대한 원문의 참조와 더불어 사회에 대한 분석을 위해 시민사회의 개념을 사용한 최초의 마르크스주의 학자이다. 그럼에도 불구하고 오랜 전통을 지닌 국가 개념과는 달리 헤겔에서 파생되고 특히 마르크스주의 사회이론의 용어에서 반복해서 나타나는 시민사회의 개념은—엄격하고 기술적인 방식으로가 아닌—애당초 혼동을 피하기 위하여 주의깊게 비교되고 명확하게 할 필요가 있는 다양한 의미를 지닌 철학적 용어로 사용된다.

나는 여기서 더 상세한 향후의 분석을 위해서 필요한 요점들을 정리해두는 것이 유용하다고 생각한다.

i) 자연법철학의 전통에서도 시민사회(societas civilis)라는 표현은 헤겔주의와 마르크스주의의 전통에서처럼 전(前)국가사회를 언급하는 것이 아니라 정치사회, 따라서 국가에 대한 동의어로 사용된다. 로크는 서로 바꿀 수 있는 것으로 두 용어를 사용한다. 루소의 경우에 있어 시민국가(etat civil)는 국가를 의미하며 또한 피히테와 더불어 헤겔에 가장 가까운 저자인 칸트가 자연이 인간을 국가의 헌법을 향하여 내모는, 저항할 수 없는 경향에 대하여 '세계시민적 목적에서 보편사의 이념'에서 말할 때 그는 인류에 관계하는 자연의 지고한 목적을 시민사회(bürgerliche Gesellschaft)라고 부른다.

ii) 자연법 전통에서 대립쌍의 두 요소는 헤겔주의와 마르크스주의 전통처럼 '시민사회-정치사회'가 아니라, '자연상태-시민국가'라는 것은 잘 알려져 있다. 인류의 전(前)국가 단계에 대한 이념은 '사회-국가'의 대립개념에 의해서가 아니라, '자연-문명'의 대립개념에 의해 고취되었다. 더구나 자연법 철학자들에게 전국가 또는 자연국가는 비사회국가(asocial state)가 아니라, 즉 끊임없는 전쟁의 상태가 아니라 가족이나 경제적 관계에서와 같은 방식으로 (또는 그렇다고 믿어지는) 자연법에 의하여 규제

되는 사회적 관계의 지배로 특징지어지는 맹아적 사회국가(social state)
의 형태라는 것을 차츰 인식하게 되었다. 이러한 자연국가(status na-
tuarlis)에서 자연사회(societas naturalis)로의 변형은 홉스와 스피노자에
서 푸펜도르프와 로크로의 이행에서 아주 명확하게 나타난다. 로크가 자
연국가에서—가족제도, 직업관계, 재산의 성립, 부의 순환, 상업 등과 더
불어 국가형성 이전인—발견한 것이 무엇이든지간에 비록 그가 **시민사
회**를 국가라고 불러도 인류의 전국가 단계에 대하여 로크가 가지고 있
던 개념은 홉스와 스피노자의 자연국가를 지속시키기보다는 헤겔의 **시
민사회**를 예비하는 것이다. 자연사회로서 자연국가를 이해하는 이러한
방식은 프랑스와 독일에서 헤겔주의적 사고가 나타나기 전까지 지속된
다. 경제적 관계의 근원을 의미하는 자연사회와 정치사회간의 구별은 중
농주의적 교리의 지속적인 주제이다.

헤겔의 자연법 사상에 대한 최초의 비판을 위한 출발점을 제공해준
저작인 칸트의 『도덕에 대한 형이상학』(*Metaphysic of Morals*)에서의 한
구절은 자연국가가 사회국가이며, 따라서 "자연국가에 반대되는 사회국
가가 아니라 자연국가에서 사회가 가장 잘 존립할 수 있으므로 시민 국
가-시민사회가 아니다"[6]라고 명백히 주장한다. 이는 정치사회, 즉 국가
—칸트가 설명한 대로 나의 것과 너의 것을 공법으로 보장하는 사회—
를 의미한다.

ⅲ) 자연법의 전통에 관하여 헤겔은 근본적 혁신을 이룬다. 1821년판
그의 『법철학』에서 보여주듯, 정치와 사회철학에 대한 기념비적인 체계
적 설명에서 헤겔은 그의 선배들이 정치사회에 적용하였던 시민사회라
는 용어를 전(前)정치사회(자연사회라고 불린 인간사회의 단계)를 의미하
는 것으로 사용할 것을 결정한다. 그것은 자연법 전통내에서는 근본적
혁신이다. 왜냐하면 헤겔이 전국가 관계의 전영역을 특징지을 때 그는

---

6) I. Kant, *The Metaphysical Elements of Justice*, J. Ladd, tr.(New York : Bobbs-
Merrill, 1964), pp. 75~77.

법률적 형태(재산과 계약에 대한 이론)의 측면에서 배타적으로 경제적 관계를 논의하는 경향이 있었던 자연법 철학자들의 지배적인 법률적 분석을 포기하고 있기 때문이다. 이것은 자연법 철학자들과는 달리 헤겔이 초기부터 경제적 관계가 전국가 사회의 성격을 구성하고, 전국가와 국가간의 구별을 점차로 경제관계와 정치제도의 영역간의 구별로 인식해온 경제이론학파에, 특히 영국 경제이론에 이끌렸었기 때문이다.

이러한 개념의 표준구가 아담 퍼거슨(Adam Ferguson)의 『시민사회 사론』(*An Essay on the History of Civil Society*, 1767)이다. 이는 다음해 독일어로 번역되어 헤겔에게 알려졌다. 여기에서 **시민사회**라는 표현은(독일어로는 'bürgerliche Gesellschaft'로 번역) 정치사회(헤겔에 있어서의)나 자연사회(자연법 철학자들에게 있어)에 대한 반명제라기보다는 원시사회에 대응하는 개념이 되는 것이다. 그것은 곧 애덤 스미스에 의해 비슷한 맥락에서 **문명사회**(civilized society)라는 용어로 대치된다. 영어에서 'civil'이라는 형용사는(프랑스어와 이탈리아어에서처럼)—독일어로는 'bürgerliche'로 번역되는, 'zivilisierte'로 번역되는 게 아닌—문명화된, 즉 비야만적인이라는 의미를 내포하고 있다. 따라서 비야만적이라는 의미와 비국가적이라는 것 사이의 모호성은, 비록 헤겔의 그 용어 사용이 야기시킨 보다 중요한 다른 모호함을—곧 전국가('정치적'의 반대 개념으로서의)와 국가('자연적'의 반대 개념으로서)—남겨놓기는 하지만, 사라지게 된다.

iv) 헤겔의 개념상의 혁신은 실제적 혁신의 진정한 중요성을 은폐시켜 왔으며, 종종 주장되는 바와 같이 그러한 혁신은 전국가 사회의 발견과 분석에 놓여 있는 것이 아니다. 왜냐하면 이러한 발견과 분석은 비록 자연국가나 자연사회의 이름하에서이긴 하지만 이미 로크 이래로 최소한의 수준에서 도입되었기 때문이다. 그 혁신은 오히려 그의 『법철학』이 제공한 개념인 시민사회에 대한 해석에 있다. 로크에서 중농주의자들에 이르는 사회에 대한 개념과는 대조적으로 부당한 실정법이 부과한 제재와 곡해로부터 자유로워져야만 하는 것은 더이상 자연질서의 지배가 아니라 반대로 우월한 국가의 질서에서 조정되고 통제되고 이양되어야 하는 것이 방종·빈곤, 물질적·도덕적 타락에 대한 지배인 것이다. 바로 이러한 의미에서만 헤겔의 시민사회는 로크로부터 루소와 중농주의자들에 이르는 자연법 학자의 시민사회가 아니라 전(前)마르크스적 개념인 것이다. 그럼에도 불구하고 헤겔의 시민사회 개념은 후에 마르크스와 엥겔스의 용어 속에서 수용되는 바와 같이 일반적으로 통용하게 된 시민사회의 개념보다 어떤 의미에서 좀더 폭넓고 다른 의미에서는 제약되어 있다. 폭이 넓다는 것은 헤겔의 시민사회가 경제적 관계의 영역과 계급형성뿐만 아니라 전통적인 공법의 두 영역인 사법적 장치, 행정·직업단체를 포함하고 있기 때문이다. 좀더 제약되어 있다는 것은 헤겔의 삼분법적 체계에 있어서(이분법적이 아니라) 시민사회는 가족과 국가간의 중간 영역을 구성하므로 로크의 자연사회와 오늘날 가장 공통적으로 사용되는 시민 사회라는 용어에서처럼 전(前)국가적 관계와 제도를 포함하고 있지 않다. 헤겔에 있어 시민 사회는 자유국가의 원리에 따른 외적 규제와 더불어 경제적 관계의 영역이며, 동시에 부르주아 사회와 부르주아 국가를 포괄하는 것이다. 헤겔이 자연적 자유와 법적 국가의 원리에 의해 각각 고무된 정치경제학과 정치학에 대한 비판을 집중한 것은 바로 시민 사회에서이다.

v) 정치적 단계를 선행하고 결정짓는 경제적 관계의 발전에 놓인 한 단계이며, 전국가 사회생활의 전체에까지 확장되고, 대립쌍인 '사회-국가'라는 두 용어 중 하나를 구성하는 '시민사회의 의미'는 마르크스에 의해 정립되었다. 바우어(B. Bauer)가 유태인 문제에 대하여 제시한 해결책에 대한 마르크스의 비판이 기여하는 전제가 바로 헤겔의 **시민사회**와 **정치국가**간의 구별에 근거하는데, 「유태인 문제」(The Jewish Problem)와 같은 마르크스의 초기 저작에서부터 바로 그 신랄함과 명료성으로 인해 종종 인용되는 '정치적 질서'인 국가는 종속적이고 경제적 관계의 영역인 시민사회는 결정적 요소라는 구절[7]이 담겨 있는 포이어바흐(L. Feu-

---

7) F. Engels, "Ludwig Feuerbach and the End of Classical German Philosophy",

erbach)에 관한 엥겔스의 후기 저작에 이르기까지 시민사회의 개념은 마르크스와 엥겔스의 개념체계 요소들 중 하나이다. 대립쌍으로서의 '시민사회-국가'의 중요성은 그것이 체계내에서 근본적으로 양립하는 것으로 표현되는 여러 형식들 중의 하나라는—토대와 상부구조간—사실에 관련되어 있음이 틀림없다는 것이다. 정치사회가 상부 구조의 전체를 구성하지 않는다는 것이 사실이라면 시민사회가 토대와—확장적 의미에서—겹쳐진다는 것 또한 사실이다. 마르크스가 헤겔의 시민사회에 대한 분석을 언급한 「정치경제학 비판」에서 "시민사회의 해부는 정치경제적으로 추구되어야 한다"고 상술하고 곧이어 가장 유명한 구절 중의 하나에서 토대와 상부구조간의 관계에 대한 테제를 공식화한다. 이러한 맥락에서 이 주제에 대한 마르크스의 가장 중요한 선언 중의 하나를 기억해 두는 것이 가장 중요하다.

이전의 모든 역사적 단계에서 기존의 생산력에 의해 결정된 또 거꾸로 생산력을 결정하는 관계 형태가 시민사회이다. 이미 우리는 이 시민사회가 모든 역사의 초점이자 무대이며 지금까지 현실적 관계를 무시하고 그 자체를 왕이나 국가의 행위에 한정시켜온 역사의 개념이 얼마나 불합리한 것인지를 알고 있다. 시민사회는 생산력 발전의 일정한 단계내에서 개인들간의 모든 물질적 관계를 포용하고 있다. 그것은 주어진 단계의 모든 상업적·산업적 삶을 포용하며, 따라서 국가와 민족을 초월한다. 또다른 한편으로 시민사회는 외국과의 관계에서는 그 자신을 민족으로 주장하며 내부적으로는 국가로서 자신을 조직해야만 한다.[8]

3. 그람시의 시민사회

시민사회 개념에 대한 자연법 철학자로부터 마르크스에 이르는 간략

Selected Works, vol. 3, p. 369.

8) K. Marx, "The German Ideology", *Selected Works*, vol. 1, pp. 38, 76.

한 분석은 마르크스에 의해서 최초로 시민사회를 구조의 영역 혹은 토대와 동일한 것으로 파악하게 되었다. 이러한 동일시는 그람시의 시민사회 개념에 대한 분석의 출발점으로 고려될 수 있다. 왜냐하면—정확하게는 체계내에서 시민사회의 본질과 그 위치에 대한 특징화의 면에서—그람시의 이론은 마르크스주의 전체 전통에 대하여 중요한 혁신을 가져오기 때문이다. 그람시에게 시민사회는 구조적 영역에 속하는 것이 아니라 상부구조적 영역에 속한다.

그람시의 시민사회 개념에 대한 지난 몇 년간에 이루어진 많은 분석에도 불구하고 그람시의 개념체계의 전체가 의존하고 있는 기본 요점을—비록 그람시 체계의 상부구조적 차원의 중요성을 강조하는 학자가 없는 것은 아닐지라도—충분히 강조한 사람은 없는 것 같다. 그러므로 그의 주요 저작 중의 하나인 『옥중 수고』에서 중요한 구절을 인용할 필요가 있다.

우선, 우리가 할 수 있는 것은 상부구조의 두 중요한 차원을 확정짓는 일이다. 즉 하나는 '시민사회'라 부를 수 있는 것으로, 일반적으로 '사적인 것'이라 불리는 유기체의 앙상블이고, 다른 하나는 '정치사회'나 '국가'라고 불리는 것이다. 이 두 차원은 한편으로는 지배집단이 사회를 통하여 행사한 헤게모니 기능에 상응하고 다른 한편으로는 국가와 법률적 정부를 통해 행사된 '직접적 지배'나 통치의 기능에 상응한다.[9]

좋은 척도로 그는 주요한 역사적 예를 인용한다. 그람시에 있어서 중세의 시민사회는 바로 자체의 장치를 지니지 못한 통치집단의 헤게모니 장치로서 인식된 교회이다. 교회는 자체의 장치와 자체의 문화적·지적 조직을 지니지 못하였지만 보편적인 성직조직을 그것으로 간주했다.

위에서 인용한 마르크스의 구절을 연상하면 그람시에 있어서 시민사

9) A. Gramsci, *Quaderni del carcere*, de. V. Gerratana(Turin: Einaudi, 1975), p. 9. 영역판은 *Selection from the Prison Notebooks*, Q. Hoare and G. Nowell Smith, ed. and tr.(London: Lawlence & Wishart, 1971), p. 12.

회는 '모든 물질적 관계'가 아니라 모든 이데올로기적·문화적 관계를 함유하고 있다고 말할 수 있다. 산업적이고 상업적인 삶의 전체가 아니라 정신적·지적 삶의 총합인 것이다. 마르크스가 '모든 역사의 초점이자 무대'라고 말한 바와 같이 시민사회가 존재하는 것이 사실이라면 그람시에게 있어 시민사회의 의미에 대한 이러한 이동이 혹시 그가 '모든 역사의 초점이자 무대'를 그밖의 다른 곳에 위치짓지는 않았는가를 묻도록 하지는 않는다.

우리는 마르크스와 그람시간의 관계의 문제를 다음과 같은 보다 간명한 방식으로 제시할 수 있다. 마르크스와 그람시 양자에 있어 헤겔처럼 국가가 아닌 시민사회는 역사 발전의 활동적이고 긍정적인 단계를 제시해준다. 그러나 마르크스에게 이러한 긍정적인 단계는 구조적 현상이며 반면에 그람시에 있어서는 상부구조적인 것이다. 달리 말하면 그들이 둘 다 강조한 것은 헤겔이 자연법 전통에 가깝게 제시했었던 바와 같이 국가가 아니라 시민사회이다. 따라서 어떤 의미에서 그것들은 헤겔의 개념과는 완전히 상반되는 것이다. 그러나 마르크스의 반전이 상부구조적 혹은 조건지어진 계기로부터 구조적 혹은 조건짓는 계기로의 이행을 의미하는 것과는 다르게 그람시의 반전은 상부구조 자체내에서 일어난다. 그람시의 마르크스주의(Gramsci's Marxism)가 시민사회 대 국가에 대한 재평가에 있다고 말하는 것은 마르크스와 그람시가 각각 의미하는 시민사회 개념간에 존재하는 차이점을 불분명하게 한다. 내 자신의 견해를 보다 분명히 하자! 나는 그람시의 마르크스주의를 부정하고 싶지는 않지만, 시민사회에 대한 재평가는 그람시와 마르크스를 연관시키는 것이 아니라 오히려 그와 마르크스를 구별짓는다는 점을 부각시키고 싶다.

사실 상식적으로 믿어지는 바와는 달리 그람시의 시민사회에 대한 개념은 마르크스로부터 유래된 것이 아니라, 약간은 편향되거나 일면적일지는 모르지만, 헤겔 사상에 대한 해석에 근거를 두고 있다. 『과거와 현재』(Post and Present)의 한 구절에서 그람시는 '헤겔이 이해하고 주석에서 가끔 사용한 방식으로' 시민사회를 언급한다. 그는 시민사회를 국가

의 윤리적 내용으로서 '사회집단이 사회 전체에 대하여 행사하는 정치적
·문화적 헤게모니'로 설명한다.[10] 이 간략한 발췌문은 두 가지 중요한 점
에 초점을 맞춘다. i) 그람시는 시민사회의 개념을 헤겔로부터 추출한
것이라고 주장한다. ii) 그람시가 이해한 헤겔의 시민사회의 개념은 상부
구조적 개념이다. 커다란 어려움이 바로 이 두 요점으로부터 발생한다.

한편으로 그람시는 시민사회에 관한 명제를 헤겔로부터 추출하며 그
것이 상부구조의 영역에 속한 것이라고 파악하며 구조적인 것은 아니라
고 한다. 그러나 다른 한편으로 위에서 보았듯이 마르크스 또한 그가 시
민사회를 모든 경제적 관계와 동일시할 때 헤겔의 시민사회를 포함한
것처럼, 그것은 구조적 영역에 관한 것이기도 하다.

이러한 대조를 어떻게 설명할 수 있는 것인가? 이에 대해 유일한 설
명을 헤겔의 『법철학』에서 구할 수 있다고 나는 생각하는데, 『법철학』에
서의 시민사회는 경제적 관계의 영역뿐만 아니라 임의적이고 자발적인
조직형태(직업단체)와 법률국가에서 최초의 근본적인 규칙을 포함한다.
그람시가 '국가의 사적인 본질로서의 정당과 결사체에 대한 헤겔의 주
장'이 지닌 문제점을 지적한 구절은 이러한 해석을 확실하게 해준다. 특
히 정치적 결사체나 노동조합의 중요성—비록 여전히 모호하고 원시적
인 결사체 개념이라 할지라도 역사적으로 단일한 조직체의 모범인 직업
단체에 의해 고무되어온—을 강조하는 헤겔이 순수한 입헌주의(그것은
개인과 정부가 서로간에 어떠한 중간단계의 사회도 없이 직접적으로 마주하
는 국가이다)와 정당체계로 이론화된 의회국가를 넘어서려 한다는 것을
관찰한다.

헤겔이 정당체제를 가진 의회국가를 예상한 주장은 부정확하다. 이익
대표에만 제한되고 정치적 대표는 배제한 헤겔의 입헌체제에서 정당의
대표로 구성된 의회가 존립할 여지가 없으며 단지 조합적인 하원(세습적
인 상원과 나란히)만을 위한 여지가 있을 뿐이다.

---

10) A. Gramsci, *Passato e presente* (Turin: Einaudi, 1966), p. 164.

그러나 헤겔에 대하여 언급할 때 그람시가 시민사회를 '국가의 윤리적 내용'으로 말하는 간략한 주석은 문자 그대로는 거의 정확하다. 그람시가 염두에 두었던 헤겔의 시민사회가 경제적 관계와 같은 욕구의 체계(마르크스의 출발점이었던)가 아니라 그것들을 규정하는 제도라는 것을 인정한다면 헤겔이 말한 바대로 가족과 함께 직업단체는 "시민사회내에 수립된 것이며, 국가의 윤리적 기초"[11]를 형성한다. 그것은 헤겔이 다른 곳에서 언급한 바와 같이 '국가의 확고한 기초', '공적 자유의 초석'[12]인 것이다. 간단히 말하면 그람시가 헤겔에 대하여 언급할 때 염두에 두었던 시민사회는 국가가 극복해야 하는 모순의 폭발인 초기적 단계의 것(욕구의 체계—역자)이 아니라 다양한 이익을 갖는 조직과 규제(직업단체)가 국가로의 이행을 위한 토대를 제공해주는 마지막 단계의 것이다.

4. 토대와 상부구조, 리더십과 독재의 이중관계에서 시민사회의 단계

마르크스가 시민사회를 토대(base)와 동일시하는 데 대해, 그람시가 시민사회를 토대로부터 상부구조(superstructure)로 전치시키고 있다는 사실은 토대와 상부구조간의 관계에 대한 그람시적 개념에 결정적인 시사점을 지니고 있다. 그람시에 있어 양자간 관계의 문제는 지금까지 그람시 자신이 그에 부여한 중요성에 비해 충분한 주목을 받지 못하였다. 일단 그람시의 체계내에서 시민사회의 개념을 정확하게 위치짓는다면 보다 깊은 분석을 위한 올바른 관점을 채택할 수 있게 된다. 나는 토대와 상부구조 관계에 대하여 마르크스와 그람시의 개념간에는 본질적으로 두 가지의 근본적인 차이점이 있다고 생각한다.

---

11) G. W. F. Hegel, *Philosophie des Rechts*, par. p. 255.
12) 같은 책, par. p. 265.

무엇보다도 두 영역에 대한 양자간의 상보적 관계가 고려된다 하더라도, 마르크스에 있어 토대는 주요하고 종속시키는 것인 반면에 상부구조는 부차적이고 종속되는 것이다. 그람시에 있어서 그것은 정확하게 정반대이다. 우리는 「정치경제학 비판 서문」에서의 마르크스의 유명한 논제를 잊지 말아야 한다. "이러한 생산관계의 총합이 실재적 토대인 사회의 경제구조를 구성하며, 그 위에 법률적·정치적 상부구조가 성립한다. 사회의식의 특정한 형태들은 그러한 실재적 토대에 상응한다."[13]

그람시는 토대와 상부구조간 관계의 복잡성을 잘 인식하고 있었으며 항상 마르크스주의에 대한 결정론적 해석의 환원주의에 반대하였다. 1918년의 한 논문에서 그는 다음과 같이 말한다.

> 전제(경제구조)와 결과(정치조직)간 관계는 결코 단순하고 직접적인 것이 아니다. 인민의 역사가 기록될 수 있는 것은 단지 경제적 사실에 의해서만은 아니다. 그 운동을 해명하는 것은 복잡하고 미묘한 과제이며, 그렇게 하기 위하여 모든 정신적·실천적 활동에 대한 깊고 폭넓은 영역에 걸친 연구가 필요하다.[14]

따라서 위의 구절은 "정치적 행위를 직접적으로 결정하는 것은 경제구조가 아니라 그 과정을 지배하는 경제구조와 이른바 법에 대한 해석이다"라는 『옥중 수고』의 근본적인 논제를 이미 예시한다. 『옥중 수고』에서 이러한 관계는 일련의 대립쌍들—경제적 영역과 윤리적·정치적 영역, 필연성과 자유, 객관과 주관 등—에 의해 표현된다. 내 생각에는 가장 중요한 구절은 다음과 같다.

> 카타르시스라는 용어는 순전히 경제적 영역(또는 이기적·정열적)에서 윤리

13) K. Marx, "Preface to a Contribution to the Critique of Political Economy", *Selected Works*, vol. 1, p. 503.

14) A. Gramsci, *Studi gramsciani* (Rome: Editori Riuniti, Instituto Gramsci, 1958), pp. 280~81.

적·정치적 영역에 이르는 과정을 암시하는 것으로 채택될 수 있다. 그것은 인간 정신에 있어서 보다 차원 높은 구조의 상부구조내로 정교화이다. 또한 이것은 객관에서 주관으로, 필연성에서 자유로의 이행을 의미한다.[15]

이 세 가지 대립쌍들 중에서 일차적이고 종속시키는 계기를 일컫는 용어는 항상 두번째 것이다. 동의(consent)와 강제(force)라는 두 개의 상부구조 현상 중에서 하나는 긍정적인 의미를 지니고 있는 반면에, 다른 하나는 부정적인 의미를 지니고 있음을 보아야 하며, 이러한 반대 개념을 통해서 항상 고려해야 하는 것은 바로 첫번째 현상인 것이다. 상부구조는 카타르시스의 영역, 필연성이 자유로 용해되는 영역이며 헤겔에서는 필연성의 의식(consciousness of necessity)으로 이해된다. 이러한 변형은 윤리적·정치적 차원의 결과로 발생한다. 특정한 역사적 상황을 특징짓는 물질적 제조건으로 이해되는 필요는 역사적 과거에 속하며 이제 그것은 구조의 한 부분으로 고려된다. 역사적 과거와 현존하는 사회관계 양자에 있어서의 객관적 조건은 그람시가 '집단 의지'로 동일시한 능동적인 역사적 주체가 되는 인식과제를 형성케 한다. 능동적인 주체가 자유롭게 되고 현실을 변형시킬 수 있는 것은 단지 이러한 객관적인 조건에 대한 인식을 통해서뿐이다. 더욱이 물질적 조건이 인식되는 바로 그 순간에 그것들은 원하는 목적을 위한 도구로 전락하게 된다. "구조는 인간을 분쇄시키고 동화시키고 수동적으로 만드는 외적 힘으로 기능하기를 중단하고, 자유의 수단, 새로운 윤리적·정치적 형태를 창조하는 수단, 새로운 이니시어티브의 원천으로 변화한다."[16] 자연주의적 관점에서 생각할 때 구조적 토대와 상부구조간의 관계는 원인·결과의 관계로 해석되며, 역사적 숙명론에 이르게 된다. 그러나 능동적인 역사 주체와 집단 의지의 관점에서 보면, 그것은 수단과 목적의 관계로 된다. 목적을

---

15) A. Gramsci, *Il materialismo storico e la filosofia di Benedetto Croce* (Turin: Einaudi, 1948), p. 40; A. Gramsci, *Prison Notebooks*, p. 366.

16) A. Gramsci, *Prison Notebooks* (London ; Lawrence & Wishart, 1971), p. 367.

인식하고 추구하는 작업을 완수하며, 상부구조내에서 활동하고 토대 자체를 도구로 사용하는 것은 능동적인 역사의 주체이다. 따라서 토대는 더이상 종속시키는 역사적 계기가 아니라 종속적인 것이 된다. 간단히 말하면 토대/상부구조라는 범론에 있어서의 이같은 결정적인 전환은 다음과 같이 요약될 수 있다. 첫째, 필연성의 의식(그것은 물질적 조건에 대한 것이다)으로 이해되는 자유의 영역인 윤리적·정치적 영역은 능동적인 역사 주체에 의한 객관성의 인식을 통하여 경제영역을 지배한다. 물질적 조건이 추구하는 목적을 성취하기 위한 행동수단으로 해소될 수 있는 것은 이러한 인식을 통해서이다. 마르크스와의 두번째 근본적 차이점은 그람시가 토대와 상부구조라는 대립쌍에다가 다른 이차적인 대립쌍을 추가하고 있다는 사실에 있으며, 이 대립쌍은 상부구조내에서 시민사회와 국가간에 발전한다는 것이다. 이러한 두 대립쌍의 첫번째는 항상 적극적인 요소이고 두번째는 항상 부정적인 것이다. 이것은 무기와 종교는 국가에 필수불가결한 것이라고 주장하는 구치아르디니에 대한 그람시의 논평 속에서 보인다.

구치아르디니의 정식은 보다 덜 노골적인 여러가지 다양한 방식으로 해석될 수 있다. 예컨대 힘과 동의, 강제와 설득, 국가와 교회, 정치사회와 시민사회, 정치와 도덕(크로체의 윤리-정치사), 법과 자유, 질서와 규율, 혹은 (어느 정도 개인주의적인 어감이 내포된 함축적인 판단하의) 폭력과 사기 등이다.[17]

그람시는 거의 확실한 정도로 옥중으로부터 보낸 편지(1931년 9월 7일의) 중의 하나에서 마르크스의 국가 개념에 대하여 언급하고 있다. 지식인에 대한 그의 연구 주제에 대하여 그는 다음과 같이 썼다.

이 연구는 국가 개념을 어느 정도 정교하게 해준다. 대개 그것은 정치사

---

17) Francesco Guicciardini, *Machiavelli*, p. 121 ; *Prison Notebooks*, p. 170n.

회(예컨대 기존의 생산양식과 경제에 일치하도록 대중을 통제해온 독재나 강압적 기구)로 인식되었으며, 정치사회와 시민사회의 균형으로 생각되지는 않았다.[18]

마르크스 사상에서 국가는―비록 배타적인 강압적 힘으로 이해되었을지라도―그 자체만으로 상부구조적 영역을 형성하는 것은 아니며, 이 영역은 또한 이데올로기도 포용하고 있다. 그러나 위에서 인용한「정치경제학 비판 서문」에서처럼 이데올로기는 **항상** 같은 부차적 영역내에서 부차적 현상으로 제도를 쫓아 나타난다는 것 또한 사실이다. 왜냐하면 이데올로기는 사후적이고 신비화된 의미―계급지배에 대한 신비적인 정당화―에서 고려되기 때문이다. 이러한 마르크스에 대한 논제는 최소한 라브리올라의 저작에서와 같이 이탈리아 마르크스주의 이론에서 권위적인 해석을 지녔다. 라브리올라는 경제적 토대는 인간 사이의 종속의 규칙과 형태를 근본적이고 직접적으로 결정한다고 설명하였다. 그것은 법과 (윤리)국가이며, 종교적이고 과학적인 생산에서 상상력과 사고의 목적은 단지 결과적이고 간접적일 뿐이다.[19] 그람시에 있어서도 제도와 이데올로기간의 관계는, 비록 여전히 상보적 관계이긴 하지만 역전되었다. 이데올로기가 역사의 주요 행위자였고 제도는 부차적인 것이 되었다. 일단 시민사회의 영역이 필요로부터 자유로의 이행이 발생한 영역으로 생각되면, 시민사회에 그 연원을 두고 있는 이데올로기는 더이상 역사 형성이 물질적 조건에 의존하는 권력의 사후적 정당화로서 그리고 이미 존재하는 권력의 정당화로서가 아니라, 새로운 역사를 형성하고 창조하며 진보적으로 도래할 새로운 권력의 형성에 기여하는 것으로 간주된다.

---

18) A. Gramsci, *Lettere dal carcere* (Turin: Einaudi, 1948), p. 481.
19) A. Labriola, *Saggi sul materialismo storico* (Rome: 1964), pp. 136~37.

5. 시민사회 개념의 역사적 적용과 실천적·정치적 적용

시민사회가 그람시의 개념체계에서 점유하는 독특한 위치는 마르크스
-엥겔스 사상에 대한 전통적·교조적 해석에 관해 두 가지 문제점을 제
기한다. 그 첫째는 토대에 대해 상부구조의 우선성을 부여하는 것이고,
두번째는 상부구조 그 자체내에서, 제도적 요소에 대한 이데올로기적 요
소의 우선성을 강조하는 것이다. 마르크스의 권위를 인용하는 역사적 해
석에 대한 유력한 개념도구가 된 '시민사회-국가'라는 단순한 이분법에
비하여 그람시의 구도는 보다 더 복잡하다.

사실 독자가 그것을 항상 깨달을 수는 없지만, 단지 부분적으로 중첩
된 토대와 상부구조간 이분법에 상응하는 필연성과 자유, 제도와 이데올
로기간의 이분법에 상응하는 강제와 동의간의 이분법은 유용하다. 이렇
게 보다 복잡한 구도에서 시민사회는 첫번째 이분법에 대한(수동적인 것
에 대한 반대로서) 능동적 대상이자 두번째 이분법에 대한(부정적인 것에
대한 반대로서) 긍정적 대상이다. 이것이 그의 체계의 전부라고 보인다.
이러한 해석은 그람시가 그의 옥중 저작에서 두 이분법에 대하여 빈번
하고 변화무쌍한 사용을 통해 결론을 도출해낸 구절을 검토함으로써 보
다 분명해질 수 있다. 만약 우리가 서로 다른 이분법의 사용을 명확히
한다면, 즉 역사 해석과 설명의 법칙으로 사용되는 단순한 역사 편찬적
인 이분법과 그리고 이와 똑같은 이분법이 해야 하는 것과 하지 말아야
하는 것을 구별하는 기준으로 사용되는 좀더 실용적이고 정치적인 이분
법의 서로 다른 사용을 구별한다면, 보다 명확하고 유용한 이해에 이를
수 있을 것이다.

역사 편찬적 의미인 첫번째 이분법은 경제적 요소와 윤리·정치적 요
소간의 것인데 이것은 역사과정의 본질적 요소를 확인하는 데 기여하
고, 윤리적인 것과 정치적 요소간의 두번째 이분법은 긍정적 요소나 부

정적 요소의 우세에 따라 역사과정에서 상승의 단계와 퇴락의 단계를 구별하는 데 기여한다. 다른 말로 하자면 그람시 사상의 중심 개념인 역사적 블록—그람시가 역사적 상황의 총체성을 의미하는 것으로, 구조적이며 상부구조적 요소를 포함하는 것으로 사용한—으로 이동함으로써 첫번째 이분법은 일정한 역사적 블록을 규정하고 한정짓는 것에 기여하며, 반면에 두번째 것은 진보적인 역사적 블록과 억압적인 것을 구별하는 데 기여한다. 몇몇의 예를 들어보기로 하자. 첫번째 이분법은 그람시가 이탈리아의 통일에 이르는 운동으로서 행동당이 아닌 온건당을 추출해낸 개념적 도구이다. 두번째 이분법은 지배계급이 지배계급이기를 중단한 1차대전 후 이탈리아 사회의 위기를 설명한다. 여기서 위기는 지배자와 비지배자간 분열로 인하여 '순수한 강제력의 행사에 의해서만[20]' 해결될 수 있는 것이다. 역사적 블록의 해체라는 위기의 중요한 징후는 시민사회의 옹호자인 지식인을 더이상 유인할 수 없다는 사실에 있다. 전통적 지식인은 도덕을 설파하고 비전통적 지식인은 유토피아를 건설한다. 달리 말하면 이들의 어느 쪽도 현실과 연관을 지니고 있지 않는 것이다.

역사적 측면으로부터 정치행위의 문제인 실용적 측면으로 이동하면서 그람시의 첫번째 이분법 사용은 경제적 관계와 그것들이 발생시킨(노동조합) 적대세력들의 영역내에서 배타적으로 작동하는 경제주의에 대항하는—즉 피억압 계급이 직면해야만 하는 역사적 문제를 해결하려는 주장에 반대하는—지속적인 논쟁의 근거를 형성해준다. 두번째 이분법의 사용은 비록 가장 최상의 것은 아닐지라도 『옥중 수고』에서 최초로 행한 관찰의 보다 중요한 근거 중의 하나이다. 그리고 『옥중 수고』에서는 종속계급에 의한 권력의 정복이 항상 시민사회에서 최초로 작동되어야만 하는 변혁의 기능으로 생각된다.

이러한 두 이분법이 지속적으로 중첩하는 방식을 고려해야만 그람시

---

20) A. Gramsci, *Passato e presente*, p. 38 ; A. Gramsci, *Prison Notebooks*, p. 276.

의 비판이 전개되는 두 개의 전선을 설명하는 것이 가능하다. 그 비판의
하나는 토대에 대한 배타적 집중에 대해서인데, 이것은 노동계급을 단조
롭고 비결정적인 계급투쟁으로 이끌기 때문이다. 다른 하나는 상부구조
의 부정적 측면에 대한 배타적 집중으로, 이것 또한 단기적이고 비결정
적 승리로 이끌기 때문이다. 이러한 두 전선에 대한 싸움은 다시 한번
시민사회에서 발생한다. 한 전선은 토대내에서 작동하는 물질적 조건을
넘어서는 것에 관계되고, 다른 전선은 이 조건들을 넘어서는 그릇된 방
식(예컨대 동의 없이 순전한 지배로 되는 것)에 대하여 놓여져 있다.

위의 두 가지 이분법을 적용하지 못하거나 정확하게 적용하지 못하는
것은 정반대의 두 가지 이론상의 실수로 이어지게 된다. 즉 시민사회와
토대간의 혼동은 노동조합주의의 오류를 발생시키며, 시민사회와 정치사
회간의 혼동은 국가에 대한 우상숭배의 오류를 범하게 된다.[21]

6. 정치적 리더십과 문화적 리더십

경제주의(economism)에 대한 첫번째 논쟁은 **당**(party)이라는 주제에
집중되는 반면에 두번째 것은 시민사회의 개혁에 의해 성취되지 못한
독재에 초점을 맞추며 **헤게모니** 주제를 부각시킨다. 지금까지 행한 분석
은 정당과 헤게모니의 주제가 그람시의 사회와 정치적 투쟁에 대한 개
념에서 중심적 위치를 차지하는 이유를 탁월하게 깨달을 수 있게 한다.
사실상 그것들은 상부구조 현상으로서 토대에 대하여 상부구조의 긍정
적 측면을 나타내므로 강압적 국가의 부정적 측면에 반대되는 시민사회
의 두 요소이다. 당과 헤게모니는—양자에 관련한 지식인의 주제와 더
불어—『옥중 수고』의 주요한 두 주제이며 동시에 그것들은 그람시와
레닌간의 비교를 따르게 하는 것들이다.

---

21) A. Gramsci, *Passato e presente*, p. 38 ; A. Gramsci, *Prison Notebooks*, p. 268.

그람시가 감옥에서의 성찰을 통하여 헤게모니 개념을 정교화하는 동안에 그는 헤게모니 이론가로서의 레닌의 성취에 대하여 경의를 표하였다.[22] 그러나 헤게모니라는 용어가 레닌의 통상적인 용어에 속하는 것이 아니며, 그것을 법칙화한 스탈린의 용어가 전형적이라는 것은 일반적으로 인식되는 것 같지 않다. 오히려 레닌은 리더십—루코보드스트보(rukovodstvo)—과 리더—루코보디텔(rukovoditel)—라는 말을 더 애용했다. '헤게모니 보유자'(gegemon)란 표현이 나타나는 몇 안되는 구절 중의 하나에서 그것은 분명히 지도자에 대한 동의어로 사용된다. 헤게모니라는 용어와 그것을 파생시킨 단어는 그람시에게 있어서도 『옥중 수고』 이전인 1926년의 두 저작 속에서야 나타난다. 레닌의 지적 영향을 직접적으로 받았던 1917년부터 24년까지의 저작들 속에서도 이 용어들은 거의 사용되지 않는다.

그러나 우리가 관심을 가지고 있는 것은 용어가 아니라 개념적 문제이다. 개념적인 관점에서 보면 '헤게모니'라는 용어는 『옥중 수고』와 1926년의 두 저작에서 같은 의미를 지니고 있지 않다. 후자에서는 그 용어가 노동자와 농민의 동맹을 뜻하는 것으로—그리고 여전히 소련 교과서에서 우세한 공식적 의미에 일치하는 것으로—사용되며, 그것은 '정치적 리더십'의 의미를 지니고 있는 것으로 사용된다. 반면에 『옥중 수고』에서 그것은 '문화적 리더십'을 의미하는 것으로 사용된다. 그람시의 사상적 독창성이 존재하는 것은 대체로 불충분하게 인식되는 이와 같은 중요한 의미의 변화이다. 사실 헤게모니 이론가로서의 레닌에 대한 그람시의 존경에도 불구하고 마르크스주의에 대한 현단계 논쟁에서 보면 헤게모니의 탁월한 이론가는 레닌이 아니라 바로 그람시이다. 간단히 얘기하자면 이러한 성과는 헤게모니가 정치적 리더십을 의미하는 협소한 의미와 또한 문화적 리더십을 의미하는 광범한 의미간에 도입된—

---

22) A. Gramsci, *Il materialismo storico*, pp. 32, 39, 75, 189, 201 ; A. Gramsci, *Prison Notebooks*, pp. 55~56n, 357, 365, 381~82, 381n ; A. Gramsci, *Lettere dal carcere*, p. 616.

아마도 무의식적이지만 그럼에도 불구하고 중요한—구별에 의한 것이다.

또한 『옥중 수고』에서 두번째 의미는 첫번째 의미를 제외시키는 것이 아니라 포함하고 포섭하고 있다. 현대 군주(『마키아벨리론』[Notes on Machiavelli]을 시작하면서 최초로 발표된)를 실용적 방식으로 다룬 곳에서 그람시는 현대 정당을 연구하기 위한 두 가지 근본적인 주제를 제안한다. 하나는 '집합 의지'의 형성(정치적 리더십의 주제)이고, 다른 하나는 '도덕적·지적 개혁'(문화적 리더십의 주제)에 대한 것이다.[23]

내 의견으로는 한편으로 레닌과 공식적 레닌주의간, 다른 한편으로는 레닌과 그람시와의 비교는 헤게모니 개념이 더욱 확장되는 것(문화적 리더십을 포함하는 것)을 이해할 경우에만 효과적일 수 있기 때문에 나는 헤게모니가 지닌 두 가지 다른 의미를 주장한다. 문화적 리더십으로 그람시가 의미하려는 바는 개혁의 도입이다. 그 개혁은 정치적으로 사용되는 약한 의미와 대립되는 관습과 문화의 변혁을 포함하는 강한 의미이다(따라서 개혁자와 개량주의자의 차이).

레닌에게 헤게모니에 대한 일반적인 의미는 정치적 리더십이나 그람시에게 그것은 문화적 리더십이라고 할 수 있다. 그러나 이것은 두 가지의 상이한 측면을 지니고 있다.

i) 그람시에게 강제적 요소는 도구적이며, 헤게모니의 중요성에 종속하는 것이다. 반면에 레닌에게 있어서는 그가 혁명 기간 동안 쓴 저작에서 독재와 헤게모니는 서로 함께 진행되며 어떤 경우이든 강제적인 요소가 중요하고 결정적인 것이다.

ii) 그람시에게 헤게모니의 정복은 권력의 정복에 선행한다. 반면 레닌에게 있어 전자는 후자를 수반하거나 실제로 그것에 따르게 된다.[24]

---

23) A. Gramsci, *Machiavelli*, pp. 6~8.

24) A. Gramsci, *Il risorgimento*, pp. 70~72; V. I. Lenin, *Collected Works*, vol. 33 (London: Lawrence & Wishart, 1966), p. 262.

그러나 이러한 두 차이가 중요하고 그들 저작의 기초가 되는 것일지라도 본질적인 것은 아니다. 이들 양자는 두 이론이 정교화된 역사적 상황—즉 레닌의 이론은 갈등이 최고조에 달한 시기에, 그람시의 이론은 패배에 따른 퇴각의 시기 동안에—의 다양성에 의해 설명될 수 있다. 나의 견해로는 보다 본질적인 차이는 다른 데 있다. 즉 그것은 많고 적음이나 시간상의 전후의 차이가 아니라 질적인 차이이다. 그 차이는 두 사람이 헤게모니의 계기와 독재간의 관계를 인식하는 상반된 방식에 있는 것이 아니라 두 사람의 사고체계내에서 그 개념의 외연과 기능에 있는 것이다. 그 개념상의 범위로 말할 것 같으면, 그람시의 헤게모니는 정치적 리더십과 문화적 리더십의 요소를 포함하고 있다. 그러므로 헤게모니 세력은 당뿐만 아니라 문화의 정교함과 확산에 어느 정도 관련을 지니는 다른 모든 시민사회(그 용어에 대한 그람시적인 의미에 있어)의 제도를 포함한다. 개념의 기능 측면에서 헤게모니는 새로운 국가기구를 만들어내고 사회를 변혁시킬 수 있는 집합 의지의 형성뿐만 아니라 세계에 대한 새로운 사상을 정교화하고 전파시키는 것을 목표로 삼는다. 정확히 말하자면 그람시의 헤게모니 이론은 당과 국가에 대한 이론 혹은 당과 국가에 대한 새로운 이론에 관계된 것이고, 정치적 교육을 포함시킬 뿐만 아니라 지금까지 보아온 새롭고 좀더 넓은 의미에서 그리고 상부구조적인 주요 역사적 힘으로 인식된 시민사회에 대한 모든 표현을 포함한다.

이것은 다시 한번 그람시의 체계에서 시민사회의 중요성을 부각시킨다. 그람시가 단순한 지배와는 구별짓는 헤게모니의 개념에 부과한 기능은 그가 시민사회에 부여한 현저한 중요성을 설득력있게 보여준다. 그것은 토대와 부차적인 상부구조적 현상간의 매개 요소인 것이다. 헤게모니는 객관적인 조건과 지배계급의 실제적인 지배를 결합시키는 매개적 힘이다. 그리고 이러한 결합은 바로 시민사회내에서 일어난다.

위에서 보았듯이 마르크스에는 없고, 그람시에게만 있는 이러한 매개적 힘은 체계내에서 자율적 공간, 즉 시민사회에 부합된다. 같은 의미에서 시민사회의 자율적 공간을 차지할 수 있을 정도로 확장된 헤게모니 요소가 새로운 차원과 폭넓은 내용을 획득하는 것은 레닌에게 있어서가 아니라 그람시에게 있어서이다.

7. 시민사회와 국가의 종언

시민사회의 개념이 주요한 역할을 하는 그람시의 마지막 주제는 국가의 소멸이다. 무계급 사회에서의 국가의 소멸은 레닌이 혁명 기간 동안 썼던 저작의 지속적인 주제였으며, 동시에 그것은 정통 마르크스주의내에서 사회적 진화에 대한 최고의 이상이다.

새로운 국가가 이미 확고한 토대를 마련하였던 시기에 씌어진 『옥중수고』에서도 이 주제는 등장하고 있는데 주변적으로만 다루어지고 있다. 국가의 소멸을 언급한 몇 안되는 구절들 속에서 그것은 '정치사회의 시민사회로의 재흡수'로 인식되고 있다.[25] 그람시가 '규제되어 있는 사회'라고 부르는 국가 없는 사회는 시민사회의 확장, 따라서 헤게모니 세력의 확장으로 정치사회에 의해 점령된 모든 영역이 제거된 것이다. 지금까지 존재해온 국가는 시민사회와 정치사회 그리고 헤게모니와 지배(domination)의 변증법적 통일이다. 강제의 요소가 불필요할 정도로 자신의 헤게모니를 보편화시키는 데 성공한 사회계급은 규제된 사회로의 이행을 위한 조건을 성취할 것이다. 한 구절 속에서는 '규제된 사회'가 심지어 시민사회(또한 윤리적 국가)와 동의어로서 사용되는데 그것은 정치사회로부터 자유롭게 된 시민사회라는 의미로 사용된 것이다.[26] 비록

---

25) A. Gramsci, *Machiavelli*, pp. 94, 130 ; A. Gramsci, *Prison Notebooks*, pp. 253, 261. 그람시는 *Il materialismo storico*, p. 75에서 '정치사회의 소멸'과 '하나의 규제되어 있는 사회'(*a regulated society*)의 등장을 얘기하고 있을 따름이다.

26) A. Gramsci, *Machiavelli*, p. 132 ; A. Gramsci, *Prison Notebooks*, p. 263.

강조상의 차이일 뿐 서로 대비되는 것은 아니긴 하지만, 레닌에 의해 채택되어 널리 알려진 마르크스-엥겔스의 이론에서 국가의 소멸에 이르는 운동은 본질적으로 구조적(제계급에 대한 억압구조로서의 계급간 적대의 초월)인 것이다. 반면에 그람시에 있어서 그것은 대체로 상부구조적 과정(보편화될 때까지의 시민사회의 확장)이다. 마르크스와 엥겔스에 있어서 대립쌍은 계급 **있는** 사회와 계급 **없는** 사회이다. 반면에 그람시에게 대립쌍은 정치사회를 **내포한** 시민사회와 정치사회가 **없는** 시민사회이다.

내가 계속 강조하는 바이지만, 시민사회가 구조와 상부구조의 부정적 측면을 매개하는 요소라고 하는 사실은 국가 소멸에 이르는 변증법적 과정에 대하여 중요한 결과를 내포한다. 그 관계가 단지 두 가지 개념 ―시민사회와 국가라는― 뿐인 곳에서 마지막 단계(계급 없는 사회)는 변증법적 과정의 세번째 개념인 부정의 부정이다. 관련개념이 셋인 경우에 마지막 단계는 매개개념의 강화에 의해 도달된다. 그람시가 초월(혹은 억압)에 대해서가 아니라 **재흡수**(reabsorption)에 대하여 말한 것은 중요한 의미가 있는 것이다.

위에서 살펴보았듯이 19세기 초기에 이루어진 산업혁명에 대한 최초의 반성적 고찰은 국가와 사회간의 관계에 대한 전통적인 인식방법을 전도시키게 된다. 자연법 철학자의 저작 속에서 국가론이 자연국가에 대한 비관적 혹은 낙관적 개념에 의해 직접적으로 영향을 받았다고 생각하는 것은 진부하다. 자연국가를 나쁜 것으로 생각한 사람은 누구나 국가를 발전(혹은 개선)으로 보고, 자연국가를 기본적으로 좋은 것으로 생각한 사람은 국가를 과거의 복원으로 본다.

이러한 해석은 산업(부르주아)사회내에서 전(前)국가 사회를 읽음으로써 '사회-국가' 관계를 전도시켜 파악한 19세기의 정치저술가들에 적용될 수 있다. 생 시몽과 같이 출발점을 산업(부르주아)사회에 대한 낙관적 개념으로부터 출발한 사람들도 있으며, 마르크스처럼 비관적 개념으로부터 출발한 사람들도 있다. 첫번째 그룹에 있어 국가의 소멸은 생산자들 사회가 발전함에 따른 자연스런 그리고 평화적인 결과일 것이다. 다른 그룹에 있어서는 완전한 전도가 필요한 것이고 국가 없는 사회는 진정한 현실적 질적 도약의 결과일 것이다. 생 시몽의 진화에 대한 구도는 군사적 사회에서 산업사회로의 이행을 상정하며, 마르크스의 구도는 자본주의적 사회로부터 사회주의적 사회로의 이행을 상정한다.

물론 그람시의 도식은 이 두 개념 중 두번째 것과 부합된다. 그러나 그람시의 도식 속에서 시민사회는 더이상 국가의 본질이나 산업사회, 나아가 전국가 사회와 일치하는 것이 아니라 헤게모니 요소, 즉 상부구조의 두 요소 중의 하나(강제적 요소에 반대되는 것으로 동의의 요소)와 일치되므로 제3의 것으로 나타난다. 시민사회를 세번째 요소로 인식함으로써 그람시의 구도는 첫번째 개념에 보다 밀접하게 접근해가는 것 같다. 왜냐하면 여기서 국가는 초월(transcendence)보다 재흡수의 과정을 통해서 시민사회의 소멸에 따라 소멸하기 때문이다. 그럼에도 불구하고 그람시가 시민사회에 부여한 새롭고 다른 의미는 시민사회에 대한 단순한 해석을 가로막는다.

'자연국가-시민국가'의 대립 개념을 '시민사회-국가'로 해석한 전통과의 관계를 끊음으로써 그람시는 교회(폭넓게 말하자면 현대 교회[modern Church]는 정당이다)와 국가라는 또다른 거대한 역사적 대립쌍을 '시민사회-정치사회'라는 대립쌍으로 해석한다. 따라서 그람시가 정치사회의 시민사회로의 흡수에 대하여 말할 때 그는 전역사 과정에 대해서가 아니라 상부구조내에서 발생하는 과정에 대해서만 언급하는 것이다. 그리고 그것은 최후 단계에서는 토대에서의 변화에 의해 조건지어지게 된다. 그것은 정치사회의 시민사회로의 흡수이지만 동시에 그것은 변증법적으로 시민사회의 변화에 연관되어 있는 경제구조의 변화인 것이다.

그람시의 개념체계에 대한 정확한 해석의 열쇠는 이 경우에 있어서도 '시민사회'가 하나의 대립쌍에 대해서만이 아니라 서로 뒤섞여 있고 부분적으로만 중첩되어 있는 두 개의 다른 대립쌍들 중 하나라는 것을 이해하는 일이다. 만약 우리가 시민사회를 토대와 상부구조라는 대립쌍의 용어로 본다면 국가의 소멸은 정치사회와 시민사회가 상호 균형을 이루고 있는 상부구조적 단계의 초월이다. 우리가 시민사회를 상부구조의 한 측면으로 본다면 국가의 소멸은 정치사회의 시민사회로의 재흡수이다. 이같은 명백한 모호성은 그람시가 인식한 대로 역사적 블록의 현실적인 복잡성 때문이다. 즉 이는 시민사회가 상호 의존적이지만 완전하게 중첩됨 없이 발생하는 두 개의 다른 과정을 이루는 요소라는 사실 때문이다. 여기서 두 개의 서로 다른 과정이란 토대로부터 상부구조로 이행하는 과정과 상부구조 자체내에서 발생하는 과정을 말하는 것이다. 새로운 역사적 블록은 이러한 모호함이 상부구조의 영역내에서 이원주의를 제거함으로써 해결되게 할 것이다. 그람시의 사상에서 국가의 소멸은 바로 이러한 제거에 있는 것이다.

(권기돈 옮김)

제8장
시민사회의 개념과 역사적 기원*

만프레드 리델

1820년과 1850년 사이의 동시대인들의—당시 이미 경탄의 대상이었던—헤겔『법철학』제3절「시민사회」(die bürgerliche Gesellschaft)의 서술에 관한 언표를 최근 해석가들의 언표와 비교해볼 때, 이 두 가지의 언표 중에서 어느 경우에 있어서나 그 시민사회의 사적 위치에 관한 물음은 전혀 현실적인 문제가 아닌 것처럼 보인다.

1833년 '고인추모우인회'에서 편찬한『헤겔 대전집』의 테두리를 벗어나지 않은 헤겔저작집 제2판을 주관했던 간스와 같은 직계의 헤겔제자에게 있어서는 '심지어 국민경제학조차도 시민사회 안에서 나름의 적절한 위치와 논의를 얻고 있기' 때문에 '국가와 관련되는 것은 어떤 것이든' 여기에서 '제외될 수 없음'은 자명한 것이다.[1]

* Manfred Riedel, "Der Begriff der 'Bürgerlichen Gesellschaft' und das Problem seines geschichtlichen Ursprungs", *Studien zu Hegels Rechtsphilosophie*(Frankfurt am Main: Suhrkamp Verlag, 1969). 1962, *Archiv für Rechts-und Sozialphilosophie*, Bd. XLVIII. 황태연 역,『헤겔의 사회철학』한울, 1983(제2장)에서 전재함.

이러한 판단은 바이제(Chr. Hermann Weisse), 루게 뢰슬러(Con-
stantin Rößler), 바우어(Bruno Bauer) 등에 있어서도 역시 나타나고 있
다. 사실 자체, 즉 문제의 국민경제로의 환원에 관한 한, 헤겔법철학에
바탕을 둔 '자연법'과 '국가학'에 관한 최근의 시론들, 즉 벳서(Konrad
Moritz Besser)의 『자연법체계』(1830)와 아이젤렌(J. Fr. Gottfried
Eiselen)의 『국가학체계소론』(1828) 등은 간스에 의해서 밝혀진 관점에서
의 시민사회의 특징부각으로 일관하고 있다. 에르트만이 그의 『국가론강
의』(1851) 안에서 시민사회의 위치를 개념파악하고 있는 것도 그와 크게
다른 시도가 아니다. 그는 시민사회의 '본질'을 '오성적 타산, 오성적 계
산, 산업 등'과 '신용'에서 찾아야 하는 것으로 보며, 시민사회의 이러한
특성이 특히 '일등시민'(Büger par excellence)인[2] '상공인'으로 부각되어
나타나는 것으로 보고 있다. 그러나 에르트만은 이 시민사회를 부르주아
지(der Bürgertum)의 개념에 접근시키고 있다. 즉 헤겔에 있어서의 그
어휘사용은 17~18세기 이후 유럽 시민계층의 해방운동과 궤를 같이했
던 것이다.

마르크스와 리일(Wilhelm Heinrich Riehl), 쉬타인, 블룬칠리, 바게너
(Hermann Wagener) 등과 같은 마르크스시대의 많은 다른 인물들은
'시민사회'의 개념을 그런 식으로 이해했다. 마르크스가 『정치경제비판서
론』에서 논증했듯이 헤겔은 '물질적 생활관계'의 '총체'를 "18세기 영국인
과 프랑스인의 선례에 입각하여 '시민사회'라는 명칭 아래 총괄한 셈이
다."[3] 18세기 영국인과 프랑스인에 대한 참조는 그 개념을 유별나게 근
대적인 개념으로 만들고 있다. 이미 마르크스 이전에, 예를 들면 1850년
대 이전의 극히 중요한 독일 국법론자 중의 하나인 마우에 렌브레허

1) Vorrede zu Hegel, *Grundlinien der Philosophie des Rechts*, zit. S. W., VIII, 1833, p. VIII—앞으로 이 판본을 인용할 것이다.
2) Vorlesungen über den Staat, 1851, pp. 28~29 및 Vorlesungen über akademisches Leben und Studium, 1858, pp. 97~98.
3) *Zur Kritik der politischen Ökonomie*, Vorwort, zit. Ausg. Berlin, 1951, p. 12.

(Romeo Mauerenbrecher) 같은 사람은 여기서부터 출발하여 근대 자연법의 개인주의적 개념과 관련시켜 헤겔의 시민사회 개념을 사적(史的)으로 편성했다.[4] 마찬가지로 라살레에 있어서도 이러한 자연법체계 중의 하나인 홉스의 '만인의 만인에 대한 투쟁'(das bellum omnium contra omnes)은, '국가와는 구별되고 자유경쟁에 내맡겨진 시민사회를 지칭하는 것' 이외에 다른 것일 수는 없었다. 그리고 퇴니스(Ferdinand Tönnis)가 『이익사회와 공동사회』(1887)에서 근대 자연법에 대한 경계구획 속에서 포착한 대립개념으로부터 출발하여 헤겔적 의미에서의 '시민사회'를 근대의 계약, 교환, 노동사회에 관련시킨 것은 결코 마지막이 아니었다.[5]

최근의 해석자들 중에서 로젠쯔바이크는 그의 저서 『헤겔과 국가』(1920)에서 이 술어의 기원에 대한 사적(史的) 물음이 아니라 오히려 전기적·생성론적 물음을 제기했다. 그의 성과, 즉 줄쩨의 『만학의 간략개념』에서 뽑은 헤겔의 초기발췌록 및 퍼거슨의 『시민사회사론』에 관한 헤겔의 지식에 대한 지적은 물론 그리 설득력이 없다. 한편 뢰비트에게 있어서 헤겔법철학에 나타난 시민사회는 비로소 보다 포괄적인 범위내에 들어 있는 것처럼 보인다. 왜냐하면 뢰비트는 국가로부터의 시민사회의 구분을―『법철학』 §260을 원용하여 헤겔의 설명이 지니는 구체적인 방식에 일치되게―고대와 기독교세계의 이원론, 즉 플라톤의 『국가론』과 루소의 『사회계약론』에 연관시키고 있기 때문이다. 같은 시기에 마르쿠제(Herbert Marcuse)는 그의 저작 『이성과 혁명 : 헤겔과 사회이론의 형성』(1941)에서 헤겔법철학에 내재한 사회이론 및 이것의 근대 사회학에 대한 영향을 밝힐 수 있었는바, 이것은 물론 필연적으로 헤겔 자

---

4) *Grundsätze des heutigen deutschen Staatsrechts* 2, unveränderte Auflage, 1843, pp. 22ff.

5) Lassalle, *Herr Bastiat-Schulze Delitzsch*, 1864, zit. *Gescmmelte Reden und Schriften*, Eduard Bernstein(ed.), Band V. 1919, p. 69 und Ferdinand Tönnis. *Gemeinschaft und Gesellschaft*, zit. 2. Auflage, 1912, p. 25.

신과 그의 시대가 진행되던 역사적 차원의 축소를 가져왔다. 일찍이 1938년에 저술된 게오르그 루카치의 저서『청년 헤겔과 자본주의사회의 제문제』(1948)에서 해석자와 그의 대상간의—오로지 성공적인 세부분석을 통해서만 해소될 수 있는—항상적인 알력으로 등장하는 것은 무엇보다도 이러한 축소 내지는 제한이다. 이 점은 헤겔의 분석에 '시민사회'라는 표현을 끌어대고 있는 루카치의 경우보다 더 명백히 드러나는 곳은 없다. 물론 그 표현이 루카치와 해석대상으로 삼고 있는 헤겔원전들 속에서 단 한 번만 등장하고 있는 것은 아니라도 그렇다. 마침내 이것은 리터의 연구『헤겔과 프랑스혁명』(1957)에서도 여전히 마찬가지로 드러나고 있는바, 이 연구 논문은 현실적 문제설정에 의해 정력적으로 추진되어, 헤겔의 시민사회를 근대 노동사회에 대한 최초의 개념적 서술로서 제시하고 있다.[6]

그러나 여기에서 제기되는 물음은, 뒤늦게 붙인 해석으로서 헤겔의 개념 일반이 지니는 진정한 역사적 내용이 파악될 수 있을 것인지 하는 것이다. 헤겔의 '시민사회'를 근대 사회학의 방향으로 돌아갈 수 있다면, 또한 거꾸로 그 시민사회가—이미 칸트와 볼프에게 있어서 거듭거듭 눈에 띄고 있는—헤겔 이전의 동(同)술어의 사용과 어떤 관계에 있는지를 물어야 하지 않겠는가? 더 나아가, 칸트와 볼프를 선뜻 뛰어넘어 그 개념이 중세의 교부철학과 근대 자연법학 속에서 아리스토텔레스의 폴리스적 결사(koinonia politike) 또는 시세로에 있어서의 시민사회(societas civilis)와 어떤 관계에 있는가도 물어야 한다. 왜냐하면 사적

---

6) Franz Rosenzweig, *Hegel und der Staat*. Bd. II. 1920, p. 118 ; Karl Löwith, *Von Hegel zu Nietzsche*, 1941, II, Teil, Ka. i, 2 ; Georg Lukács, *Der junge Hegel*, zit. Ausg. Berlin, 1954, 특히 pp. 152ff, 227ff, 280ff, 368ff, 435ff ; Joachim Ritter, *Hegel und die Französische Revolution*, 1957, 특히 pp. 35f, 38ff 참조.

첨가하면, '시민사회'의 유사한 시도의 해석으로 E. Weil, *Hegel et l'Etat*, 1950, pp. 71ff ; M. Rossi, *Marx e la dialett ca negeliana*, Bd. 1 ; *Hegel e lo Stato*, 1960, Buch III, pp. 545ff.

(史的) 이해의 가능성이 문제설정의 생동하는 현실—우리들의 경우에
있어서는 근대사회의 현상—을 과거의 이해 속에 함께 밀어넣고, 동시
에 과거의 고유한 지평을 제거하여 근대화시키는 데에 있는 한, 헤겔의
'시민사회'는 일단 한 번쯤은 유럽 정치철학 속에서의 이 개념의 전통에
견주어 헤아려보는 것이 정당할 것이다.

1. '시민사회'의 개념사

거의 같은 시기에—즉 1820년경에—시민사회라는 술어가 헤겔의
『법철학』에서 내용상의 혁신개념으로서뿐만 아니라 할러(Carl Ludwig
von Haller)의 『국가학의 부흥』에서의 정치학적 중심개념으로서 등장하
고 있는 것은 '시민사회'의 개념사에 있어서 아마도 하나의 묘한 현상으
로 남아 있을 것이다. 왕정복고시대의 공공연한 이론가에게 있어서 '시
민사회'란 계몽철학이 로마공화정적 어법으로부터 물려받아 고대의상으
로 변장시킨 하나의 혁명적 개념으로 보였다. 이 고대 정치학개념의 모
든 자연적·사회적·기술적 정립은 18세기 프랑스대혁명 및 모든 자연적·
사회적 제관계의 전복—인간간의 지배와 예속, 즉 국가에 대한 굴종상
태의 폐지, 속권적(俗權的)·교권적(敎權的) '지배관계' 및 자치공동체와
조합조직의 철폐 등—의 진정한 원인이라고 생각한 것이다. 베른시(市)
귀족가문이 펴낸 전 6권의 그 왕정복고풍 저작의 프로그램적 서문에서
는 혁명기의 '모든 오류의 모체요 근원'이 특히 '모든 다른 공동생활의
제관계 속으로 옮겨진 로마 시민사회(societas civilis)의 불쾌한 이념'이
라고 공표되고 있다.[7] 인간들이 '시민사회'의 자유롭고 평등한 성원(成
員)의 하나로 기술된다면, 할러가 피로한 줄도 모르고 거듭 반복하고 있
듯이 '공생적 유대'는 해체되어버릴 ~ 1다. 그로티우스와 홉스 이후의

---

7) *Restauration der Staatswissenschaft*, 1816~1820, Vorrede zu Bd. I, p. XXVIII 참조.

근대자연법에 이르러서야 비로소, 할러의 주장에 의하면 '자연적 사회'와
상이한 '이른바 **시민의**' 사회가 인지되었고, 그는 이 구별을 위한 맹아를
주로 근대유럽 식자층의 라틴어적 어법에서 찾고 있다.[8]

또한 헤겔도 『법철학』의 §182의 '국가'와 '시민사회'의 규정 속에서,
두 개념을 상호 명백히 구분하지 못한 근대 자연법에 비판적으로 접근
하고 있다. "국가가 서로 다른 인격체들의 통일로, 즉 오직 공동성일 뿐
인 통일성으로 관념된다면 그것은 시민사회의 규정을 뜻한다. 근대 국법
론자의 다수는 그것을 결코 국가에 관한 다른 견해로 취급할 수 없었
다." 국가와 사회의 이러한 혼동과 상호치환에 대하여 헤겔은 사실을 바
탕으로 후자를 국가와 가족의 '차별태'로 규정하고 있다. "시민사회는 존
립을 위해 자기 이전에 먼저 갖지 않으면 안되는 자립체로서의 국가를
전제로 하기 때문에, 비록 그 형성이 국가의 형성보다 뒤늦게 이루어진
다 할지라도 가족과 국가 사이에 끼어드는 차별태이다."[9] 역시 여기에서
도, 즉 시민사회와 국가 및 가족과 시민사회 사이의 완전한 차별태 속에
서도 할러식(式)의 술어를 쓰면 '공생적 유대'는 해체되었지만, 헤겔은
이 광적인 왕정복고의 이론가와는 달리 이 과정을 긍정적으로 사회로부
터 국가의, 국가로부터 사회의 해방으로 규정하고 있는바, 이 양자는 비
로소 이럼으로써 둘 다 참된 관계를 맺게 된다. 왜냐하면 근대 자연법에
대한 비판적 이견(異見)은 명백히 다음과 같을 것이기 때문이다. 즉 국
가는 시민사회와 일치될 경우 국가가 아니고, 사회는 '정치적' 사회, 즉
국가일 경우 '사회'가 아니다.

---

8) 같은 책, Bd. I, pp. 89~90 참조.
　　"라틴어가 오직 공화제적 표현방법과 명명법을, 거의 또는 적어도 국가에 관련해서는
　아주 빈번히 사용했기 때문에, 동일한 표현들은 또한 완전히 다른 사실과 관계로 응용되
　었다. 이후 로마시민들이 서로 얽혀 하나의 공동체, 하나의 시민공동체 eine Bü
　rgerschaft, 진정한 societas civilis를 이루었듯이, 여타의 모든 인간적 연관과 관계는
　마찬가지로 societas civilis 또는 시민적 단체 bürgerliche Vereinigungen로 불리지 않
　을 수 없었다."
9) S. W. VIII, §182 Zusatz, p. 246f.

그렇지만 헤겔의 시민사회관과, 이른바 할러의 관점에서의 시민사회와
국가의 혼용관은 그대로 존속된다. 이 양인은 그 개념의 기원과 역사적
의미를 근대 자연법, 특히 18세기의 자연법에 국한시키고, 그 개념의 중
세유럽적 전통과 이 개념의 참된 진원지인 고대 정치철학, 특히 아리스
토텔레스의 『정치학』과 중세와 근대의 아리스토텔레스론(論)을 무시하
고 있다. 물론 이것을 일부러 무시한 헤겔적 이의(異意)는, 국가(polis 및
civitas)를 시민사회(kinonia politike 및 societas civilis)와 동일한 것으로
규정했던 고전적 정치철학의—근대 자연법에 여전히 영향을 남기고 있
는—이러한 전통에 대한 이의이다. 왜냐하면 정치적으로 조직된 인간세
계에 관한 고전철학의 이론적 입장에 따르면 국가는 사회를 자신 속에
포함하고 있거나 사회를 자신의 존립을 위해 전제로 하고 있는 것이 아
니라 국가는 그 자체 '사회', 그것도 '시민적·정치적 사회'이다(ist). 즉
'사회'라는 말은 고어적·어원적 의미에서 볼 때 결사(結社), 통합(Ver-
bindung, Vereingung, 그리스어로는 koinonia, 라틴어법으로는 societas 또
는 communitas) 외에 다른 것이 아니다. 이와 같이 19세기 이래의 오늘
날 고정관념이 자명한 것처럼 분리하여 나란히 호칭하고 있는 국가와
사회는 18세기 중반을 넘어설 때까지 중세유럽의 정치철학 안에서, 아리
스토텔레스의 『정치학』 서론에서 고대폴리스의 헌정체제를 표현하고 있
는 것과 동일한 개념에 의하여 정치적으로 결합되어 사회적 전체로 총
괄되어 있는바, 이 개념은 koinonia politike 또는 societas civilis, 즉 사회
실체의 공적·정치적 구조를 그 자체 '시민적' 또는 정치적 사회로 받아
들이는 **고대 시민사회**의 고전정치학적 근본개념이다. 여기에 첨가하면 우
리는 쉴롯서(J.G. Schlosser)의 최초의 아리스토텔레스 독일어 번역판으
로 재등장한 『정치학』(*Pol,* I, 1, 1252a 1~7) 제1권의 서두부분을 인용해
보고자 하는바, 이 번역본은 비록 이 정치학의 각인력을 혁명기의 경험
에 따라 다시 획득하려는 명백한 의도에서 시도되었다 할지라도[10] 여전
히 koinonia와 일치되는 고대의 의미를 벗어나지 않은 '사회'라는 술어를
사용하고 있다.

한 국가가 하나의 사회로 구성되어 있다는 것은 명백하다. 그러나 무릇 사회란, 기왕 그것이 단결되어 있다면, 모종의 이점(利點)을 얻기 위한 의도를 지니고 있기 마련이다. 왜냐하면 모든 인간은 유용한 것처럼 보이는 것을 얻기 위하여 행위할 뿐이기 때문이다. 따라서 또한 모든 사회가 이러한 의도에 있어서는 일치하고, 최고의 중요성과 우위성을 지닌 것, 즉 국가 또는 시민사회가 역시 가장 높고 우월한 이점을 목표로 한다는 것은 전혀 의심할 바 없다.[11]

국가 또는 시민사회, η πολις και η κθινωνα η πθλιτικη(폴리스 또는 폴리스적 결사), civitas sive societas civilis sive res publica(시민사회 또는 공화국)—엄밀히 이것만이 국가와 사회의 근대적 구분 이전 아리스토텔레스

---

10) 쉴롯서는 그의 번역본에, 다음과 같은 특징적인 문장으로 시작하는 서론을 대신한 머리말(*eine Vorrede statt der Einleitung*)을 첨부하였다.
"모든 사람들이 제각기 국제(國際)와 혁명, 시민권과 통치자의 의무에 관하여 이야기하고 논란하는 것을 자신의 소명처럼 믿고 있는 시대에, 아리스토텔레스가 1~2천 년 전 정치에 관하여 기술해놓은 책으로부터 아직 보존되어 있던 것을 독일어로 번역하는 일이 무익한 것처럼 생각되지 않았다"(Aristoteles, *Politik und Fragrent der Öconomie*. 그리스어판을 대본으로 하여 번역되었고 쉴롯서의 원전보충 및 분석이 붙어 있음, 제1절, 1798, p. III).

11) 같은 책, p. 1. 참고로 덧붙이자면, '시민사회'와 '시민적 결사' bürgerliche Verbindung를 공히 사용하고 있는, 쉴롯서의 역본출판 직후 이루어진 크리스 가르벤의 『정치학』번역본(*Die Politik des Aristotelse*, Christian(tr), Garve G. Fülleborn에 의하여 출판되고 보충문 및 논문이 수록되었음. Breslau, 1799)도 있다. 경제적으로 정의된 근대의 사회개념과 특히 이익사회와 공동사회 Gesellschaft und Gemeinschaft의 퇴니스적인 구분의 영향 아래서야 비로소, 최신 정치학 번역본들(E. Rolfes에 의하여 번역되고 서론과 주해문이 붙여진 Aristoteles, *Politik*, 1912 및 O. Gigon의 신번역본, Aristoteles, *Politik und Staat der Athener*, 1955, p. 1 및 p. 55)은 Koinonia를 공동체 Gemeinschaft로 대치시키고 있는바, 이것은 특히 koinonia politike가 '국가공동체'로 바뀌쓰이고 있는 곳에서는 좀처럼 눈에 띄지 않는다. 쉴롯서와 가르베에게 있어서는 여전히 구속력을 지녔던 고대의 전통적 개념의 감동력과 그 원형적(原形的) 특징은 이 중성화된 재현태 속에서 상실되었다.

로부터 마그누스(Albert Magnus), 아퀴나스(Thomas von Aquin), 멜란
히톤(Melanchthon)에 이르기까지, 심지어 보디누스로부터 홉스, 스피노
자, 로크, 칸트에 이르기까지 그 타당성을 지녔던 중세유럽 정치철학의
고전적 원형이다. 아리스토텔레스 주석본에서 마그누스는, "인간에게 있
어 본래적인 것이란, 다시 말해 본성적인 것이란 시민의식, 곧 시민적
또는 정치적 유대의식이다"[12]라고 말하고 있다. 이와 크게 다르지 않게
보댕은 "국가와 시민사회는 동일한 것으로서 군대와 국체(國體) 없이도
그 자체로 존립할 수 있는 것이되 가족이 없이는 결코 존립하지 못한
다."[13] 멜렌히톤과 스피노자는 다만 civitas(나라)를 societas civium(시민
의 사회)과 동일시함으로써 공식적으로 civitas의 규정을 피하고 있다.
"나아가 이러한 사회가 법과 힘을 그 자체로 보유하게 된다면 그 사회
는 강한 국가로 불리게 될 것이고 시민들은 그 자신 법에 의해 보호될
것이다."[14] 또한 멜란히톤은 아리스토텔레스의 정치학에 대한 그의 주석
서에서 이와 완전히 유사하게 논술하고 있다. "국가란 시민상호간의 이
익과 그리고 최대한의 보호를 위하여 법으로 정해진 시민사회이다. 시민
들은 동일한 사회내에서 관리인 동시에 심판을 받을 수도, 권력을 추구
할 수도 있는 사람들이다."[15] 국가와 시민사회의 전통적인 동일시현상은,
적어도 이념에 비추어볼 때 심지어 status naturalis(자연상태)를 국가에
대한 시민의 종속으로 종결짓고 있는 홉스의 'unio civilis(시민결사)'에서
도 여전히 찾아볼 수 있다. 왜냐하면 홉스는 이에 관하여 다음과 같이
기술하고 있기 때문이다. "나아가 이와 같은 방식으로 이루어진 연합체
가 곧 국가 또는 시민사회라고 불리는 것이다."[16] 결국 이와 관련하여 다

---

12) Albertus Magnus, *Commentarii in Octo Libros Politicorum Aristoteles*, Lib. I,
Cap. I, zit. *Opera Omnia* Vol. VIII, 1891, p. 6.

13) *De Republica*, Lib, III, Cap. VII. zit. Editio Quarta, 1601, pp. 511~12.

14) *Eth.* IV, Prop. XXXVII, Schol. II.

15) Melanchthon, *Commentarii in Politica Aristotelis*, 1530, zit. *Ph. Melanchthonis
Opera quae supersunt omnia*, Vol. XVI, 1850, Bretschneider/Bindseil(ed.), Sp, 435.

시 로크의 『시민정치이론』(1689)과 칸트의 『도덕형이상학』(1797)의 1부
가 거론될 수 있겠다. 로크는 그의 저술 제7장의 제목을 「정치사회 또는
시민사회에 관하여」(Of Political or Civil Society)라고 하고 있고, 칸트는
§45에서 국가를 civitas로 규정하면서, 또다시 §46에서는 societas ci-
vilis로 해명된 '공민사회'(die staatbürgerliche Gesellschaft)와 동일시하
고 있다. "이러한 사회 societas civilis, 즉 국가의, 입법을 위해 통합된 구
성원은 공민(Staatsbürger, cives)이라고 부른다." 칸트적 의미에 있어서
의 '공민'—이 용어는 동시대인들에 의해서 파격적인 신조어로서 받아
들여졌고 최초에는 거부반응에 부딪쳤었다—은 사리대로 고대 시민사
회의 (권리능력이 있고 정치권이 주어진) 시민, 즉 폴리스의 시민(die pol-
itai der polis), 국가의 시민(die cives der civitas)에 해당한다. civilitas,
즉 '시민의 본분으로서의 사려와 분별이라는 특수한 시민적 자질에 의하
여(Cicero, *De orat.* I, 14, 60) 구별되는 시민'은 공적(公的) 생활, 즉 입법
활동과 국정에 참여한다. 왜냐하면 '시민'은 18세기까지 status civilis
sive politicus(시민상태 또는 정치상태)에서 생활하는 사람일 뿐이고, '사회
적' 고찰방식의 주제가 아니라 포괄적인 의미에서 본 정치학의 주제일
수 있는 societas civilis도 또한 이 신분에 달려 있기 때문이다.

그것은 철학의 한 부분으로서 정치학이라 불리는 것인데, 거기에서는 인
간이 국가 내지 시민적 상태 속에서 살아가는 그러한 존재로 규정되고 있
다. 그러므로 정치학은 시민사회 내지 국가에서 자유로운 행위를 이끌어내
는 지식이다.[17]

따라서 유럽고전적 의미에 있어서의 '시민사회'는 정치학적 전통개념,
즉 정치세계의 중심적 근본범주라고 말할 수 있는바, 이 정치세계 속에

---

16) Hobbes, *De Cive*, 1642, Cap. V, §9.
17) Christian Wolff, *Philosophia rationalis sive Logica*, 1740, *Discursus praeliminaris*, Cap. III, §65.

서 '국가'와 '사회'는 여전히 대립되는 것이 아니라 오히려 가사적(家事
的) 내지는 노예적인 노동의 '경제적' 영역, 환언하면 노예제도 또는 인
신소유제(人身所有制)와 임금제도에 기초하고 또 이것을 배경으로 우뚝
서 있는 시민적·정치적 사회의 자기동질적인 지배체제이다. 왜냐하면 정
치학의 이 고전적 전통 속에서 공동체의 모든 거주자들이 civilitas에 의
하여 특별대우를 받는 것은 아니기 때문이다. 공적·정치적 시민생활권의
하부에서 일정 가정의 사적인 생활권에 갇혀 일차적인 생활을 확보하기
위해 필수적인 노동을 제공하지 않으면 안되는 모든 유의 비자유인과
또한 마찬가지로 '경제적' 활동을 하지만 가내작업장에 묶여 있는 수공
업자와 부인네들은 societas civilis sive respublica(시민사회 또는 공화국)
에 속하지 않는다. 이들은 Oikos, 즉 '가정사회'(die häuslich Gesell-
schaft)의 일부인 한에서 civilitas를 부여하는 정치적 지위가 없다. 아리
스토텔레스 경제학의 전제이면서 동시에 그의 정치학의 근본명제인,
"노예에게는 폴리스가 없다"(Pol. III, 9, 1280a 32)는 아리스토텔레스의 명
제는 노예, 날품팔이, 임금노동자로서의 수공노동자들에게 있어서도 역
시 자명한 것이었던바, 칸트도 18세기 초인 그의 시대에 동일한 내용을
기술하고 있다. 즉 이들의 생활은, 그 자체가 이들로부터 비롯되고 또
이들을 토대로 올라서 있는 본래적 의미에 있어서의 시민사회의 하부에
서 이루어지는 것이다. 그리고 이러한 그들의 생활은—정치에의 소속관
계를 잃은 상태에서—고대 시민사회의 제2의 근본적 구성요소, 즉 가계
(家計)와 가정으로부터 분리되어 하부구조에 소속되는 것—societas ci-
vilis(시민사회)와 societas domestica(가정사회)의 계급적·정치적 대립—
을 형성하고 있는바, 이것은 토마시우스(Christian Thomasius), 볼프, 칸
트 등에 있어서도 여전히 발견되고 있다. 토마시우스는 다음과 같이 기
술하고 있다.

인간사회는 본질에 있어서 시민적이거나 가정적인 것이다. 가정사회는
시민사회의 토대가 된다. 왜냐하면 여기에서 시민사회란 하나의 일반적 통

치체제 아래 들어 있는 한, 다수의 가정사회와 그 속에 살고 있는 인격체들의 통합체이기 때문이다.[18]

2. 시민사회의 내용적 혁신

역사적·정치적 생활의 세부적인 다양성이나 변화점 및 아리스토텔레스와 칸트 사이의 커다란—정치학 저작 속에서의—차이점에 대한 세밀한 기술 등을 도외시하더라도, 국가와 사회의 근대적 관계를 참조하면 헤겔에 이르기까지의 특히 고대유럽적인 학문적 전통 속에서 이 관계의 '개념'이 존재하지 않았고, 이 개념이 '시민사회'의 전통적 개념을 토대로 하고 있는 것은 결코 우연이 아니라는 사실을 인정하지 않으면 아니될 것이다. 이 개념의 연속성, 즉 이 개념의 장구한 전승사 및 마치 헤겔에 있어서는 더이상 현재하지 않은 것처럼 보이던 정치학이론에 대한 동개념의 중요성은, 헤겔이 이 용어를 계속해서 사용하고 바로 그에게 있어서 다름 아닌 이 전통 및 고대 정치세계—그 정치학이론은 이 세계의 보족물이었다—와의 결별을 표현하여 이것을 새로운 시민사회 개념으로 옮겨놓는 것을 저지할 수 없었다. 비로소 1800년경 유럽적 전통의 대붕괴를 배경으로 해서, 유럽 형이상학의 역사주의적 사유의 대표자인

---

18) Chr. Thomasius, *Kurtzer Entwurf der Politischen Klugheit*, 1725, pp. 204~05. 시민사회와 가정사회의 이러한 대비는 칸트에게 있어서도 타당한 것이었고, 물론 시민사회와 국가의 고대적 동일성은—시민적 자유를 지향하는 그의 혁명적 원칙에도 불구하고—그에게 있어 여전히 보존되고 있는바, 이것은 다름 아닌 중세유럽의 '가정사회의 법'(*Metaphysik der Sitten*, I. Teil, 1797, §24ff, zit. Ak.-Ausg., Band VI, pp. 276ff)과 이와 결합되어 있는 '물종(物種)에 대한 인격권'(같은 책, §22ff, pp. 276ff)을 인정하고 있기 때문이며, 다른 측면에서 보면 '자기 자신의 주인(sein eigener Herr, sui juris)인 인간의 지위'(『이론에 있어서는 옳지만 실천에 있어서는 무가치하다는 속설에 관하여』(*Über Gemeinspruch: Das mag in der Theorie richtig sein, taugt aber nicht für die Praxis*, 1793, Abschnitt II, zit. Ak.-Ausg., Band VIII, p. 295)를 규정하려는 그의 전체적 어려움은 여기에서 유래하는 것이다.

그가 왜 할러의 사상적 지평 속에서의 시민사회 및 이것과 국가의 '혼동'에 대한 역사적 반론을 견지하고 있었던가가 명백히 드러나게 된다. 또한 거꾸로 그리고 사리에 따라 다음과 같이 말할 수 있다. 즉 그 개념에 대한 새로운 규정은 18세기 말의 대혁명이 유발했고, 또 동시에 할러에게서 볼 수 있듯이, 전통적 추세를 향한 단말마적인 왕정복고사상을 담고 있던, 중세유럽의 정치적 전통과의 결별의 완료를 전제로 하고 있다. 비로소 여기에서 그 개념에 대한 통상적인 사적(史的) 해석에 대항하여 마르크스와 쉬타인 등을 기점으로 하여 시도되었듯이[19] 특히 정치적 전통과 혁명 이전의 세계로부터 이와 관련된 헤겔적 개념의 법학에의 도입현상을 간파해내는 사람만이 그 개념의 참된 의미와 19세기에 있어서의 역사적 현실성을 인지할 수 있을 것이다.

국가 자체에 즉해서 전개되는 사회생활이란―칸트도 여전히 라틴어로 설명하고 있는 시민, 즉 cives의 법률능력에 있어서―어차피 정치적인 것이고 또한 그렇게 지어져 있는 이 인간세계의 status politicus(정치적 상태)는 서로 얽혀 있는 지배가문적 또는 신분적 계급분화 속에 본래 '경제적인' 그리고 '사회적인' 요소를 내포하고 있기 때문에 아리스토텔레스로부터 칸트에 이르기까지의 정치학적 형이상학의 거대한 전통이 국가를 시민사회로 기술한 반면 헤겔은 국가의 정치적 영역을 이제 '시민적으로' 된 '사회'의 영역으로부터 분리시키고 있다. 여기에서 '시민적'이라는 표현은 그 어원적 의미와는 반대로 우선 '사회적인' 내용을 지니

---

19) 이런 방향의 특징적인 저작으로는 무엇보다도 Paul Vogel, *Hegels Gesellschaftsbegriff und seine geschichtliche Fortbildung durch L. Stein, Marx, Engels und Lassalle*, 1925. 참고로 이와 반대되는 것으로는 근대 사회개념의 문제에 관한―역시 철학적으로 관련이 있는―상론(詳論)이 실려 있는 사가(史家) Otto Brunner의 *Neue Wege der Sozialgeschichte*, 1956. 특히 pp. 7ff, 30f, 207과 Werner Conze, *Staat und Gesellschaft in der frührevolutionären Epoche Dentschlands(Historische Zeitschrift* Bd. 186, 1958, pp. 1ff에 게재. 이것은 확장된 형식으로 편찬서 Staat und Gesellschaft in deutschen Vormärz, 1962, pp. 207ff에도 수록되어 있다. 필자도 이 편찬서의 도움을 많이 얻었다)가 있다.

게 되고, 18세기 무렵처럼 '정치적'이라는 용어와 동의어로 사용되는 일은 이제 없어지게 되었다. 헤겔은 정치적으로 절대화된 국가 속에서 사사로운 것이 되어버린 시민의 '사회적' 지위만을 기술하고 있는바, 비로소 이럼으로써 국가는 사회에 고유한 무게중심을 인정하고, 이것을 '시민사회'로서 자율화시키고 있다. 마르크스, 라살레 또는 퇴니스 이래 그랬던 것처럼 헤겔적 개념의 유래를 근대 자연법사상에서 찾는다면, 근대 자연법과 이 속에서 계속 효력을 지닌 전통의 사실관계를 올바로 취급함이 없이 status naturalis(자연상태)와 status civilis(사회상태)의 자연법적 모델에 다름 아닌 이 역사적 과정을 부여하는 셈이다. 왜냐하면 홉스 (De Cive, Cap, I₂, V₉)에 있어서의 societas civilis는 bellum omnium contra omnes(만인의 만인에 대한 투쟁), 즉 서로에 대하여 그리고 상호간 계약관계에 들어 있는 거래·교환사회—애덤 스미스와 중농주의자들(die Physiokraten)이 처음 이론화한 사회—가 아니라 정치적 질서개념이요 자연상태자에 대한 대립물이다. 쉴뢰쩌[20]에 이르기까지 독일에서는 시민사회의 성원(成員)을 독립적인 가장(家長)으로 파악하는 아리스토텔레스적 관념을 내포하고 있었다. 쉴뢰쩌에게 있어서 최초로 시민사회가 명백히 '국가'와 구별됨은 자연법적 모델과는 독립적으로 비로소 정치를 국가 안으로(즉 행정, 헌정체제, 군제 등으로) 집중시키고, 시민적인 것을 사회에 일임함으로써 평행하게 대두한 국가와 사회 사이의 상술된 역사적 '차별'을 토대로 이루어지게 된 것이다. 헤겔 자신에 의해서 그렇게 명명된 이 차별은, 1821년의 법철학의 '시민사회'에 관한 절(節)의 내적 구조와 역사적 내용을 규정하는 것이다. 왜냐하면 여기에서 그의 정치적·법

---

20) August Ludwig Schlözer, *Allgemeines Stats Recht*, 1794 참조. 여기에서 시민사회의 성원은 '순혈종, 즉 자유로운 가장'으로 묘사되고 있다(I. Teil, *Metapolitik*, §17, pp. 64~65). 쉴뢰쩌는 시민사회의 구조를 'Societas civilis cum imperio'로서의 'Stat'와 구별되는 'Societas civilis 또는 civitas'라는 전통적 공식으로써 표현하고 있다(앞의 책, §44의 주). 오직 헤겔적 '차별'개념의 윤곽만을 겨우 암시하는 이러한 대립관념 속에서 그는 '국가와 시민사회'의 구별을 개념파악하고 있다.

적 의미로부터 해방된 시민개념은 동일하게 해방된 사회와 결합되기 때문이다. 고대의 societas civilis에서 고전적 표현을 얻은 사회의 정치적 실체는 '시민'과 '사회'가 18세기 말의 유럽적 전통단절을 통하여 산업 및 정치혁명과 더불어 얻게 되는 사회적 기능 속에서 해체된다. 왜냐하면 부르주아로서의 시민은 비로소 이때에야 정치철학의 주요문제로 화하고 그것도 점점 더 고대의 가문적 결속의 실체를 해체시켜가는 근대사회의 형성과 발맞추어 가능하게 되기 때문인바, 요는 근대사회 자체는 대체로 'Ökonomia'의 기능을 떠맡게 되었다는 것이다. 또한 가문이 고대 시민사회의 사회적 세포였듯이, 이제 시민사회의 변질된 내용은 근대국가의 사회적 기초를 형성하고 있다.

여기에서 몇 가지 특징들로만 암시된 역사과정은 정치학적 제개념의 내적 개조를 통해 이제 상세하게 드러나게 된다. '시민사회'의 구조는 1800년 이후 그 이전의 여러 의미요소들을 겹쳐 지니고 있는 새로운 중심으로부터 구축되어 있는 것처럼 보인다. 따라서 헤겔적 개념과 18세기 개념의 구별 및 그 개념의 19세기에의 귀속성은—북아메리카와 프랑스의 혁명 결과 인권과 시민권으로 성법화(成法化)된—인간으로서의 인간과 시민으로서의 인간간의 자연법적 구분에 주목하자마자 곧 명백해질 것이다. 인간으로서의 인간은 자연법사상에 따라 societas generis hummani(인류사회)의 일원이요 유적 본질이면서 동시에 개체이고 윤리학의—그 일반성으로 인하여 아무런 규정을 얻지 못한—제법칙의 지배를 받는다. 그러나 시민으로서 인간은 시민사회, 국가에 소속되고 이것의 법규, 즉 정치학이 요청하는 제준칙에 복종한다.[21] 이와 반대로 『법철학』의 '시민사회'에서는 인간으로서의 인간, 즉 자연법적 인간 내지는 유(類)의 대표자는 그의 자연적 욕망 속으로, 즉 헤겔이 §190에 대한 주

---

21) dazu u. a. Chr. Wolff, *Philosophia rationalis sive Logica*, 1740. *Discursus praeliminaris*, Cap. III, §64~66 및 Kant, *Metaphysik der Sitten* I, Teil, 1797, Einleitung in die Rechts lehre와 Rousseau, *Émile* 1762. Lib. III 참조. 인용은 *Oeuvres Completes*, Tom. III, 1823, p. 371.

석에서 비꼬아 언급했듯이, '인간으로 불리되' 그 자체로서 '욕망의 입장'
과 동등한 차원에 머물러 있는 '관념의 구상(具象)명사' 속으로²²⁾ 용익(溶
溺)되어 있다. 그리고 추상적·일반적 욕망본체로서의 인간과 동물의 자
연적 구별과 관련된 §160이 규정하고 있는 이 구상명사는 이제 시민사
회의 대상, 즉 헤겔이 프랑스어로 괄호 속에 묶어 밝혀주고 있는
'bourgeois'로서의 '시민'(der Bürger)의 기저가 되어준다. 단순한, 즉 자
연적인 인간으로서의 인간은 욕망본질이되, 욕망본질로서의 인간은 사인
(私人), 즉 bourgeois로서의 시민이다. 인간과 시민은 이제 18세기에서처
럼 상호 대립하는 것이 아니라, 오히려 근대 시민사회에서 bourgeois는
'인간'을 자체 속에 내포하고 있다. 물론 역사적 제개념의 이러한 변질된
구조 속에는 보다 폭넓은 관계, 즉 여기서는 다만 암시적으로만 언표될
수 있는, 유럽혁명과 고대−근대간의 오랜 투쟁관계가 숨겨져 있다. 다
름 아닌 고대인의 제개념을 수용함으로써 정치학에서 고대, 즉 그리스인
과 로마인의 옛 시민적 자유와의 간격을 의식하게 되는 것은 18세기 말
의 독특한 역사적 특징에 속한다. 왜냐하면 이러한 수용은 유럽의 정치
적 전통의 역사 속에서 처음으로 시간의 사실, 즉 근대 영토국가 '신민',
도회지민, 근대사회 등에의 '응용'²³⁾에 성공하지 못하고 있기 때문이다.
이러한 변화는 다름 아닌 18세기의 시민개념의 문제에서 명백해질 것이
지만 우리가 관찰하게 될 것인바, 새로운 '사회'가 정치학적 사유에 부과
하고 있는 문제에서도 명백해질 것이다. 고대적 제개념의 응용가능성의
갑작스런 상실에 대해서는 '공민'(citoyen) 또는 '조국'(patrie)과 같은 용

---

22) *S. W.* VIII, 1833, p. 256 참조.
　　오늘날 우리가 욕망본질의 마르크스적 일반화 및 생산과 소비간 운동으로의 인간개
　　념의 마르크스적 고착화와 관련해서도 읽지 않으면 안되는 다음과 같은 제한, "따라서
　　비로소 여기에서야 또한 원래 여기에 있어서만 이러한 의미에서의 인간이 거론될 수
　　있다"(p. 256).
23) 이 개념은 가다머(Hans Georg Gadamer)가 **진리와 방법**에 관한 1960년간에 간행된
　　저작 안에서 해석한 die Hermeneutik의 전통계기와 본질계기로서 제시한 그 의미로
　　사용되고 있다.

어를 완전히 어법에서 말살시키자는 루소의 제안이 특히 증후론적으로
적합하다.[24] bourgeois와 citoyen[25]의 구분을 알지 못한 그 시대의 전혀
급진적이지 않던 독일사상 속에서, 다음과 같은 보조적 정의로서 만족했
다. 그리하여 시민개념은 '일반적 의미'와 '특수한 의미'로 구분하여 규정
되었다. 즉 '국가 civis 의 성원'으로서의 시민은 전자에 속하는바, 여기에
서 전통적인 도식에 따라 '군주조차도 그의 국가는 첫째 가는 시민'으로
등장하게 된다.[26] 여기서 '특수한 의미'는 도시공동체(都市共同體)의 구성
원, 즉 귀족신분이나 농민계층과 구별되는 자치시민, 따라서 시민계층을
뜻한다.[27] 그런데 근대 정치국가가 civis의 사회적 토대, 즉 societas ci-
vilis내에서의 피통치자의 자기통치를 철저히 뿌리뽑았기 때문에 시민개
념에 있어서의 '일반적 의미'를 최소한으로 축소시킨 것은 결정적인 것
이다. 헤겔은 이 과정을 이미 1800년경에 개념화했었던바, 이것은 당시
누구에게도 불가능했던 시도였다. 왜냐하면 직접적으로 그의 이 개념화

---

24) Rousseau, *Émile* 1762, Liv. I, p. 15 참조.

25) bourgeois는 사사로운 사적 이해에 입각하여 사회 속에서 생활하는 '사인'(私人)으로
서 '시민'(市民)으로 번역되고, citoyen은 국가의 일반적 이해에 입각하여 국가 속에서
공적 생활을 영위하는 정치적 양식(良識)을 지닌 구성원으로서 '공민'(公民)으로 번역
된다. 정치적 측면에서 근대민주주의는 이 공민을 토대로 정립·발전되나, 이 공민개념
이 붕괴되고 그 자체 '대중'으로 변질되는 것과 때를 같이 하여 '대중민주의'로 넘어
간다—역자 주.

26) 이에 관해서는 당시 영향력있던 괴팅엔의 법학자 샤이데만텔(Scheidemantel)의
Tentsches Staats und Lehnrecht, 1782, I. Teil, § 2를 참조하라—이와 유사하게 Ac-
henwall도, 군주는 완전히 시민사회의 외부에 위치하는 것이 아니라, "그 자신 공화국
의 최고시민(civis eminens)으로서 그 사회규정 아래에서 개념파악된다"고 말하고 있
다(*Staatsverfassung der europäischen Reiche*, 1752, p. 2.) 그러나 이 두 학자에게 있어
서 본래적인 문제는 시민과 신민(臣民, Untertan)의 관계, 즉 시민의 정치적 개념에서
나온다. 왜냐하면 "결코 시민이 아닌 신민, 예를 들면 외국인 또는 노예가 있으면, 동
시에 그 여타 신민은 시민이다. 이에 반하여 신민이 아닌 신민, 예를 들면 군주가 있
다"(*Teutsches Staats und Lehnrecht*, I, Teil, p. 439).

27) 한국어의 '시민'이라는 용어도 농촌이 아닌 도시에 사는 주민을 지칭하는 의미를 포
함하고 있음을 상기할 필요가 있겠다—역자 주.

이후에 비로소 bourgeois가 citoyen과, 즉 사인적 시민(私人的 市民, der Privatbürger)이 모든 '신민'에까지 확장된 공민(der Staatsbürger)과 구분되기에 이르렀기 때문이다. 그리고 이로 말미암아 '고대적 인륜'과 그 정치적 실체에 대비할 때, '일반적인 것'을 주관하는 통치부인 국가와 '개별적인 것'을 '목적으로' 삼는 다른 쪽의 '극단'인 '시민' 사이의 차이가 명백해졌다. 곧 "후자는 자신과 그의 가족을 위하여 배려하고, 노동하고, 계약을 맺으면서도, 또한 일반적인 것을 위해서도 노동하고 이것을 목적으로 삼는다. 전자의 측면에서 보면 그는 bour-geois(시민)이고 후자의 측면에서 고찰하면 그는 citoyen(공민)이다."[28] 청년 헤겔은 이 과정을 이미 그리스 도시공화국의 몰락 속에서 간취하여 로마법 속에서 bour-geois의 법적 고정화를 시도했다. 그러나 그가 여기에서 그의 시대의 문제를 고대후기의 제현상에 비견, 첨예화시켰다는 것은 의심할 바 없다.

후기의 베를린대학 강의 안에서 헤겔은 훨씬 더 역사적이고 정치학으로 실제적인 절차를 밟아가면서 아리스토텔레스의 『정치학』에 대한 그의 분석 끝부분에서 근대국가를 이것에 특히 적절한 근대의 사회현상인 공장과 비교하고 있다. 여기에서 그는, "누구에게 있어서나 그 의식도 그 활동도 진정 전체를 위하여 존재하지 않는다 할지라도 개별적인 것을 고립시켜 그 자체로서 방치하지만" 하나의 필연적인 관계를 구성하는 '우리 시대 근대국가의 추상적인 법'에 관하여, "개별자는 전체를 위하여 활동하되, 어떻게 하여 그렇게 되는 것인지 알지 못하고 다만 그의 개별성의 보위(保衛)만이 문제일 뿐이다"라고 말하고 있다. 이 구절에서 헤겔은 근대적 공장의 비근한 형상을 지칭하고 있는바, 이 안에서는 국가나 사회에서처럼 동적 생활의 전체가 대립·분열되어 있다.

---

28) Hegel, Jenenser Vorlesungen, 1805~1806, ed. J. Hoffmeister, *Realphilosophie*, Bd. II, 1931, p. 249 — 헤겔은 이 용어를 유독 독일어적인 관계 속으로 옮겨놓으면서 이에 관하여 난외(欄外)에 다음과 같이 주석을 달고 있다. "창을 들고 싸워야 하는 시민 내지는 제국의 시민 Spieß und Rechsbürger, 즉 다른 측면으로서 아주 공식적인 창든 민병."

공장에서는 그 누구도 전체를 이루지 못하고 오직 한 부분만을 점하고, 다른 기능을 지니지 못하며 오직 복수인만이 그 합성체를 만들듯이, 그것은 각 개인은 오직 한 부분만을 점하는 분담된 활동이다.

고대가 낳은 자유로운 제민족은 오직 전체 속에서만 의식과 활동을 지녔겠으나, 근대의 대자적 개별자로 옮겨놓으면 자유롭지 못할 것 같다.

시민적 자유는 다름 아닌 일반자의 결여상태, 즉 고립의 원리이다. 그러나 시민적 자유(bourgeois와 citoyen에 제각기 합당한 두 가지 용어는 없다)는 고대국가가 알지 못한 필연적인 계기이다.[29]

3. '시민사회'의 개념

바로 이 계기의 역사적 필연성에 대한 통찰과 긍정적인 가치평가는 물론 헤겔 후기에야 비로소 이루어진 것이다. 왜냐하면 의심할 바 없이 그는 1820년경에야 처음으로 『법철학』내의 시민사회에 관한 절(節)로서 유럽의 사회·정치체제 내부의 근본적인 제변화를 '개념화'했기 때문이다. 요는 그 헌정체제를 베른, 프랑크푸르트 및 예나에서의 경제학적 내지는 정치학적 연구를 개시한 이래의 전통을 이어받아 확고한 지반 위에 올려놓았을 뿐만 아니라, 체계적으로 그 내용을 풍부히 함으로써 그것을 개념화했다는 것이다. 물론 대개 예나시대의 논문, 발췌문, 기타 강의내용을 처음 일견(一見)할 것 같으면, 영국과 프랑스 저작에 대한 연구로부터 얻어낸 제사실과 근대 사회체제에 대한 이론적 통찰은 고대 학문적 전통의 생산적 수용을 논외(論外)로 하더라도 근본적으로 상호무관하

---

29) *Vorlesungen über die Geschichte der Philosophie*, Band II, ed. Carl Ludwig Mechelet, zit, S.W., Band XIV, 1833, p. 400.

다는 것이 현저히 눈에 드러나 보인다. 이미 언급되었듯이 bourgeois는 로마의 황제시대와 병행하여 등장하는데 스튜어트, 애덤 스미스, 리카아도 등으로부터 발췌된 경제적 사회범주인 욕망, 노동, 점유는 그리스 'politeuein'(폴리스적 생활)의 '절대적 인륜'—이것은 동시에 이 pol-itenein 안에서 고대의 비극과 희극의 배경으로 나타난다—과 대립되는 '상대적 인륜'의 징표를 띠고 있고, 노동제도 일반에 대한 분석들은 '국민' 또는 '정부'와 같은 제하에 비체계적으로 나열되거나 서로 아무런 관련 없이 자연적 본성을 지닌 생명체의 '실천적' 과정이라는 테두리 안에서 이루어진다.[30] 청년 헤겔은 근대의 냉혹한 사실들인 노동과 노동분업, 기계, 화폐와 상품, 빈부 등을 바로 그 자신을 아주 위압적으로 사로잡았던 고대의 학문전통과 나란히 다듬지 않은 채 그대로 위치시킴으로써 그것들을 그 고유한 개념 속으로 침잠시키거나 최소한 이 개념들과의 상호관계 속에서 체계적으로 결합시키는 데에 실패하고 있다. 이음매가 떨어져 조각조각 해체된 세계의 질료적 충만은, 예나시대의 그에게는, 그가 나중에 인간세계의 역사적 영역이라 부른 '객관정신'의 정초된 체계를 부정하는 것처럼 보였다. 그리고 다른 한편 그가 고대와 근대의 결합 속에서 질료의 체계화를 시도했던 1817년 『엔찌클로패디』의 제1 초안에서, 특히 1827년 저작의 제2판을 참고할 때 눈에 두드러지는 고대적인 개념형성 방법은 여전히 근대적 상태에 관한 적중한 서술을 방해하고 있다. 하이델베르크 시대에 초안된 『엔찌클로패디』에서 유일하게 이 주제를 위해 할애된 §433은 '일반적 제작물' 및 이것의 '신분'에 따른 개별적 분화에 관해서만 언급하고 있다. 가족은 사실 '개별성의 신분'으로서 나타나지만, 자신의 제작물을 "특수한 현존의 욕구 내지는 필요로 삼

---

30) 이에 관해서는 *Kritisches Journal der Philosophie*, Bd. II. 2, Stück, 1802, p. 79 ; *Schriften z, Pol. u. Rechtsphil.*, ed. G. Lasson, pp. 418ff, 464ff를 참조하라. 그러나 무엇보다도 *die Jenenser Vorlesungen* von 1803~1804, *Realphilosophie*, Bd. I, ed. J. Hoffmeister, 1932, pp. 220ff와 1805~1806, *Realphilosophie*, Bd. II, 1931, pp. 197ff, 231 ff.

고, 이 제작물의 가장 직접적인 목적을 특수한 주관성에 두지만 이 목적의 성취를 위해 다른 모든 사람의 노동을 전제로 하면서 동시에 그것에 관여하는 그런 영역은" 아직 '시민사회'가 아니라 다름 아닌 '신분', 즉 애매하고 불확정적인 명칭이지만 '특수성의 신분'이다.[31] 그러므로 '시민사회'라는 영역과 관련하여 헤겔에 근대적 경제·사회의 개념구조와 그리스인적인 폴리스생활의 개념구조 사이의 근본적 간격으로 인하여 자신의 고유한 역사적 입장의 인식에 도달했다고 말할 수 있는 여지도 있을 것이다. 옛 정치학으로부터 전래된 고대적 제개념을 혁명적 세기의 사회적 상황에 응용할 수 없는 그 불가능성은 1820년 국가와 가족 사이의 차별의 영역으로서의 '시민사회'라는 헤겔적 개념형성의 출발점이 되었다. 왜냐하면 1820년 이전, 즉 『법철학』 출간 이전 그는 시민사회라는 용어 자체를 사용하지 않고 있을 뿐만 아니라, 이 용어의 원칙적 개념의미를 차용하지도 않고 있다. 줄쩌의 『만학의 간략개념』에서 뽑은 그의 학창시절 발췌록과 퍼거슨의 『시민사회사』에 대한 로젠츠바이크의 언급은 이 두 서적에 있어서 아무리 희미한 형식이라지만, 종전의 전통적 개념이 문제되고 있기 때문에 올바른 것이 못된다. 로젠츠바이크가 명시적으로 관계하고 있는 구절은 줄쩌에게 있어서 고대적 의미의 시민사회, 그가 언급한 '시민국가'의 헌정체제에 대한 고찰에 해당한다. 따라서 줄쩌

---

31) *Enzyklopädie der philosophischen Wissenschaften*, 1817, §433 — 이와 관련하여 헤겔이 『법철학』 출판 이후에 이 절(節)이 실려 있는 『엔찌클로패디』(1827) 제2판에서 시도한 철저한 수정내용이 대비되고 있다(§513ff). 여기에서는 무엇보다도 '인륜'(Sittlichkeit)이라는 술어도 역시 근대에 있어서의 가족, 시민사회, 국가의 발전과 관련되어 있는 점에서 사적(史的) 관련성 속으로 투입되어 있다(§552) — 그러나 이미 예나시대 말경 『정신현상학』(1807)에서 고대와 근대의 최초의 역사론적 도식화가 이루어졌는바, 이는 로마법질서를 그리스공동체(das attische Gemeinwesen)와 병치시키고(**참된 정신, 즉 인륜** *Der wahre Geist, die Sittlichkeit*이라는 절에서), 17~18세기의 특수현상으로서의 국가권력과 부의 이원화현상 der Dualismus von Staatmacht und Reichtum이 나타나는(**자기소외된 정신, 즉 도야** *Der sich entfremdete Geist, die Bildung*이라는 절에서) 한에서 가능했다.

에게 있어서만은 '시민사회의 일반개념'으로부터 '행정권 및 사법권, 신민(臣民), 형벌과 보수 등'의 제개념이 생겨난다.[32] 퍼거슨은 그 개념을 마찬가지로 '정치적 사회'(political society)와 동일하게 사용하고 있으나 (Part. III, Sect. IV), 이런 제목 아래 여러 정치적 제관계—특히 스파르타, 아테네, 로마 등—에 관한 폭넓은 서술과 더불어 '예술과 학문'에 관한 서술을 가하고 있다.

아주 의심스러운 것이지만, 헤겔적 개념의 외적 기원이 이미 다 밝혀진 것으로 치더라도, 그밖에 헤겔이 왜 학생시절의 발췌록 및 초기의 신학적·정치학적 논문단편을 제외한 그 이후 집필 논집[33]의 어느 구절에서도 그 개념을 사용하지 않고 있는지 하는 문제는 여전히 남아 있다. 오히려 그 발췌록 및 논문단편들 안에서 사정은 바로 다음과 같은바, 그는 크라우스(Christian Jakob Kraus), 젠쯔(Friedrich Gentz), 훔볼트(Wilhelm von Humboldt), 후펠란트(Hufeland) 등[34]에서 1780년 이래 일어난, societas civilis sive civitas라는 고대의 전통적 공식의 인멸(湮滅) 및 해체현상과 일치되게 이 공식을 '국가사회'(Staatsgesellschaft)—그가 **더이상** 시민사회의 고대적 개념을 마음대로 처분하지도 못하고 **아직** 그가 새로 개주(改疇)한 개념을 사용하지도 못하고 있다는 사실을 극명하게 보여주는 용어—라는 개념을 가지고 재생(再生)시키고 있다. 이른

---

32) Sulzer, *Kurzer Begriff aller Wissenschaft* (1759), pp. 189∼90.

33) *Theologische Jugendschriften*, 1907, pp. 41f, 44, 191 참조. 여기에서 등장하는 '시민사회'는 18세기 말엽의 어의(語意)에 따라 '국가'와 동의(同意)이다. 이러는 한에서 Rolf K. Hocevar, "Städe und Repräsentation beim jungen Hegel", München, 1968(= *Münchener Studien zur Politik*, Bd. 8), p. 9, Anm. 23 und p. 201, Anm. 79에서 나의 결론에 대하여 제기하고 있는 이의(異意)는 버틸 수 있는 것이 못된다. 헤겔의 앞의 책, p. 191 '개인의 제권리가 국가의 제권리로 화해 있는 것은…… 시민사회의 본성으로 말미암은 것'이라는 구절은 특히 전통적인 어의사용을 명백히 해주고 있다. 여기에서 헤겔적인 어의사용의 본보기는 Moses Mendelssohn, *Jerusalem*, 1783, zit. Leipzig, 1869, pp. 132f, 146이다.

34) 나의 논문 Bürgerliche Gesellschaft in: *Lexikon der politischsozialen Begriffe der Neuzeit*, hrsg. von O. Brunner, W. Conze, K. Roselleck, Bd. 2, 1970을 참조.

바 이 국가사회는, 『뉴른베르크 철학서설』에 의하면, 자연적 사회로서의
가정과 법적 관계 속의 인간사회로서의 국가로 구분되어 있다. 따라서
이 가정과 국가 사이에는 나중에 명명된 '시민사회'가 아직 끼어 있지
않았다. 왜냐하면 "가정이라는 자연적 사회는 자연적 본능에 의하여 기
초되고 자유의사에 의하여 가입되는 결사체인 일반적 국가사회로 확대
되기" 때문이다.[35]

『예나시대강의』와 하이델베르크 시대의 『엔찌클로패디』 사이의 중간
에 위치하는 뉴른베르크시대 고등학교 강의준비록은 이제 물론 오직 극
히 제약된 정도만큼만 헤겔의 사상체계에 있어서 실체적 내용을 형성하
고 있는 것으로 간주되어야 한다. 이 준비록은 그 속에서 '시민사회'의
흔적이 전혀 없다는 한에서만 징후적인 것이다. 따라서 고대의 정치학적
전통과 함께 고전적 세계의 이질적(異質的) 현상이 근대의 '사회'와
'bourgeois'에 대립한다는 예나시대의 사실인식은 1817년 이후, 다음 아
닌 고대적 전통에 뜯어맞추는 식의 정치학적 개념구축을 포기한 이후에
야 비로소 근대 국가체제의 내적 구조에 대한 원리적인 사적 통찰(私的
洞察)에 도달한다. 헤겔이 1805~06년 '노동하는 개인'의 영역에서 지각
했고—비록 그렇다 할지라도 아직 여전히 '고전적인'바—오로지 이 영
역으로만 축소시킨 것—"그는 (노동하는 개인—필자) 일반자 안에서 그
의 무의식적 실존을 지닌다. 즉 사회는 그의 본성이요, 이 본성의 기본
적인 맹목의 운동에 그가 의존해 있는바, 그 본성은 그를 정신적으로 그
리고 육체적으로 보존하고 고양시킨다"[36]—은 1820년 개념상 '시민사회'
와 이것에 특징적인 기본적 필연성으로 기술되고 있다. 이 안에서
bourgeois의 '시민적 자유', 즉 헤겔이 철학사 강의에서 언급한, '집합체'
에 의존적이고 분열된 그의 현존재가 나타난다. 따라서 이런 측면에서
고찰할 때 헤겔이 'bürgerlich'와 'Gesellschaft'를 결합하여 정치철학의

---

35) *Nürnberger Propädeutik*, zit. S.W. XVIII, 1840, ed. Karl Rosenkranz, pp. 47ff, 199.

36) Jenenser Realphilosophie, Band II, 1931, ed. Johannes Hoffmeister, p. 231.

근본개념으로 삼은 것은 결코 우연이 아닌바, 이 개념은 외관상으로 보면 아리스토텔레스의 koinonia politike, 보디누스, 멜란히톤, 볼프 등의 'societas civilis' 및 칸트의 'bürgerliche Gesellschaft'와 일치하지만, 그 개념의 성립을 위해서는 종전의 이런 것들과의 완전한 결별을 전제로 한다. 이런 까닭에 헤겔 이전에 이런 의미로서의 그 개념이 아직 존재하지 않았고 무엇보다도 1820년 이전의 그의 저작에서도 결코 존재하지 않았으며, 그는 비로소 동개념을 가지고서야 앞에서 언급한 '응용 내지는 전용'(轉用)의 문제를, 중대결과를 가져오지만 그럼에도 불구하고 필연적이고 풍성한 방식으로 해결할 수 있었다고 응당 말할 수 있는 것이다. 따라서 헤겔은 그의 정치철학의 구조 속에서 보댕의 주권개념의 확립 및 루소의 volonté générale(일반의사)의 가정(假定) 이래, 오직 그의 등장 직후에야 근대의 본질적인 문제로 되었다고 할 수 있는 극히 중요한 변혁을 시도한 것이다.

4. 헤겔의 '시민사회'와 근대적 현실

헤겔이 '시민사회'라는 개념으로서 시대의식 속으로 부각시킨 것은 결코 근대혁명의 결과, 즉 군주국가 및 혁명국가 안에서의 정치의 집중화에 의한 **탈(脫)정치화된 사회의 성립**이나—이 사회가 산업혁명과 더불어 '국가경제 및 국민경제'(Staats-bzw. National Ökonomie) 안에서 같은 시대에 경험한—**사회적 무게중심의 경제에의 치중현상**보다도 결코 사소한 것이 아니었다. 이러한 과정 속에서야 비로소 유럽의 그 사회 내부에서 그 '정치적 체제'와 '시민적 체제'는 대립하게 되었는바, 무엇보다도 이 양자는 고대 정치학의 고전적 세계에서 동일한 것—아퀴나스가 말한 communitas civilis sive politica, 로크가 말한 civil or political society—을 의미했었다. 헤겔도 시민적인 것과 정치적인 것의 이러한 고대적 동일성을 철두철미 의식하고 있었고, 『법철학』의 한 구절에서는 그 근원

적 어의(語意)에 있어서의 이 두 용어의 통일성을 상기시키고 있다. 시
민적·직능적인 비정치적 사회에 대한 근대적 관념 및 고대의 정치적 신
분계통과 이 사회의 상이성(相異性)을 암시하면서 그는 §303에서 다음
과 같이 말하고 있다.

　　이른바 제이론의 관념 안에서 **시민사회의 신분** 일반과 **정치적** 의미에서의
　신분이 크게 분리되어 있다 할지라도, 언어는 이전에 원래 현존했던 이 통
　일설을 그대로 보존하고 있다.[37]

　헤겔이 여기에서 자유주의적·혁명적인 국가와 사회의 대립관념에 대
하여 반대하고 있는 것은 그가 국가에 대항하는 자유주의적 운동과정보
다 개념상 더 면밀하게 근대혁명의 '시민사회'와의 관계를 인식하고 표
현하고 있는 점에 대해서 마땅히 아무런 변화도 초래할 수 없다. 왜냐하
면 시민사회의 서술을 시작하는 최초의 문구, 즉 『법철학』의 §182는 구
(舊) 시민사회의 탈전통화(脫傳統化)를 사실로부터, 즉 개별화된 개인, 다
시 말하면 이미 전술된 의미에서의 '시민사회'가 된, 정치체제로부터 해
방된 19세기 초엽의 사회의 사인(私人, der Privatbürger)으로부터 명백
히 정식화하고 있기 때문이다.

　　특수자로서, 즉 모든 욕망의 전체요 필연성과 자의의 혼합체로서 스스로
　에게 목적인 구체적 인격체는 시민사회의 **한 원리**이지만—특수한 인격체는
　본질적으로 **또다른** 그런 특수성과의 **관계**(Beziehung) 속에 들어 있고, 그리
　하여 각자는 타자를 통하여 그리고 동시에 단적으로 오직 **일반성**의 형식, 즉
　또다른 원리를 통하여 매개됨으로써만 자신을 관철하고 충족시키게 된다.[38]

---

37) S. W. VIII, 1833, §303, §398 참조. 이 구절은 물론 마르크스의 『헤겔법철학』에 대한
　　비판적 주석 안에서 당연히 그의 주목을 받았고 그는 즉시 다음과 같이 덧붙이고 있다
　　—"따라서 우리는 이제 더이상(그 통일성이—역자 삽입) 현존하지 않는다고 결론짓지
　　않을 수 없다"(『헤겔국법론 비판』*Kritik des Hegelschen Staatsrechts*, 1843, zit.
　　MEGA I, Abt. I, 1, p. 487).

이미 일찍이 해방된 서구(西歐) 사회의 공리성 원리와 맨드빌(Man-
deville) 및 스미스에게 있어서의 이 사회의 경제모델, 디드로와 엘베시
우스(Helvetius)의 intéret personnelle(私益), 벤담과 프랭클린의 self-in-
terest(자기이익)은 이러한 명제들로서 독일철학적 형식을 띠고 나타나고
있다. 거기에서와 같이 여기에서도 결과는 동일한 것, 즉 이해(利害)에
토대를 둔 개인들간의 관계조직의 성립이다. 시민사회의 두 원리, '실현
중인 이기적 목적과 이 목적의 기능효과의 제약조건', 즉 이기심의 '일반
성'은 헤겔이 바로 다음 구절에서 명시적으로 언급하고 있듯이, '전측면
적(全側面的) 의존의 체계'를 구축하고, 또한 "개인의 생계 및 복지와 법
적 현존재는 만인의 생계 및 복지, 권리 등과 얽혀 있고 이것에 기초해
있으며 오로지 이런 관계 속에서만 현실적이고 안전하게 보장된다."[39]
여기서부터 '시민사회'의 관계를 파악할 수 있도록 §183을 §187과 관
련시켜 읽지 않으면 안되는바, 이 §187의 첫문장은 다음과 같다. "개인
들은 이 국가의 시민으로서 자신의 고유한 이익을 그의 목적으로 삼는
사인(Privatpersonnen)이다." 그러나 이 사적(私的) 시민의 개인적 이익
이라는 목적의 추구는 모든 이익목적의 내적 관계에 기초하고 있고, 이
런 까닭에 이 목적은 오직 그 인격체들이 자신들의 의욕과 행위를 '일
반적' 방식에 따라 규정하는 경우에만 성취될 수 있으며, 이해관계, 즉
'사회'는 그 인격체들 자체에 대립하므로 그들은 자신 쪽에서 헤겔에 의
해 밝혀졌듯이, 스스로를 "이 관계의 사슬의 한 마디(Gliede)로 만드는

---

38) 앞의 책, p. 246 ─ 계속적인 해명을 위해서는 나의 논문 「헤겔『법철학』에 있어서의 전
   통과 혁명」 *Tradition und Revolution in Hegels "Philosophie des Recht"* (*Zeitschrift
   für philosophische Forschung*, Bd. XVI, 2, 1962에 게재), 특히 pp. 218ff 참조. Z. f.
   phil. F.에서는 pp. 119ff를 참조.

39) *Philosophie des Rechts*, S.W. VIII, 1833, p. 247과 『엔찌클로패디』의 제2판과 제3판에
   서 헤겔은 시민사회를 단순히 '원자론의 체계' das system der atomistik라고 부르고
   있다(참조 ; S.W. VIII, 2 ed. I. Boumann, 1845, p. 395).

것이다."[40]

이 전측면적 의존의 체계와 이런 관계의 사슬로서 구축되어 있는 것은 바로 국가와 구분지어지되 욕망과 노동을 바탕으로 성립되고 국가의 기능적 작용 속에서 줄기차게 스스로를 재생산하는 사인들간의 관계조직(§187), 즉 술어의 근대적 의미에 있어서의 '사회'이다. 헤겔은 경제적 **욕망의 체계**(*das System der Bedürfnisse,* §§189∼208), 민사적 **사법작용**(*Rechtspflege,* §§209∼229) 및 **경찰행정과 직업단체**(*Polizei und Korporation,* §§230∼256)를 통한 국가와의 정치적·인륜적 통합 등 사회의 내적 체계화를, 여전히 신분적으로 묶여 있지만 그럼에도 정치적 국가로부터 해방된 당대의, 즉 1815년과 1830년간의 사회에 대한 윤곽 서술에서 상세히 전개시켰다. 이 사회는, 그 토대에 있어서 이미 '사인으로서의 시민'의 사법적(私法的)으로 질서잡힌 이익체계로 흘러갔기 때문에 '시민적인' 것으로 나타났다. 사회는 사실 직분적·직업단체적 결속을 통하여 그리고 '경찰행정'과의 연결 속에서 하나의 비교적 안정적인 질서체계내에서 기능하는 한에서만 정치적인 것이었다.

그럼에도 불구하고―통속적인 관념처럼 프로이센만을 취급하는 것이 아니라 대체로 혁명으로부터 '거꾸로 역행하는' 1815년 이후의 반동시대[41]를 조감한―이 시민사회론은 전체로서 그리고 역사적인 것으로 취급되어야 한다. 이 시민사회론은, 능히 말할 수 있는 바와 같이, '사회'를 노동과 향유에 기초한 욕망체계나 고대의 정치적 지위인 지배와 예속에 기초한 고대유럽적 사회체제의 자연적 요소로 이해하는 것이 아니라, 혁명 후 자유롭게 해방된 유럽 인간세계의 '사회적' 존재를 그 정치적 질서, 즉 법적·인륜적 질서와 매개시키고 이 세계를 이런 매개 속에

---

40) 앞의 책, p. 251―이에 관해서는 '만인이 만족을 얻는 일반적 자산인 사회적 관계'로서의 이 관계에 관한 기술을 참조하라(베를린 시대의 『엔찌클로패디』 §524, *S. W.* VII, 2, p. 395).

41) 이 표현은 간스가 『자연법과 일반법사』(*Naturrecht und Universalrechtsgeschichte*), WS, 1832∼1833에 관한 그의 베를린대학 강의에 대한 **서론**에서 사용하고 있다.

서 새로운 개념 위에 구축하려는 거대한 시도이다. 그러므로 헤겔의 '시민사회'는 물론 19세기 말엽의 '사회', 즉 사회학과 국민경제학의 대상인 —헤겔 자신이 명명했던—'원자론의 체계'를 포함하고 있지만, 이 사회의 최하위 계층에 있어서만 그럴 뿐이다. 즉 **욕망의 체계**는 사회적 운동을 개시하지만, 이 운동은 '사법작용'에 의하여 이미 규제되고 조직된다. 왜냐하면 헤겔이 §229에서 언급하고 있듯이, '시민사회'—이 안에서 이념은 특수성 속에서 상실되고 내면적인 것과 외면적인 것의 분리 속에서 분열되어 있다—는 사법작용의 덕택으로 '이념의 **개념**', 즉 즉자적 (卽者的)인 일반자와 주관적 특수성의 통일에로 복귀하고 있기 때문이다.[42] 사회는 법적이고 인륜적이며 정치적으로 질서잡히고 결합된 것이 아니라면 결코 '시민사회'가 아닐 것이다. 따라서 헤겔이 이 구절에서 사법작용을 참조하면서 언급하고 있는 그 '개념'은 동시에 바로 시민사회의 개념이다. 이 개념은—사회의 본질을 구성하는 경제적·사법적(私法的)인 새로운 요소를 넘어서—헤겔에 있어서도 역시, 아무리 '경찰행정'으로 축소되고 '직업단체' 속에 국한되어 있지만 여전히 경제적인 것과 정치적인 것의 고대적 구조를 보존하고 있다. 왜냐하면 다른 한편 시민사회의 본질적인 필연성—상술한 경찰행정과 직업단체 양자는 이 사회의 '규제'와 '인륜화'를 떠맡고 있다—은 고전적 인간세계의 실체, '인륜적 권력'(die sittliche Mächte, §145)을 직업단체 속에서 제도화하고 '정치체제'(die politische Verfassung, §269)를 경찰행정에 있어서 합리화했다. 그러나 그가 바로 이 두 질서의 요소인 경찰행정과 직업단체를 시민사회에 관한 서술 속에 집어넣은 것은 헤겔사상 속에 철저히 삼투되어 있는 역사적 실체성을 증명하고 있다. 우리들에게 있어서 이 두 개념을 합칭하는 것은 유용하기보다 불합리한 것이다. 왜냐하면 '직업단체'는 고대적 음색(音色)을 띠고 있고, '경찰행정'은 극히 현대적인 음색을 띠고 있기 때문이다. 헤겔이 이 두 개념으로서 묘사하고 있는 것에 있어서도,

---

42) S. W. VIII, p. 293 참조.

이 양자의 내적(內的) 귀속성 및—『법철학』에서 제시되고 있는—시민
사회의 변형된 형태와의 사적(史的) 관계는 즉시 뚜렷하게 밝혀지지 않
는다. 오히려 우리는—유독 헤겔적인 개념의 본질을 구성하는—이 관
계를 밝혀내기 위하여 여기에서도 그의 논술을 뒤로 하고 18세기까지도
강력했던 고대 정치학의 전통으로 되돌아가서, 이 전통 안에서 무엇이
'경찰행정'과 '직업단체'로 나타나는가, 또한 헤겔 자신이 얼마만큼 이 개
념들의 구조에 관한 의식을 지니고 있었던가를 묻지 않을 수 없다.

일단 『법철학』에서 사용되고 있는 경찰행정이라는 개념은 그 의미에
있어서 지금의 개념과 거의 무관하다는 점을 말할 수 있다. 17~18세기
의 근대국가의 법제적·관료체제적 확립과 더불어 비로소 등장한 이 개
념은 자기분화된 사회에 대한 국가의 행정관할 일반을 포함하고 있다.
그러나 그런 한에서 경찰행정의 개념은 고대 'societas civilis sive ci-
vitas'[43]의 '국가'와 '사회'의 영역으로의 분열·대립에 대한 보족적 개념을
구성한다. '경찰행정'은 그 자체 국가행정이 된 고대적 정치인바, 이 정치
란 한때 시민사회의 정치적 제도화와 그 통치기술을 표현했다.[44] 청년
헤겔은 1805~06년의 예나시대 강의에서 근대적 '경찰행정'을 정치의 기
원, 즉 고전적 그리스철학의 die Politeia에 관련시키고 있는 것을 보면
그러한 제관련성을 명백히 의식했던 것이 분명하다.

---

43) sive는 '또는', '즉(卽)'의 의미—역자 주.

44) 18세기 후반은 '경찰행정학'의 위대한 시대인바, 1830년에도 여전히 청년학자 Robert
von Mohl은 자신의 국법학연구를 이 경찰행정학에 대한 상당량의 논술로서 시작할 정
도였다. 당대의 저작 중에서 J. H. G. von Justi, *Grundsätze der Polizeywissenschaft*,
1756~1759, J. von Sonnenfels, *Grundsätze der Polizey*, 1765 ; J. F. von Pfeiffer,
Natürliche, aus dem Endzweck der Gesellschaft entstehende allgemeine Polizey,
1739 ; K. G. Rössig, *Lehrbuch der Polizeywissenschaft*, 1786 ; J. H. Jung, *Lehrbuch
der Staatspolizeywissenschaften*, 1788 ; J. F. E. Lotz, *Über den Begriff der Polizey*,
1807를 참조. 요즘의 저작으로는 H. Maier, *Die ältere deutsche Staatsund Ver-
waltungslehre(Polizeiwissosenschaft)*, Neuwied/Berlin, 1966을 참조할 것.

경찰행정은, 여기에 첨가하여—Politeia, 즉 전체 자체의·공적 생활과 통치, 행위(Handeln)로부터—이제 각종 공공안전에 대한 전체의 행위, 다시 말하면 사술(詐術)에 대비한 생업의 감독(Aufsicht auf Gewerbe gegen Betrug)으로 격하되었다.[45]

따라서 경찰행정은, 국가와 사회간의 차이를 극명하게 드러낼 뿐만 아니라 항구적으로 매개시키는 그런 형식, 즉 시민사회의 자립화된 형태에 있어서만 가능한 것으로 현상하는 '정치적' 구조—**행정**(Verwaltung), 다시 말하면 『법철학』 §235에서 언급되고 있는 '공권(公權)의 감독과 예방조치'이다.[46] '일반자'—말하자면 시민사회의 '개념'—의 '보장권력'으로서 경찰행정권은 바로 이 사회의 '무제한적인 활약상'에 대항하여, 즉 '계속적인 인구집중과 산업'에의 경향, 환원하면 '부(富)의 축적'(§243)과 '거대한 대중의 일정한 생계수준 이하로의 몰락'(§244)에 대항하여 투쟁한다. 헤겔에 있어서—특히 영국의—지평선상에는 '대중'이 '천민의 산출'이라는 구절에서 등장하는바, 이 천민의 산출은 시민사회로서의 사회형태, 즉 인륜적으로 질서잡혀 있고 정치적으로 제도화되어 있는 사회형태를 파괴할 듯이 위협하는 것이다. 야만적인 자연민족과 집안에 강제적으로 붙박혀 있던 노예, 날품팔이 및 수공노동자 등이 고대의 societas civilis의 외곽에 처해 있었다면, 이제 사회의 외곽으로 밀려난 것은 이 천민이다. 그러나 헤겔에게 있어서 천민은 정치학의 철학적 전통과는 구

---

45) *Jenenser Vorlesungen* von 1805~1806, zit. *Realphilospphie*, Bd. II, ed. J. Hoffmeister, 1931, p. 259 참조.

46) S.W. VIII, 1833, p. 296 참조 ; 이 설명과 부합되는 §249의 경찰행정에 관한 규정. "경찰행정적 예방조치(die polizeiliche Vorsorge)는 시민사회의 특수성 속에 포함되어 있는 일반자를 현실화하고 다수의 특수한 목적과 이익의 보호와 안전을 위한 **하나의 외적 질서요 준비**로서 지탱해나가는바, 이 특수목적과 이익은 이러한 일반자 안에서 그 존립기반을 지니고 경찰행정은 이 사회를 초월해 있는 이익(§246)을 위한 예방조치를 보다 고차원적인 통제로서 배려한다." 1850년 이후 쉬타인도, 헤겔의 이 전제들을 바탕으로 국가에 의하여 통제되는 사회에 관한 그의 유명한 이론과 변론인 『통치론』(*Verwaltungslehre*), 1869ff를 저술했다.

별되게 이 전통자체를 정당화시켰던 인위적이고 적극적인 한계를 설정
하지 않고 있다. 오히려 이와는 반대로 천민의 실존적 상황은 사회의
'무제한적인 활약상'을 국가차원의 통제, 즉 '경찰행정'을 통하여 제한하
고 천민을—아직은 경직된 계급사회, 부르주아사회 또는 1840년경 초기
사회주의자들이 명명하게 될 'Bourgeois-Gesellschaft'인—시민사회와
통합시킬 것을 요청하고 있다. 시민사회의 두번째 체제적 요소인 직업단
체는 이제 시민사회의 해방뿐만 아니라 정치의 경찰행정으로의 축소화
현상과 관련되어 있다. 경찰행정이 고전정치가 '몰락한' 형태라면 직업단
체는 고대의 Oikos 동맹체, 즉 '가문사회'를 상기시킨다. 내부로부터의 시
민사회의 변혁과 더불어 가정의 '가계적' 또는 실체적 인륜의 질서가 그
지반을 잃었고 그리하여 헤겔은, 칸트처럼 '가문사회의 법'을 논하는 것
이 아니라 '가정'만을—'결혼으로서의 직접적인 개념의 형태', '외적 현존
재, 즉 재산권과 재산' 및 '자녀의 양육과 가족의 해체' 등으로 분할하여
—언급하고 있다(§160ff). 헤겔의 『법철학』에서 극명하게, 그것도 '경제
적 생산관계 일반'(Okonomik)의 시민사회를 태동시킨 역사적 변혁에 대
한 의식으로서 밝혀지고 있는 것은 가문(das Haus)이라는 경제적 세포
단위에 더이상 구애받지 않는 새로운 가족(die Familie)의 개념이다. 왜
냐하면 '가족'은, 정치의 고전적 전통—여기에서는 시민사회가 가문사회
에 의존하고 있다—과 구별되게, 헤겔에 있어서 일견(一見)할 수 있는
"시민사회 안에서 최하위의 것으로서 단지 그 토대만을 놓아줄 뿐이기
때문이다. 즉 가족은 이제 그렇게 포괄적인 기능을 발휘하지 못하고 있
다. 오히려 시민사회는 인간 자체를 송두리째 붙잡아두고, 인간이 이 사
회를 위하여 노동하고, 이 사회를 통하여 모든 것이 되며 또 이 사회를
대가로 이 모든 것을 하기를 요구하는 엄청난 위력이다."[47) 가문사회의
구성원은 근대세계 속에서 이 가문사회로부터 '벗어나서', '개인이 자신
의 생계를 유지했던 가부장적 토대'를 시민사회적 토대로 '대치시키고'

---

47) S. W. VIII, §238 Zusatz, p. 299 참조.

가족 전체의 존립 자체를 이 사회에 대한 종속성, 즉 '우연성'에 내맡기는[48] '시민사회의 아들'이 되는 것이다.

시민사회의 운동원리인, 경제영역에 있어서의 이것의 '포괄적인 활약상'을 이제 헤겔은 '상공업 신분'인 시민계층에 있어서 특히 실현되는 것으로 보고 있다. 농촌이 고대의 경제적 편제인 가족생활의 '실체성'을 계속해서 보존하고 있는 반면, 도시에서 **"신분적 명예심을 상실한 각 개인은 자신의 고립화로 말미암아 영업행위의 이기적 측면으로 영락하고 그의 생계와 향유는 항구적인 것이 되지 못한다."**[49] '시민사회의 노동제도'와 개인의 운동 속에서 독자적으로 항존(恒存)하는 것, 즉 존립하는 것은 헤겔에 의하면 다름 아닌 직업단체—즉 노동 속에서 즉자적으로 고립되어 있는 개인들의 '공동체'이다. 따라서 '항구적인 것'(das Stehende)은 한 신분의 확고한 지위가 아니다. 왜냐하면 여기에서, 즉 시민사회의 노동제도 속에서는 단순히 '신분이 존재하지 않는다는 단순한 이유에서'[50] 아무도 더이상 자신의 신분에 따라 생활할 수 없기 때문이다. 오히려 직업 단체는 고대 가문제도라는 공동체와 기능적으로 유사하다. "개인들과 그들의 특수한 궁핍으로부터 벗어난 일반적인 시민사회에 있어서 어떤 지위가 더 무규정적이고 불확실한 것으로 남아 있든", 직업단체는 사회적 움직임의 우연성과 특수성에 대항하여 '제2의 가족집단'으로서 등장한다. 바로 이러한 지위 속에 그들의 실존의 '인륜적 토대'가 놓여 있는바, 이 토대는 헤겔의 관점에서 볼 때, '천민의 발생과 유관한 영리업에 종사하는 계급의 사치 및 소비욕'에 대한 탄핵과 노동의 점진적인 기계화현상에 대한 고발(§253)을 통하여 변호되고 있는 것처럼 보

---

48) 같은 책, §238, p. 298.

49) S.W. VIII, 1833, §250과 §253 및 도시와 농촌에 따라 각기 다른 사회의 편제—"전자는 시민사회, 즉 자신 속에 몰입하여 개별화하는 반성(die in sich aufgehende und vereinzelnende Reflexion)의 장소이고, 후자는 자연에 바탕을 둔 인륜의 장소이다" —이것은 §256에서의 국가의 연역과 유관하다.

50) S.W. VIII, §253, p. 309.

인다.

근대세계 안에서 18세기 이후 변질된 시민사회 자체의 위치(Stelle)가
시민사회에 대한 직업단체와 경찰행정의—헤겔의 술어를 빌리자면—
이러한 지위와 일치한다는 것은 주지의 사실이다. 왜냐하면 고대의 시민
사회는, 앞에서 밝히려고 시도되었듯이, 자신의 본질상 경제 및 정치의
영역과의 하나의 관계를 지녔었고, 이 영역으로부터 이 사회의 형태가
생성되었기 때문이다. 시민사회는 가문사회와 이 사회에 지정된 가문경
제로부터 탈피하여 정치, 즉 공적·정치적 영역을 토대로 성장했는바, 오
직—'경제적으로' 독립한—사회의 시민만이 이 영역에서 발언권을 지닐
수 있었다. 이에 반하여 최초로 헤겔이 원리적으로 논제화하고 이것 자
체에 대한 개념적 의식으로 고양시킨 근대 시민사회는 고대유럽이라는
대혁명 이전의 세계에 있어서 실체적이었던 가문경제와 정치의 질서구
조를 부차적인 것으로 격하시켰는바 그 까닭은 그 사회자체가 사적·공
적 생활의 실체가 되었기 때문이다. 사회는 자신의 편성을 국가의 결정
에 내맡기면서도 전통적 정치로부터 자신의 고유한 기초적 작용의 행정
및 질서유지 기능으로서의 경찰행정만은 되찾아 보존하고 있다. 고대적
가문경제의 '항구적인 것'은 공업적 영업의 발전과 더불어 가문적 동맹
을 해체하고, 도시의 노동분업으로 고립화된 개인들을 하나의 공동체에
재결속시키려고 시도하고 있다. 그리하여 혁명과 더불어 해방된 사회는
경찰행정과 직업단체에 있어서, '시민사회'로서 그 사회가 변함없이 자
신의 토대를 올려놓을 수 있는 전통의 인륜적·정치적 요소들을 재구성
하고 있다. 헤겔을 인용하자면, 이 요소들은 '시민사회의 붕괴가 진행되
는'[51] 기축점이다. 시민사회의 근대 경제사회—이 사회는 **욕망의 체계**로
서 표현되고 있다—에의 편향은 헤겔에 있어서, 그 사회체제의 정치적
전통을 정립시키는 한계설정에 의하여 해소되고 있다. 왜냐하면 단순한

---

51) S. W. VIII, §255, p. 310—이 구절은 헤겔의 저작 자체내에서 보면 가정의 인륜—결
   혼의 신성함—과 관계된 것이지만, 직업단체—이 안에서의 개인의 명예—는 시민사
   회의 C장(章) 전체의 기저를 이루고 있다.

욕망체계로서의 사회란 이미 해체된 시민사회일 것이지만 이로 말미암아 이런 시민사회는 헤겔이 이해했고 또 『법철학』에서 기술했던 그 시민사회 개념을 초월해버릴 것이기 때문이다.

헤겔은 근대의 결정적인 사적·정치적 사건—국가와 사회의 분리 및 전통과 혁명의 상호관계—을 개념적으로 규명함으로써, 시민사회의 근대적 형태를 고찰하고 동시에 고대적인 구조개념을 통하여 그 사회형태의 강력한 위력을 제한할 수 있었다. 물론 이런 개념적 조치가 비록 '필연성이 결여되어 있고' 한갓 그가 살던 시대에만 국한되는 것이긴 했지만 비로소 여기에서야, 즉 매개할 뿐만 아니라 운동하고 그 매개작용으로부터 뚜렷이 드러나는 중심 속에서야 『법철학』의 '시민사회'는 역사적으로 탄생하고 그 참된 개념적 터전을 얻게 된다고 말할 수 있다.

(황태연 옮김)

현대의 사상과 이론 2

마르크스주의의 위기와 포스트마르크스주의 · Ⅱ

1992년 8월 5일 초판 발행
2003년 4월 1일 초판 2쇄 발행
편저자 이병천·박형준
발행인 김두영
발행처 의암출판문화사
주 소 121-732 서울시 마포구 도화동 37번지 진도빌딩 605호
전 화 02)701-8984~5(편집) / 02)714-4594(영업)
팩 스 02)713-4476
등 록 제 1-1175호(1991. 2. 28)

※ 잘못 만들어진 책은 바꾸어 드립니다.   정가 10,000원

ISBN 89-7472-002-7 93340